유치진과 한국 연극의 대중성

이정숙

지식과교양

머리말

한국 근대연극사에서 가장 문제적인 존재는 단연 유치진이다. 한국 근대연극사 전개과정에서 가장 중요한 역할을 한 연극인이지만, 다른 한편으로는 연극을 정치적으로 활용한 사례를 보여준 연극인이라는 부정적 시선 또한 받고 있다. 유치진에 대한 평가는 복잡하다. 그럼에도 동의하게 되는 부분은 유치진의 희곡작품과 연극관이 한국 근대연극사 전개에 절대적 영향을 미쳤으며, 그의 영향력이 현대 연극에까지 이어지고 있다는 점이다.

유치진은 극작가이자 연출가였으며, 극이론가이면서 극단 경영자이기도 했다. 그는 극단 활동과 작품 활동을 병행했고, 발표한 희곡 작품은 대부분 공연되어 당대 사회와 연극계에 영향을 미치게 된다. 그가 속한 극단이 신극계의 주류였기 때문에 언론의 전폭적인 지원을 받을 수 있었다. 유치진은 자신의 연극을 관람할 관객을 내포관객으로 상정하고, 내포관객의 성향을 고려하여 희곡을 창작하였기 때문에 작품 대부분이 공연으로 이어질 수 있었고 관객들의 호응도 얻게 된다. 이러한 토대 위에서 유치진은 극단의 중심인물이 되어 극단뿐 아니라 연극계의 방향을 주도하는 위치에까지 올라가게 된다. 그 과정에서 연극계 내에 자신의 영향력을 키우기 위해 연극을 정치적으로 활용하였다는 혐의를 받게 되고, 결과적으로 유치진에 대한 이중적인 평가를 만들어내는 계기가 되었다. 연극의 대중성과 정치성의 문제는 유치진 연극의 가장 본질적이고 핵심적인 영역이라 할 수 있다.

책은 2부로 구성되었는데 1부는 일제강점기 유치진 희곡을 대상으로 해서 이 시기 희곡의 창작원리를 관객지향성으로 설명하였다, 유치진은 일본에서 연극을 접하게 되고 일본 연극계의 영향을 받는다는 점에 주목해서 신극수립에 대한 유치진의 지향을 일본연극계의 상황과 관련지어 논의하였다. 2부는 해방이후 유치진이 대중성의 원리를 유지하면서도 교화의 내용에 정치적인 의도를 포함시켜 국가의 지원을 받으며 연극계의 주도권을 유지하는 과정을 설명하였다. 한국연극사에 유치진이 갖는 의미는 크다. 그런 점에서 표면적으로 드러나는 활동 이면에 유치진의 행동을 이끌어냈던 내적 동기를 밝히는 것은 중요하고, 일본이나 미국의 영향 혹은 지원이라는 측면을 중심으로 한 연구는 계속 이어가려 한다.

오랫동안 준비했지만 막상 책으로 묶어내려니 부족한 점이 눈에 들어와서 계속 망설이게 된다. 그러나 지금까지의 연구결과를 정리해야 새로운 연구를 시작할 수 있다는 마음으로 책을 내보내기로 한다. 책을 내기까지 많은 분들의 도움이 있었다. 공부를 시작하고 지금까지 지속할 수 있게 힘을 주신 김재석 교수님께 가장 먼저 감사의 마음을 전하고 싶다. 공부하는 즐거움, 공부하는 삶의 가치를 보여주시는 교수님께 부끄럽지 않은 제자가 되기 위해 정진하겠다는 말로 감사와 존경의 마음을 대신하고자 한다. 늘 따뜻하게 격려해주시는 손병희 교수님께도 감사드린다. 함께 공부하는 경북대 극연구실의 이승현, 손증상, 이수은, 김동현, 금동현에게 든든하고 고맙다는 말을 하고 싶다. 그리고 헌신적으로 지원해주시는 부모님께 감사하고 사랑한다는 말을 전하고 싶다. 언니와 동생의 지지와 지원이 고맙고 힘이 된다는 말도 덧붙이고 싶다.

2019년 9월
이 정 숙

차례

2부 해방이후 유치진 연극과 교화의 정치성

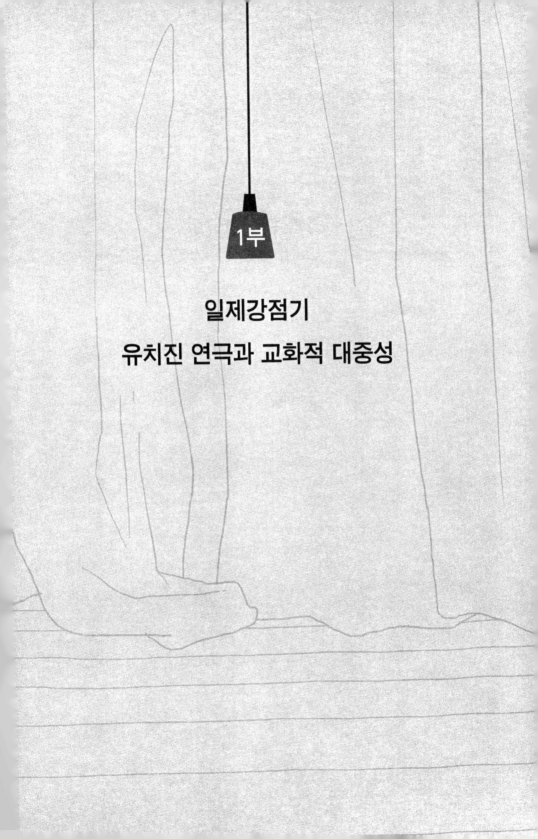

1부

일제강점기
유치진 연극과 교화적 대중성

I.

유치진 연극과 관객지향성

1. 유치진 연구 동향

한국근대연극사 전개 과정에서 가장 주목되는 인물은 단연 유치진이다. 1931년 극예술연구회를 통해 연극 활동을 시작한 이래 극연좌, 현대극장, 극예술협회, 신협, 드라마센터로 이어지는 극단 활동을 주도하였고, 극작가로 연출가로, 비평가로 활동하며 당대 연극의 방향을 제시하였다. 한국의 근대연극사는 유치진에 의해 주도되었다고 해도 좋을 정도로, 유치진의 연극 활동은 당대 연극계에 영향력을 발휘했으며 극계의 주된 흐름을 형성하였다. 이러한 유치진의 영향력은 그가 극작 활동과 극단 활동을 연계시켜 활동했기 때문에 가능했던 것으로 볼 수 있다. 유치진은 연극론을 통해 당대 연극이 지향해야 할 방향을 제시하고, 이를 희곡으로 발표한 후 공연으로 연결시키고 있다. 그가 속한 극단의 상황 및 극단이 대상으로 삼은 관객을 염두에 두고 희곡을 창작했기 때문에 이것이 극단의 공연으로 이어질 수 있었고,

관객의 호응을 끌어낼 수 있었던 것이다. 이러한 유치진의 시도는 한 국 근대극 형성의 토대가 되었으며, 현재의 연극에까지 영향을 미치 고 있다. 그렇기 때문에 유치진이 지향하고 시도해왔던 연극들을 짚 어가며, 그 실체와 의미를 밝히는 과정은 유치진이라는 한 연극인의 연극세계를 규명하는 과정이면서 동시에 한국연극의 특성에 대한 탐 색이기도 하다.

유치진의 이러한 역할에 주목한 연구도 폭넓게 진행되어 왔다. 1966년 작가론에 해당하는 유민영의 「유치진연구」[1]를 시작으로 1970, 80년대에는 작품론과 비교연극으로 논의가 확대되고, 연극사 에서 유치진 연극의 의미를 규명하기에 이른다.[2] 1990년대에는 유치 진에 대한 박사학위 논문[3]이 나오면서 연극론을 포함한 작가의 전 시 기를 포괄하는 작품에 대한 체계적인 연구가 가능해졌고, 극작가로서 의 유치진의 성과와, 한국연극사 내에서 유치진의 역할과 의미를 규 명하는 것이 가능해졌다.

유치진에 대한 기존의 연구 성과는 작품론, 작가론, 연극론, 비교연 극론으로 나누어 볼 수 있다. 유치진 연구에서 다수를 차지하는 것은 작품론으로, 〈토막〉과 〈소〉 같은 1930년대 전반기에 발표된 작품에

---

1) 유민영, 「유치진 연구-한국 신극 연구의 일부로서」, 서울대 석사학위논문, 1966.
2) 유민영, 『한국현대연극사』, 홍성사, 1982.
   서연호, 『한국근대희곡사』, 고려대출판부, 1994.
3) 이상우, 「유치진 희곡의 변모과정 연구」, 고려대 박사학위논문, 1995.
   전성희, 「유치진 희곡 연구 : 욕망의 대상과 결말구조를 중심으로」, 숙명여대 박사 학위논문, 1995.
   박영정, 「유치진 연극비평 연구」, 건국대 박사학위논문, 1996.
   윤금선, 「유치진 희곡 연구」, 한양대 박사학위논문, 1998.

집중되어 있다.[4] 이는 1930년대 전반기 작품의 경향을 유치진 연극의 대표적인 성과로 보는 인식의 결과이기도 하다. 이후 〈춘향전〉, 〈개골산〉과 같은 역사극으로 연구범위가 확대되는데,[5] 유치진의 역사극은 1930년대 전반기의 사실주의극과 1950년대 사실주의극 사이에서 교량적 역할을 한 것으로 주목받았으며, 현실 문제를 직접 제기하는 것이 불가능해진 상황에 대한 유치진의 대응으로 보고 있다. 이어서 1950년대 작품에 대한 연구가 시작되며, 〈자매〉2와 〈한강은 흐른다〉로 대표되는 전쟁소재극이 현실을 드러내는 방식을 통해 1950년대 연극사에서 유치진 희곡의 의미를 규명하였다.[6]

유치진의 작가의식에 대한 논의는 유민영에서 시작된다. 유민영[7]은 작가의 전기적 고찰에서부터 개별 작품에 대한 검토를 거쳐 사실주의 극작가로서의 유치진 작품 경향의 변모과정을 서술하였으며, 극문학의 수준을 높이고 근대적인 사실주의극을 본격적으로 실험한 최초의

---

4) 신아영, 「유치진 〈소〉 연구」, 민병욱, 최정일 편저, 『한국근대극작가극작품론』, 삼영사, 1995.
　　윤금선, 「〈소〉의 공간분석」, 『한국언어문화』 12집, 한국언어문화학회, 1994.
5) 민병욱, 「신극 〈춘향전〉의 공연사회학적 연구」, 『한국문학논총』 31, 한국문학회, 2002.
　　양승국, 「한국 근대 역사극의 몇 가지 유형」, 『한국극예술연구』 1, 한국극예술학회, 1991.
　　윤금선, 「유치진의 역사극 연구」, 『한국언어문화』 11, 한국언어문화학회, 1993.
　　이상우, 「1930년대 유치진 역사극의 구조와 의미」, 『어문논집』 34, 고려대 국어국문학연구회, 1995.
6) 김옥란, 「유치진의 50년대 희곡 연구」, 『한국극예술연구』 5, 한국극예술학회, 1995.
　　양승국, 「해방 이후의 유치진 희곡을 통해 본 분단현실과 전쟁체험의 한 양상」, 『한국현대문학연구』 1, 한국현대문학회, 1991.
　　이승희, 「1950년대 희곡의 희곡사적 위상」, 『한국극예술연구』 8, 한국극예술학회, 1998.
7) 유민영, 앞의 글.

극작가로 유치진을 평가하였다. 정형상[8]은 유치진이 사실주의의 근저에 낭만주의, 민족주의, 자유주의 등을 착색시켜 다양한 변모를 보여준 작가로, 김옥이[9]는 유치진의 작가의식을 민족주의로 보며 일제말의 친일극도 유약한 성품과 강압적인 외부 환경에 따른 어쩔 수 없는 결과로 설명하였다. 이러한 초기 연구의 성과를 바탕으로 유치진의 전 시기 작품을 대상으로 한 작가의식 논의가 가능해졌다. 이상우[10]는 유치진의 전체 작품 경향을 네 시기로 분류하고, 개작이 이루어진 작품의 판본에 대한 논의까지 세밀하게 분석하여 작가의 정신적 흐름을 보여준다. 특히 유치진의 작품을 꿰뚫는 일관된 축을 대중지향성으로 보고 있다는 점에서 주목된다. 윤금선[11]은 시기별, 장르별 특성을 중심으로 농촌소재극, 역사소재극, 전쟁소재극으로 작품을 분류하여 문학적 업적을 확인하며, 소재에 따라 관객인식과 무대기법이 달라지고 있는 점도 짚어내고 있다. 그러나 이상우의 논문은 방법론으로 제시한 대중성 개념을 일반 대중이 쉽게 접근할 수 있는 통속성과 같다는 정도로 설명하고 있으며 작품의 분류나 분석에 활용하지 못하고 있다. 그 결과 시기별로 분류된 작품들의 변화와 대중성 간의 연결고리가 드러나지 않고, 유치진의 대중지향성이 어떤 것인지 분명하게 포착되지 않는 문제가 발생한다. 무엇보다 1935년 이후의 낭만적 경향 시기의 작품과 국민연극시기의 친일극을 제외[12]하고 있어 유치진의

---

8) 정형상, 「유치진연구-신극사적 위치를 중심으로」, 전남대 석사학위논문, 1970.
9) 김옥이, 「유치진 연구-그 작가의식을 중심으로」, 이화여대 석사학위논문, 1984.
10) 이상우, 「유치진 희곡의 변모과정 연구」, 고려대 박사학위논문, 1995.
11) 윤금선, 「유치진 희곡 연구」, 한양대 박사학위논문, 1998.
12) 이상우는 유치진의 친일극을 일시적 훼절과정으로 보고 있으며, 이 시기 또한 연구되는 것이 옳지만 친일극들이 역사극의 계보와 무관한 '현실소재의 희곡'이라

전 시기의 경향을 포괄해서 설명하지 못한다는 아쉬움이 있다. 윤금
선 또한 공통적으로 묶일 수 있는 소재에 따라 작품을 분류하고 있어,
1935년 이후의 낭만적 경향의 작품과 국민연극시기를 포함한 1940년
대 희곡은 연구에서 제외하고 있다. 무엇보다 소재 변화를 기준으로
작품을 분류하고 있기 때문에 농촌, 역사, 전쟁이라는 소재에 해당되
지 않는 작품은 논의에 포함하지 못하고 있다. 그래서 결과적으로 논
문이 목적으로 했던 "유치진 문학의 전체상을 조명"[13]하는 데에는 미
치지 못하고 있다.

유치진은 연극이론가로서 연극에 대한 그의 지향을 드러내고, 또
동시대 연극의 현실을 진단하는 역할도 했다. 이러한 연극이론가로
서의 측면은 유치진 연극의 특성과 변화를 이해하는 데 많은 단서를
제공해주고 있다. 연극이론가로서의 유치진에 주목한 것은 서연호의
「유치진 연극비평 활동」[14]으로, 유치진의 연극비평을 개괄적으로 소
개하였다. 이후 양승국[15]은 연극대중성론에서 관중본위론, 대극장론
으로 이어지는 해방이전 유치진 연극론의 변모과정을 통해 유치진 연
극론의 핵심이 대중성론에 있다는 것을 드러냈다. 박영정[16]은 논의의
대상을 유치진의 전 시기로 확대하여 유치진 연극론의 변모과정과 연
극운동가로서의 위치를 규명하였다. 특히 그동안 유치진의 자서전에

는 점에서 역사극 분석에 비연속적 논의를 부과하게 되기 때문이라는 이유로 연
구에서 제외하고 있다. 이상우, 「유치진 희곡의 변모과정 연구」, 고려대 박사학위
논문, 1995.
13) 윤금선, 앞의 글, 10쪽.
14) 서연호, 「유치진의 연극비평 활동」, 『동시대적 삶과 연극』, 열음사, 1988.
15) 양승국, 「1920~30년대 연극운동론 연구」, 서울대 박사학위논문, 1992, 양승국,
    「1930년대 유치진 연극비평 연구」, 『한국극예술연구』 3, 한국극예술학회, 1993.
16) 박영정, 「유치진의 연극비평 연구」, 건국대 박사학위논문, 1997.

근거해서 잘못 알려졌던 소위 '소사건'이 실제로는 존재하지 않았다
는 사실[17]을 밝혀낸 점이나, 그동안 지나치게 긍정일색이었던 유치진
에 대한 평가를 객관화하여 유치진의 활동과 내적동기를 규명하고 있
다는 점에서 의미가 있다. 김재석[18]은 연극론과 작품을 연계시켜 유
치진의 연극론과 작품 사이에 거리가 나타나게 된 이유를 현실인식의
한계와 극예술연구회의 운영방식에서 찾고 있다. 유치진이 진보적 연
극에 대한 지식을 가지고 있었지만, 그 지식을 삶 속에 구체적으로 받
아들이지 못했기 때문에 그의 연극론과 작품 사이에 거리가 나타나게
되었다는 것이다. 이러한 논의들을 통해 유치진 연극론에 대한 체제
적인 이해가 가능해졌다.

유치진 희곡과 외국작품의 영향관계에 대한 연구는 유치진이 그의
글에서 여러 번 언급한 바 있는 숀 오케이시(Sean O'Casey)나 존 밀링
턴 싱(John Millington Synge)과 같은 아일랜드 극작가를 중심으로 아
일랜드 연극과의 관련성을 밝히거나[19], 일본 연극의 경향이나 작품과
비교하며 영향관계를 규명하려는 시도가 이어졌다.[20] 최근에는 「유치

---

17) 자서전에 언급된 대로라면 구속되어 있어야 할 시기에도 왕성하게 활동을 하고
있어 시기적으로도 맞지 않으며, 『극예술』이나 일 년 연극계를 총평하는 글에서도
'소의 검열 불통과'에 대한 언급은 있지만 '소사건'에 대한 언급이 전혀 없다는 점,
그리고 희곡 〈소〉로 인해 구속되었다는 사실을 유치진 혼자만 언급하고 있을 뿐
이며, 또한 '소사건'이 1950년대 후반에 가서야 유치진에 의해 처음으로 기억되고
있다는 점 등을 근거로 들어 '소의 검열불통과'는 사실이지만, '소사건'은 존재하
지 않았다고 보고 있다. 박영정, 『유치진 연극론의 사적 전개』, 태학사, 1997, 96-
105쪽.
18) 김재석, 「유치진의 초기 희곡과 연극론의 거리」, 『어문학』 58, 한국어문학회,
1996.
19) 여석기, 「애란연극과 유치진」, 『연극평론』, 1974.
   신정옥, 「유치진에게 미친 애란연극의 영향」, 『한국연극』, 1977.12, 1978.2.
20) 서연호, 「유치진의 〈소〉와 일본 희곡 〈말〉의 대비고찰」, 『한국연극』, 1991.7. 김

진의 숀 오케이시 수용에 대한 연구」[21], 「유치진의 연극 입문에 대한
연구」[22]와 같이 유치진 연극론 형성과정을 외국 연극과의 영향 관계
에서 찾는 연구도 진행되고 있다.

그러나 영향관계에 대한 연구가 상당부분 개별 작가나 작품과 같은
단편적인 계기들에 집중하고 있다는 점은 문제적이다. 유치진이 그의
연극론에서 밝히고 있듯이 그는 외국의 다양한 연극사조와 극단, 작
가와 작품을 접하였으며, 이러한 경험은 그에게 많은 영향을 미친 것
으로 보인다. 기존의 논의가 유치진 연극의 변화를 주로 한국연극계
내의 상황 변화 속에서 설명해왔고, 그렇기 때문에 외적인 현실 상황
의 악화로 인해 변화를 선택하게 되었다는 단선적인 결론에 도달할
수밖에 없었다. 유치진의 연극활동을 외국작품과의 영향관계 속에서
규명하려는 연구는 한국 연극계 내의 상황으로만 논의할 경우 발생하
게 되는 한계를 보완할 수 있다는 점에서 의미 있는 접근이다. 그러나
유치진의 변화 계기들을 좀 더 구체화하고 작품이나 작가와 같은 개
별적인 유사성에서 시야를 넓혀 그러한 것들이 유치진의 연극론 형성
과 변화에 어떠한 계기가 되고 영향을 미치는지의 문제로 논의를 확

현철, 「한일 전통극론 연구 -유치진과 오사나이가오루(小山內薫)를 중심으로-」,
『어문논집』 53, 민족어문학회, 2006.

김현철, 「유치진과 오사나이가오루(小山內薫)의 연극론 비교 연구」, 『한국연극
학』 29, 2006.

민병욱, 「신극 〈춘향전〉의 공연사회학적 연구」, 『한국문학논총』 31, 한국문학회,
2002.

21) 김재석, 「유치진의 숀 오케이시 수용에 대한 연구」, 『어문학』, 126, 한국어문학회,
2014.

22) 김재석, 「유치진의 연극 입문에 대한 연구」, 『한국극예술연구』, 51, 한국극예술학
회, 2016.

장시킬 필요가 있다.

유치진에 대한 기존의 접근방식은 몇 가지 문제를 보이는데, 먼저 유치진의 작가의식을 규명하는 논의의 경우 작가의 내부에서 충분한 계기를 통해서 이루어지는 것이 아니라 외적인 상황의 결과로 접근하고 있으며, 그 결과 유치진은 외적인 상황 변화에 따라 자신의 연극관과 태도를 변화시켜 왔다는 결론에 이르고 있다는 점이다. 내적 원리나 계기를 충분히 고려하지 않고, 외적으로 드러나는 상황 변화에 초점을 맞추는 방식은 작가의식의 측면을 설명해내지 못하는 표면적인 독해라 할 수 있다. 그런 만큼 유치진의 연극 모색과 변화의 내적 계기에 주목할 필요가 있으며, 변화를 아우르는 유치진의 일관된 원리를 포착해야 할 것이다. 일본 연극계의 상황은 유치진의 의도를 설명하는 데 유용하게 활용될 수 있을 것이다. 유치진은 일본 유학시절 처음 연극을 접하면서 연극관을 형성하였고, 또 중요한 변화의 계기에 일본 연극계의 상황이 영향을 미친다는 점을 고려해야 할 것이다. 그런 점에서 유치진이 연극관을 형성하게 된 배경이라 할 수 있는 일본 연극계의 상황까지 활용하여 논의를 보완할 필요가 있다.

다음으로 연구대상의 문제를 지적할 수 있는데, 〈토막〉에서 〈소〉까지 초기 사실주의 경향의 작품에 연구가 집중되면서, 〈당나귀〉나 〈제사〉와 같은 1930년대 중반 이후 발표된 소위 낭만적 경향의 작품은 연구대상에 포함시키지 않고 있다. 그렇기 때문에 〈토막〉과 같은 작품을 쓰던 유치진이 왜 〈춘향전〉과 같은 작품을 쓰게 되었는지, 그 계기를 시대적 상황의 악화라는 정도로만 설명할 뿐, 작가의 내적 측면이나 유치진 전체 희곡의 맥락 속에서 설명하지는 못한 것이다. 1930년대 중반부터 시도되는 낭만적 경향의 작품들은 이후 유치진의 선택과 변모를 이해하는 데 중요한 단서를 제공하는 작품이다. 그렇기 때문에 논의에 포함시켜 유치진 연극 변화의 내적 계기를 설명하는 근거로 활용할 필요가 있다.

국민연극 시기의 친일극 또한 연구 대상에서 제외되어 유치진 전체 작품의 맥락에서 친일극 창작 의도가 규명되지 않고 있다는 점도 문제이다. 이는 유치진에 대한 연구가 한국연극사 전개 과정에서 중요한 역할을 한 연극인으로서의 성과와 의미 규명에 집중하면서 상대적으로 부정적으로 받아들여지는 친일극에 대한 연구가 소홀했던 결과이기도 하다.[23]

또한 친일극을 유치진의 작품들과는 다른 경향으로 보는 인식도 원인으로 작용했을 것이다. 이론적 틀이 미리 주어지는 국민연극의 특성을 고려할 때 친일극 선택과 친일극에 활용한 극작술은 유치진의 의도적인 선택이라기보다 어쩔 수 없이 주어진 결과로 보는 것이다. 그러나 국민연극 시기 친일극 또한 유치진이 선택한 결과라는 점에서 논의에 포함되어야 한다. 더구나 친일극이 주제를 드러내는 방식, 대중에게 접근하는 방식은 유치진 희곡 전개과정에서 일관성을 보여주고 있다는 점에서 그러한 선택을 한 유치진의 의도를 작가의식의 측면에서 규명할 필요가 있다.

그동안의 유치진에 대한 연구는 외적으로 뚜렷하게 드러나는 시대 상황이라는 틀을 전제하고 그 틀에 근거하여 유치진 연극의 변모를 설명해 왔다. 그러나 여기에서 전제해야 할 것은 외적 상황 문제는 유

---

23) 이러한 시각을 잘 보여주는 연구가 유민영의 『한국 연극의 아버지 동랑 유치진』 (태학사, 2015)이다. 유민영은 유치진의 친일 행적을 축소하고 강제 동원된 소극적인 협조자 정도라는 주장을 하였다.

치진의 변화 계기를 제공할 뿐 변화의 모습까지 규정하는 것은 아니라는 점이다. 유치진은 연극이라는 장르 자체가 "무대와 객석의 활발한 교류가 가능한 본질적으로 대중성이 높은 장르"[24]라는 것을 인식하고 있었으며, 일관되게 관객의 문제에 집중하고 있다. 그러면서도 계몽적이고 공리적인 연극관을 놓치지 않고 있다. 관객을 중시하면서도 연극의 공리적이고 계몽적인 입장을 놓치지 않는 이러한 입장을 관객 지향성이라 할 수 있다. 유치진은 관객과 충분히 소통하면서 그들에게 교훈을 주어야 한다는 관객 지향성의 원리를 일관되게 지속하고 있다.

이 글은 유치진이 관객과 소통하는 연극의 본질적 측면에 주목하였으며 관객을 중심에 놓고 그들과 소통하면서 교훈을 주는 관객지향성을 일관된 창작원리로 해서 극작활동을 지속하고 있다는 것을 규명하고자 한다. 즉 유치진은 시대적 상황에 따라 자신의 연극과 연극관을 변모시켜 간 것이 아니라 관객지향성이라는 일관된 원리 안에서 작품 활동을 지속하며, 그 과정에서 대상으로 하는 관객층이 달라지면서 달라진 관객과의 소통을 의도하는 과정에서 기법의 변화가 나타나게 되었다고 보는 것이다. 이러한 관점은 시대적 상황의 악화로 인해 어쩔 수 없이 연극의 변화를 선택할 수밖에 없었다는 기존의 논리와 달리 유치진의 의도를 중심으로 변화 이유와 그가 지향했던 연극이 어떤 것이었는지를 설명할 수 있다는 점에서 의미가 있다.

유치진의 의도를 설명하기 위해 일본 연극계의 상황도 논의에 포함시키기로 한다. 유치진의 연극론과 동시대의 일본 연극계의 상황을

---

24) 유치진, 「연극의 대중성」, 『신흥영화』 1, 1932.6.

비교하면서 영향관계를 점검하고 이를 통해 유치진이 지향했던 연극의 방향에 접근하고자 한다. 또한 그동안 유치진 연구의 대상에서 제외되었던 국민연극 시기의 작품을 포함하여 일제강점기 희곡을 관객지향성이라는 유치진의 내적 일관성의 원리로 설명하고자 한다. 국민연극 시기의 작품은 작가의 의도라기보다 시대적 상황의 결과로 받아들여졌기 때문에 작가의 일관성의 맥락에서는 제외되어 왔다. 그러나 국민연극 시기의 작품 또한 유치진의 선택으로, 그가 일관되게 추구해왔던 관객지향성의 원리가 잘 실현된 연극이라는 것을 설명할 수 있을 것이다. 그리고 그동안 자료의 부족으로 실체가 불분명했던 〈북진대〉 공연의 팸플릿 자료를 논의에 포함시킴으로써 〈북진대〉의 내용과 공연상황을 보다 구체적으로 재구성할 수 있게 되었다. 이를 통해 유치진 국민연극의 실체를 보다 분명하게 드러낼 수 있을 것이다. 관객지향성이라는 관점에서 유치진에 접근하는 이러한 시도는 유치진 연극을 시대적 상황에 따른 수동적인 선택의 결과가 아니라 작가의 의도라는 측면으로 설명할 수 있을 것이다.

2. 유치진 연극과 관객지향성

연극에서 대중성의 의미를 분명하게 규정하는 것은 쉽지 않다. 다른 예술장르와 달리 연극에서 관객은 장르를 구성하는 기본적 조건에 속하는 만큼 관객 획득과 관련된 대중성 문제는 연극의 본질적인 문제에 해당하기 때문이다. 관객에게 보여야 의미를 가지는 연극의 특성상 대중성이란 연극의 전제조건이기도 하다. 관객이라는 대상을 의

식하고, 그들에게 받아들여지는 측면을 고려하여 극작을 한다는 점에
서 모든 연극은 대중성[25]을 전제로 한다고 볼 수 있다.

그러나 이러한 연극의 대중성 문제를 바라보는 시각은 상당히 부정
적이다. 대중성을 예술성과 상대적인 것으로, 상업적 목적을 위해 작
품의 질적인 측면을 해치는 것으로 간주하려는 경향이 강하다. 오늘
날은 연극을 당연하게 예술의 한 장르로 간주하며 대중성을 예술성과
상대적인 것으로 놓으려 하지만 연극을 예술로 인식하는 시각도, 대
중성과 연극이 지닌 대중성의 측면이 부정적으로 인식하기 시작한 것
도 사실 근대 이후의 일이다. 오늘날 예술연극으로 인식되는 셰익스
피어의 연극은 당대에 통속적인 대중연극으로 사랑을 받았으며, 몰리
에르에게서도 오락성과 흥행성이 예술성과 서로 모순되는 것이 아니
었다. 오락으로서가 아니라 예술로서 연극 그 자체가 목적이 되는 예
술연극의 관점은 근대 이후 도입된 개념[26]인 것이다.

---

25) 예술의 대중성에 관한 입장은 크게 회의적 입장과 문화 민주주의적 입장, 그리고
후기 민중주의적 입장으로 나누어진다. 회의적 입장은 지적 정서적 수준이 낮은
사람들의 통속적 취향에 영합하는 예술적 경향을 대중성으로 보며, 문화 민주주
의적 입장은 대중성을 거의 모든 사람들이 쉽게 접근할 수 있는 민주주의적 예술
경향으로 파악하는 관점이다. 후기 민중주의적 입장은 대중성을 민중문화와의 연
속성 맥락에서 정치적 변혁 의식은 결여되어 있으나 그 나름대로 삶의 맥락에서
제도권의 지배 이데올로기와 맞서고 있는 예술적 경향이다. 박성봉, 『대중예술의
미학』, 동연, 1995, 23쪽.
26) 연극을 예술로 규정하는 예술연극이라는 용어는 1890년 폴 포르가 창설한 극장
이름에 예술연극이라는 말이 사용된 것에서 시작되며, 1차 세계대전 때까지 여러
나라에 전파돼 연극계 혁신운동을 이끌어내는 화두가 된다. 앙트완느로 대표되는
근대극 운동은 연극을 단순한 오락 이상의 예술로서 정당화시키는 예술연극운동
을 시도하였다. 상업성이 예술작품의 가치를 좌우하고 예술이 직업화하면서 상업
성의 노예로 전락하는 상황을 비판하며, 예술은 각성된 아마추어 즉 엘리트들의
소유물이어야 한다고 보았으며, 연극의 오락성을 배제해야 한다는 입장이었다. 김
효, 「'예술연극'과 '대중연극'에 관한 쟁점 연구 프랑스 연극사를 경유하여」, 『한국

연극이 예술성을 요구하기 시작하면서 대중적이라는 평가는 작품의 질적인 측면에서 부정적 의미를 내포하는 것으로 받아들여지기 시작했다. 물론 예술성과 대중성을 갖춘 작품이라는 시각도 등장하지만 이는 결국 예술성이 대중성과 적당히 타협한 것으로, 예술성의 추락으로 보는 인식이 포함되어 있다. 그러나 이러한 예술성과 대중성에 대한 판단은 텍스트적이고 본질적인 것이라기보다 오히려 사회 속에서 사용되는 활용방식의 차이에 의한 것으로 볼 수 있다.[27] 즉 고급예술의 난해성이나 복잡성은 저속한 예술이나 가벼운 예술에 대한 미적 우월성을 확립하기 위해 자격 있는 사람들만 받아들이고 대중들을 배척하는 문화적 턴스타일(turnstile)인 것이다.[28] 이는 대중성이 예술성에 비해 본질적으로 취약한 특성이 아니며, 대중의 보편적인 취향과 관련한 특성으로 이해할 필요가 있다는 것을 말해준다. 예술성과 대중성의 측면은 훌륭하고 저급한 상대적인 개념이 아니라 각각 지향하는 지점이 다른 개념으로 볼 필요가 있는 것이다. 예술성의 문제가 작가의 의도가 중심인 개념이라면 대중성의 문제는 관객과 관련되는, 대중의 취향이 중시되는 개념이라 할 수 있다. 그렇기 때문에 예술성

연극학』 12, 한국연극학회, 1999, 279-282쪽.

27) 17세기에는 셰익스피어극이 대중적인 것으로 받아들여졌으나, 20세기에는 이를 고급예술로 평가한다. 이것은 20세기 대중의 취향이 낮아졌다는 것이 아니라, 셰익스피어를 보다 잘 해독하는 사람이 그렇지 않은 사람에 비해 우월한 개인적 지위를 확보하기 위한 문학의 제도화가 셰익스피어를 고급예술로 만들고, 작품에 확고한 의미를 부여하여 값비싼 예술극장용으로 제한했기 때문이다. 존 피스크, 『대중문화의 이해』, 경문사, 2005, 177쪽.

28) 존 피스크, 위의 책, 177-178쪽. 이에 대해 부르디외(『구별짓기:문화와 취향의 사회학』, 새물결, 1995)는 문화는 계급과 계급의 일부를 분간하기 위해 사용되며, 또 그 차이를 미적 감성이나 취향의 보편적 성향으로 규정함으로써 그 차이의 사회적 본성을 위장하기 위해 활용된다고 보고 있다.

을 추구하는 작품이라 해서 대중성이 없고, 대중성을 추구한다고 해서 예술성이 없는 그런 상대적 개념은 아닌 것이다.

대중성은 작품성과 같은 미학적 성취보다 대중을 만나는 방식에 주목하는 경향으로, 예술성이 작가의 예술적 시도와 관련된다면 대중성은 관객과의 소통을 의미하는 개념으로 정리할 수 있다. 연극의 대중성이란 관객이라는 대상의 취향에 집중하는, 연극의 본질적인 측면이다. 그렇기 때문에 대중성에서 주목해야 하는 것은 관객이며, 관객과 만나는 방식인 것이다. 연극은 무대를 통해 관객에게 수용됨으로써 비로소 완성되는 일종의 소통과정[29]이라는 점에서 관객과의 소통 문제는 중요하며, 관객과의 소통 여부가 대중성 획득의 문제를 결정한다고 할 수 있다. 유치진은 이러한 대중성을 연극의 본질로 포착하여 일관되게 관객이 있는 연극, 배우와 관객이 밀접하게 소통하는 대중성의 측면을 자신의 연극적 기반으로 삼고 있다. 이와 같이 관객을 연극 공연의 중심에 놓는 입장은 유치진의 연극을 이해하는 데 있어 중요한 시각이 된다.

연극 공연의 가치를 어디에 둘 것인가 하는 문제에 대해서는 각각 작가와 작품, 공연과 공연자, 그리고 관객을 중심에 두는 입장으로 나누어진다. 작가와 작품을 중심에 두는 시각은 작품의 가치가 작가의 독창적인 재능 표현에 있다고 보며, 공연은 저자의 의도를 관객에게 충실히 전달하는 데 가치가 있다는 입장이다. 이 경우 관객은 연극을 관람하는 수동적인 존재가 된다. 공연과 공연자를 중심에 두는 시

---

29) 정지창, 「민중연극의 대중성과 교훈성」, 『서사극 마당극 민족극』, 창작과비평사, 1993, 492쪽.

각은 작품을 미적가치의 거점으로 보는데, 이 경우 작가는 가치 있는
작품을 생산한 경우에 한에서만 가치를 인정받게 된다. 그리고 관객
을 연극 공연의 중심에 두는 시각은 작품이 무대에 올려져야만 완전
히 구성된다는 점에 주목하여 관객을 미적 대상의 구성 요소로 놓는
다. 작품은 관객이 구성할 때에만 완전히 취득되는 잠재적인 가치를
지닌 추상적인 존재로, 궁극적으로 작품을 구성하는 것은 공연자라기
보다는 관객이라는 것이다.[30] 작품의 "미적 가치의 자리는 전통적 구
조 속의 어느 한 요소에만 놓일 수 없다"[31]는 점에서, 미적 가치를 어
느 한 요소에만 두는 입장은 한계가 있으며, 작가의 의도와 공연물 그
리고 관객에게 수용되는 면을 함께 고려할 필요가 있다. 특히 관객에
의해 완성되는 연극의 특성을 고려하면 관객의 역할을 중요하게 봐야
한다.

　연극에서 관객의 기능에 대한 전통적인 시각은 작품의 재현을 관람
하기 위해서만 공연에 참가하는 존재였다. 그래서 저자의 의도를 충
실히 받아들이는 역할만 허락된, 미적 대상을 수동적으로 관조하는
존재로 상정되었다. 이러한 관객에 대한 전통적인 시각은 관객의 가
치를 공연에서 재현된 내용을 수용하는 존재로만 위치 짓는다는 점에
서 협소한 시각이라 할 수 있다. 왜냐하면 작품은 공연되어야만 완전
히 구성된다는 점에서 "궁극적으로 작품을 구성하는 것은 공연자라기
보다는 관객"[32]이기 때문이다. "관객은 공연을 매개로 한 공연자의 수

---

30) 폴 덤, 『관객을 위하여』, 평민사, 1998, 24-27쪽.
31) 폴 덤, 위의 책, 27쪽.
32) 폴 덤, 위의 책, 27쪽.

신자"로, "공연이 있기 위해서는 관객의 실제적 존재가 요구된다."[33] 관객은 공연자나 배역에 대해 동감을 경험하기도 하고, 공연에서 재현되는 것에 관련해 비판적인 거리를 채택하기도 하면서 공연에 반응하는 역할을 수행하게 된다. 이러한 관객의 반응은 "공연의 어떤 국면에 주목하라는 공연자에 지침에 대한 반응에서 수행된"[34]것으로, 공연은 이처럼 관객을 수동적인 관조자로서가 아니라 수신자로 위치시킨다. 관객들은 연극에서 보여주는 사건에 주목하면서 그 속에 담긴 의미[35]를 찾아내고, 이를 작가의 세계와 연결시키려 하는데, 이러한 상이한 분석 수준들 사이의 상호작용이 작품에 대한 관객의 이해를 돕는다. "연극은 단지 하나의 감정만을 환기시키지만, 관객은 스스로 문맥을 만들어 낸다."[36] 이처럼 관객에게 받아들여지면서 완성되는 연극의 특성을 고려하면 관객의 문제는 중요하며, 그렇기 때문에 작가는 작품을 창작할 때 이미 자신의 작품을 감상할 관객을 예상하고, 관객에게 수용되는 측면을 고려할 것을 요구받게 된다.

"공연의 행위는 주시를 간청하는 것을 포함할 뿐 아니라, 그것에 대

---

33) 폴 덤, 위의 책, 222쪽.
34) 폴 덤, 위의 책, 253쪽.
35) 글렌 윌슨은 연극의 의미가 관객들에게 호소하거나 이해되는 수준을 몇 개의 단계로 나누고 있는데, 첫째는 구체적인 현실성의 수준에서 무엇이 실제로 일어났고 등장인물들이 서로에게 뭐라고 얘기했는지가 주목되는 수준으로, 이것은 감상의 가장 단순한 형태이지만, 오락을 즐기기에는 충분할 것이라 했다. 둘째는 작품에서 사회적이고 철학적인 의미를 발견하려는 차원의 노력을 하는 시적 은유의 수준으로, 지적인 독자들은 구체적인 수준보다 이러한 메타차원의 해석을 쫓는 데 많은 시간을 보낸다고 한다. 셋째는 작가의 상상 세계를 고려하는 관조(speculation)의 수준으로, 작가의 심리상태가 그가 쓴 테마와 등장인물들이 상황에 반응하는 방법 등을 부분적으로 결정하는 요소인지 아닌지에 대해 물음을 던지는 단계이다. 글렌 윌슨, 『공연예술심리학』, 연극과인간, 2000, 24쪽.
36) 글렌 윌슨, 위의 책, 25쪽.

한 특정한 욕구를 만들어내는 주시의 존재를 가정하고, 그 욕구를 채워주는 것을 제공한다."[37] 즉 공연이 관객의 시선을 끌기 위해서는 작가가 창작 과정에서부터 미리 대상이 되는 관객의 존재를 예상하고, 그들의 기대를 고려하여 극작을 해야 한다는 것이다. 이때의 관객이란 연극을 관람하는 실제관객이 아니라, 저자가 주어진 연극적 조건에서 상정한 이상적인 관객 즉 내포관객이 된다. 내포관객이라는 개념은 저자가 작품을 구상할 때 미리 자신의 연극을 관람할 대상으로 상정한 관객으로, 텍스트가 그 수용조건으로 예상하는 관객이다.

내포관객이라는 개념은 시모어 채트먼이 제시한 내포독자라는 개념을 연극에 적용한 것이다. 시모어 채트먼은 서사물의 의사소통과정을 송신자와 수신자 두 부분을 나누고, 송신자 측에는 실제작가, 내포작가, 서술자를, 수신자 측에는 실제독자, 내포독자, 피화자를 놓고 있다.[38] 그는 실제저자와 작품 속 화자를 구분하며 그 사이에 내포저자라는 존재와, 저자가 작품을 창작하는 과정에서 미리 예상하는 내포독자라는 개념을 도입하고 있다. 채트먼이 말하는 실제작가에서 실제독자에 이르는 서사물의 의사소통과정은 다음과 같다.[39]

서사적 텍스트

실제작가 → | 내포작가 → (서술자) → (피화자) → 내포독자 | → 실제독자

채트먼은 서사물이란 작가에 의해 만들어져 독자에게 읽힘으로써

---

37) 폴 덤, 앞의 책, 247쪽.
38) 시모어 채트먼, 김경수 역, 『영화와 소설의 서사구조』, 민음사, 1990, 31쪽.
39) 시모어 채트먼, 위의 책, 183쪽.

완성되는 것으로 보았는데, 여기에는 작가와 독자의 의사소통이 전제되어 있다. 채트먼에 의하면 하나의 텍스트는 읽기를 창작하는 내포작가와 텍스트 밖에서 텍스트를 해석하는 내포독자를 수반한다. 허구 서사의 내부에서 읽기의 방향을 안내하는 역할을 하는 내포작가(Implied Author)는 실제작가와 텍스트의 관계를 단순화시키는 것을 막아주는 개념으로, 독자가 허구적 텍스트를 통해 실제작가의 의도나 이데올로기에 접근하는 것을 차단하는 역할[40]을 한다. 내포작가는 독자에 의해 서사물로부터 재구된 존재로[41] 서사물에 존재하는 모든 것, 즉 "이러저러한 말과 이미지로 이 인물에게 이러저러한 일들이 일어나게 하는 서술자를 고안하는 원리"[42]이다. 이러한 내포작가는 "작품 창작의 근원이며 작품이 노리는 기획(intent)의 중심"[43]이라 할 수 있다.

내포작가와 대응되는 개념은 내포독자(Implied Reader)이다. 내포독자란 실제독자가 아니라 작가가 서사물을 창작할 때 자신의 작품을 읽는 독자로 예상한 독자이다. 서사물을 창작하는 작가는 작품을 창작할 때 자신의 작품을 감상할 대상을 미리 염두에 두게 된다. 이때 작가가 염두에 두는 대상이 내포독자이다. 이러한 내포독자는 가상의 독자로 현실에서 작품을 소비하는 실제독자와는 구별되는 "예상된 청중"[44]이 된다.

---

40) 그렇다고 해서 텍스트가 표방하는 견해와 실제저자 사이의 견해를 부정하는 것은 아니다. 다만 독자가 실제저자(또는 허구적 발화자)와 직접적 관계를 맺는다는 단순한 가정을 부정하는 것이다. 시모어 채트먼, 한용환 외 역, 『영화와 소설의 수사학』, 동국대출판부, 2008, 119쪽.

41) 시모어 채트먼, 『영화와 소설의 서사구조』, 179쪽.

42) 시모어 채트먼, 『영화와 소설의 서사구조』, 179쪽.

43) 시모어 채트먼, 『영화와 소설의 수사학』, 116쪽.

44) 시모어 채트먼, 『영화와 소설의 서사구조』, 181쪽. 채트먼은 서사물의 의사소통

　서사물의 독자는 일종의 일관성을 가지고 있다. 자신들이 선호하는 특정한 경향이 존재하고 그러한 경향에 맞는 작품을 선택하게 된다. 그렇기 때문에 서사물의 작가는 이러한 독자들의 취향을 고려하여 자신이 대상으로 하는 내포독자를 정하고, 내포독자와의 소통을 의도하며 작품을 구상하게 된다. 이러한 내포독자 개념은 작가와 독자가 직접 대면하게 되는 서사물에 적합한 것으로, 내포저자와 내포관객 사이에 공연자가 개입하게 되는 연극의 경우는 차이가 생겨날 수 있다는 문제가 존재한다. 그러나 유치진의 경우에는 자신의 작품을 직접 연출[45]하고 있기 때문에 공연자의 개입으로 발생할 수 있는 거리가 최소화 된다고 볼 수 있다. 즉 저자가 연출가로 연극화 과정에 개입하고 있기 때문에, 희곡이 연극화되는 과정에서 발생할 수 있는 차이를 최소화하고 있다는 것이다. 그렇기 때문에 채트먼의 내포독자 개념은 유치진의 희곡을 이해하는 데 유용한 방법이 될 수 있다. 서사물을 대상으로 한 채트먼의 의사소통구조를 희곡의 의사소통구조에 적용하면 다음과 같다.

실제저자 → │ 내포저자 → 공연자 → 내포관객 │ → 실제관객

과정에서 내포작가와 내포독자를 서사물에 내재된 필연적 요소로 보았으며, 서술자와 피화자는 임의적인 것으로 있을 수도 있고, 없을 수도 있는 존재로 두고 있다.

45) 유치진은 발표한 희곡 대부분을 직접 연출하였다. 첫 작품인 〈토막〉의 연출은 홍해성이 맡았지만 이후 〈버드나무 선 동리의 풍경〉에서부터 〈제사〉, 〈자매〉, 〈춘향전〉, 〈풍년기〉 등의 작품을 직접 연출하였으며, 해방이후에도 〈조국〉을 비롯한 〈처용의 노래〉, 〈나도 인간이 되련다〉 등의 작품의 연출을 맡았다. 유치진은 100여 편이 넘는 작품을 연출한 근대연극사를 대표하는 연출가이기도 하다.

실제저자는 작품을 창작할 때, 미리 자신의 연극을 관람할 대상 관객을 상정하고 그들과 어떻게 소통할 것인가의 문제를 고려하게 된다. 이때 실제저자가 자신의 연극 관객으로 상정한 관객이 내포관객이 된다. 내포관객은 실제로 연극을 관람하는 실제관객과는 구분되는 예상된 관객이다. 내포관객은 경험세계에 연루된 현실관객의 왜곡성을 가지지 않고 텍스트 속에서 현실 관객을 인도하는 관객으로, 텍스트가 그 수용조건으로 제시하고 있는 텍스트 구조에 내포되고 함축된 관객이다. 이러한 내포관객은 실제작가가 작품을 창작하는 과정에서 의식하게 되는 관객이라는 점에서 실제관객과 구별되는 관념적인 존재이다. 여기에서 내포저자와 내포관객은 텍스트 내부에 존재하는 것이 아니라, 실제저자와 실제관객의 심리적 공간에 위치한다. 내포관객은 실제저자가 희곡을 창작하는 과정에서 의식하게 되는 심리적 실체이며, 내포저자는 실제관객이 공연을 관람하는 과정에서 의식하게 되는 심리적 실체이다.[46]

실제저자와 실제관객이 직접 소통하지는 않는다. 실제저자는 내포관객을 대상 관객으로 상정하고 그들과의 의사소통을 고려하여 이야기를 구성하게 된다. 그러나 예상된 관객인 내포관객과 공연을 실제로 관람하게 되는 실제관객이 일치하지는 않는다. 내포관객은 실제저자가 희곡을 창작할 때 자신의 연극의 관객으로 상정한 관념적인 관객이지만, 실제 관객은 다양한 경험을 가지고 공연을 재구성해서 수용하는 존재이다. 그렇기 때문에 실제 관객은 저자의 의도를 그대로

---

46) 김용호, 「영상서사의 매개소통구조에 관한 연구-채트먼과 보드웰의 논쟁점과 '소통공간' 개념을 중심으로」, 『한국언론학보』, 53권 1호, 한국언론학회, 2009, 219쪽.

수용하는 수동적인 존재가 아니라, 자신이 가진 경험을 토대로 재구
성해서 작가의 의도를 수용하게 된다.

관객은 수동적으로 작품을 받아들이는 존재가 아니라, "공연예술
의 본성 자체에 함축된 실질적인 해석을 위한 기회를 포착할 수 있는
사람"[47]을 말한다. 폴 덤에 의하면 훌륭한 관객[48]은 공연에서 직접 보
이는 것 외의 숨겨진 국면들을 읽어낼 수 있고, 읽어내야 하는 존재이
다. 공연 공간 내에서 일어나는 일뿐 아니라 그 밖에서 일어났거나 일
어날 수 있는 것 사이에서 유동하며 그 이면을 읽어내며, 공연을 통해
"공연의 국면들과 자신의 삶의 국면"을 연관시킬 수 있는 존재인 것이
다. 이처럼 실제관객은 공연을 독해하고, 그에 관한 관점을 형성[49]할
수 있다.

연극에서 관객은 존재 자체가 극을 가능하게 하는 요인으로, 관객
도 공연자들처럼 관객이기 위한 어떤 역할을 수행한다. 그 역할은 바
로 공연에 반응하는 것이다. 극에서 관객은 단지 공연을 보거나 듣는

---

47) 폴 덤, 앞의 책, 262쪽.
48) 폴 덤은 예술적인 공연이 관객에게 제공하는 실질적인 해석의 여섯 가지 경우를
구별하고 있다. 1. 공연한다는 것은 일종의 과정이기 때문에 관객의 주목은 공연
자들의 현재 행위들과 회상된 과거 행위들이나 예상된 미래 행위들 사이에서 유
동한다. 2. 공연들은 보통 몇몇 공연자들과 관련되기 때문에 관객의 주목은 한 공
연자와 다른 공연자들 사이에 유동한다. 3. 예술적인 공연에서 다양한 내용을 재
현체가 재현하는 한, 관객의 주목은 내용과 재현체 사이에서 유동한다. 4. 한 작품
들은 몇몇의 공연들을 받아들이기 때문에 관객의 주목은 전체로서의 특정한 공연
과 동일한 작품의 다른 공연 사이에서 유동한다. 5. 공연은 관객을 위한 것이기 때
문에 관객의 주목은 공연의 국면들과 자신의 삶의 국면 사이에서 유동한다. 6. 공
연들은 공연 공간에서 주어지고 공연은 외부를 가지기 때문에 관객의 주목은 공
연 공간 내에서만 일어난 것과 그 밖에서 일어났거나 일어날 수 있는 것 사이에서
유동한다. 폴 덤, 앞의 책, 262쪽.
49) 폴 덤, 앞의 책, 249쪽.

것이 아니라 주목하도록 되어 있다. 즉 주목하고자 하는 욕구가 그들 안에서 일어나야만 한다. 그렇기 때문에 공연자들은 관객들이 공연에 주목할 수 있도록, 주목을 유지할 욕구를 불러일으킬 수 있도록 모든 방법을 활용하게 된다. 이러한 소통의 방식은 대상으로 하는 관객에 따라 결정된다.

연극은 관객과 만나면서 완성되는 예술이다. 그렇기 때문에 연극에서 관객의 역할은 단순히 관람자로만 고정되지 않으며 연극의 수신자로, 연극을 함께 만들어가는 역할을 수행하게 된다. 관객에게 보여야만 의미를 가진다는 점에서 연극은 관객을 위한 행위라 할 수 있으며, 항상 어떤 종류의 관객을 지향한다. 이처럼 연극의 수신자로서 관객의 기능에 주목하여 관객을 중심에 놓고 그들의 반응을 고려하고, 소통을 의도하여 극작을 하는 것을 관객지향성이라 부를 수 있다. 관객지향성이라는 개념은 관객이라는 대상을 연극의 중요한 조건으로 놓는 것으로, 작가가 자신의 연극이 대상으로 하는 관객을 미리 설정하고, 그들의 기대를 고려하고, 그들과의 소통을 염두에 두고 극작을 하는 것이라 할 수 있다.

이러한 관객지향성의 문제는 유치진의 희곡을 이해하는 데 중요한 시각이 되는데, 유치진에게 관객은 연극을 구성하는 기본적인 조건으로, "관중을 떠난 연극을 상상할 수 업"[50]는 것이기 때문이다. 유치진은 "연극의 성불성(成不成)의 효과는 관중에게 대한 반응이 결정해주는"[51] 것으로 보았으며, "관중과 거리를 가진 연극은 연극으로서의

---

50) 「연극시평-창작희곡 진흥을 위하야」, 『조선일보』, 1935.8.8.
51) 유치진, 「세전극구락부 제1회 공연을 보고」, 『조선일보』, 1934.1.17.

패배"[52]라고까지 했다. "관중의 호흡은 직접 연극의 생명을 좌우하는
것"[53]이기 때문이다. 이처럼 유치진은 연극에서의 관객의 역할을 수
동적으로 이해하지 않고 적극적으로 공연을 만들어나가는 조건으로
놓고 있다. 그는 "감상자 업시도 소설과 시와 기타 모든 미술품은 존
재할 수 잇"지만 "관중 업는 연극은 절대로 성립될 수 업고 상상할 수
업"[54]다며 연극에서 관객의 존재가 중요하다는 점을 강조하였다. 다른
예술과 달리 연극에서는 "관객 대중을 떠난 극작가의 유아독존적 태
도가 전적으로 용납되기 어려"[55]우며, "극장은 이런 관중의 전 의사를
반영하고 지배하면서 생장"[56]해야 한다는 이러한 입장은 유치진의 연
극 활동을 일관하는 기본적인 바탕이 된다. 관객을 연극의 기본적인
조건으로 놓고 그들에게 수용되는 측면을 고려하여 극작을 하는 이러
한 관객지향성은 유치진 극작의 기본적 조건에 해당된다.

  유치진 연극의 관객지향성은 관객과의 소통이라는 측면과 교화를
추구한다는 점이 특징이다. "관람자가 연극의 일부분이 되어 관람자
가 빚어내는 분위기가 직접 무대상의 효과를 제약하고 그 효과가 반
향하야 다시 관람자 자신의 가슴을 감동시키"[57]는 관객과 무대 사이의
소통을 추구하였으며, 이를 통해서 그가 의도하는 교화의 효과를 얻
으려 했다. 관객과 충분히 소통하기 위해서 그들의 취향을 고려하고
있지만, 단순히 관객의 취향에 영합하는 것에 대해서는 부정적이었

---

52) 유치진, 「연극시평-창작희곡 진흥을 위하야」, 『조선일보』, 1935.8.8.
53) 유치진, 「연극시평-번역극 상연에 대한 私考」, 『조선일보』, 1935.8.8.
54) 유치진, 「연극의 대중성」, 9쪽.
55) 유치진, 「〈춘향전〉의 동경상연과 그 번안대본의 비평」, 『조선일보』, 1938.2.24.
56) 유치진, 「신극운동의 한 과제」, 『조선일보』, 1937.6.11.
57) 유치진, 「연극의 대중성」, 9쪽.

으며, 관객과의 교류를 통해 교화의 의도를 전하고자 하였다. 유치진은 연극이라는 장르 자체가 관객과 무대 사이에 활발한 교류가 가능한 장르라는 점에 주목했다. 그래서 관람자들의 심리에 영향을 미쳐 군중적 효과를 얻을 수 있는, "문학 중에서도 가장 공리적이고 직접적인 희곡을, 예술 중에서도 가장 행동적이고 현실적인 연극을 택"[58]해서 그들이 마음 놓고 즐길 수 있도록 하면서도 그 속에서 그들에게 교훈을 줄 수 있는 연극을 추구하였다. "이성의 힘을 말할 수 업시 강하게 하고, 순식간에 대중에게 일대광명을 던져줄 수 있는"[59] 연극의 교화적 측면이야말로 다른 예술은 따라올 수 없을 만큼 위용이 크고 박력이 억세다며 연극의 교화적 기능을 긍정하였으며, 일관되게 공리적이고 계몽적인 연극관을 유지한다.

　유치진의 관객지향성은 연극의 대상이 되는 관객의 취향을 고려하면서도, 관객이 원하는 방향을 따라가는 것이 아니라 그들을 자기가 원하는 방향으로 교화시키려 한다는 점이 독특하다. 즉, "후천적 교양이 업서서 생각이 단순하면 단순할사록 오락에 대하야서는 천성의 동심을 푸러노코 아모런 경계와 분색 업시 마음노코 즐길 수 잇"[60]도록 "예술을 민중에게 친교"키는 오락성의 측면을 고려해야 함을 강조하면서도, "한편으로 그 미(美)속에서 우리의 나아갈 바 한줄기의 '교훈'을 암시하는"[61] 교화적 측면에 목적을 둔다는 점이 유치진의 관객지향성이 보여주는 독특함이다. 관객과의 충분한 소통을 고려하면서 그

---

58) 유치진, 『동랑자서전』, 서문당, 1975, 101쪽.
59) 유치진, 「연극의 대중성」, 13쪽.
60) 유치진, 「연극의 대중성」, 12쪽.
61) 유치진, 「연극의 대중성」, 12쪽.

위에서 교화의 목적을 이루려 하는 것이 유치진의 관객지향성이다.

유치진이 극단 안에서 연극 활동을 지속하였다는 점과 극작가이면서 동시에 연출가라는 점은 그의 연극을 이해하는 데 중요한 전제가 된다. 극단에 소속된 일원으로서 극작을 한다는 것은 극단에 소속되지 않은 작가들보다 대상으로 하는 연극의 관객층이 구체적임을 의미한다. 그렇기 때문에 극작을 할 때 극단이 지향하는 방향이나 극단의 연극을 지지하는 관객층과 같은 조건을 고려해야 하는 것이 전제된다. 유치진은 관객을 연극의 기본적인 전제로 놓고, 일관되게 "대중 관객층을 획득하며, 극과 대중을 결합해야 하는가 하는 문제"[62]에 집중하고 있다. 이 때 유치진이 전제하는 관객은 실제관객이 아니라 유치진이 자신의 연극의 대상으로 상정한 관객 즉 내포관객이 된다. 유치진의 내포관객은 하나의 범주로 일관되는 것이 아니라 변화한다. 극연을 통해 처음 극작활동을 시작하던 1930년대 전반기 유치진의 내포관객은 신극관객이 된다. 그러나 신극관객의 한계를 의식하게 되면서 대중극을 즐기는 관객까지 포함한 대중극관객으로 내포관객이 확대하며, 다시 국민연극 시기에는 국민극관객을 내포관객으로 설정하게 된다.

일제강점기 유치진이 그의 연극 관객으로 상정한 내포관객은 세 차례 변화한다. 먼저 1930년대 전반기는 극예술연구회(이하 극연)의 신극관객을 대상으로 하고 있다. 신극관객이란 신극을 관람하는 관객이면서 동시에 신극수립에 관심을 가진 관객이다. 여기에서 신극이란 서양의 근대극으로, 특히 츠키지쇼게키쵸(築地小劇場)의 연극이 지

---

62) 유치진, 「연극영화전을 개최하면서」, 『동아일보』, 1931.6.20.

향한 연극[63]을 지칭하는 개념이다. 앙트완느로 대표되는 서구의 근대
극은 상업성이 예술작품의 가치를 좌우하는 현실을 비판하며, 예술은
각성된 아마추어 즉 엘리트들의 소유물이어야 한다는 입장에서 연극
의 오락성을 부정하며 예술로서의 연극운동을 전개한다. 연극에 대한
이러한 입장은 일본의 츠키지쇼게키쵸의 연극에 그대로 수용된다. 쓰
키지소극장의 대표적인 연극인인 오사나이 카오루(小山內薰)와 히지
카 요시(土方与志)는 입센 이후의 서구 근대극을 집중적으로 공연하
고, 이러한 경험을 통해 일본의 근대극을 수립하고자 했다. 이러한 신
극은 오사나이 카오루에 의하면 "가부키도 아니고, 신파극도 아닌 새
로운 연극"[64]으로, "이전의 가부키극이나 신파극과는 달리, 소시민층
의 진보적 부분의 연극적 욕구를 드러내는 비영업적이고 이상적이며,
예술적, 계몽적인 연극운동"[65]이다. 오사나이 카오루는 지유게키쵸
(自由劇場)의 실패를 되풀이하지 않기 위해 가부키나 신파극을 즐기
는 관객층을 부정하고, 자신들의 연극을 이해할 수 있는 젊은이들을
연극의 관객으로 삼아 일본 근대극을 수립해간다. 극연은 이러한 일
본 츠키지쇼게키쵸의 근대극에 대한 인식과 수립 전략을 받아들이게
된다.[66] 그들은 오락성 추구에 급급한 기존의 신파극과 같은 연극을

---

63) 일본연극사에서 신극이라는 용어는 1. '신극'이라고 하는 언어가 나타났던 메이지
    초기를 신극의 탄생으로 보고, 그 이후의 근대화 되어간 연극을 신극으로 보는 시
    각과, 2. 1910년 전후에 등장한 문예협회와 자유극장을 출발점으로 한 새로운 연
    극을 신극으로 보는 시각, 3. 1924년에 설립된 쓰키지소극장의 계보에 있는 연극
    을 신극의 시작으로 보는 시각이 있다. 曾田秀彦, 『小山內薰と二十世紀演劇』, 日
    本: 勉誠出版, 1999, 7頁.
64) 曾田秀彦, 前揭書.
65) 曾田秀彦, 前揭書.
66) 츠키지쇼게키쵸와 극예술연구회의 영향관계에 대해서는 김재석, 「일본의 「축지

부정하고, 새로운 극문화를 수립하는 것을 목표로 하였으며, 츠키지쇼 게키죠와 마찬가지로 기존의 신파극을 즐기던 관객 대신 자신들의 연극을 이해하고 함께 만들어갈 이상적인 관객을 그들 연극의 관객으로 요구하게 된다. 이러한 이상적 관객이 바로 신극관객이다.

유치진이 극연을 선택하면서 그가 대상으로 삼은 관객은 신극관객이 된다. 즉 유치진이 자신의 연극을 감상하는 대상으로 예상한 내포관객이 근대극 수립에 관심을 가진 극연의 관객, 즉 신극관객인 것이다. 유치진은 이들 신극관객을 내포관객으로 설정하고, 이들과의 소통을 의도하여 극작을 하게 된다. 이러한 신극관객은 조선에서 신극의 필요성을 인식하고 이를 함께 만들어가는 관객이 되며, 이들 신극관객들과의 소통에 대한 고려가 1930년대 전반기 유치진 극작술의 토대가 된다.

현실적인 고려로 극연을 선택하고, 극연의 신극관객을 내포관객으로 했던 유치진이지만, 점차 신극관객을 대상으로 하는 극연의 아마추어적 방식에 대해 한계를 느끼게 되면서 내포관객을 대중극관객으로 확대하게 된다. 이렇게 내포관객이 변화한 것은 유치진에게 지식인관객이 더 이상 의미가 없어졌기 때문이 아니라, 지식인관객만을 대상으로 했을 경우의 한계를 인식하였기 때문이다. 유치진은 처음부터 연구자적인 단계를 거쳐 대중관객층을 획득하는 문제에 집중할 필요가 있음[67]을 밝히고 있기 때문에 관객층의 변화는 이전부터 그가 가지고 있던 구상에 의한 것이라 할 수 있다.

소극장」이 한국연극에 미친 영향 연구」, 『어문학』 73, 한국어문학회, 2002 참조.
67) 유치진, 「연극영화전을 개최하면서」, 『동아일보』, 1931.6.21.

대중극관객이란 연극을 오락으로서 소비하는 관객층을 말한다. 구체적으로는 동양극장과 같은 상업극단의 연극을 즐기는 관객이다. 동양극장의 관객은 "토-키를 보아낼 수 없고 또 그렇다고 제3, 4류 극장 해설자 있는 상설관에 가길 싫구한 손님들로, 말하자면 화류계에 있는 여성들, 또 거기 따르는 할양 손님들이 토-키를 보하 낼 재주가 부족하니까 연극을 구경하러 오는 주머니는 튼튼한 손님들"[68]이다. 여기에 더해 학생들과 부인들처럼 경제적 능력이 있어 연극이라는 새로운 문화를 즐기고자 하지만 지나치게 어려운 것은 좋아하지 않는 관객들이다. 즉, 대중극관객은 연극을 통해 어떤 문화를 만들어가는 의식을 가진 존재가 아니라, 단순히 새롭게 등장한 근대적 문화인 연극을 즐기고 싶어 하는 대상이다. 연극이라는 새로운 문화에 관심을 갖고 있지만, 지나치게 진지하거나 어려운 내용은 피하는 그런 관객인 것이다. 이러한 대중극관객은 유치진의 표현에 의하면 "높은 교양을 추구하는 관객"과 함께 "野한 취미에 빠져 있는 관중"까지도 포함하는 개념으로, "무식한 사람이나 유식한 사람을 물론하고 모든 계급의 사람"[69]이 된다. 1930년대 중반 이후부터 유치진이 이들 대중극관객을 내포관객으로 설정하게 되면서, 이들을 고려하여 극작술의 변화를 모색하게 된다.

1940년대의 유치진은 국민연극론을 수용하게 되면서, 국민연극이 요구하는 대로 국민극관객을 내포관객으로 하게 된다. 연극의 외적 조건들이 주어지고, 그 조건이 요구하는 관객을 내포관객으로 설정하

---

68) 「映畵와 演劇」 協議會, 「었더케 하면 半島 藝術을 發興케 할가」, 『삼천리』 10권 8호, 1938.8.
69) 유치진, 「대중성의 개척」, 『조선중앙일보』, 1935.7.7.

게 된 것이다. 이 시기의 국민극관객은 국민연극의 관객으로 동원되는 관객을 말한다. 동원된다는 것은 관객 스스로의 의지로 연극을 선택할 수 있는 것이 아니라 어떤 목적을 위해 봐야하는 의무가 주어지는 것을 말한다. 동원된 관객 혹은 무료 관객은 공연 자체를 즐기려는 생각을 가진 관객들과는 다르다.[70] 이들은 스스로의 취향에 맞는 연극을 골라 볼 수 있는 자유가 제한된 관객이며, 스스로의 의지로 연극을 선택하고 입장료를 지불한 관객이 아니기 때문에 적극적으로 연극을 즐기려는 의지가 상대적으로 약한 관객이다. 반면에 관객층의 범위는 넓어지게 된다. 극장을 찾을 수 있는 경제적 여유가 있는 특정한 계층이 아니라 일반 국민을 포괄하는 개념으로 확장되는 것이다.

　　과거의 신극은 일부 한정된 지식계급이 관객의 대상이었으나, 지금의 국민극은 지식층에 한정되는 것은 아니며, 모든 계급을 포함하는 일반국민이 그 대상이 되지 않으면 안 된다고 생각한다.[71]

국민극관객은 신극이나 대중극관객에 한정되는 것이 아니라, 모든 계급을 포함하는 일반 국민이다. 유치진은 "낡은 체제의 감정의 잔재가 아즉도 남어 잇는 관중을 대상으로 국민국가의 국민"[72] 되기를 가

---

70) 글렌 윌슨(『공연예술심리학』, 연극과인간, 2000, 96쪽)에 의하면 입장료는 진지한 관심이 있음을 증명하는 투자이고, 티켓이 비싸면 비쌀수록 관객들은 더욱 더 투자한 만큼의 이익을 얻으려 하는 경향이 있다고 한다. '인지적 불일치'라고 불리는 효과를 다룬 많은 실험은 관객이 돈을 지불하지 않은 공연에서 덜 감상적이라는 가정을 얻는데, 이는 심리치료에서 효과를 보기 위해서 필요한 조건이 바로 환자가 지불해야 하는 돈의 액수라는 것과 같은 원리라는 것이다.
71) 편집부, 「新劇 〈黑龍江〉 公演報告」, 『삼천리』 13권 7호, 1941.7.
72) 함대훈은 국민연극의 관객을 "국민극의 민중이란 넘우나 막연한 대상을 여기서는

르쳐야 하는 과제를 수행하기로 한다. 국민극관객을 내포관객으로 삼아 일본이 국민연극을 통해 만들어 내려 한, 코쿠민(國民)으로서의 역할을 깨닫고 국민국가 건설에 기여할 수 있는 존재로 관객을 교화시키려 한다.

유치진이 연극의 관객으로 상정한 내포관객은 변화한다. 이러한 내포관객의 변화는 유치진 희곡의 변화 계기를 이해하는 데 있어 중요한 근거가 된다. 유치진은 극작뿐 아니라 연출을 병행했기 때문에 그의 희곡이 공연을 통해 관객과 만나는 과정을 직접 경험할 수 있었다. 유치진은 1933년 극연 3회 공연의 연출을 맡은 것을 시작으로 해서 100여 편에 이르는 작품을 연출한다. 이는 유치진이 희곡 창작 과정에서 의도한 것이 실제 공연 과정에서 관객에 어떻게 수용되는지, 공연에 대한 관객의 반응을 직접 목격하는 것이 가능했다는 것을 의미한다. 즉 내포관객과 실제관객의 차이를 직접 경험할 수 있었던 것이다. 유치진 연극의 변화는 이러한 내포관객과 실제관객 사이의 차이를 줄이기 위한 모색의 과정에서 나타나게 된다. 자신이 구축하려는 이상적 관객과 실제 공연을 관람하는 관객 사이의 거리를 넘어서려는 시도가 새로운 내포관객을 만들게 되고, 이는 유치진 희곡의 변화로 나타나게 된다는 것이다. 이러한 관객의 문제는 유치진의 연극을 이해하는 데 중요한 조건이 된다.

이 글은 유치진이 자신의 연극의 대상으로 삼았던 내포관객의 변화를 토대로 해서 일제강점기 유치진 희곡의 시기를 나누고 그 변화를

국가정신을 참으로 이해하는 민중으로 고쳐야 할 것"이라고 했다. 함대훈, 「국민연극의 현단계-현대극장 결성과 금후진로-」, 『조광』 67, 1941.5.

내포관객과의 관계 속에서 설명하기로 한다. 내포관객은 신극관객을 대상으로 했던 시기와, 대중극관객을 대상으로 했던 시기, 국민극관객을 대상으로 했던 시기로 나누며, 각 장의 1절은 작품 분석을, 2절은 연극계 상황과 관련해서 유치진의 의도를 분석하기로 한다.

먼저 신극관객을 내포관객으로 한 시기에는 〈토막〉을 비롯해 〈버드나무 선 동리의 풍경〉, 〈수〉를 대상으로 논의를 전개하기로 한다. 신극관객과 함께 당시 식민지조선에 적합한 신극을 모색해가던 유치진의 고민과 지향을 중심으로 논의를 전개할 것이다. 다음으로 연극을 오락으로 소비하는 대중극관객을 내포관객으로 삼았던 시기에는 〈소〉, 〈당나귀〉, 〈제사〉, 〈자매〉, 〈춘향전〉, 〈개골산〉, 〈부부〉를 대상으로 한다. 연극을 오락으로 즐기는 대중극관객을 대상으로 하게 되면서 그들에게 익숙한 극작술을 구사하면서도 의미 있는 교훈을 주고자 했던 유치진의 전략을 드러내고자 한다. 마지막으로 국민극관객을 내포관객으로 선택했던 시기에는 〈흑룡강〉과 〈북진대〉, 〈대추나무〉를 대상으로 한다. 자발적인 관객이 아니라 국민연극에 동원되는 관객을 대상으로 한 만큼 관객들의 거부감을 줄이기 위해 유치진이 구사했던 전략과 효과를 설명하고자 한다.

일제강점기에 발표된 유치진의 희곡 전반을 대상으로 하지만, 〈바보치료〉[73]는 대상에서 제외하기로 한다. "바보 병에 걸린 한 학생을 등장시켜서 그 학생을 해부 치료하는 데서 학교 교육 내지 학생 자체의 결함을 풍자한"[74] 〈바보치료〉는 창작이 아니라 한스 작스 원작의

---

73) 『조선일보』, 1933.3.15.
74) 유치진, 「학교 교육과 연극-배재 연극을 앞두고」, 『조선일보』, 1933.1.11-12.

희곡을 개작한 작품이며, 작품의 전체적인 내용을 확인할 수 없다는
점[75]에서 한계가 있기 때문이다. 라디오 드라마 〈룸펜 인텔리〉[76]와 시
나리오 〈도생록〉 또한 대상에서 제외한다. 라디오 혹은 영화를 목적
으로 창작된 작품이라는 점에서 매체도 다르고, 대상으로 하는 관객
도 차이가 있기 때문이다. 대상 텍스트는 최초로 지면에 발표된 작품
으로 하며,[77] 개작된 작품의 경우도 초판본을 대상으로 한다.

관객의 문제를 중심으로 유치진 희곡의 극적 전략과 변화에 대해
논의할 경우 기존과는 다른 시기 구분이 가능해진다. 그동안 유치
진 희극은 〈토막〉에서 〈소〉까지를 초기 사실주의 극으로 분류[78]하며,
〈소〉 이후 시대적 상황의 악화로 인해 현실의 문제를 다루는 것이 불
가능해지면서 〈당나귀〉(1935)와 같은 낭만적인 경향의 작품을 발표
하게 된 것으로 보는 것이 일반적이었다.[79] 그러나 '소사건'이 존재하

---

75) 1933년 3월 15일 『조선일보』에 연재된 2회 분만 확인될 뿐, 정간 등의 이유로 나
    머지 내용은 확인할 수 없다.
76) 『조선일보』, 1933.5.23-26. 〈룸펜 인텔리〉에 대한 자세한 내용은 서재길의 「한국
    근대 방송문예연구」, 서울대 박사학위논문, 2007, 125-131쪽 참조.
77) 1992년 『동랑 유치진 전집』 1-9(서울예대출판부, 1993)이 간행되어 유치진의 희
    곡과 시나리오를 포함해 연극론, 자서전까지 소개하고 있으나, 원본과 다른 점이
    많아 처음 유치진이 작품을 발표할 당시의 모습을 정확하게 읽을 수 없다는 점에
    서 한계가 있다.
78) 유민영, 『한국현대희곡사』, 홍성사, 1982. 서연호, 『한국근대희곡사』, 고려대출판
    부, 1994. 이상우, 『유치진 연구』, 태학사, 1997.
79) 이러한 관점은 유치진 스스로 소위 '소사건' 이후 당나귀와 같은 낭만의 세계로 옮
    겨가게 되었다고 밝히고 있다는 점에서도, 소재적 측면에서도 〈소〉가 〈당나귀〉 이
    후의 작품들이 뚜렷하게 구별된다는 점에서도 설득력 있게 받아들여지고 있으며,
    "리얼리즘극에서 출발했으나 일제의 탄압에 굴복해서 사실과 낭만을 결합한 역사
    극으로 도피하였다"(김성희, 「유치진의 초기 리얼리즘극 연구」, 『드라마연구』 24,
    한국드라마학회, 2006.6, 72쪽)라는 시각은 최근의 연구에까지 이어지고 있다.

지 않았으며, 무엇보다 〈소〉와 〈당나귀〉가 같은 날 연재를 시작[80]했다
는 사실을 고려하면 〈소〉 이후 일제의 압력으로 인해 〈당나귀〉의 세
계로 옮겨가게 되었다는 기존의 시각은 재고될 필요가 있다. 이러한
점에서 유치진 희곡은 새롭게 연구될 필요가 있고, 관객지향성의 시
각은 당시 연극계 상황과 극단의 지향 사이에서 유치진의 선택을 읽
어내고 유치진 희곡의 변화 계기를 드러낼 수 있는 유용한 방법이라
할 수 있다.

　1장은 연구의 대상을 일제강점기의 유치진 희곡과 연극론으로 한
정한다. 〈토막〉에서부터 〈대추나무〉에 이르기까지 발표된 희곡과 연
극론을 중심으로 논의를 진행하려 한다. 일본 연극을 통해 연극을 접
하면서 연극에 대한 시각을 형성하고, 변화의 계기를 마련해 갔던 일
제강점기 연극과 미국 연극의 영향을 집중적으로 받게 되는 해방 이
후의 작품은 나누어서 논의하는 것이 효과적이라고 판단하였기 때문
이다. 그리고 그동안 주로 국내의 상황 안에서 논의되어왔던 연구의
폭을 일본 연극계로까지 확대하여 유치진의 선택과 의도를 보다 더
선명하게 규명하고자 한다.

---

80) 〈소〉는 1935년 1월 30일부터 2월 22일까지 『동아일보』에, 〈당나귀〉는 1935년 1
　　월 30일부터 2월 6일까지 『조선일보』에 각각 연재된다.

II.

신극관객 대상 설정과
민족현실의 모순 폭로

신극관객에 대한 이성적 접근

1. 피해자형 인물을 통한 공동연민의 자극

예술이란 민중을 도외시하고는 그 생명을 존속하지 못한다며 민중을 본위로 한 연극을 추구하던 유치진이지만, 극예술연구회를 선택하면서 유치진이 대상으로 하는 관객은 신극관객이 된다. "단절과 이식을 근간으로 했던 일본 축지소극장의 극대극 인식과 수립 전략을 받아들인"[1] 극연은 새로운 극문화의 수립을 목표를 했으며, 기존의 신파극을 즐기던 관객 대신 자신들의 연극을 이해하고 함께 만들어갈 이상적인 관객을 그들 연극의 관객으로 요구하게 된다. 극연을 통해서 극작활동을 시작한 만큼 유치진이 대상으로 하는 내포관객도 신극수립이라는 극연의 방향에 관심을 가진 신극관객이 된다. 그렇기 때문

---

1) 김재석, 「일본의 「축지소극장」이 한국연극이 미친 영향 연구」, 『어문학』 73, 한국어문학회, 2001.6.

에 새로운 극문화 수립이라는 극연의 목적에 맞게 조선의 현실을 다
루면서, 극연의 관객인 "민중교화의 사회적 책임을 지닌 지식계급"[2]
과 소통할 수 있는 연극이 요구되었다.

　1930년대 전반기의 유치진은 이들 신극수립에 관심을 가진 신극관
객을 대상으로 작품을 구상하게 되었고, 이들 신극관객과의 소통을
고려해서 피해자형 주인물을 등장시켜 공동연민을 자극하는 방식을
선택하고 있다. 문제적 현실을 드러내는 피해자형 인물은 관객의 공
동연민을 자극하고, 현실에 대한 문제의식을 공유하도록 하여 문제적
현실을 개선하려는 노력에 동참하도록 유도하기 위한 방식이다.

　유치진의 첫 작품이며 극연의 첫 창작극 공연이기 도 한 〈토막〉에
서 유치진은 관객들의 공동연민을 끌어내기 위해 빈곤으로 고통을 겪
는 가족을 주인물로 선택하고 있다. "오양깐같이 누추하고 음습한" 토
막집[3]에 사는 토막민 명서 일가는, 늙은 어미와 병신인 딸 그리고 병
든 아버지라는, "사람가튼 사람은 아모도 업는, 늙은이와 병신"[4]만 남
은 가족이다. 이러한 처지는 돈을 벌기 위해 일본으로 떠나는 삼조와
명서가 주고받는 대화 속에 그대로 드러나고 있다.

2) 김광섭, 「실험무대에 바라는 바」, 『동아일보』, 1933.11.14.
3) 현민(「제3회 극연 공연을 보고」, 『조선일보』, 1933.2.13-2.17)이 언급한 것처럼 극
　의 제목인 토막은 도시빈민인 토막민들이 만들어 사는 집으로, 땅을 파고 온돌을
　놓아, 거적 등으로 지붕과 출입문을 만든 집을 말한다. 이러한 토막이라는 제목은
　"도시의 최하층에서 비참과 혼잡과 불결을 특색으로 하는 토막부락"(京城帝大衛生
　調査部編, 『土幕民の生活・衛生』, 岩波書店, 1942, 135-142쪽. 김경일, 「일제하 도
　시 빈민층의 형성」, 『사회와 역사』 3, 한국사회사학회, 1986.12, 205쪽 재인용)이
　라는 극의 공간적 배경이면서 농촌에서 유리되어 도시 빈민으로 전락할 수밖에 없었
　던 당시 하층민의 현실을 상징하는 장치이기도 하다.
4) 유치진, 〈토막〉, 『문예월간』, 1931.12, 37쪽.

명서　삼조야 이 집을 한번 둘러보아라. 여긔에는 사람가튼 사
　　　람은 아모업다. 그애 어미는 늘거이러치 저 금녀는 금녀 제
　　　대로 병신이지 그우에 나싸지 신병으로 이 멧해를 두고 그
　　　들의 숨갑븐 짐이 되여 잇지. 대체 이걸 집이라겟나 무덤이
　　　라겟나.……

삼조　말 마세요. 산지옥이예요. 말하시지 안트래도 본 대로 드른
　　　대로 다 전하죠. 밧버서 그만 써나겟서요.

명서　절믄놈들은 제 조흘대로 멧두기색기들가치 다들 쮜어가버
　　　리고 말면 이 나라에 무엇이 남는단 말이냐. 늘근이와 병신!
　　　결국 쓰러기통이다. [5]

　노동 능력이 있는 젊은 삼조는 돈을 벌기 위해 무덤 같은 토막을 떠
날 수 있지만, 늙고 병든 명서 가족은 "쓰레기통"과도 같은 토막을 떠
나지 못하고 무덤 같은 현실을 살아가야 하는 상황이다. 하층민의 생
활이 그들의 노동능력과 밀접한 상관관계가 있다는 점[6]에서 다년의
병고로 침울한 성격마저 지니게 된 명서와 그의 늙은 처, 곱사인 딸이
라는 명서네 가족구성은 이들의 노동능력이 없음을 보여주며, 최하층
민임을 보여주는 설정이라 할 수 있다. 이들은 스스로의 힘으로는 무
덤 같은 현실을 빠져나올 수 없다. 유치진은 '쓰레기통'이며, '무덤'과
같은 토막에 사는 사람들을 선택해서 그들의 비참한 상황을 그대로

---

5) 유치진, 〈토막〉, 1931.12, 37쪽.
6) 하층민의 생활 상태는 가족구성과 밀접한 상관관계가 있다. 이들이 영위하는 노동
　은 대부분이 단순 육체노동이기 때문에 생계를 위해서는 가능한 생계 활동에 노동
　능력이 있는 가족 노동력을 모두 동원하려고 하며 따라서 가족 구성원의 수가 많아
　질수록 수입이 높아지는 경향을 보인다. 김경일, 앞의 글, 243쪽.

보여주는 것으로 관객의 공동연민을 유발하고 있으며, 그들을 이러한 현실에서 구할 수 있는 힘이 필요하다는 문제의식을 관객들이 공유할 수 있도록 유도하고 있다.

극은 무덤 같은 토막에 살고 있는 명서네 가족에 이어 그러한 토막에서조차 내몰리는 경선 가족을 등장시키고 있다. 장리쌀을 가져다 먹은 것 때문에 집이 경매로 넘어가게 된 경선 가족은 명서네보다 오히려 못한 처지이다. 그러나 명서 가족과 달리 경선은 희극적인 인물로 그려 극의 분위기를 이완시키며, 뒤에 이어지는 비참한 처지에 대한 연민을 강화시키도록 의도하고 있다. 아내의 매를 피해 도망 다니면서도 오히려 허세를 부리는 남편과, 남편에게 폭력까지 휘두르는 억센 처라는 역전된 관계 설정은 극의 무거운 분위기를 누그러뜨리며 이 웃음을 유발한다. 마누라의 기척에도 무서워하고 도망 다니는 남편과 그러한 남편을 쥐 잡듯 하는 "뚱뚱하고 앙탈구진" 억척 부인이라는 설정은 극의 분위기를 가볍게 하면서도 극이 제시하는 문제를 강하게 인식시키는 효과를 얻는 데 유용하다.[7] 경선은 외적으로 드러나는 외모나 행동은 희극적이지만 그 내면에는 비극성을 지니고 있는 인물이다.[8] 극에서 경선은 희극적인 존재로 분위기를 이완시키지만 동

---

7) 실제 공연에서도 경선의 역할은 극의 분위기를 반전시키면서 극이 제시하는 문제를 강하게 인식시켰다는 평가를 받았다. 현민(「제3회 극연 공연을 보고」)은 〈토막〉의 연기는 대체로 무난했으나, 특히 빵보 역할의 배우의 연기, '삐뚜러트린 고개, 뒤굴니는 눈, 끄츨 길게 빼는 말씨는 모든 것이 잘 빵보의 성격을 나타내엇다'고 기록하고 있다.

8) 경선이 극에서 구사하는 대사는 바보스러운 그의 이미지와는 달리 지적(知的)이다. 경매로 집을 잃게 되자 내뱉는, "이 헐버슨 태자여 인제는 어데로 가사오리까? 어데로 가사오리까⋯⋯온 세상을 헤매오리까?"(〈토막〉, 1931.12, 39쪽), "가진 것이 없으니 빼앗길 염려가 없으니 줄창 마음은 푸근하고 푸근한 마음에는 언제 죽어

시에 토막에서조차 내몰리는 하층민의 가난한 현실과 연결되면서 비
극성을 드러내고, 결국 관객들의 연민을 강화시키는 기능을 수행한다.

남편을 구박하던 억척스럽던 경선의 처야말로 극에서 현실의 비참
함을 가장 잘 보여주는 존재이다. 극 초반에 경선의 처는 억척스럽고
생활력이 강한 전형적인 하층여성의 모습을 보이지만, 장리쌀 가져다
먹은 것이 원인이 되어 토막을 잃게 되자 이전의 생활력 강한 모습은
사라지고 모든 희망을 잃고 삶의 의지마저 놓게 된다.

> 경선의처　　내 정신까지? (히스테릭한 비우슴) 힛ㅅㅅㅅ 마젓서! 우
> 리집 항아리 낸비 쓸부 집터를 쓰러갈째에 몰르고 내 정
> 신까지 가저간거지. 이 등신만 남겨두고. 웨 이 등신을-
> 이 추한 등신을-가저가지 안햇슬가……심사는 괴악하
> 지. 영녕코 이건 괴악한 심사이다. 이 드러운 등신만 내
> 게 남겨두고 간 것은……[9]
>
> 경선의처　　(서슬이 시퍼렇게) 미치구말구. 아 미치구 살겟수? 난
> 놈들을 찾아가서 부르짖을 테여. 이 등신마저 집행해 가
> 라구.
>
> 경선의처　　(눈물을 거두며) 금녀 어머니, 이, 이 더러운 등신을 어
> 디다 쓰고, 어디가 버리겠수. 사람의 껍질을 쓰구서 개만
> 도 못한 이등신을……[10]

도 유언할 필요가 없으니 말이야. 이렇게 희한한 사람살이가 또 어디에 잇겟는가"
(〈토막〉, 1932.1, 41-42쪽), 그리고 고향을 잊지 말라는 명서의 말에 "그보다 난 나
두 사람이거니 하는 생각이나 잊지 말았으믄 좋겠네 그려"(〈토막〉, 1932.1, 43쪽)라
는 대사는 외적으로 드러나는 희극성 이면에 존재하는 내면의 상태를 보여준다.
9) 유치진, 〈토막〉, 1932.1, 38쪽.
10) 유치진, 〈토막〉, 1932.1, 38쪽.

극 초반에는 남편보다 억세고 생활력이 강했던 경선의 처였지만, 집행관에게 집을 빼앗기고 가족이 흩어지게 되자 혼마저 빼앗긴 상태가 된 것이다. 결국 모든 것을 잃고 남의 집 부엌 한쪽에 몸만 겨우 의탁하면서 끼니조차 얻어먹어야 하는 경선 처의 처지는 최하층에 속한 민중이 그곳에서조차 내몰리는 현실을 보여준다. 극에서 경선의 처는 현실의 가장 비참한 피해자로, 경선의 처가 내뱉는 분노는 모든 것을 다 잃어야 하는 하층민의 처지를 잘 보여준다.[11]

극에서 민중들의 처지에 대한 불만은 경선의 처를 통해 가장 직접적으로 토로된다. 특히 장리쌀을 가져다 먹은 것을 갚지 못해 모든 것을 잃게 된다는 것은 도와줘야 하는 기관이 오히려 이들을 더 심각한 가난 속으로 몰아넣고 있음을 보여주는 것으로, 가난을 가속화시키는 구조적 문제를 보여주는 설정이다. 이는 명수가 하고자 했던 일과도 연결되는 설정으로, 관객들에게 이들의 가난이라는 문제가 개인적인 결함에 있는 것이 아니라 구조적인 문제에 있음을 인식시키기 위한 것이다.

극은 표면에 명서일가와 경선일가를 피해자형 인물을 등장시켜 관객의 공동연민을 자극하고 있지만, 그 이면에 명수라는 존재를 배치하여 끊임없이 주목하도록 유도하고 있다. 극에서 명수는 직접 등장하지 않지만 사실상 극을 지배한다. 명수는 집안을 가난에서 구하기 위해 일본으로 돈을 벌기 위해 떠났지만 재작년 겨울부터 소식이 끊

---

11) 현민(「제3회 극연 공연을 보고」)은 "거지로 몰락하야 최명서의 집 마당에 거적을 치고 사는 경선의 처의 처참한 꼴 그것은 오늘의 조선여인들의 한 빈궁적 표현이며, 모든 것을 일혼 자에게 남는 것은 '악'이며, 號泣이요 절규요 뼈에 사모치는 부르지즘"이라며 경선처가 비참한 현실을 가장 잘 보여주고 있다고 평가하고 있다.

어진 상태이다. 가족들은 그들의 유일한 희망인 명수가 돈을 벌어서 돌아오기만을 기다린다. 이러한 기다림이 있기 때문에 가족들은 현실의 고통을 견딜 수 있었다. 하지만 명수는 끝내 살아서 돌아오지 못하고 백골로 가족들 품에 돌아오게 된다. 명수의 주검을 확인한 가족들이 보여주는 절망은 자연스럽게 명수가 무엇 때문에 죽어야 했는지, 죽음의 이유에 대한 의문으로 이어지게 된다.

극은 늙고 병든 명서 일가의 유일한 희망인 명수의 존재를 계속해서 부각시킨다. 이것은 명수의 역할과 죽음의 이유를 관객들에게 인식시키기 위함이다. 극 초반에는 가난한 가족들을 위해 돈 벌기 위해 일본에 갔다는 정도로만 명수에 대한 정보가 주어진다. 그러다가 점차 물건을 훔치다가 감옥에 갇혔다는 동장이 이야기와 달리, "우리도 일평생을 이런 토막사리에 죽지 말고 좀 더 잘 사러보겟다는" 해방운동이라는 훌륭한 일을 하다가 죽었다는 것이 드러난다. 그러면서 명수의 존재는 단지 명서 일가를 구원할 아들로서만이 아니라 토막민을 구원할 대상으로 존재 의미 영역이 확장된다. 그렇기 때문에 명수가 죽음을 각오하면서까지 하려고 했던 해방운동을 계속하는 것이, 명수 가족을 비롯한 토막민을 무덤과 같은 현실에서 구할 수 있음을 관객들에게 인식시키는 것이다.

> 금녀 ……설사 옵바가 감옥엣 주거나오신대도 조금도 서러워
> 할 것은 업서요. 데이려 우리의 자랑이얘요. 옵바는 우리
> 의 이 토막을 위하야 온 세계의 토막속에서 굼주리고 잇
> 는 불상한 사람을 위하야 싸웟담니다. 옵바는 이 나라의
> 용감한 청년의 한사람이람니다. ……병드신 아버지를

구하시려고 늘그신 어머니를 도우시려고 이 병신 나를
살리려고 옵바는 장차 큰 성공을 하여가지고 꼭한번 이
토막을 차저오신담니다. 그야 아마 전보다 몇배나 튼튼
한 장부가 되여서 차저 오신담니다.

금녀   아무럼 이 굼주린 나라에서 귀가 날 것이예요.
이웃여자 ……그러면 금녀네는 쑤아리 파노라고 거리거리고 썰고
         단일 필요도 업고 나는 암닭 궁둥이만 뒤다보다가 것늘
         글터도 업고……[12]

 금녀는 명수가 큰 성공을 하여 토막을 찾아올 거라고 믿는다. 물론
금녀가 기다리는 것은 죽은 명수가 살아서 돌아올 것이라는 헛된 기
대는 아니다. 금녀는 명수와 같은 문제의식을 가지고 자신들을 토막
에서 구원해 줄 이 나라의 용감한 청년을 기다리겠다는 것이다. 유치
진이 명수라는 존재를 극에 직접 등장시키지 않고 인물들 사이의 이
야기를 통해서만 부각시킨 것은 검열의 문제를 의식했기 때문이다.
그러면서도 명수라는 청년은 가족을 가난에서 구하기 위해 목숨을 바
친 이 땅의 용감한 청년이며, 또 이들 명서 일가와 같은 가난한 민중을
구원해 낼 '새로운 힘'을 상징하는 존재로 드러내기 위한 설정으로 볼
수 있다.
 극은 명서일가와 경선일가로 대표되는 가난한 민중을 등장시켜 그
들의 비참한 처지를 보여주어 관객들의 공동연민을 자극한다. 무엇보
다 이들을 가장 밑바닥으로 내모는 존재가 "집달리"와 경찰이라는 설

---

12) 유치진, 〈토막〉, 1932.1, 47-48쪽.

정은 이 작품이 문제 삼는 가해자의 실체를 짐작하게 한다. 극에 직접 등장하지는 않지만 경선일가를 토막에서 조차 내모는 집달리나 명서 일가의 유일한 희망이었던 명수를 죽음으로 내모는 경찰이라는 설정은 이 극이 표출하는 강렬한 분노의 대상이 어디에 있는지를 암시한다. 이는 또한 그들 스스로의 힘으로는 그러한 현실에서 벗어날 수 없는 처지라는 것을 보여준다. 그들은 더 밑으로 내려갈 수는 있지만 스스로 그러한 현실을 벗어날 힘을 가지고 있지 못하다. 그들에게 유일한 희망은 명수와 같은 존재이다. 유치진은 이들을 토막살이에서 구원해 줄 존재인 명수를 직접 등장시키지 않음으로 명수의 역할을 한 개인으로 고정하지 않고, 극을 관람하는 관객들이 그 역할을 이어가도록 의도 한 것이다.

극연 5회 정기공연(1933. 11. 28-30, 조선극장) 작품인 〈버드나무 선 동리의 풍경〉 또한 가난 때문에 죽음과 같은 절망적 상황에 놓이게 되는 피해자형 인물들이 등장한다. 그 중심에는 가난 때문에 딸을 팔아야 하는 가족이 있으며, 배고픔을 면하기 위해 칡뿌리라도 캐기 위해 산에 갔다가 떨어져 죽은 아들을 둔 가족이 있다. 송아지 값만도 못한 돈을 받고 딸을 팔아야하는 어머니와, 할머니, 그리고 칡이라도 캐려고 산에 갔다가 결국 돌아오지 못하는 덕조와 기다리는 덕조 어머니, 그리고 이웃 사람들 모두 가난한 현실에 놓인 피해자형 인물들로, 이들은 최소한의 삶의 조건도 허락되지 않은 현실을 살고 있다.

劇藝術研究會
第5回公演

11月28日(火)
29日(水)
30日(木)
每夜七時

朝鮮劇場

〈버드나무 선 동리의 풍경〉 공연 팸플릿

극의 주인물은 돈 때문에 기생으로 팔려가는 계순이다. 그러나 계
순은 가축처럼 팔려가면서도 자신의 처지를 서러워하기보다 오히려
새 옷 입기를 기다리며 몸 달아 하고, 서울에서의 생활을 동경한다. 계
순은 가족을 떠난다는 것은 조금 서럽지만, 오히려 "죽도록 일만 시켜
먹곤 본 척 만 척 하는"[13] 동리를 떠날 수 있다는 사실에 설레어 한다.
할머니의 말대로 "산 설고 물 선 데 가 보면" 고향이 그리워질 수도 있
겠지만, 지금의 계순에게 고향은 벗어나고 싶은 가난한 현실일 뿐이
다. 계순의 동무인 두리 또한 팔려가는 계순의 처지를 오히려 부러워
하며 샘을 내기까지 한다.

두리   (맨발 계순이를 보고 달려와서) 이년아 계순아 너 서울로 팔

---

13) 유치진, 〈버드나무 선 동리의 풍경〉, 『조선중앙일보』, 1933.11.1.

려간다지?

계순   (아주 자랑껏) 암! 난 머리 빗고 옷 가라입고서 오늘 해오름
        막차로 떠난단다. 우리어머니는 내가 입고갈 옷을 차즈러 읍
        내 장엘갓서. 참 조흔비단 옷이래.

두리   (부러워서) 에그 이년아 엇저면! 너는 땡잡앗구나! 조흔옷
        입고 조흔밥 먹고 조흔 구경하고 그리고 게다가 돈은 돈대로
        말할수 없시 벌겟지-
        꿩먹고 꿩알먹고 꿩털에 눈 닥는더더니 그말이 꼭 너를 두고
        한 말이로구나.

계순   이년아 넘우 그렇게 부러워 하지 마러라. 괘-니 눈에 독오르
        겟다.

두리   아이구 어쩌면! 어쩌면 (부러워서 듯이 가려워 못백이겟다
        는 듯이 머리만 썩썩 글그며 우물로 가버린다)[14]

계순이는 돈 때문에 팔려가게 되었지만 가난한 집과 마을을 벗어나
게 되었다는 사실에 오히려 좋아한다. 죽어라 일만 시키고 겨우 도토
리묵으로 끼니를 때우게 하는 가난한 마을이 싫은 것이다. 그래서 팔
려가는 자신의 현실은 제대로 보지 못하고 서울이라는 도시에 간다
는 사실이 설레고, 좋은 옷을 입고 분도 바른다는 것에 대해 기대만 한
다. 계순의 친구 두리도 그런 계순의 처지를 부러워한다. 이들에게 고
향이란 배고픔만 있는, 그래서 벗어나고 싶은 그런 공간일 뿐이다. 명
선은 계순을 부러워하는 두리를 타박하며 계순의 처지가 부러워할 게
못 된다고 이야기 하지만 남아 있는 사람들의 처지 또한 다를 바 없음

---

14) 유치진, 〈버드나무 선 동리의 풍경〉, 1933.11.1.

알고 있다. 팔려가는 사람이나 남은 사람 모두가 마찬가지인 것이다.

계순은 서울만 가면 좋은 옷에 좋은 밥을 먹고, 좋은 구경도 하고 많은 돈까지 벌 수 있다는 순진한 기대를 한다. 이러한 잘못된 기대는 물론 세상을 제대로 알지 못하는 무지에서 오는 것이지만, 한편으로는 이들 스스로가 얼마나 간절히 가난한 마을을 벗어나고 싶어 하는지를 보여준다. 그러면서 이들의 순진한 기대를 가차 없는 실망으로 돌려줄 현실의 문제를 환기시킨다. 지금까지도 가난 때문에 힘들게 살았지만 앞으로 더 큰 고통에 직면하게 될 계순과 가족의 처지가 안타까움과 연민을 유발한다.

극의 또 다른 인물 축은 극에 직접 등장하지는 않는 덕조이다. 덕조의 존재는 그를 찾아다니는 어머니와 주변 사람들의 대화를 통해 드러나는데, 먹을 것을 구하기 위해 칡이라도 캐러 산에 갔다가 실종되었는데, 극의 말미에 낭떠러지에서 떨어져 죽은 것으로 암시되고 있다. 이러한 덕조의 처지를 잘 보여주는 것이 바로 "형상만 남은 짚신"[15]이다. 덕조를 찾아 구천동 골짜기를 헤매던 덕조 어머니는 다 낡은 짚신 한 짝을 겨우 발견한다. 먹을 것을 찾기 위해 올라갔던 가파른 골짜기에서 "떠러지다가 몸뚱아리는 고만 어느 바위 틈석이에 찡기고 신발만 한짝 떠러져서 내려온"[16] 다 낡은 짚신 한 짝은 어떻게든 살기 위해 노력했던 덕조의 처지와 겹쳐진다.

극은 계순과 덕조 두 자식들의 죽음을 지켜볼 수밖에 없는 계순모와 덕조모의 안타까운 처지를 부각시킨다. 남편의 목숨 값을 받았던

---

15) 유치진, 〈버드나무 선 동리의 풍경〉, 1933.11.15.
16) 유치진, 〈버드나무 선 동리의 풍경〉, 1933.11.15.

것처럼 딸을 팔고 그 목숨 값을 받을 수밖에 없는 계순모의 처지나, 먹을 것이 없어 아들을 잃어야 했던 덕조모의 심정은 극의 말미에 절절히 토로된다.

> 덕조모   ……(힘없이 우슴을 띄우며) 그 놈이 지난 추석에 그러케 고무신을 신고저 원햇는데- 나는 새 고무 한 켜레 못 사주고 급기 이걸 신겨서 죽엿구려. 이 험상구진 얼먹신을 신겨서-
>
> 계순모   (눈물을 씨스며) 덕조네! 덕조네! 덕조네 혼자서 자식을 일은 것은 아니라우. 우리 계순이도 오늘- 오늘 고만 우리의 손에서 떠나가구 마럿다우(늣긴다)
>
> 덕조모   (한동안 묵묵히 섯다가 무대 아프로 나서더니 고요히 한 마듸 한마듸 똑똑하게) 여러분! 이러케 뜻업시 어린 자식을 이러버려야 할 것 가트면 무엇 때문에 우리는 자식을 노컷습니까? 왜 자식 노키를 원하며 자식을 가젓다고 무얼 자랑하겟습니까?[17]

소원하던 고무신 대신 낡은 짚신밖에 줄 수 없었던 덕조모의 회한은 연민으로 다가온다. 살기 위해 자식을 팔 수밖에 없었던 계순모의 처지도 마찬가지이다. 가난 때문에 희생된 두 아이들의 처지에서 생성된 연민은 가난 때문에 자식을 잃어야 하는 어머니들의 눈물로 모아지게 된다. 이렇게 해서 관객들의 연민을 최고조로 끌어올린 뒤, 덕조모는 직접 무대 앞에 나와 이렇게 뜻 없이 자식을 잃어버리게 하는

---

17) 유치진, 〈버드나무 선 동리의 풍경〉, 1933.11.15.

현실에 대한 불만을 관객들에게 토로한다. 이는 관객을 겨냥한 작가의 발언이라고 할 수 있다. 가난 때문에 자식을 잃어야 하는 두 어머니의 입을 통해 더 이상 이렇게 뜻 없이 자식을 잃지 않는 세상을 만들어야 한다는 것을 직접 발언하고, 그래서 관객들이 그러한 세상을 만드는 데 동참할 것을 촉구한 것이다.

〈토막〉이 도시에서 밀려난 토막민을 등장시켰다면, 〈버드나무 선동리의 풍경〉에서는 딸마저 팔아야 할 정도의 가난한 농촌 사람들을 등장시켜 그들이 처한 현실을 있는 그대로 드러낸다. 빚 때문을 자식을 팔아야하고, 배고픔을 면할 수 있다는 것 때문에 팔려가면서도 오히려 떠난다는 것에 기뻐하는 인물들은 이들의 처지에 대한 공동연민을 생성시킨다. 이렇게 생성된 연민의 감정은 극 속에서 유치진이 보여주는 문제적 상황에 대해 관객이 공감하게 하고 그래서 그러한 현실을 개선할 필요성을 인식하고, 모순된 현실의 개선에 동참하도록 유도한다.

〈수(獸)〉[18]는 중국 상해의 어느 빈민가의 노동자 집안을 배경으로 희망 없는 현실을 살아가는 노동자 가족의 가난한 현실을 보여주고

---

18) 유치진의 〈수〉(『삼천리』, 1936.2)는 1933년에 창작된 것으로 알려졌으며, 1934년 5월 25일, 26일 양일간 조선인 극단 삼·일극장에 의해 〈빈민가〉라는 제목으로 일본 츠키지쇼게키죠(築地小劇場)에서 상연되었다. 지면에 발표된 것은 1936년 『삼천리』에 〈수〉라는 제목으로 게재된 것이 최초이며, 1971년 『유치진 희곡집』(성문각, 1971)에 〈빈민가〉라는 제목으로 수록되어 있다. 이 글에서는 1936년 『삼천리』에 수록된 〈수〉를 대상으로 한다.
최근에는 삼·일극장의 일본어 검열대본인 〈빈민가〉를 발굴하고, 유치진 연극의 변화와 프롤레타리아 연극의 대중성을 보여준 작품이라는 시각에서 〈빈민가〉를 분석한 연구결과가 나왔다. 김재석, 「삼일극장의 〈빈민가〉 공연과 유치진의 도쿄 구상」, 『국어국문학』 176, 국어국문학회, 2016, 김재석, 「〈빈민가〉에 나타난 유치진의 프롤레타리아 연극 대중화」, 『한국극예술연구』, 58, 한국극예술학회, 2017.

있다. 극의 주인물은 대선과 소선 형제로, 형 대선은 열악한 환경 속에서도 파업을 통해 조금씩 노동자의 현실 문제를 개선해 나가야 한다는 의지를 보이는 상당히 적극적인 인물이다.

인쇄공으로 일하는 형 대선은 이웃 회사인 성냥공장의 파업에 참여하고 있다. 그는 자신의 공장이 아닌데도 노동자들이 조금이라도 일급을 올려 받을 수 있도록 하기 위해 '스트락이'를 주도하고 있으며, 주변 사람들에게도 파업의 타당성을 이해시키려 한다.

> 대선   그 회사에서 너무해요. 조흔 조건으로 순순히 해결하재도 듯지 안는걸 어떠검니까? 이번에는 그야말로 끗까지 싸울테야요.
>
> 모   헹! 밤낫 싸워야 밤낫 너이눔들만 혼이나더구나. 여태 회사에서 항복한 때가 한번이나 있었니?
>
> 대선   이번에는 그래도 퍽 유망해요. 두고보세요. 오늘 저녁에는 무슨 결말이 날 테니까.[19]

성냥공장 노동자의 일급을 올려 받기 위한 파업에 대해 주변 사람들은 회사를 상대로 싸워 봐도 이길 수 없다는 부정적인 반응을 보인다. 그러나 대선은 승리에 대한 신념을 가지고 있다. 이러한 대선의 신념에 긍정성을 더하는 것은 그가 자신의 이익을 위해 싸우는 것이 아니라는 점이다. 즉 개인의 이익을 위한 싸움이 아니라 노동자의 권익을 위한 싸움이기 때문에 대선이 주도하는 파업은 정당성을 인정받을 수 있으며, 대선이라는 노동자에 대한 긍정성도 강화된다. 물론 홍매

---

19) 유치진, 〈수〉, 『삼천리』, 8권 2호, 1936.2.

부의 말처럼 "오백명의 녀공들이 하로 십원식 더 바다내는 게"[20] 그리
장한 일은 아닐지 모른다. "중역 나으리 한 사람의 점심갑도 못돼"[21]는
돈일지도 모르지만 이는 역으로 그 정도의 돈 밖에 주지 않고 노동자
를 착취하는 열악한 임금체계를 보여준다.

이러한 노동현실의 비참함은 동생 소선의 처지를 통해 더 분명하게
드러난다. 이제 겨우 15살인 소선은 석회공장의 노동자로 일을 하다
얻은 폐병으로 앓아누워 있고, 늙은 할아버지만이 혼자 어린 손자의
병간호를 하고 있다. 너무 어린 나이에 혹독한 노동에 시달리다가 몹
쓸 병에 걸렸음에도, 소선은 치료도 받지 못하고 제대로 먹지도 못한
채 누워만 있는 상태이다. 그런데도 소선은 공장에서 일을 하겠다는,
가족을 위해 돈을 벌어야겠다는 생각을 한다.

조부 그래두 그눔의 석회공장엔 널 안보낼꺼다. 밤낮으로 그 몬지
   속에 무처 사니까 성한 사람인들 견딜 수가 잇겟니?

모 에그 말마십시오. 참 지독하더군요. 언젠지 제가 점심 갓다
   주러 잴차자 공장엘 갓더니 대낮인데도 부우연 몬지에 앞이
   잘 안보이겟지오. 일하는 사람이 어룬이나 애나 모두들 횟가
   루 투성이가 돼서 까만 눈들만 내노콘 누가 누군지를 도모
   지 분간할 수가 없더군요.

조부 그런 더런 데다가 이 어린 것을 보내노코 그래도 우리는 몇
   푼 안되는 월급을 타오는걸 조화햇지. 지금 생각해보니 그
   한푼 두푼 버어려온 돈은 이 놈의 명줄을 한자 두자 끈허주

---

20) 유치진, 〈수〉, 1936.2, 58쪽,
21) 유치진, 〈수〉, 1936.2, 58쪽.

고 박구어 온 거나 다름없구나.[22]

소선이 폐병을 얻은 원인은 석회공장의 열악한 환경 때문이다. 그렇기 때문에 소선이 "한푼 두푼 버러오는 돈"은 단순한 돈이 아니라 바로 "명줄을 한자 두자 끈허주고 박구어 온" 것이다. 돈 때문에 병이 들었는데도 치료조차 받지 못하고 다시 돈을 벌기 위해 일터로 가려 하는 소선의 처지는 명줄과 바꾸어서라도 몇 푼의 돈을 벌기 위해 일터로 돌아가야 하는 노동자들의 열악한 삶의 조건을 보여준다. 그러나 노동자들의 삶을 착취하는 자본가 계급은 극에 직접 등장하지 않는다. 극은 어린 노동자 소선이 자본가의 필요에 의해 사용되고, 폐기당하는 피해자로서의 모습만 보여줄 뿐이다.

노동자의 권익을 위해 파업을 주도하던 대선의 의지는 그가 주도했던 파업이 승리하는 순간 주동자로 경찰에 연행되면서 좌절되고, 소선은 또한 열악한 노동환경 때문에 얻은 병 때문에 죽게 되면서 피해자로서의 노동자의 현실이 부각된다. 극은 노동자들의 열악한 노동현실을 드러내며, 목숨을 걸고라도 일을 해야 하는 동생과 그러한 현실을 개선해 보려던 형의 좌절을 중첩시키고 있다. 이를 통해 노동자들의 현실이 얼마나 막막한지, 그 비극성을 관객들이 효과적으로 포착할 수 있도록 하고 있으며, 이들의 상황을 개선하는 일이 얼마나 필요한 일인지에 대해 공감을 유도했다.

1930년대 전반기 유치진은 관객의 공동연민을 유도하는 피해자형 인물을 연극의 주인물로 활용하고 있다. 피해자형 인물을 중심으로

---

22) 유치진, 〈수〉, 1936.2, 62쪽.

극을 진행하는 것은 유치진이 연극의 대상으로 하는 관객이 신극관
객이었기 때문에 의도적으로 선택한 결과였다. 신극관객이 아니라 민
중을 관객으로 했다면 그들이 이미 알고 있는 인물보다 오히려 그들
이 그러한 현실을 벗어날 수 있는 해법을 보여주는 인물이 필요했을
것이다. 그러나 신극관객을 내포관객으로 두고 있기 때문에 그들에
게 민중의 현실을 보여줄 수 있는 피해자형 인물을 주인물로 선택하
고 있는 것이다. 이러한 피해자형 인물의 설정은 민중의 실상을 제대
로 보여주기 위함이며, 또한 비참한 현실에 놓인 피해자형 인물을 통
해 관객의 공동연민을 불러일으키고 감정이입을 유도하기 위한 것이
기도 하다.[23]

1930년대 전반기의 유치진은 피해자형 인물을 설정해 연민을 통
한 감정이입을 의도하고 있으며, 감정이입을 통해 극 속에서 유치진
이 보여주는 문제적 상황에 대해 공감하게 하고 문제의식을 공유할
수 있도록 했다. 연민을 통해서 감정이입이 이루어진 관객들은 작가
가 의도하는 대로 극 속의 상황에 몰입하게 되며, 작가는 자신의 의도
를 효과적으로 전달할 수 있게 되는 것이다.[24] 피해자형 인물을 통해
관객이 경험하게 되는 연민의 감정은 주동인물이 겪어야 하는 비참한

---

23) 극에서의 감정이입이란 관객이 자신을 연극 속의 등장인물이라고 생각하는 과정
으로, 등장인물이 뛰어나다고 판단될 경우는 접근이 불가능한 것에 대한 감탄을
통해 거리감을 느끼며 행해지지만, 우리보다 못하지만 유죄가 아니라고 판단되
는 등장인물의 경우는 연민을 통해 이루어진다. 빠뜨리스 파비스, 김현숙 · 윤학로
역,『연극학 사전』, 현대미학사, 1999, 96-97쪽.
24) 극에서의 감정이입은 관객이 극중의 세계를 의심 없이 받아들이게 하는 효과가
있으므로, 작가가 그것을 의식적으로 이용하는 경우 관객의 감정을 조절하기가
그만큼 쉬워진다. 김재석,「〈동승〉이 지닌 대중극적 성격의 의미」,『어문론총』32,
경북어문학회, 1998, 42쪽.

상황을 관객의 감각이나 상상력에 직관적으로 호소하도록 하기 때문에, 관객이 논리적으로 사고하기 이전에 먼저 그의 감정을 동요시키는 효과를 가져 오며, 그러한 상태는 민중의 궁핍한 삶에 대하여 자기인식을 강화시키는 기회를 제공한다. 연민의 정은 관객으로 하여금 이기적 생각을 초월하게 하는 효과가 있으며, 관객은 인간의 온전함을 얻기 위하여 벌이는 투쟁에 합세케'하는 효과가 있다.[25] 그렇기 때문에 유치진은 피해자형 인물을 통해 지식인 관객들에게 민중의 현실을 알리고, 그러한 현실을 개선하기 위한 방향을 모색할 것을 촉구하고 있는 것이다.

2. 비극적 결말을 통한 궁핍의 현실 강조

유치진의 1930년대 전반기 희곡의 특징은 비극적인 상황을 드러내고, 이를 비극적으로 마무리해서 민중들의 궁핍한 현실을 강조하고 있다는 점이다. 〈토막〉은 명서일가와 경선일가가 처한 현실을 보여주며, 그러한 현실 이면에 명수에 대한 기다림과 불안이라는 정서를 적절히 활용하여 극에 대한 흥미와 유도한다. 그러면서도 결말을 비극으로 처리하여 이들 가족들이 처한 궁핍한 현실을 강조하는 효과를 얻고 있다.

극의 중심은 명수의 무사귀환 여부를 두고 긴장감을 조성하며 명수가 하려는 일이 무엇이었는지, 그리고 무엇이 명수를 돌아오지 못하

---

25) 김재석, 위의 글, 71쪽.

게 하였는지 그 원인을 암시하는 것이었다. 이는 관객들에게 왜곡되지 않은 현실을 목격시키면서도 비참한 현실 이면에 이러한 현실을 개선하기 위한 명수의 해방운동을 배치하여 문제적 현실 개선에 관객이 심리적으로 동참할 것을 요청하려 했다. 그래서 극은 명서네와 경선일가의 비참한 처지를 나열해서 보여주는 데 공을 들인다. 무덤과 같은 현실을 살고 있는 명수일가의 상황은 이들의 집에 대한 묘사에서도 잘 드러난다.

> 무대-명서의 가정
> 오양깐가치 누추하고 음습한 토막집의 내부-온돌방과 그에 접한 부엌. 방과 부엌사이에는 벽도 업시 그냥 통하엿다. 찬장과 벽이 시커머케 탄 것은 부엌온기 쌔문이다. 온돌방의 후면에는 뒷골방에 통하는 방문이 잇다. 우편에 문도 엄는 창하나. 창으로 가을 석양의 여윈 광선이 흘러드러올 쑨. 대체로 토막내는 어둠컴컴하다.[26]

명서 일가가 살고 있는 집은 마치 외양간 같이 컴컴하고 음습한 공간이다. 이는 이들이 살고 있는 공간이 사람이 살만한 곳이 아니라 명서의 말대로 무덤, 혹은 쓰레기통과 같은 현실을 살고 있다는 것을 사실적으로 뒷받침한다. 이들이 살고 있는 공간은 "죽자꾸나 농사를 지어도 입에 거미줄을 면치 못하는"[27], 벗어나고 싶은 곳이다. 그래서 노동력을 가진 젊은이들은 이러한 공간을 떠나고, 늙고 병든 명서네 가족과 같은 사람들만 남아서 이 무덤 같은 곳을 지키고 있는 것이다.

---

26) 유치진, 〈토막〉, 『문예월간』, 1931.12, 34쪽.
27) 유치진, 〈토막〉, 1931.12, 37쪽.

경선일가의 처지는 한층 비참하다. 장리쌀 가져다 먹은 것 때문에 토막과 세간을 다 잃고 명서네 토막의 부엌 한 구석에 아이들과 기거하게 된 경선의 처가 보여주는 "너절한" 모습과 결국 토막에서조차 살지 못하고 떠돌아야 하는 이들 가족의 상황은 명서일가의 현실과 중첩되면서 민중의 비참한 현실의 문제를 강조한다. 극이 진행될수록 이들의 비참은 더해가고, "늙은이와 병신" 밖에 남지 않는 토막의 암담함만이 부각된다.

극의 표면에 직접 드러나지는 않지만 극의 대부분의 긴장력은 명수의 무사귀환 여부이며, 명수가 하고자 하던 일에 있다. 극은 명수에 대한 기다림을 보여주고, 이어 명수에 대한 정보를 제공한다. 마을의 동장은 명수와 이름도 같고 얼굴도 닮은 사람의 기사가 실렸다면서 고무신을 쌌던 낡은 신문지를 내밀고, 일본서 도가다패에 일하던 최명수란 청년이 해방운동을 하다가 감옥에 갇혔다는 이야기가 실려 있다는 애기를 꺼낸다.

동장	그래서 그 명수란 청년이 도가다판에서 멋멋 동모들하고 남놀내 해방운동인가 무엇을 햇다나-
명서의 처	녜? 애야 그 무슨말이냐.
금녀	……
명서	남의 일하는 훼방을 노랏단다 그애가. 그러죠?
동장	헛헛헛……훼방이 아니라 해방이야. 해-방-운-동! 명서도 모르는구면
명서	해방운동! 몰르갓는데요.
동장	몰르갓서? 말이 아니야. 조선민족이 이러케 무식해서야

될 수가잇나……대체 해방운동이란 것은 무어냐하면-
음 저-그뭐라드라……올치! 즉 일언이페지하면 태을교
와가튼거야.

명서   「태일천상 홀미도래」하는 태을교말죠?

명서의 처   아-홈치기교 말이요.

동장   그러치. 그 홈치기교말야. 그걸하다가 그만 탈로가나서
경찰에 붓잡혀 豫審에 부텃다는 사건이야.[28]

일본에서의 명수의 행적은 동장의 엉터리 정보를 통해 전해진다.
동장은 명수가 하던 해방운동이라는 것을 물건을 홈치다가 경찰에 잡
힌 것으로 이야기하며, 종신형까지 받을 수 있다고 하여 가족들을 불
안하게 한다. 물론 관객들은 해방운동이 물건을 홈치는 것이 아니라
는 점을 잘 알고 있다. 하지만 돈을 벌기 위해서 일본에 갔던 명수가
왜 해방운동을 하게 되었는지 궁금해 하게 되고, 명수의 무사귀환 여
부에 대해 불안과 기대를 가지고 지켜보게 된다.

극은 명수일가의 희망인 명수가 무사히 토막으로 돌아올 수 있을
것인지의 여부를 중심으로 기대와 불안을 교차시키며 진행된다. 그러
면서 점차 명수가 했다는 해방운동이 어떤 것인지 가족들이 알아가는
내용으로 채워진다. 명수의 무사귀환을 두고 불안과 기대를 반복함으
로써 관객들 또한 명서일가와 함께 명수를 기다리게 되고, 그 과정에
서 명수가 하고자 했던 해방운동이라는 것이 이들 가족을 무덤과도
같은 현실에서 벗어나게 할 유일한 희망이라는 사실을 자연스럽게 수
용하게 되는 것이다.

---

28) 유치진, 〈토막〉, 1931.12, 41쪽.

명서의 처	너 아는 대로 이 어미에게 한 번 더-들려주어. 뒷집 할머니도 못 들었다니까.
금녀	동장이 하시든 말은 맨탕 거짓말이에요. 동장은 옵바 하섯다는 해방운동이란 것을 무슨 태을교 가튼 훔치기교라드니, 농민강습소에 잇든 오빠 동무더라 아러보니까 그라찬어요. 동장은 우리가 무식하다고 백줴 되도 않은 거짓말을 아주 아는 체하고 다니는 거예요.
명서의 처	네가 아러보니까 뭐라드냐?
금녀	옵바 하시는 것은 참으로 훌륭한 일이에요. 동무들하고 모혀서 우리도 일평생을 이런 토막사리에 죽지 말고 좀 더 잘 사러보겟다는 운동이래요.
이웃여자	우리도 잘사러보겟다는-.[29)]

명수의 목숨과 바꾼 해방운동의 정체는 극의 마지막에 드러난다. 금녀는 농민강습소에 있는 명수의 동무에게서 해방운동이 무엇인지 전해 듣게 되는데 명수가 한 일이 훌륭한 일로, 토막민들도 좀 더 잘 살게 하는 운동이라는 것을 알게 된다. 명서와 경선일가의 비참과 가난을 나열해서 보여주면서, 그 이면에 그들을 그러한 가난에서 벗어나게 할 수 있는 것으로 해방운동을 두고 있다. 극의 표면에 드러난 것은 토막민들의 가난과 절망적인 삶이다. 그러나 그 이면에 명수라는 기대의 대상을 배치하여, 그가 가족들을 구하기 위해 벌인 해방운동의 의미를 관객들이 자연스럽게 해석할 수 있도록 하고 있다.

극은 명수의 유골이 도착하면서 지속되던 불안한 기다림이 끝이 난

---

29) 유치진, 〈토막〉, 1932.1, 46-47쪽.

다. 상황을 점점 비참하게 끌어가다가, 극의 마지막에 유일한 희망마
저 사라지는 상황을 직면하게 해서 그들의 비참한 현실을 강조하는
것이다. 그러면서도 작가는 그러한 현실에 대응하기 위해서는 어떻게
해야 하는지 직접 목소리를 내고 있다.

> 금녀　　아버지! 아버지 마음을 상하시지 맙소 녜. 옵바는 죽엇
> 습니다. 밤낮으로 기다리든 우리일꾼은 죽어버렷서요.
> 아가치 섭섭하고 분한일이 어듸쏘잇겟습니싸! 그러나
> 아버지 아버지 혼자가 외아들을 일코 저혼자가 옵바를
> 일흔것이 아니랍니다. 아버지 옵바는 우리를 이휘야 싸
> 우다가 용감히 죽엇습니다. 아버지서러워마시오. 우리
> 의 영광이애요. 서러하지마시고 살어갑세다. 이대로 살
> 어갑세다. 내일부터 나는 더 애써 부지런히 쑤아리를 만
> 들겟습니다. 내일장에 저맨들어둔 것을 다 팔면 또 멋십
> 전이 생기지안나요. 걱정마세요 녜 이버지. 우리는 어전
> 히 어전히 살어갑세다.
> 모는 안치한 박골아페서 나즌 소리로 합장
> 명서　　금녀야 우리의게는 새로운 힘이 필요하다. 새로운 힘!
> 나나 너가튼 병든 몸에서는 구할 수없는 새로운 힘
> 이.(바람소리) [30]

극은 가족들의 유일한 희망이었던 명수가 백골로 돌아오는 것으로
마무리하여 명서 일가의 절망적 현실을 강조한다. 그러나 극은 명수

---

30) 유치진, 〈토막〉, 1932.1, 50-51쪽.

의 무사귀환에 대한 기대가 좌절된 상황이 주는 절망감으로 극을 마무리하지 않고, 그러한 절망적인 분위기 속에서도 명수가 한 일을 정당화시키며, 그들을 구원할 새로운 힘이 필요하다는 것으로 마무리하고 있다. 이는 유치진의 교화적 의도가 가장 잘 드러나는 부분으로, 여기에서 이야기하는 새로운 힘의 실체는 명수와 같은 존재, 즉 민중들의 비참한 현실을 개선하기 위해 노력하는 존재일 것이다. 유치진은 자신이 관찰한 현실의 단면을 그대로 무대 위에 옮겨와서 보여주고, 비극적인 결말을 통해 이들이 처한 절망적 현실을 강조한다. 그러면서 마지막에 이러한 현실을 개선할 새로운 힘이 필요함을 제기하여, 신극 관객들에게 민중의 현실 개선에 동참할 것을 제안하고 있다.

〈버드나무 선 동리의 풍경〉 또한 비참한 현실을 사실적으로 드러내 보여주고, 비극으로 마무리하여 그들의 벗어날 길 없는 현실의 궁핍을 강조하고 있다. 제목에서 이야기되고 있듯이 1930년대의 농촌 현실의 단면을 풍경처럼 보여주는 〈버드나무 선 동리의 풍경〉에서 작가는 가난 때문에 자식을 팔아야 하고, 또 가난 때문에 자식을 잃어야 하는 두 가족의 상황을 보여주는 데 치중하고 있다. 그러면서 그 이면에 "이렇게 뜻 없이 자식을 잃어버리게 하는 원인이 어디에 있는지"[31]에 대해 문제를 던지고 있다.

극은 빚 때문에 서울로 팔려가게 된 계순이 떠날 준비를 하는 데서 시작해 집을 떠나기까지의 시간 동안에 이어나는 일을 다루고 있다. 극에서 보여주려는 것은 농촌이 사람살기 어려운 곳이라는 것이다. 살기 위해 딸이라도 팔아야 하는 곳이 바로 농촌이다. 더구나 딸을 팔

---

31) 유치진, 〈버드나무 선 동리의 풍경〉, 『조선중앙일보』, 1933.11.15.

아야 하는 가족은 계순네만이 아니다. "그만이하고, 간난이"[32]도 이번에 계순이와 같이 서울로 팔려가게 되었다. 이는 당시 농촌에서 딸을 파는 풍경이 드문 일이 아니었음을 보여준다. 가난 때문에 딸을 팔아야 하는 현실, 여기에 더해 이들의 처지를 상징적으로 보여주는 것은 바로 계순의 몸값이다.

학삼	문제업서요. 례적부터 궁하면 통한다니까 닥치면 아무거나 더 잘하겟지요- 그런데 계순이 몸 갑스로 이번에 얼마나 바닷수?
할머니	10원 짜리가 두 장하고 5원 짜리가 한 장이라나-
학삼	(눈이 둥글해지며)……그러면 25원이게요? 에그머니나 바로 송아지 갑시로군요?
할머니	(일하는 손을 중지하며 날카롭게) 어느 미친 년이 16년이나 키운 송아지를 25원에 판담? 건넛마을 소선넷 집에서는 작년 정월에 난 송아지를 30원 바덧다는데-
학삼	사람을 소에다 비할라고요? 당찬어요? 지금 세상에서는 그 중 천한게 사람이랍니다. 보십시요. 군에서는 해마다 가축 장려니 종돈 애호니 하고 떠들지 않허요? 그러치만 어듸 사람을 위해서는 무엇 하나 해줍듸까? 그것봐도 아러요. 25원이면 잘난금입니다. 좌우간 잘 돼서요.[33]

가난 때문에 딸을 팔아야 하는 현실은 충격적이지만 그보다 더 충

---

32) 유치진, 〈버드나무 선 동리의 풍경〉, 1933.11.2.
33) 유치진, 〈버드나무 선 동리의 풍경〉, 1933.11.3.

격적인 것은 16년을 키운 딸을 판 돈이 송아지를 판 값 보다 못하다는
사실이다. "지금 세상에서 그중 천한 게 사람이라는" 학삼의 이야기
는 이들의 처지를 단적으로 보여준다. 가축 장려나 종돈 애호와 같은
사업은 하면서도 사람들을 위해서는 아무것도 해주지 않아 먹고 살기
위해 사람을 소나 돼지처럼 팔아야 하는 상황이 되었으며, 사람 판 돈
이 송아지보다 못하다는 것은 "그중 천한 게 사람"이라는 것을 분명
하게 보여준다. "소나 돼지의 처지가 오히려 사람보다 낫다"는 학삼의
이야기가 과장이 아님을 실감할 수 있는 것이다.

　돈 때문에 사람들의 생각조차 변해갈 정도이다. 딸을 팔아 마련한
돈마저 빌리려 하는 학삼이나 그 돈을 벌써 다 써 버렸다는 계순네의
처지는 가난 때문에 인간적인 면마저 잃어가는 당시 농촌 현실을 사
실적으로 드러낸다. 이들의 비참은 여기에서 그치지 않고, 손녀딸을
파는 것을 자책하는 할머니에게 동네 사람들은 "빈창자를 움켜잡고
호박가티 부은 얼굴들을 서로 맛치어다보고 안젓스면 뭘합니까?"[34]하
고 오히려 위로하는 데서 더욱 선명해진다. 먹고 살기 위해서는 인간
으로서의 최소한의 윤리조차 포기하는 것이 당연시되는 분위기인 것
이다.

　유치진은 이러한 비참한 현실을 보여주면서 이면에 이 모든 문제를
가져온 원인이 어디에 있는지 암시하고 있다. 계순이를 팔 수밖에 없
었던 것은 계순의 아버지가 일찍 죽었기 때문이다. 계순이를 떠나보
낼 준비를 하면서 할머니는 문득 수리조합의 공사장에서 계순아비를
잃은 일을 기억해낸다.

---

34) 유치진, 〈버드나무 선 동리의 풍경〉, 1933.11.3.

할머니 (홀로 무슨 공상에 저저 잇다가 며누리 더라) ……애야.
내겐 어쩐지 무서운 생각이……

그의母 (의아해서) 예?

할머니 너도 잊지 않았겟지. 지금부터 五년전 그때도 오늘과 가
티 가을날세는 닷드샇얏다. 우리는 집에서 무사히 하루
를 지내고 저녁밥을 ㄲ려서 마루ㄲ테다 차려노코 안저
잇섯지- 수리조합 제방공사에 역사나간 계순아비를 기
대려서 저녁을 가티먹을려고……이윽고 안젓노라니까
앗! 지금도 내 눈앞에선 사라지질 안는다. 저 싸릿문이
쪽 하고 열리더니 난데업는 들것 하나가 이 마루ㄲ테 드
러닷치안했니!

그의母 아이구 어머니! 뭬 그런걸 생각하세요. 그 흉악한일을
……

할머니 그때 가티따러온 수리조합 서기가 들거틀 가르치며 날
더러 말햇다. 「당신 아들은 일하다 돌이 치어가 이러케
죽엇소. 그러나 여귀에 돈 이십원하고 죽은 사람 입히랴
는 옷이잇소」 이러케 말하면서 가저온 옷보통이를 그 기
사는 이평상에다 펴노앗다. 그리고는 꼭 금방 네가 하드
시 옷을 한가지 한가지 들추면서 말햇다.……이것은 저
고리. 이것은 허리끈 이것은 바지. 이것은 버선 앗!

(불시에 무슨 에 사로잡힌듯 말문이 다친다)

그의母 어머니 웨 이러셔요. 그 X들은 오년전에 돈 이십원하고
옷 몃벌에 지아비를 밧구어갓소. 그랫는데 오늘 우리는
그돈 그 옷을 밧고서 또 계순이를 보냅니다. 그러나 어머
니 우리는 계순이가 이집 사릿문에서 발을 내노키까지

는 눈물을 뵈서는 안 될 겁니다.[35]

계순아비 목숨 값으로 겨우 이십 원의 돈과 몇 벌의 옷을 받았던 기억은 돈 이십 오원과 옷 몇 벌에 계순을 팔게 된 현실과 그대로 겹쳐진다. 이것을 통해 계순을 팔 수밖에 없을 정도로 가난해진 원인은 계순아비의 죽음에 있었고, 계순아비를 죽음으로 몰아간 것이 수리조합 때문이었다는 것을 드러낸다. 이는 계순 가족의 불행을 가져온 원인이 수리조합이라는 일제의 수탈기관과 관련되어 있다는 것을 짐작하게 한다. 계순 아버지를 죽음으로 몰아간 것이 수리조합이라는 설정을 배경으로 배치하여 일제의 농촌수탈이 이 모든 비극을 만들어냈다는 것을 드러내려 한 것이다. 여기에서 극이 비판하고자 하는 대상이 분명해진다. 딸마저 팔아야 하는 농촌의 현실을 다루지만, 그 이면에 이러한 현실을 만들어낸 것이 일제에 있음을 상기시키고 있는 것이다.

극은 농촌의 현실을 "있는 그대로" 묘사하며, 비극으로 마무리하여 농촌이 처한 현실의 궁핍을 강조하고 있다. 그러면서도 "표면적 묘사에 스치고"[36]만 것이 아니라 그 이면에 그들을 그러한 상황에 놓게 만든 원인을 암시하고 있으며, 그로 인해 극에 드러난 비극의 원인이 어디에 있는지 관객들이 짐작할 수 있도록 이야기를 배치하고 있다. 그리고 극의 마지막에 그 문제를 어떻게 해결할 것인지 관객들에게 직접 문제를 던지고 있다.

계순   (가만히 앗젓다가 조모에게)……어머니 과연 이 일은 우

---

35) 유치진, 〈버드나무 선 동리의 풍경〉, 1933.11.8.
36) 라웅, 「극예술연구회 제5회 공연을 보고」, 『조선일보』, 1933.12.8.

러야 할 일입니까? 울고만 잇서서 될 일입니까……

할머니　웨 그걸 내게 뭇니? 이 눈 어두운 내게다……. 큰길에 나
　　　　서서 눈뜬 절믄 놈들에게 무러볼 일이다.

계순　　……무러서 알일이면……알기만 한다면……

그의모　……알기만 한다면……

할머니　……아다뿐만…….[37]

　현실의 나열을 통해 농촌의 비참을 제대로 보여주고, 극의 말미에 이러한 현실의 원인이 어디에 있는지, 이러한 현실을 개선하기 위해서 어떠한 역할을 해야 하는지에 대해 관객들이 생각하고 하고, 그래서 그들이 그러한 문제를 질문을 개선할 것을 제안하고 있다.

　〈수〉는 대선의 파업에서 시작해 파업이 끝나기까지의 시간 동안 대선가족에게 일어나는 일을 다루고 있다. 〈수〉의 경우도 극 표면에는 석회공장의 어린 노동자였다가 열악한 노동환경 때문에 폐병을 얻어 앓아누운 소선과 할아버지를 통해 그들 노동자 가족들의 궁핍과 좌절 드러내고 있으며, 그 이면에 대선이 벌이는 노동운동이라는 문제를 배치하였다. 홍매가 다니는 성냥공장이 파업을 했고, 인쇄공인 대선은 성냥공장 노동자들의 파업에 동참해서 임금인상을 관철시키려 애쓰고 있다. 극에서 이들의 파업은 단편적으로 암시되고 있을 뿐이며, 노동 운동도 대선과 대선 주변의 동지들이 노동운동의 목표를 공유하면서 그들의 정당성과 의지를 모아가는 방식으로 제시되지 않는다. 단지 불안한 시선으로 이들을 지켜보는 가족들의 대화를 통해서 드러나

---

37) 유치진, 〈버드나무 선 동리의 풍경〉, 1933.11.15.

고 있으며, 이 때문에 불안감과 긴장감이 유발되도록 하고 있다.

> (모, 밖을 보고 있다가)
>
> 모　　에그 누굴 둘이나 붓드러서요.
>
> 외숙　둘이나?
>
> 모　　양복입은 순경이!……에그 저것봐! 막 발길로……발길로 차
> 　　　요.
>
> 조부　홍매 아이는 아니야!
>
> 모　　글세요……아닌가 봐요. 모두 대선이 낫세나 된 젊은 사람들
> 　　　이야요.
>
> 외숙　(가티 바라보다가 울화를 못 참는 듯 밖으로 퇴장해버린다.)
>
> (길에서 매맞는 소리 처참하게 심야의 하늘을 울린다.)
>
> 조부　(소선 옆에 안진 양 한동안 귀를 기우리드니) 에잇 빌어먹을
> 　　　무지하게도 때리는군!
>
> (신음소리 차차 멀리 들닌다. 거리에 모혓든 구경꾼도 헤진다)[38]

　대선의 어머니와 외숙이 주고받는 대화에서 노동운동의 탄압이 어
느 정도인지 짐작할 수 있다. 이처럼 노동운동을 표면에 직접 드러내는
것이 아니라 이면에 배치하여 진행하는 방식은 연극화에 용이하면서
도 극적 긴장감을 놓치지 않게 한다는 점에서 상당히 유용하다. 대선의
어머니가 전하는 상황과 매 맞는 소리가 환기하는 긴장감은 대선이 하
는 노동운동의 위험성을 드러내며, 동시에 이러한 위험을 무릅쓰고서
라도 이루려고 하는 노동운동의 정당성을 전하는 역할을 한다.

---

38) 유치진, 〈수〉, 『삼천리』 8권 2호, 1936.2.

극은 대선이 벌이는 임금인상 투쟁 과정을 따라가고 있으며, 열악한 노동환경 때문에 폐병을 얻은 어린 노동자 소선의 투병기를 나란히 배치하고 있다. 노동운동 성공에 대한 대선의 기대와 병이 완치되는 것에 대한 소선의 기대와 긴장감이 교차되면서 진행되던 극은 결국 비극적인 결말로 이어진다. 대선의 임금인상을 위한 투쟁은 성공하지만 대선은 노동운동을 주동한 혐의로 잡혀가게 되고, 어린 노동자 소선은 열악한 노동환경 때문에 얻은 병으로 죽고 만다. 작게나마 가졌던 기대를 순식간에 좌절시키며, 두 형제의 비극으로 극이 마무리된다. 이러한 비극적 결말은 노동자들의 열악한 현실을 강조하며, 관객들에게 노동환경을 개선할 필요가 있음을 강하게 인식시키는 역할을 한다.

1930년대 전반기의 유치진은 비극적 결말을 선택하여 민중들이 처한 궁핍한 현실을 강조하고 있다. 민중연극론을 지향했던 유치진이 비극적인 결말을 선택한 것은 상당히 의외이다. 로망롤랑의 『민중연극론』을 일본에 처음으로 소개했던 오스기 사카에(大杉榮)가 지적하고 있듯이 민중은 스스로 연극 속의 인물이 되어 주인공을 보고 있기 때문에 주인공을 파멸시켜서는 안 되기 때문이다. 민중이 자기 자신에 대하여 어느 정도 체념하고 낙심하더라도 그 몽상 속의 인물에 의해서 매우 낙관적이게 되기 때문에 슬픈 결말이 되어서는 안 되며, 최후에는 선이 이긴다는 확신을 연극 속에서 증명해야 하기 때문이다.[39]

---

39) 그렇다고 많은 사람들을 울려놓고 결말에서 행복하게 끝맺는 멜로드라마여서도 안 된다고 했는데, 그러한 것은 조잡한 허위로, 마치 알콜과 같이 민중을 무기력하게 하는 최면제이고 마취제일 뿐이기 때문이라는 것이다. 大杉榮, 「新しき世界のための新しき藝術」, 『大杉榮全集』, 東京 : 大杉榮全集刊行會, 1925,

그러나 1930년대 전반기 유치진의 희곡은 모두 비극으로 끝이 난다. 민중연극론을 이상으로 하는 연극인이라면 민중을 관객으로 한 작품에서 이러한 슬픈 결말을 선택해서는 안 되는 것이다. 그러나 유치진은 모든 작품을 비극으로 끝내고 있다. 이는 유치진이 연극의 내포관객을 민중이 아니라 신극관객으로 설정하고 작품을 창작하였기 때문에 생겨난 결과였다. 그렇기 때문에 민중에 원기를 주는 낙관적 결말 대신 민중들의 현실을 확인시켜주는 비극적인 결말을 선택해서 민중이 처한 현실을 제대로 포착하도록 의도한 것이다.

1930년대 전반기 유치진은 현실에 대해 관찰자[40]로서의 시각을 드러내고 있다. 그러나 현실을 보여주는 데 그치지 않고 현실 문제에 대응해야 할 필요성도 이야기하려 했다. 이러한 작가의 목소리는 민중들을 향한 것이 아니라 지식인 관객들을 향한 것이며, 그들이 목격한 현실을 개선하기 위한 노력에 동참을 유도하는 유치진식 교화의 방식인 것이다. 유치진도 "〈토막〉이 관객의 마음을 포착한 것은, 작품이 반드시 예술적인 성공을 했다기보다도 자기표현에 굶주린 우리 관중에게 우리 자신의 진정한 한 모습을 표현해 주었"[41]기 때문이라는 것을 알고 있었다. 〈토막〉을 비롯한 1930년대 전반기의 유치진 희곡은 신극관객을 대상으로 했다. "민중을 관객으로 한다면 그러한 환경 속에서 힘들게 살아가고 있는 사람들(노동자와 농민)은 새삼스러울 것이 없다. 그들에게 필요한 것은 자신들이 모르고 있던 새로운 것, 즉 그러

---

40) 임화(「극작가 유치진론-현실의 빈곤과 작가의 비극」, 『동아일보』, 1938.3.1-2)는 유치진이 쓴 대부분의 사실적 작품은 현실과의 갈등의 소산이 아니라 관찰의 소산이라 평가하면서 유치진이 단순한 관찰자의 시선에 머무르고 있기 때문에 현실을 통찰력 있게 파악해내지 못하고 있다고 비판하였다.
41) 대담, 「못다 부른 노래의 아쉬움」, 『문학사상』 8호, 1973.5, 6쪽.

한 궁핍을 가져오게 된 원인을 밝혀주는 것이다. 원인에 대한 정확한
자각이 이루어진다면 해결책도 따라서 드러날 수가 있기 때문이다."[42]
그러나 유치진은 신극관객 즉 지식인 관객을 대상으로 했기 때문에
지식인 관객들에게 그들이 알지 못하는 민중의 현실을 직접 보여주는
것으로도 충분했고, 그것으로 관객들의 호응을 얻을 수 있었다. 현실
의 상황을 나열해 보여주는 방식은 검열을 피하면서도 문제를 드러내
기에 적합한 방식이라 할 수 있다. 그러면서도 이면에 해방운동이나
노동운동의 정당성을 배치하여 관객의 공감을 얻을 수 있도록 했다.
극의 표면에 문제적 현실을 드러내고, 그 이면의 그러한 문제의 원인
을 배치하는 이러한 수법은 "설교하는 대신 그가 수정한 사진을 우리
앞에 한 장씩 보여주는 것"으로, 우리로 하여금 자기가 가진 안식(眼
識)으로 그 사진을 해석하며 생각게[43]하는 것을 의도했기 때문이다.

---

42) 김재석, 『일제강점기 사회극 연구』, 태학사, 1995, 181-182쪽.
43) 유치진, 「노동자 출신의 극작가-숀·오케이시」, 『조선일보』, 1932.12.24.

극예술연구회 선택을 통한 신극수립 지향

1. 신극관객 획득을 위한 모색과 선택

유치진은 자신이 로망 롤랑의 『민중예술론』의 영향을 받았음을 직접 밝히고 있다.[44] 동경대진재를 겪으면서 민족적 굴욕을 씻는 길은 온 민족이 하나로 뭉치는 길밖에 없고, 그러기 위해서는 보다 선동력이 강하고 계몽성이 짙은 극술이 가장 적절한 무기라는 것을 로망 롤랑의 『민중예술론』을 읽고 깨달았다[45]는 것이다. 로망롤랑은 민중예술론에서 민중의 새로운 사회가 발흥하게 된 만큼 이 새로운 발흥계급은 그들의 사상과 감정의 표백으로써, 그들의 젊고 발랄한 생명력

---

44) 유치진은 로망롤랑의 『민중예술론』의 초두 제1장 「평민예술로서의 연극」을 읽고 그만 그 자리에서 큐피드의 전광을 맞았다고 고백하며, "전 민중과 한 둥치가 되어 가지고 민중의 물결 속으로 시대와 같이 박진하는 자-그것이 연극이다."(유치진, 「로만 로란의 민중예술론-내 심금의 현을 울린 작품」, 『조선일보』, 1933.1.24)라 며 민중연극에 대한 지향을 드러내었다.

45) 유치진, 「1931년과 1971년」, 『동랑유치진전집』 6, 서울예대출판부, 1993, 264쪽.

의 발현으로써, 그리고 늙고 기울어진 오래된 사회에 대한 투쟁의 기관으로써 새로운 예술을 가져야 하며, 이 새로운 예술은 민중을 위해 만들어진 새로운 예술이어야 한다는 제안을 한다.[46]

로망 롤랑의 『민중예술론』은 1917년 오스기 사카에(大杉榮)가 일본에 번역 소개하면서 한국과 일본 양국에서 큰 반향을 불러일으키게 된다. 오스기 사카에는 『민중예술론』을 번역 · 소개하면서 민중예술의 조건으로 "오락, 원기의 근원, 지성"을 세 가지를 제시하였다. 첫째 민중예술은 민중에게 유익해야 하며 하루의 노동에 지친 노동자들에게 육체적으로나 정신적으로 휴양이 되어야 한다고 했다. 민중들 스스로의 고통과 번민, 의혹이 많은데 그 이상으로 늘릴 필요는 없다는 것이 이유이다. 또 민중은 자신을 연극 속의 주인공으로 생각하면서 극을 보기 때문에 주인공을 파멸시켜서는 안 되며, 최후에는 선이 이긴다는 것을 연극 속에서 증명해야 한다고 했다. 둘째 민중예술은 원기의 근원이 되어야 하는데, 민중예술은 민중을 휴식시키면서 더욱더 내일의 활동에 적응할 수 있도록 만들어야 한다는 것이다. 셋째는 민중예술은 지성을 위한 광명이어야 하며 민중이 자기의 주위를 잘 보도록 가르쳐야 하며, 어두운 그늘과 두려움에 가득한 인간의 정신에 빛을 던져주어야 한다는 것이다.[47]

이러한 민중예술론은 연극계 전반에 영향을 미치는데, 새로운 연극을 주창하며 등장했던 오사나이 카오루(小山內薰)도 예외는 아니었다. 지유게키죠(自由劇場) 시기 관객을 타락시키지 않기 위해서는 좋

---

46) ロマン · ロ─ラン, 大杉榮 譯, 『民衆藝術論』, 東京 : 阿蘭陀書房, 1917.
47) 大杉榮, 「新しき世界のための新しき藝術」, 『大杉榮全集』, 東京 : 大杉榮全集刊行會, 1925, 585-609頁.

은 연극을 보여주는 수밖에 없으며 그러기 위해서 그는 진보적인 연
극으로 관객을 체로 받치듯이 거를 수밖에 없다는 논리를 펴며, 자신
의 연극 관객을 지식인에 한정지었던 오사나이 카오루였지만, 이러한
"예술주의"의 입장도 국민문예회[48)]에 참가하면서부터 '민중주의'로
변모하기 시작한다. 이러한 입장은 츠키지쇼게키죠(築地小劇場)로
이어지며, 츠키지쇼게키죠의 존재이유가 민중을 기쁘게 하고, 힘을 주
고, 생명을 주기 위해[49)]라고 하기에 이르렀다. 이러한 입장은 츠키지
쇼게키죠가 지유게키죠(自由劇場)나 다이쇼(大正) 중기까지의 다른
신극단과 달리 관객의 실체로 민중이라는 개념을 처음으로 나타냈다
는 점에서 중요한 문제제기로 평가[50)]되며, 신극운동의 요소로 관객을
인정했다는 측면에서 의의가 있었다.

  그러나 오사나이 카오루에게 민중연극이란 관객의 오락성에 부합
하지 않고 관객에게 영양을 공급하면서 교감을 얻을 수 있는 연극이
지 프롤레타리아 연극처럼 어떤 계급을 위해 존재하는 것은 아니다.
그렇기 때문에 민중을 대상으로 해서, 민중에 기쁨이 되고 힘이 되는
연극을 하겠다는 것을 목적으로 하고 있지만 단순히 민중에 어필하는
연극에 대해서는 부정적인 입장이다. 그는 민중의 "저급"에 내려가서,
그곳에서 민중의 손을 끌어 계단을 한걸음, 한걸음 우리의 "전당"에

---

48) 1919년 설립된 국민문예회는 정치가 관료, 재계인, 문학자들로 구성된 연극혁신
    운동으로, 메이지의 연극개량운동과 달리 '민중주의'의 입장을 취하고 있으며, 민
    중예술운동을 주창하고 있다. 曾田秀彦,『小山內薰と二十世紀演劇』, 東京 : 勉誠
    出版, 1999, 214-215頁.
49) 小山內薰,「築地小劇場は何の爲に存在するか」,『小山內薰演劇論全集』2, 東京 :
    未來社, 1964, 48-49頁.
50) 스가이 유키오, 서연호, 박영산 공역,『근대 일본연극 논쟁사』, 연극과인간, 157쪽.

데려 오지 않으면 안 된다[51]는 입장이었다. 로망 롤랑의 『민중예술론』
이 관객으로서의 민중의 주체성을 강조하며, 그들이 주체가 되는 연
극을 획득해야 하고 그러기 위해서는 과거의 전통적인 연극의 형식과
내용을 전면적으로 부정해야 한다는 논리였다면, 오사나이 카오루는
민중을 수동적으로 구제 받아야만 하는 대상으로 보고, 이들을 자신
들의 위치로 끌어올리는 것이 바로 민중예술이라고 보고 있다. 오사
나이 카오루는 민중을 연극의 관객으로 놓고 있지만 로망 롤랑과 같
은 의미에서의 민중을 위한 연극이 아니라, 기존의 연극의 문을 민중
에게까지 개방하고, 그들을 교육시켜 자신들의 연극을 볼 수 있도록
만들겠다는 데 머물고 있다.

오사나이 카오루로 대표되는 신극계열 극단의 입장과 달리 좌익극
계열의 극단에서는 예술적 성취라는 부분보다 민중을 대상으로, 그들
과 충분히 소통하면서 그들의 문제를 알게 하도록 하는 데 중심을 두
고 있다. 좌익극은 민중을 관객으로 설정하고 있기 때문에 그들 민중
들이 쉽게 이해할 수 있도록 이야기를 전개하면서도 무대와 객석이
충분히 소통될 수 있도록 하는 측면에 관심을 기울였다.[52]

관객에게 어떻게 접근할 것인가의 문제에 대해서는 당시 근대 일본
연극계 내에서 활발하게 논의가 진행되고 있었다. 신극계열 연극인들

---

51) 小山內薰, 「民衆劇への 或る暗示」, 『小山內薰演劇論全集』 2, 134頁.
52) 좌익극이 보여주는 무대와 관객사이의 교류라는 측면에 주목하는 것은 히지카타
요시이다. 오사나이 카오루와 함께 노동극단의 연극을 본 히지카타 요시는 노동
계급의 생활을 소재로 한 내용과 무대와 객석 사이에서 생기는 교류를 보고 자신
이 연극에서 추구해 온 것과 극장에서 보고 싶었던 것이 눈앞에 펼쳐지는 것 같은
감동을 받았다고 언급하고 있다. 土方与志, 「築地小劇場建設に際して」, 『築地小劇
場』 創刊号, 1924.

의 경우도 마찬가지였다. 그러나 관객의 취미에 대한 시마무라 호게츠(島村抱月)와 오사나이 카오루의 입장은 달랐는데, 시마무라 호게츠는 연극이 공중적인 것인 이상 "주색 외에 다른 쾌락은 전혀 알지 못하는" "저급취미의 사람들"을 일부만이라도 향상시키는 통속극(제2종의 연극)과, 이상적 요소와 통속적 요소를 아우르는 중간극(제3종의 연극)이 필요하다고 말하며, 대극장에서의 상업주의 공연과, "일종의 모범극장에서의 시연"[53]이라고 하는 두 가지 흥행방식을 유지하였다. 호게츠는 연극의 예술화라고 하는 엘리트주의적 입장과 표리(表裏)되는 대중의 '취미' 향상이라는 계몽의 프로젝트를 받아들인다.

반면 오사나이 카오루는 연극을 "대중의 저급취미를 향상시키는 문예적 위락"[54]이라고 한 호게츠의 입장을 비판한다. 그는 극장이 시시하고 달콤한 각본만을 연기해서 관객을 기쁘게 해서 돈을 버는 데만 몰두하는 관행을 비판하며, "두뇌가 유치한 관객자를 교육"[55]할 의무가 있음을 제시한다. 그러면서 단순히 민중에 어필하는 연극에 대해서는 부정적인 입장을 보였다. 왜냐하면 오사나이 카오루에 의하면 오락본위의 극장은 흥행주(=자본가)가 민중을 착취하는 장으로 그곳에서 연기되는 통속극은 결국 민중을 모욕하는 것과 다르지 않았기 때문이다.[56] 오사나이 카오루는 "민중에 예술을"이라는 말을 실현하기 위해서 민중의 '저급'에 내려가 그곳에서 민중의 손을 끌어 자신들의 전당에 데려 와야 한다[57]고 보았다. 연극의 대상을 민중으로 확대

---

53) 兵藤裕己, 『演じられた近代』, 東京 : 岩波書店, 2005, 226頁.
54) 兵藤裕己, 上揭書, 234頁.
55) 小山内薫, 「日本將來の劇」, 『小山內薰演劇論全集』1, 255頁.
56) 小山内薫, 「平民と演劇」, 『小山內薰演劇論全集』2, 41頁.
57) 小山内薫, 「民衆劇への 或る暗示」, 『小山內薰演劇論全集』2, 134頁.

하기는 했지만, 그들은 두뇌가 유치한 관객자로 교육받아야 하는 대상이며, 그들의 취미에 영합하는 것에 대해서 부정적인 입장인 것이다. 관객의 타락을 문제 삼으며, 관객을 타락시키지 않으려면 자각시키는 연극을 보여주어야 한다고 생각했던 오사나이 카오루는 좋은 연극을 만들어 대중을 교화시킬 수 있다고 생각했다. 이러한 생각의 바탕에는 좋은 연극은 반드시 대중들이 알아보고 호응할 것이라는 기대가 깔려 있었다. 그러나 실제로 츠키지쇼게키죠는 일반 대중들까지는 관객으로 흡수하지 못했으며, 오히려 소수 지식인들을 위한 연극실험실에 머물렀다는 비판을 받게 된다.

이러한 신극계열의 움직임과 달리 좌익극 계열에서는 1920년대 중반부터 예술대중화의 문제가 활발하게 논의되며, 대중의 취미를 어떻게 고려할 것인가에 대해 보다 구체적인 논의가 전개된다. 쿠라하라 코레히토(藏原惟人)와 나카노 시게하루(長野重治)의 예술대중화 논쟁이 대표적인데, 쿠라하라 코레히토는 대중이 이해하고 사랑하는 작품 즉 대중에게 이해되고, 대중에게 사랑받고, 그래서 대중의 감정과 사상과 의지를 결합해서 고양할 수 있는 그러한 예술적 형식을 만들어내야 한다는 입장이었다. 그는 예술을 이용한 대중의 직접적 아지·프로운동은 프롤레타리아 예술을 확립하는 데 직접적인 목적을 두지 않으며, 입장이 허용하는 한 과거의 모든 예술적 형식과 양식을 이용할 수 있고, 또 이용해야 한다고 했다. 그래서 필요한 경우에는 의리, 인정을 주제로 한 노래와 남녀 간의 애정 혹은 봉건적인 대중문학의 형식조차 이용해야 한다고 했다. 이는 프롤레타리아 예술 확립을 위한 투쟁의 도상에서 극복할 수 있는 성과를 이 영역에서 응용할 수 있기 때문이며, 또 한편으로는 이 영역이 우리 예술을 진정으로 대중

적이라고 하기 위한 중요한 시험대라고 보았기 때문이다.[58] 그는 예
술운동의 지도기관과 대중의 선동적 선전기관은 당연히 구별해야 한
다고 보았으며, 대중의 선동적 선전기관은 대중들이 좋아하는 방식을
이용해야 한다는 입장이었다. 그러나 나카노 시게하루는 이러한 쿠
라하라의 의견을 비판한다. 그는 항상 노동하는 대중생활을 있는 그
대로를 숨기지 않고 그려냄으로써 대중과 결부시켜야 한다는 입장이
었는데, 대중에게 탐정적인 것이나 진기한 것이 흥미가 있을 수 있지
만 그런 방법으로는 결코 대중의 감정과 의지를 결합하여 고양할 수
는 없다고 보았기 때문이다. 대중은 쉽게 잊어버리기에 기아와 억압
을 기조로 하여 생활의 여러 관계를 풍부하고 다양하게 그려나감으로
써 대중과 결부시켜야 한다는 것이 그의 입장이었다.[59] 자신들의 이념
을 효율적으로 전달하기 위해서는 대중들에게 가까이 다가갈 수 있도
록 대중화의 방법을 모색해야 한다는 입장과, 그러한 본질적이지 않
은 방법으로는 결코 의도를 제대로 전달할 수 없다는 입장이 대립했
다. 이러한 예술대중화 논의는 결국 그들의 이상(예술 혹은 이념)을
수용하는 관객이라는 측면을 고려하지 않으면 안 되는 변화된 상황
인식에서 비롯된 것으로, 이념을 효과적으로 전달하기 위해서는 관객
의 취미라는 부분을 간과할 수 없다는 인식에서 관객과의 소통에 대
한 모색이 활발하게 이루어졌다.

　유치진은 일본 유학을 통해 일본 연극계의 예술대중화에 대한 모

---

58) 藏原惟人,「藝術運動■面의 緊急問題」, 平野謙 · 小田切秀雄 · 山本建吉 編,『現代
　日本文學論爭史』, 東京 : 未來社, 1956, 487-496頁.
59) 長野重治,「問題의 振じ戻しとそれについての意見」, 平野謙 · 小田切秀雄 · 山本
　建吉 編, 上揭書, 497-509頁.

색을 경험할 수 있었고, 이러한 경험을 통해 연극관을 형성하게 된다. 유치진은 신극의 엘리트주의적인 방식보다 좌익극이 시도하는 무대와 객석이 소통하는 측면에 관심을 가졌고, 이러한 민중연극의 이상을 잘 실현하는 구체적인 형태를 행장극장에서 찾게 된다. 일본 유학 시절의 유치진 연극의 지향점은 민중연극론에 있었고, 그것을 구체적으로 실현하는 형태로 행장극장을 지지한 것이다. 유치진에 의하면 행장극장은 "극소수인 4·5명 정도의 동지로 한 그룹을 만들어서 그 그룹 중에서 쓴 각본으로 농어촌 방방곡곡을 돌면서 정자나무 밑이나 거리의 한 모퉁이에 모인 시골사람들 앞에서 무대설비 없이 간단한 공연을 하는"[60] 것으로, 여기에 "입장료라는 게 있을 수 없고, 모든 공연은 무료이고, 단원의 식사는 한 집에 한 사람씩 헤어져 그 마을 유지의 집에서 얻어먹자"[61]는 방식이다. 유치진은 이런 규모와 취지의 극단 이름을 행장극장이라 명명해 보았으며, 상연 레퍼토리는 산신문극을 극화해서 사회참여를 꾀하는 동시에 보는 이에게 친근한 흥미를 자아내겠다[62]는 생각을 밝히고 있다. 재정 러시아의 지식인들이 농촌계몽을 위해 벌였던 브나로드 운동에 감명을 받고, 일본인에 대항하는 방법으로는 가장 적합한 방법이라고 생각해서 행장극장을 차리겠다고 마음먹게 되었다는 것이다. "일반 대중들과 호흡을 같이하면서, 일반 문학이 갖는 우회성을 경원하고 보다 직접적인 연극을"[63], "도회지에서 유한계급을 상대로 하는 연극이 아니라 가난한 농민 상대의

---

60) 유치진, 「나의 극예술연구회」, 『연극평론』 5, 1971. 가을. 60쪽.
61) 유치진, 「나의 극예술연구회」, 60쪽.
62) 유치진, 「나의 극예술연구회」, 60쪽.
63) 유치진, 『동랑자서전』, 101쪽.

연극"[64]을 지향한 것이다. 공연을 위한 조건들이 최소화되는 행장극장
의 방식은 어디든지 찾아가서 공연을 할 수 있다는 장점이 있으며, 또
입장료가 없기 때문에 그동안 비싼 입장료 때문에 극장을 찾지 못했
던 다수의 민중들이 관객이 된다는 점에서 의미가 있는 방식이라 할
수 있다. 이는 민중을 위한 연극을 하겠다고 하면서도 극장 안에서 도
시의 소시민을 대상으로 연극 활동을 지속해왔던 당시 신극의 관행과
는 배치되는 것이기도 하다.

　행장극장이라는 방식은 당시 조선의 연극계에서는 낯선 형태였으
며, 일본에 유학중인 조선신극운동자들이 행장극장을 창설하려는 움
직임[65]이 있었을 뿐, 공연이 있었는지는 분명하지 않다. 유치진에 의
하면 일본에서도 1924-5년까지는 조직적인 행장극장 형태의 극단이
없었고 나중에 좌익극이 대두하면서 비로소 생겨났다고 한다.[66] 좌익
극의 등장 이후 나타났다는 데서 확인되듯이 행장극장은 좌익극의 영
향을 받은 것이었으며, 유치진이 주장하는 민중들과 소통하면서 그들
에게 재미와 교훈을 주는 것을 연극의 이상이 좌익극, 특히 이동극장
의 영향을 받은 형태임을 알 수 있다.

　여기에서 유치진이 말하는 행장극장은 간소한 공연형태로 미루어
볼 때 일본의 이동연극단인 트렁크극장(トランク劇場)과 유사한 방
식이었을 것으로 짐작된다. 1925년 수립된 일본 프롤레타리아 문예연
맹 연극부에 소속된 극단인 트렁크극장은 노동현장에 투입되어 상당

---

64) 유치진, 『동랑자서전』, 120쪽.
65) 일본 동경에 잇는 조선신극운동자들은 이번에 「행장극장」이란 것을 창설하기로
　　되어 그 가사무소를 동경시외 上尾久二, 560 須田方에 두고 건실한 남녀동인의 참
　　가를 바란다. 「행장극장 출현」, 『동아일보』, 1929.9.26.
66) 유치진, 『동랑자서전』, 105-106쪽.

한 성과를 거둔 것으로 알려져 있는데, 트렁크극장이란 명칭도 트렁
크 하나를 들고 간편하고 빠르게 언제 어느 때 어떤 곳으로도 가서 공
연을 할 수 있다는 의미에서 붙여진 것이었다. 트렁크극장[67]은 비용을
극도로 절감한 소박한 방식이었음에도 불구하고 공연은 무대와 객석
이 하나로 녹아 들어가 이상할 정도로 격앙되고 흥분상태를 보였으며
예상외의 성공을 거뒀다고 한다.[68] 이러한 트렁크극장의 등장은 일본
에서의 이동연극의 시작이라는 점에서도 의미가 있었다.[69] 언제, 어디
서나 기동력 있게 공연을 할 수 있으며, 또 노동자 농민을 직접 찾아가

---

67) 트렁크극장은 1925년 수립된 일본 프롤레타리아 문예연맹 연극부에 소속된 극단
   으로, '프로연'의 당면 목적은 문학이나 미술, 연극이 노동운동에 도움이 되도록
   하는 것이었고, 1926년 1월의 공동인쇄쟁의 도중 사기가 떨어지기 시작했을 때
   소속 '트렁크극장'이 현장에 출동하여 성과를 올리게 된다. '트렁크극장'이란 명칭
   은 트렁크 하나를 가지고, 간편하고, 빠르게, 언제, 어느 때, 어떤 곳이라도 갈 수
   있다고 하는 의미에서 붙여진 것이었다. 당시 극단의 소속 단원들은 '낭인' 혹은
   '룸펜 인텔리겐차'로 어느 누구라고 말할 것 없이 모두 빈궁한 상태였고, 전차비조
   차 충분하지 않는 상태에서 의상이나 가발을 빌릴 수 있는 여유는 없었다. 그래서
   의상은 각자가 비용을 부담해 가지고 오고, 공연에 필요한 소품도 한 개 5전 하는
   종이가발을 사용하거나, 한 봉지에 5전 하는 칫솔로 염색하는 등 허술한 면이 많
   았다. 그럼에도 불구하고 공연은 무대와 객석이 하나로 녹아 들어가, 이상할 정도
   로 격앙되고 흥분상태를 보였으며 예상외의 성공을 거뒀다. 民主評論編輯部, 『新
   劇の40年』, 東京 : 民主評論社, 1949, 92-95頁.
68) '트렁크극장'의 출연자는 거의 아마추어로 예술적으로는 볼 만한 것이 적었으나,
   문화투쟁의 면에서 상당한 성과를 거두었던 것으로 알려져 있다. 이후 무라야마
   토모요시와 츠키지쇼게키죠를 탈퇴한 센다 코레야와 같은 멤버들의 참가로 내용
   적으로도 현저하게 충실해졌고, 내용적이나 기술적으로도 장족의 진보를 하게 된
   다. 노동운동 · 정치운동의 응원대로서 직접 대중을 선동 · 선전하는 것을 직접 목
   적으로 하는, 이른바 아지 · 프로극단으로서의 이동식 '트렁크극장'의 성과는 이후
   기성극단과도 대등하게 겨룰 수 있는 프롤레타리아 연극의 우수성을 드러내는 공
   연중심의 극단이 등장하는 매개적 역할도 한다. 民主評論編輯部, 上揭書, 97-98
   頁.
69) 『演劇百科大事典』4, 東京 : 平凡社, 1961, 208頁.

그들을 관객으로 삼아 공연을 한다는 점, 그리고 효과 면에서도 무대
와 객석이 충분히 소통하는 공연이었다는 점에서 유치진이 꿈꾸었던
행장극장의 방식과 상당히 유사하다.

　그런데 여기에서 주목하게 되는 것은 트렁크극장이 좌익극의 대표
적인 공연방식으로, 민중을 선전선동하기 위한 공연이었다는 점이다.
사실 유치진은 츠키지쇼게키쿄를 "일 문학 청년의 書齋에 불과하며,
특수한 연극 청년을 위한 일개의 희곡 소개기관에 지나지 않"⁷⁰⁾는다는
입장을 보였으며, 아나키스트 극단인 해방극장⁷¹⁾에서 단역으로 출연
하기도 하면서 행장극장을 차리기 위한 준비⁷²⁾를 하였다는 회고를 보
면 그의 연극에 대한 입장이 신극보다 오히려 좌익극에 가까웠다고도
볼 수 있다. 그러나 유치진은 프로극 계열의 좌익극단이 아니라 쓰키
지소극장의 영향을 받은 신극단인 극예술연구회를 선택한다. 이러한
선택이 가능했던 것은 유치진이 좌익극의 이념적인 측면이 아니라 관
객과 소통하는 방식에 관심을 가졌기 때문으로 볼 수 있다. 유치진이
좌익극에서 주목한 것은 연극을 접하지 못했던 민중들을 직접 찾아가
서 그들에게 연극을 보여주고 그들과 소통하는 연극을 추구한다는 점
이었다. 이는 유치진이 소개한 산신문극과 노동자구락부극을 보면 분

---

70) 유치진, 「최근 십년간의 일본의 신극운동」(4), 『조선일보』, 1931.11.15.
71) 유치진은 볼쉐비키 연극과는 다른 신흥연극단체로 아나키즘을 표방한 해방극장
　을 소개한다. 그에 의하면 해방극장은 '1928년에 창립되어 아나키즘 해방운동에
　부단의 정조를 직혀 왔고, 만흔 레퍼토리 중에 특히 밀보 작 〈惡指導者〉飮田豊二
　작 〈우리들은 범인이다〉 씽클레어 原作 〈보스톤〉 등의 연출은 우리의 기억에 새로
　운 感銘을 남기어 두엇다고 회고하며, 특히 해방극장의 〈우리들은 범인이다〉는 靑
　服劇으로 演出하야 성공한 극으로 正當한 意味에 잇서서의 靑服劇的 형식을 일본
　에 소개한 최초의 試驗이엿다.'고 소개하고 있다.
72) 유치진, 『동랑자서전』, 105쪽.

명히 드러나는데, 여기에서 유치진이 강조하는 것은 공연의 기법적인 측면이며, 관객들과 만나는 방식이다.

먼저 유치진의 '산신문극'에 대한 소개를 보면, "일상의 변동을 인쇄 활자로써 신문지면으로 보도하든 것을 동작과 육성과 음영으로 번역하야 일반 사회에 전달시키는 극형식"[73)으로, "사회의 표면에 이러난 사건의 단면단면이 어대까지는 회색 지면의 죽은 활자로서만 독자에게 이해되엇든 것이 '산 신문'에 잇어서는 움지기는 동작과 유동하는 리즘과 반작이는 광채로써 직접 관중의 아페서 앱필하는 것"[74)이다. 유치진은 산신문극의 동작과 리듬으로 관중의 앞에 직접 어필한다는 점에 주목하고 있으며, "신문을 듣는 민중의 군중적 감동은 대단히 효과적"[75)이며 구체적인 동작을 통해 신문 시사를 전달하게 되면 듣는 사람에게 미치는 인상이 강렬해진다는 점을 지적한다. 산신문극에서 유치진이 주목한 것은 연극이 관객과 만나는 방식, 즉 "회색 지면의 죽은 활자로서만 독자에게 이해되었던 것이 이 산신문에 있어서는 움직이는 동작과 유동하는 리듬과 반짝이는 광채로서 직접 관중의 앞에서 어필하는 것"[76)에 집중하고 있다.

산신문극을 레퍼토리로 한 행장극장을 꿈꾸었던 유치진의 산신문극에 대한 소개는 유치진이 어떤 연극을 꿈꾸었는지를 잘 보여준다. 유치진은 신문의 사회적 기능이란 결코 보도에만 있는 것이 아니며 "그 사건에 얼킨 사회의 병든 기구를 폭로하고 암시하야 독자의 두뇌

---

73) 유치진, 「「산신문」극-그 발생과 特作에 대하야」(상), 『동아일보』, 1931.12.17.
74) 유치진, 「「산신문」극」(상), 1931.12.17.
75) 유치진, 「「산신문」극」(상), 1931.12.17.
76) 유치진, 「「산신문극」(상), 1931.12.17.

에 이러나는 정신적 유기작용을 어느 한 목표에 종합하야 드듸어 그 관념을 행위행동에까지 유도하지 안흐면 안 되는 것"[77]이며, 산신문극은 이러한 신문의 기능을 계승하여 잇는 것이다. 실생활의 단면을 실재 그대로 노출하면서 해석하려 하고 해석하면서 비판하려 하고, 그리하여 비판 그것은 장차 행동상의 운용을 전제로써 나아가려 하는 것[78] 즉 방향을 보여주어야 하는 것이다. 그러면서도 누구나 이해할 수 있게 내용이 쉬워야 하며, 소극적 요소를 적절히 활용해 재미를 주고, 무대상의 제 물질적 조건은 극도로 단순화하여 이동성을 돕고, 연극의 영향을 지역적으로 자유스럽게 확대할 수 있는[79] 이러한 연극을 지향한 것이다.

'노동자구락부극'에 대한 소개도 기법에 주목하고 있다. 처음에는 위안거리로 시작해서 차차 노동자대중에 영향하는 교화성에 대해 자각하면서 오락기관으로서보다 개활 운동의 예술적 전위대로 기능하게 되었다는[80] 구락부극의 형태상 특수점에 대해 유치진은 다음과 같이 설명했다. 먼지 무대사용에 있어 근대극의 무대적 약속은 염두에 없다는 것, 대소 도구를 장식할 필요가 없다는 것, 분장이나 의상은 문제 삼지 않으며 의상은 일상의 옷을 그대로 입기도 한다는 것, 특수한 직업, 성격 표시하는 방법과 같은 기법을 소개[81]하고 이어 연기자와 관람자의 상통하는 분위기에 대해 상세하게 기술한다.

77) 유치진,「「산신문」극」(중), 1931.12.18.
78) 유치진,「「산신문」극」(중), 1931.12.18.
79) 유치진,「「산신문」극」(중), 1931.12.18.
80) 유치진,「노동자구락부극에 대한 고찰」(2),『동아일보』, 1932.3.3.
81) 유치진,「노동자구락부극에 대한 고찰」(3),『동아일보』, 1932.3.4.

연기자와 관람자는 잡연한 속에 혼일한 일체가 되어서 관중이 즉 연기자이오, 연기자가 즉 관람자이다. 그리고 조명은 등장자의 세계와 관람자의 세계를 동일한 분위기에서 생활시키기 위하야 입센 이래의 요지경식 무대조명을 타파하야 될 수 잇는 대로 무대와 객석을 다 가튼 정도로 밝게 하는 것이 보통이다.

이상과 가튼 무대적 조건에서 개막의 종이 올이는 것이니 관람석에 모힌 사람은 물론 구락부원과 그의 가족들이라 우뢰 가튼 박수 소리에 연극이 시작된다. 무대에 등장한 배우란 즉 뒤ㅅ집 복남이오 압집 개똥이다.[82]

그들은 구락부의 친화를 도모하기 위하야 연극을 채용하얏다. 그러나 그들은 그것을 단지 위안꺼리에만 끗첫슬까? 아니다. 그들은 거긔에서 유의기?한 교화적 목적을 발견하얏다. 즉 그들은 한 자리에서 가티 웃고 가티 분노하고 가티 울고 가티 즐기는 동안에 그들에게 공통한 환희와 정의와 이익을 늦기게 되는 것이다. 하야 그들은 그들의 연극에 다음과 가튼 그들 노동자에게 직접 관계되는 내용을 제기하야 거긔에 어떠한 기준에 입각한 해석과 설명을 구하려 하얏다. 즉-

"웨 로서아 X명이 이러낫느냐?"

"X명이란 우리들에게 어떠한 결과를 가저왓느냐?"

"동지는 어떠케 하야 죽엇다!"

"우리는 금후 어떠케해야 되겟다"

그들의 극의 내용은 대개 이러한 것이라 한다. 그리고 대사 중에는 간혹 저명한 혁명가들이 남겨둔 경구 등을 그냥 되푸리시키기도 하고 푸로레타리아의 열망과 확신을 "쉬프레히콜(합창극)식으로 부르짓도

---

82) 유치진, 「노동자구락부극에 대한 고찰」(3), 『동아일보』, 1932.3.4.

한다.

이와 가티 푸로레타리아-트가 그들의 희망과 신념을 자기의 입으로 부르짓는 동안 부지불식간에 그 소리가 자연히 자기의 배ㅅ창자에 울려서 그들의 나아가는 목표와 의도를 보다 더 명백히 의식하는 동시에 一의 건설적 쾌락을 늣기게 되는 것이다. 이 사실은 이 극이 노동자의 위안거리뿐만 아니라 교화적 의미에서 확연한 지위를 가지며 "아지푸로"의 도구로서도 가장 효과적 임무를 가질 수 잇다는 것을 말함이 아닐까?[83]

유치진은 노동자구락부극이 어떻게 공연되는지 상세하고 설명하고 있다. 즉 기법을 구체적으로 보여주고 있어 실제 극이 상연되는 장소의 분위기를 연상할 수 있을 정도이다. 그리고 이러한 기법에 대한 상세한 소개는 무대와 객석이 얼마나 활발하게 소통하는지 실감할 수 있도록 하는 데 맞춰져있다. 유치진은 〈우리들은 범인이다〉 공연을 예로 들며 "관객석과 무대의 혼일한 조화", "배우와 관객은 뗄래야 뗄 수 없는 완전한 일체"가 되고, "무대와 객석배우와 관객이란 구별은 여긔서는 분립시켜 생각할 수 업는" "객석과 무대의 황홀한 일치"[84]를 현대 연극의 이상으로 제시하고 있다. 여기에서 읽어낼 수 있는 것은 연극을 통해 어떻게 관객과 소통할 것인가의 문제에 대한 유치진의 관심이다. 이러한 입장은 전통극에 대한 그의 관심에서도 잘 드러난다. 그는 산대놀이나 오광대를 언급하면서 이 공연이 야외에서 공연되고, 직업화된 상인이 아니기 때문에 극을 구경하던 동리 사람들

---

83) 유치진, 「노동자구락부극에 대한 고찰」(3), 『동아일보』, 1932.3.4.
84) 유치진, 「노동자구락부극에 대한 고찰」(4), 1932.3.5.

이 아무나 놀이에 관계할 수 있고, 출연할 수 있다는 사실을 지적하고 있다.

> 그 마을 그 동리에서 흥미를 가진 자, 혹은 여가 있는 자는 아무나 그 놀이에 관계할 수 있으며 출연할 수 있는 것이다. 그리고 그 극을 구경하는 구경꾼 중에서라도 그 극에 매혹되어 자기의 흥을 못 이기는 때에는 언제라도 뛰어 들어가서 출연자들과 함께 덧붙이기 춤을 춰도 좋다. 이로 인하여 이 극의 효과가 상하거나 극의 스토리가 난맥되거나 하는 법은 없는 것이다.
> 이 사실은 극을 휩싸고 구경하는 민중이란 극을 구성하는 한 요소이며 극을 진행시키는 한 도구임을 예증함이요, 극장과 관중이란 뗄래야 뗄 수 없는 유기적 관계에서 휘일히 일개가 되어 있는 것을 말함이다. 즉, 이때의 연극이란 직접 민중의 창작이며 오락이요, 드디어 그들의 의지인 것이다. 이보다 더 밀접한 예술의 대중성을 어디서 구하랴![85]

여기에서도 유치진의 관심은 탈놀이의 지배계층에 대한 비판 기능보다 전통극이 민중과 어떻게 소통하는가 하는 측면이다. 즉 구경꾼이 흥이 나면 극에 개입할 수도 있으며, 또 개입한다 해도 극 전달에 문제가 발생하지 않는다는 점, 그래서 배우와 관객이 극 속에서 더불어 즐길 수 있다는 점에 주목하고 있는 것이다. 유치진은 민중이 극의 구성요소이며, 이들이 극을 진행하는 요소로 기능하는 것이 바로 연극의 직접적 대중성이라고 보았다.

유치진은 연극을 통해 관객과 어떻게 소통할 것인가의 문제에 관심

---

85) 유치진, 「연극의 대중성」, 『신흥영화』 1, 1932.6, 10-11쪽.

을 가졌으며, 그러한 관객소통이라는 부분이 잘 실현된 연극으로 행
장극장에 주목한 것이다. 행장극장은 관객과의 소통이라는 측면이 잘
실현된 연극이다. 유치진은 행장극장 형태의 운동이야말로 우리 민족
에게 가장 시급하고 긴요한 과제라는 신념을 가지고 "산신문극을 써
서 브나로드 운동의 일환으로 행장극장 활동을 추진함으로써 연극으
로 민족계몽에 여생을 바쳐보려"[86] 했다. 일본 유학시절의 모든 "공부
와 체험이 오로지 행장극장을 차리기 위한 준비 과정이었"[87]다고 밝히
고 있는 데서도 드러나듯이 유치진은 민중을 관객으로 선택하고, 그
들과 충분히 소통하는 연극을 꿈꾸었다. 그러나 귀국 후 유치진이 목
격한 한국 연극계의 현실은 기대와 크게 달랐고, 결국 극연이라는 가
장 현실적인 선택을 하게 된다.

유치진이 좌익극의 이념적 측면에 관심을 가졌다면 극연을 선택할
수는 없었을 것이다. 사실 유치진이 아나키즘에 관심을 가졌고, 민중
을 대상으로 한 연극을 추구하였다는 점에서 그의 입장은 좌익극과
유사한 측면이 있다. 그러나 유치진이 좌익극에서 주목한 것이 무대
와 객석이 소통하게 하는 기법적 측면이었다면, 좌익극에서는 이념이
우선하고, 이념 전달을 용이하게 하도록 기법에 대한 모색이 요구되
었다는 점에서 차이가 있다. 유치진은 좌익극의 이념보다 관객과 소
통하는 기법에 주목했고, 그렇기 때문에 프로극 계열의 극단이 아니
라 극연을 선택할 수 있었던 것이다. 공연 가능성의 측면은 유치진이
극연을 선택하게 된 중요한 조건이었을 것이다. 일본에서도 좌익극

---

86) 유치진, 「나의 『극예술연구회』」, 『연극평론』 5, 1971.
87) 유치진, 『동랑자서전』, 106쪽.

공연은 많은 제약을 받는 상황이었기 때문에 한국에서 좌익극 공연이
제약을 받을 것이라는 점은 당연히 예상 가능했을 것이다. 당시 카프
계열 극단의 연극은 공연으로 이어지지 못하는 상황이었고, 이러한
현실 속에서 연극하는 가치를 중요하게 여겼던 유치진은 극연을 선택
하게 되었고, 극연 안에서 자신의 연극론과 극연의 방향을 고려한 극
작을 시작하게 된다.

2. 극예술연구회 신극론의 수용

유치진은 자신의 꿈꾸는 연극을 할 수 있는 조건을 직접 만들어가
기보다 우선 연극을 하는 것을 선택하고, 극연 안에서 극연이 마련했
던 연극운동의 방향을 수용하면서 연극활동을 시작하게 된다.

귀국을 서두를 무렵에는 행장극장 형태의 운동이야말로 우리 민족
에게 가장 시급하고 긴요한 과제라는 신념을 굳혀 있었는데 서울에서
의 실정은 기대와 크게 달라 이러한 과제를 당분간 젖혀 놓을 수밖에
없었으니, 나의 방향 감각에 상당한 혼란이 일어 한동안 허탈감 속에
헤매는 홍역을 치러야 했다. 나는 내 마음을 정리하여 극예술연구회가
지향하는 새로운 방향에 적응하려고 노력했고, 당시의 식민지적 상황
에서는 이 방향만이 가장 현실적인 것이라는 점을 서서히 깨닫게 되었
다. 그 후 40년간, 나는 극연이 마련했던 청사진대로 연극운동을 행동
노선을 따르려 애써 왔다.[88]

---

88) 유치진, 『동랑자서전』, 124쪽.

행장극장이라는 오래된 꿈을 "서울에서의 실정이 기대와 크게 달라 당분간" "젖혀 놓을 수밖에 없었고, 마음을 정리하여 극예술연구회가 지향하는 새로운 방향에 적응하려고 노력"[89]하게 된다. 꿈꾸어 오던 행장극장이 아니라 극연을 선택하게 되면서, 즉 민중이 아니라 극연이 지향하는 신극관객을 선택하게 되면서 유치진은 극연이 제시하는 방향 안에서 자신의 연극의 방향을 모색하게 된다. 극연이라는 주어진 연극적 조건 안에서 자신의 연극관과 극연의 방향을 고려한 연극이 요구되었던 것이다.

극예술연구회는 이름 그대로 연구회적인 성격이 강한 극단이었다. 극연의 대다수의 구성원들은 츠키지쇼게키죠의 영향을 받아 번역극 중심의 소극장 연극을 추구하는 입장이었고, 번역극 상연을 통해 신극수립이라는 목적에 가까워지고자 했다. 그렇기 때문에 관객의 취향보다는 근대극에 대한 모색이 중심에 놓일 수밖에 없었다.

새로운 극문화의 수립이라는 극연의 방향에 맞게 관객 또한 기존의 신파극을 즐기던 관객에 대신 신극 수립에 관심을 가진 이상적인 관객을 요구하게 된다. 실제 극연 연극의 관객은 "문예적 취미의 비교적 세련된 또는 소수의 인테리 계층에 그 관중의 분야가 국한되여잇"[90]었고, 이러한 신극관객을 대상으로 해서 실험적인 번역극을 상연하여 근대극에 가까워지고자 했다. 그러나 극연의 번역극 레퍼토리는 의도에서는 호응을 얻었지만, 극연 내부에서조차 비판이 제기되기에 이른다. 번역극이 관중의 수준을 고려하지 않았기 때문에 관객이 공연

---

89) 유치진, 「나의 극예술연구회」, 『연극평론』 5, 1971.
90) 김광섭, 「고골리의 「검찰관」과 실험무대」, 『조선일보』, 1932.5.17.

의 내용을 이해하지 못해 "쉽게 단념해버리고 도라가는 사람도 잇섯"
으며, "마치 처음부터 끝까지 모르는 외국어 발성영화를 보는 것 같았
다"[91]고 현장분위기를 전하기도 했다.

　이러한 비판은 극연 외부에서도 제기되는데, 극연의 공연이 "조선
의 현실과 거리가 너무 멀고" 또한 "관중의 수준을 모른다[92]"는 점에
비판이 집중되었다. 이러한 비판은 대본 선정의 문제로 이어지는데,
대본을 선정하기 위해서는 예술적 가치와 극단의 연출능력도 필요하
지만 무엇보다 "관중을 고려해야"[93] 한다는 주장이 제기되기에 이른
다. 여기에서 조선의 현실과 가까우면서도 관중의 수준을 고려한 연
극, 번역극에 국한되지 않고 조선의 현실과 조선의 관중에 부합되는
창작극의 등장을 요구하는 분위기가 마련된다.

　"극에 대한 일반의 이해를 넓힌다"는 극연의 설립목적에서 드러나
듯이 극연은 극예술을 천시하던 기존 대중의 인식의 바꾸고 극예술에
대한 이해를 높이는 것이 중요한 과제였다. 그렇기 때문에 관객의 문
제가 중요하게 대두되었고, 여기에서 조선의 현실과 가까우면서도 관
중의 수준을 고려한 창작극 공연을 계획하게 된다. 극연이 1, 2회 공연
의 레퍼토리를 번역극에서 찾았지만 그렇다고 해서 창작극 공연을 부
정한 것은 아니었다. 단지 조선의 극문화를 세워보겠다는 극연에 적
합한 창작극이 없다는 것이 이유였다. 당시 활발하게 공연되던 신파
극계열의 상업적 연극이나, 이념성을 강조한 카프의 연극은 그들의
연극이념에 적당하지 않다고 판단했기 때문이다. 이에 기존의 흥행극

---

91) 박용철, 「실험무대 2회 시연초연을 보고」, 『동아일보』, 1932.7.3.
92) 심훈, 「연예계 산보」, 『동광』, 1932.11.
93) 박용철, 「실험무대 2회 시연초연을 보고」, 『동아일보』, 1932.7.3.

이나 카프의 연극과는 다른 극연의 연극 이념에 맞는 창작극이 요구
되었다.

극연을 선택하기 이전에는 행장극장의 방식을 지지하며, 민중을 대
상으로 해서 그들에게 재미와 교훈을 주는 연극을 구상했던 유치진이
었지만, 극연을 선택하게 되면서 극연의 방향과 극연의 관객인 신극
관객에 적합한 연극을 구상해야 했다. 유치진의 연극관과 극단의 요
구를 적절하게 연계해야 하는 과제가 생긴 것이다. 유치진의 창작극
은 이러한 극연 내부의 요구와 만나면서 등장하게 된다. 즉 조선의 현
실을 다루면서 극연의 관객인 "민중교화의 책임을 가진"[94] 지식계급
과 소통하는 연극에 대한 요구와 유치진의 연극관이 만나면서 극연의
창작극인 유치진 희곡이 등장하게 되는 것이다.[95]

유치진은 식민지 조선에 건전한 연극문화를 가지게 하자는 것을
극연 연극의 목표로 파악하였으며, 극문화 수립이라는 극연의 방향
을 수용하여 극작을 하게 된다. 신극수립에 관심을 가진 극연의 관객
을 내포관객으로 상정한 유치진은 이늘 신극관객과의 소통을 고려하
면서 극작을 하게 된다. 〈토막〉을 비롯한 〈버드나무 선 동리의 풍경〉,
〈빈민가〉와 같은 초기 작품에는 조선의 현실을 어떻게 드러낼 것인가
에 대한 고민과, 내포관객인 극연의 신극관객과 어떻게 소통하며 교

---

94) 김광섭, 「실험무대에 바라는 바」, 『동아일보』, 1933.11.14.
95) 극연 연극을 관람하러 모인 관객은 "얼른 보기에도 거의 전부가 知識階級에 속하
는 사람들 월급쟁이 지주의 아들 밋 그들의 부인 남녀전문학생들"이었으며, 이러
한 현상은 "조선의 노동자 농민의 극조차 볼 여유가 업는 생활로 보아 또 극연의
서 잇는 사회적 기반으로 보아 또 상연목록으로 보아 조금도 의외의 현상이 아니
엇다"고 한 있다. 현민, 「제3회 극연공연을 보고」, 『조선일보』, 1933.2.13~2.17. 그
러나 이러한 실제관객이 내포관객과 일치하지는 않는다. 실제관객은 개개인의 경
험을 토대로 작가의 의도를 재구성해서 받아들이게 되기 때문이다.

화의 의도를 전할 것인가에 대한 유치진의 모색이 잘 드러나고 있다.

유치진에게 중요한 것은 관객이었고, 관객과 소통하면서 그들에게 재미와 교훈을 주는 연극을 만들겠다는 것이었다. 여기에서 대상 관객은 민중이 아니라 '어디까지나 젊은 층 학생들과 지식인'[96]이었고, 거기에 파고 들어가, 그들의 세계에 새로운 연극을 정립시켜보자는 의도로 1930년대 전반기 유치진 희곡의 특성이 정해진 것이다. 피해자형 인물을 활용하여 관객의 공동연민을 유발하고, 비극적 결말을 통해 궁핍한 현실을 강조하는 극작 기법은 극연의 신극관객이 현실에 대한 문제의식을 공유하고, 그러한 현실의 문제를 개선해나가는 데 동참할 수 있도록 하기 위한 것이었다. 민중들 속으로 들어가 민중과 함께 하면서 그들에게 힘이 되는 연극을 하고 싶다는 이상을 실현할 수 있는 토대가 마련되지 않은 상황에서 극연을 선택하게 되고, 극연의 신극관객에게 민중의 현실을 보여주고, 그들이 그러한 현실의 모순을 개선하는 데 기여할 수 있도록 하는 것이 극연의 신극관객에 가장 적합하다고 판단하였던 것이다.

---

96) 「극예술연구회시절-좌담」, 『동랑유치진전집』 8, 297쪽.

III.

대중극관객 대상 설정과
민족현실의 모순 암시

대중극관객에 대한 감성적 접근

1. 낭만적 인물을 통한 현실인식의 간접화

　신극관객을 대상으로 새로운 극문화를 만들어가려던 유치진의 연극에 대한 시각은 1930년대 중반을 즈음해서 변화를 보인다. 행장극장이라는 방향을 버리고 극연을 선택하지만, 점차 극연의 아마추어적 방식에 문제의식을 가지게 되면서 전문극단으로의 변화를 모색하기 시작한 것이다. 전문극단이란 관객 수익으로 극단이 운영되도록 하는 시스템을 갖춘 극단을 말한다. 이러한 전문극단 시스템을 제대로 운영하기 위해서는 많은 수의 관객을 동원해야 하고, 그러기 위해서 기존의 신극관객만이 아니라 대중극을 즐기는 관객들까지도 자신의 연극 관객에 포함시키게 된다. 전문극단을 지향하게 되면서부터 유치진이 자신의 연극을 관람할 대상으로 상정한 내포관객의 범주는 대중극관객으로까지 확장된다.

　내포관객을 대중극관객으로 확장하면서부터 유치진이 다루는 문

제는 가난이라는 현실문제가 아니라, 애정이라는 낭만적인 감정문제
로 이동하고, 애정문제로 고민하는 인물이 등장하게 된다. 〈토막〉에서
〈수〉까지의 인물들이 가난이라는 현실문제로 고통을 겪는 인물이었
다면, 〈소〉에서부터는 낭만적인 애정문제로 고민하는 인물을 등장시
키고 있어 애증갈등을 다룬 극에 익숙한 대중극관객의 흥미를 고려하
고 있음을 드러낸다.

〈소〉는 풍년이 들었지만 소작료로 다 빼앗기고, 가족이나 다름없는
소와 딸마저 빼앗길 수밖에 없는 현실에서 소재를 가져온다. 그러나
소작료 때문에 마름과 갈등을 겪는 가난한 농민들을 현실을 다루면서
도 극은 희극적으로 설정된 말똥이를 주인물로 등장시켜 무겁지 않은
분위기를 만들어낸다. 극에서 말똥이의 관심은 오직 귀찬이와의 결혼
문제에 고정되어 있다. 극 초반 바쁜 추수철에 일은 하지 않고 "남 좋
은 일은 하지 않겠다"는 말똥이의 불만은 풍년이 들어도 아무것도 손
에 쥘 수 없는 당시 현실에 대한 문제 제기로도 읽힌다.[1] 그러나 말똥
이의 불만은 마름으로 대표되는 불합리한 농촌 현실 그 자체에 있다
기보다 결혼을 약속한 귀찬이가 팔려가게 된 것에 대한 개인적 불만
에 원인이 있다. 추수로 바쁜 집안 상황도, 밀린 소작료도 말똥이의 관
심 밖이며, 오직 귀찬이에 대한 애정문제에만 골몰하기 때문에 극에
서 말똥이의 현실인식은 제대로 부각되지 않는다.

사실 말똥이의 애정전선에 문제가 발생하게 된 것은 불합리한 소작

---

1) 이러한 말똥이의 성격에 대해 이상우는 말똥이가 사태의 핵심을 꿰뚫어보는 문제
   적 인물, 즉 마름으로 대표되는 가진 자의 횡포와 탐욕성을 정확히 간파한 인물이
   지만, 장가들기 위한 방편으로 태업을 하여 주변 사람들의 조롱의 대상으로 전락하
   고 마는 인물로 평가하고 있다. 이상우, 『유치진 연구』, 태학사, 1997, 86-87쪽.

료 때문에 딸이라도 팔 수밖에 없었던 당대 농촌사회가 처한 구조적 문제 때문이다. 그러나 말뚱이는 이러한 현실보다는 좋아하는 여자가 팔려가게 되었으니 어떻게 해서라도 구할 생각에만 골몰해 있고, 그 방편으로 생각해낸 것이 바쁜 추수철에 농사일을 하지 않고 게으름을 피우는 것이었다. 결혼을 약속한 여자가 팔려가게 된 상황임에도 적극적으로 문제를 해결하려는 노력 없이 농사일을 하지 않는 것으로 불만을 드러내는 말뚱이의 행동은 희화화되어 있으며, 현실인식은 결여되어 있다. 그의 현실인식 문제는 소를 팔아 귀찬이와 결혼만 하게 되면 열심히 일해서 부모님을 잘 모시고 행복하게 살 수 있을 것이라는 생각에서 잘 드러난다.

> 말뚱이　　그렇지, 탐낼만 허구말구. 이 동리에서는 제일이거든! 어머니, 인제 내가 귀찬이허구 살게 되면 집안농사 막 잘 질 테야. 어머니는 따뜻한 아랫목에서 낮잠이나 자면서 심심소일로 실이나 잣고 삼이나 삼고 있어두 좋아요. 농살랑 죄 우리헌테 떠맡겨 놓고 귀찬이허구 나허구 같이 나서면, 힘에 부쳐서 못 하는 일은 통 없을 테니까. 인제부터 어머니는 오뉴월 콩밭 맨다고 땀을 흘리지 않어두 좋구 논에 물 댄다구 밤을 새어 동리사람허구 싸우지 않어두 좋아. 죄 모두 귀찬이하고 나하구 둘이서만 해낼 테니까.[2]

1930년대의 농촌은 개인이 아무리 열심히 일한다고 해도 잘 살 수

---

2) 유치진, 〈소〉, 『동아일보』. 1935.2.10.

없는 모순된 구조 안에 놓여있다. 그러나 말똥이는 이러한 현실에 대해서는 언급하지 않고, 단지 귀찬이와 결혼만 하면 두 사람이 열심히 일해서 부모님을 편하게 모실 수 있다는 낙관적 기대를 보일 뿐이다. "소를 누가 차지할 것인가의 문제를 중심으로 농촌현실의 비극을 묘파한 작품"[3]이라면 농사는 풍년이 들었어도 도지세로 소를 빼앗길 수밖에 없는 농촌의 구조적 모순을 보여주고, 그 해법을 구체화하는 것이어야 한다. 그러나 〈소〉는 주인물인 말똥이가 귀찬이에 대한 애정 문제에만 집중하고 있어 현실인식을 결여하고 있기 때문에, 귀찬이와 결혼할 수 없게 되자 논임자의 집 곳간에 불을 지르는 개인적인 보복으로 극을 마무리하고 있다. 말똥이의 방화가 개인적인 차원에 머무르고 있음은 말똥이의 방화소식을 접한 가족들의 반응에서도 드러나는데, 국서는 문을 닫아버리고, 처는 말똥이가 장가를 못가서 눈이 뒤집혀서 그런 것[4]이라고 한다. 말똥이의 방화가 1930년대 농촌사회가 처한 구조적 모순에 대한 저항에서 나온 것이었다면 가족들의 반응은 말똥이의 행동에 대해 어느 정도 긍정하거나 이해하는 것으로 나타나야 한다. 그러나 가족들은 말똥이의 행동을 철없는 '미친 짓'으로 치부하고 있을 뿐이어서 극단적인 말똥이의 행동이 단지 개인적인 애정문제에 근거하고 있을 뿐이라는 것을 보여준다.[5] 현실 문제보다 개인의

---

3) 이상우, 앞의 책, 77쪽.
4) 이처럼 주변인들의 반응이 냉담한 것에 대해 이상우는 『동랑자서전』(서문당, 1975, 164-165쪽)에 언급된 '소사건'의 내용에 근거해서 일제의 검열을 의식한 전략적 글쓰기 차원에서 설명한다. 즉 일제가 〈소〉의 방화 장면을 계급투쟁으로 해석하여 사상적 배후를 추궁할 때 말똥이의 방화에 대한 국서처의 냉담한 반응을 이유로 들면서 〈소〉가 계급주의 작품이 아님을 주장했다는 유치진의 회고에 근거해서 이를 다분히 검열을 의식한 반응으로 보고 있다. 이상우, 앞의 책, 83쪽.
5) 그렇기 때문에 "진실한 농촌의 현실을 보여주지 못한 동시 조선의 현실도 잘 못

낭만적 감정에 치중한다는 점에서 말똥이는 이전의 유치진 희곡에 등
장하는 인물들과 확연한 거리를 보이며, 이러한 측면은 이후의 낭만적
경향으로 분류되는 작품에서 볼 수 있는 인물에 가깝다고 할 수 있다.

　이러한 말똥이의 빈약한 현실인식을 보완하는 인물이 개똥이다. 집
안의 재산이며, 형의 결혼 밑천이기도 한 소를 몰래 팔아서라도 농촌
을 벗어나고 싶어 하는 개똥이는 농촌이 더 이상 아무런 희망이 없는
곳이라는 점을 분명히 인식하고 있다.[6] 하지만 개똥이도 농촌이 처한
구조적 문제를 인식하고, 그 안에서 해결책을 모색하려는 고민은 보
이지 않는다. 그는 단지 가족의 가장 큰 재산인 소를 팔아서라도 여비
를 마련해 만주에만 가면 일확천금을 벌 수 있다는 낭만적 기대로 가
득 차 있을 뿐이다. 농촌현실의 막막함을 포착하고 있다는 점에서는
다른 인물들보다 정확한 현실인식을 보인다고 할 수 있으나, 그 대안
으로 일확천금의 땅 만주를 꿈꾼다는 점에서 그 또한 만주라는 현실
을 정확히 파악하지 못하고 막연한 희망에 인생을 걸려한다고 볼 수
있다. 이런 점에서 개똥이도 말똥이와 마찬가지로 다분히 낭만적인
성향을 보인다고 할 수 있다.

　　　개똥이　……저 이것 봐요 아버지. 우리집 소, 그만 팔아서 나 노
　　　　　　재해 주. 네? 나 만주 가서 돈 많이 벌어가지고 올께. 일

　보여준 작품"(전용길, 「동경학생예술좌 제1회 공연을 끗내고」, 『조선중앙일보』,
　1935.6.9-14)이라는 비판에 직면하게 된 것이다.
6) 김재석은 소를 팔아서 만주로 도망가려던 개똥이가 당대 농촌에 대해 절망한 농민
　의 유형적 특성을 체현하고 있는 인물로 보고 있으며, 이러한 개똥이의 역할을 말
　똥이의 꿈을 방해하고 만 정도로 다루고 있는 점이 극의 의의를 반감시키고 있다고
　지적한다. 김재석, 『일제강점기사회극연구』, 태학사, 1995, 118쪽.

천 오백냥(三十圓)만 있으면 돼요.

......

개똥이   아버지, 요즘 만주만 가면 돈벌이가 참 많대요. 이때가

바로 물땝니다.[7]

개똥이   도시 농사 같은 게 손아귀에 차야 해먹지......어머니, 이

것봐! 나 소 팔어가지구 그만 만주 갈 테야. 거기 가서 돈

많이 벌어오면 그만이지. 만주 가서 돈벌이 하기는 그야

말로 자는 놈 뿔 짜르기래. 참 벌이 거리가 많대. 생각해

봐요. 우리가 여기서 농사를 지어서 언제 허리를 펴볼 건

지. 우리두 어서 돈을 모아가지구 규모 있게 살어 봐야

죠. 여봐란 듯이 살지는 못하더래도 그래도 입에 풀칠은

해봐야 하지 않어. 그러찮어? 어머니?[8]

만주에 가면 돈벌이가 많다는 소문만 믿고 만주로 떠날 꿈을 꾸는

개똥이는 전혀 만주라는 현실을 알지 못하고 있다. 단지 만주에 가기

만 하면 그냥 많은 돈을 벌 수 있고, 그것은 "자는 놈 뿔 자르는 것만큼

이나 쉬운 일"[9]이라는 소문을 되풀이 할 뿐이다. 만주에 가본 적도 없

으면서, 만주의 실상도 전혀 모르면서 그저 만주에만 가면 일확천금

을 얻을 수 있다고 꿈꾸는 개똥이 또한 현실에 근거하지 않은 채 낭만

적인 희망에 기대고 있다.

낭만적 애정에 집착하고 있는 말똥이가 현실의 문제를 제대로 포착

7) 유치진, 〈소〉, 『동아일보』, 1935.1.30.

8) 유치진, 〈소〉, 『동아일보』, 1935.2.2.

9) 유치진, 〈소〉, 『동아일보』, 1935.2.2.

하는 것이 불가능했다면, 개똥이 또한 농사꾼이 아니라 뱃사람이었다는 점에서 근본적인 한계를 가지고 있었다. 농촌에 속한 인물이 아니라 농촌을 떠났던 사람이기에 농민들이 처한 문제를 인식하고 그 해법을 모색한다는 것은 애초부터 무리였다고 할 수 있다. 사실 개똥이는 농촌 현실을 부정하는 데는 어느 정도 역할을 수행하고 있으나, 결과적으로 이는 단지 부정에 그칠 뿐 문제를 해결할 수 있는 방법을 알지는 못하였다. 그 결과 개똥이의 지향은 농촌이 아닌 만주라는 미지의 공간에 대한 낭만적 기대로 제시될 수밖에 없는 것이다. 각각 애정과 돈을 추구한다는 점에서 전혀 다른 듯한 두 형제의 설정은 그러나 결국 낭만적인 기대로 무언가를 추구하고 있다는 점에서 일맥상통한다. 낭만성을 대변하는 말똥이와 개똥이라는 두 인물은 현실에서 낭만으로 이동하는 유치진 변화의 단초를 보여주는 설정이라 할 수 있다. 현실의 문제를 떠나 애정문제라는 낭만적인 감정에만 집착하는 말똥이라는 인물의 설정과, 말똥이와 대립하면서 또 다른 자기욕망을 추구하는 개똥이라는 인물의 대립구도는 이후 애정갈등을 근간으로 하는 낭만적 경향의 작품에 빈번하게 등장하는 인물 구도와 연결된다.

〈당나귀〉[10]는 통속적 이야기를 다룬 극에서 흔히 볼 수 있는 인물 구도를 그대로 가져오고 있다. 늙고 병들었지만 젊은 첩에 대한 집착과 삶에 대한 의지를 드러내는 추암, 돈 때문에 늙은 추암과 결혼했지만 늙고 병든 남편을 버리고 젊은 남자와 새로운 삶을 찾아가려는 첩, 그리고 첩과 함께 떠나는 젊음 머슴이라는 인물 구도는 통속적 이야

---

10) 〈당나귀〉는 〈소〉가 『동아일보』에 연재를 시작한 날인 1935년 1월 30일에 『조선일보』에 연재를 시작하여 2월 6일까지 연재된다.

기에서 흔히 볼 수 있는 것이다. 그러나 〈당나귀〉는 이러한 통속적인 인물 구도를 가져오지만 인물들 간의 애정문제를 시대와 삶의 문제와 연결시키고 있다는 점에서 확연하게 차이가 난다.

추암의 집이 세상과 거리를 두고 있는 데서 짐작되듯 그는 세상사에는 전혀 관심이 없는 인물이다. 물론 그도 "한때는 시절걱정을 했으나 세상이 뒤바뀌고, 늙어 산중에 들어박히니 시절이나 세상사에는 상관없게"[11] 되었다. 이제 그의 관심은 자신의 병과 늙음에 따르는 외로움이며, 그러한 늙음과 외로움이 더욱 젊은 첩에 대해 집착하게 한다. 추암은 자신과 첩 사이에 서로 넘을 수 없는 담이 가로놓여있음을 분명히 인식하고 있다. 늙음과 젊음이라는 담, 죽음을 생각하는 자신의 세상과 어떻게 살아야 할 것인가를 생각하는 첩의 세상은 서로 담으로 가로막혀 있다는 것을 알고 있다. 그러면서도 그는 첩이 다른 남자를 만나고 있는 것을 목격하고는 의심하여 싸움을 하고, 혹시나 첩이 젊은 남자를 따라 떠나버릴까 두려워하며 싸운 것을 후회하기도 한다. 그에게 첩의 존재는 남은 삶에 대한 희망이기도 하기 때문이다. 이러한 추암의 세계는 늙고 병들었으며, 그렇기 때문에 머지않아 끝나게 될 세계이다. 첩에 대한 추암의 집착은 그러한 결말을 지연시키려는 욕심에 불과한 것으로, 결국 추암은 첩을 보내주는 것을 통해 스스로 변화를 받아들이고, 자기세계를 종결짓게 된다.

늙고 병든 남편을 버리고 젊은 남자와 떠나버리는 미모의 젊은 첩 또한 악인은 아니며, 단지 막막한 현실을 벗어나 새로운 삶을 살고 싶은 젊은 여자일 뿐이다. 가족들을 위해 돈 때문에 추암과 결혼하고 그

---

11) 유치진, 〈당나귀〉, 『조선일보』, 1935.1.30.

것이 자신의 팔자라고 생각하며 살아왔으나, 나이 차이는 둘 사이에 넘을 수 없는 벽임을 실감하게 되고, 추암이 죽은 이후에도 남을 자기 삶을 위해 젊은 남자와 떠나기로 한다. 그러면서도 막상 떠날 때가 되자 그동안의 정 때문에 망설이고, 떠나기를 포기하려는 모습을 보여주어 연민과 함께 그녀의 선택에 대한 긍정성을 끌어낸다. 결국 언약을 지켜야 한다는 말에 머슴을 따라 추암을 떠나지만 정으로 인해 망설이는 모습은 그녀의 선택을 긍정하게 만든다. '젊은 사람은 젊은 사람끼리 살아야 한다'는 노파의 말을 뒤로 하고 젊은 세대인 첩과 머슴은 늙은 세대인 추암과 과거에서 벗어나 자유로운 세계에서 새사람으로 살고자 떠난다.

> 머슴   ……여태까지 우리는 남 때문에 사러왔지마는 일로부터
>   서는 우리는 우리 일을 해 보고 사러야지. 이런 조흔 고
>   비는 한 평생을 두고도 경성 드뭇잇는게 아니우. 자 우리
>   는 맘을 시원하게 해 가지고 나갑시다. 아즉 우린 젊지
>   안소?[12]

  첩과 머슴은 그동안 온전하게 자신의 삶을 살아오지 못했던 사람들로, 그들을 온전하게 살지 못하게 했던 과거의 세상을 벗어나 자신들의 삶을 살 수 있는 새로운 세상으로 기대와 희망을 가지고 떠나게 된다. 남겨진 추암은 자신의 시대가 끝났다는 것을 인정하며, 새로운 삶을 찾아가는 첩을 붙잡지 않고 그냥 보내준다. 그리고는 바람 부는 겨

---

12) 유치진, 〈당나귀〉, 『조선일보』, 1935.2.6.

울밤 쓸쓸하게 자살로 자신의 시대를 마감한다.[13] 〈당나귀〉는 통속적으로 보일 수 있는 남녀 간의 애정문제라는 "인간의 자유스러운 감정"[14]을 소재로 하고 있지만, 통속적 관계 이면에 늙음과 젊음을 대비시키고, 낭만적 감정에 집착하는 구세대인 추암과 새로운 삶을 시작하려는 첩과 머슴을 새로운 세대로 대비시킨다. 그리고 젊은 첩이 늙은 추암을 두고 젊은 머슴과 함께 떠나는 것을 통해 늙고 병든 것에서 젊고 새로운 것으로의 변화를 드러내려 했다.

마치 〈당나귀〉의 이후 이야기처럼 연결되는 〈제사〉는 모성[15]이라는 감정의 문제를 다루고 있다. 극은 자신들을 두고 떠난 어머니를 그리워하는 형제의 감정에 초점을 두고 있다. 일영과 재영 두 형제에게 어머니는 원망의 대상이 아니라 그리움의 대상으로, 이들은 "어머니 그리운 마음에 꿈에 보이는 성모와 같이"[16] 어머니를 생각하고 있다.

　　재영　　그런데 하라버지 이것 보세요. 참, 우수워요. 언젠지- 제가,
　　　　　　아마, 열두서너 살 되였을 적이야요. 그때 제 동무집엘 놀너

---

13) 첩의 떠남과 추암의 자살에 대해 "전통모랄과 근대모랄의 갈등에서 전통모랄의 패배를 통한 개인의 승리"(유민영, 『한국현대희곡사』, 홍성사, 1982) "봉건적인 구세대의 허망한 몰락보다는 봉건적인 인습에서 벗어나 삶에 대한 적극적인 의욕을 지닌 신세대의 등장을 상징적으로 그려낸"(이재명, 「1930년대 희곡문학의 분석적 연구-송영, 채만식, 유치진을 중심으로」, 연세대 석사학위논문, 1992, 114쪽) 것으로 평가하기도 한다. 사실 〈당나귀〉의 결말이 보여주는 구세대에서 새로운 세대로의 이행이라는 측면은, 유치진이 사실주의적인 세계 즉 〈소〉의 세계를 떠나, 낭만주의적인 세계인 〈당나귀〉로 옮겨가게 되는 근거를 보여준다는 점에서도 상당히 의미 있게 읽힌다.

14) 유치진, 「낭만성 무시한 작품은 기름 없는 기계」, 『동아일보』, 1937.6.10.

15) 유치진은 〈제사〉를 "한 마디로 영원한 모성을 그려 보고자 한" 작품으로 소개하고 있다. 유치진, 『동랑자서전』, 176쪽.

16) 유치진, 『동랑자서전』, 176쪽.

가질 안했겠어요. 아즉, 그때부터 전 여간 작난꾼이 아니였
나봐요. 그날두 동무끼리 밀일락 다치락 심한 작난을 하다가
그만 제가 머리를 깻습니다그려. 그랬드니 피가 어떻게 흘으
는지 막 피투성이야요. 그것을 보구 그 동무의 어머니가 저
를 방에다 누여 놓고 피를 씻어 준다 약을 싸매준다 먹을 것
을 갖다 준다……어떻게 자상하게 해 주는지 몰났어요. 그때
부터 어쩐지 그 동무의 외어머니한테. 꼭 정이 들었어요. 그
래 그런지 그 어머니 갓치 키가 적고 눈이 시원스럽고 말소
리가 상양스런이만 보면 그게 바루 제 어머니갓치 뵈겠지요.
참 우숩지요.

일영   나두 참 웃우운 일이 있어……벌서 十五, 六前 일이야. 어느
해 가을에 남문 밖에서 내가 한 쉰살쯤 되어보이는 여자를
맞난 적이 있어서. 다듬은 모시치마에 숙고사 저고리를 입었
는데 어떻게 그 여자가 깨끗하게 늙었는지 몰나……허우대
가 훨신 큰게 눈이 어굴어굴하구 어듸로봐두 귀품이 주루
루 흘너서 얼굴도 아주 환하게 돗보이겠지……올치 저분이
우리 어머니루고나-나는 그때 그렇게 생각하구 한동안 홀
닌듯이 그 여자를 치어다보고 있어서. 그 뒤로부턴 누가「어
머니」하면 그때보든 그분이 바루 내 눈앞에 나타난단 말이
야. 허우대가 훨신 크고 눈이 어굴어굴하구 귀품이 흘으는
그이가……[17]

어머니에 대한 기억이 없는 두 형제는 장난치다 다친 자기를 따뜻

---

17) 유치진, 〈제사〉, 『조광』 2권 2호, 1936.2.(양승국 편, 『한국근대희곡작품자료집』 7, 88쪽. 이후 자료집에 수록된 해당 작품의 쪽수를 밝히기로 한다.)

하게 간호해주던 친구의 어머니에게서, 또 귀품이 흐르는 귀부인의
모습에서 자신이 그리는 환상적인 어머니의 상을 만들어내고 있다.
현실에서 어머니를 가져보지 못한 이들에게 어머니는 성모와 같이 완
전한 존재로 상상되고 있다. 그렇기 때문에 어머니가 아버지 죽은 지
2년 만에 남의 집 머슴과 도망갔다는 소문도, 또 어머니가 "왼갔 더러
운 짓이란 더러운 짓은 조선팔도 안돌아다닌 데 없이 다해먹다가, 요
즘은 하다못해 술에다 몸을 팔구 천하에두 천한……갈보노름을 해먹
구 돌아다닌다"[18]는 조모의 이야기도 믿지 않고 자신들의 어머니에 대
한 환상을 간직한다.

　이들은 몇 해 전 어머니가 죽었다는 이야기를 들은 적이 있어 조모
가 집을 비운 사이 25년 전 어머니가 집을 나간 그날을 택해 제사를
지내기로 한다. "사람이 죽고 제사를 못 얻어먹으면 그 망녕은 헐버슨
나그네 같이 제 안즘자르를 못잡"[19]기 때문이다. 그런데 어머니의 제
사를 지내기로 한 그날, 죽은 줄 알았던 어머니가 근처에 왔다가 두 형
제를 만나러 온다. 그러나 진짜 어머니는 두 형제가 상상하던 어머니
와는 딴판으로, "주색에 젖어서 눈이 진물넜"으며, "추(醜)한 비대한
(肥大漢)"[20]이다.

　　이씨　……여보게 내가 자네들을 나키는 했지마는 인제 자네들의
　　　　　어머니가 될 수 없네. 내 얼굴을 봐. 이 술에 찌드른 얼굴을
　　　　　봐.

---

18) 유치진, 〈제사〉, 91쪽.
19) 유치진, 〈제사〉, 87쪽.
20) 유치진, 〈제사〉, 97쪽.

조모   헹! 술에만 찌드렸으면 좋게?

이씨   (분연히 달겨들며) 뭐유? 그럼 또 무엇에 찌드렸단 말이유?
        응? (웃으며) 헤헤헤……오라 내가 못된 짓을 했기 때문에
        그래 내 몸이 사내놈들한테두 찌드렸단 말이로구려. 허허허
        ……21)

스스로도 술과 사내에 찌들었다고 이야기하는 어머니 이씨는 두 형
제가 그리는 자상하고 귀품이 흐르는 어머니의 모습과는 거리가 멀
다. "과부수절 마다하고 이리 저리 술에 팔리고 돈에 팔린 천하에 더
러운 갈보"22)라며 자기를 비하하던 어머니는 급기야 자신을 어머니로
부르지 말라고 이야기하고는 두 달 전에 얻어둔 새서방에게로 가버린
다. 늘 어머니를 그리워하고, 어머니에 대한 환상을 만들어왔던 두 형
제는 자신들의 기대와 전혀 다른 실제 어머니의 모습에 실망하게 된
다. 그래서 현실의 어머니를 부정하고 마음속에 있는 어머니를 위해
제사를 올린다. 실제 어머니 대신 마음속 어머니에 대한 환상을 선택
한 것이다.

〈자매〉는 두 자매의 사랑과 결혼이라는 문제를 다루고 있다. 극에는
두 시대를 대표하는 여성, 즉 구시대 여성을 대표하는 언니 윤집과 신
시대 여성을 대표하는 동생 정숙이 등장한다. "그들은 나이는 두세 살
차이지만 사고방식은 반세기나 상거된"23) 것이다.

---

21) 유치진, 〈제사〉, 98쪽.
22) 유치진, 〈제사〉, 99쪽.
23) 유치진, 『동랑자서전』, 180쪽.

언니는 봉건적 인습에 따라 어릴 때 가출하였고 동생은 신교육을 받고 신시대를 호흡한다. 그리하여 그들 두 자매는 신구 여성으로 판이한 세계를 살지만, 여성으로서 처한 현실에 대해서만은 똑같은 고민에 잠긴다. 무식으로 소박은 맞은 언니와, 인텔리 여성으로서의 동생의 고민, 이것이 서로 얽혀 빚어지는 현실적 비극이 이 작품의 주제이다.[24]

유치진이 설명하고 있듯이 〈자매〉는 나이 차이는 얼마 나지 않지만, 교육의 정도와 사고방식이 완전히 동떨어진 두 자매의 이야기를 다루고 있다. 두 자매는 교육받은 여성과 교육받지 못한 여성의 처지를 상징적으로 드러내는데, 교육을 받지 못한 언니나 교육받은 동생이 사실은 같은 처지로 이들은 여성이라는 이유만으로 사회에서 소외되어 있다. 구시대의 규율을 따르는 언니 윤집은 무식하다고 아이까지 빼앗기고 집에서 내쫓기고, 일본 유학까지 다녀오면서 신시대의 규율을 공부한 동생 정숙도 한 사람의 개인으로서 자기 존재를 인정받지 못한다. 극은 이처럼 현실에서 소외당한 두 자매를 통해 여성과 남성의 대립구도를 만들어낸다. 윤집의 남편은 마음대로 옛 아내를 무식하다는 이유만으로 쫓아내버린다. 새시대 흐름을 타고 돈을 번 씨종의 아들 강주사는 정숙을 마음에 두고 취하려 한다. 일본 유학까지 다녀왔지만 현실에서 여성이 유학을 다녀온 것은 단지 결혼을 하기 좋은 조건 정도가 되는 것이다. 강주사의 존재는 신분이라는 벽이 무너지고 돈이 그 자리를 대체하는 시대적인 변화를 드러내지만, 그러한 신분의 변화에도 불구하고 남녀의 질서는 여전히 견고하여 여성은 배움의 여

---

24) 유치진, 『동랑자서전』, 180쪽.

부와 관계없이 한 사람의 개인으로 인정받지 못하는 현실을 보여준다.

남성들은 여성에 비해 우월한 지위를 누리며 신분이 미천해도 돈으로 이를 바꿀 수 있는 변화가 나타나고 있다. 그럼에도 여성에 대한 남성우위의 시각은 여전히 견고하게 유지되고 있다. 여성의 편에서 이들을 도와주는 인물은 등장하지 않으며, 이 같은 현실은 개선될 수 있는 희망이 전혀 보이지 않는다. 여성은 배우거나 못 배우거나 마찬가지로 결혼을 통해 봉건적인 질서 속으로 편입해 들어가야 하는 불완전한 존재인 것이다. 유치진은 윤집과 정숙 자매의 결혼문제를 통해 여성을 봉건적 가족 구조 하에 종속시키고 남성들의 편의대로 여성의 역할과 위치를 규정짓는 사회적 인식을 비판적으로 드러내었다.

애정문제를 극의 전면에 드러내는 희곡 창작은 〈춘향전〉에서부터 시작된다. 〈춘향전〉은 1930년대 중반 이후 유치진의 로맨티시즘에 대한 구상이 어떠한 것인지 잘 보여주고 있다. 유치진은 『극예술』에서 "춘향전의 각색은 작년 7월에 한 것"[25]으로, 한 달 동안 삼백 매를 완성시킨 것을 금년(1936)에 부분적으로 추고(推敲)하여[26] 1936년 2월 1일부터 4월 15일까지 총 55회에 걸쳐 『조선일보』에 〈희곡 춘향전〉[27]이라는 제목으로 연재한다. 이어서 극연 12회 공연의 레퍼토리로 삼아 1936년 8월 29일부터 30일까지 부민관에서 공연[28]한다. 〈춘향전〉

---

25) 유치진, 「춘향전 각색에 대하여」, 『극예술』 5, 1936.9. 20쪽.
26) 유치진, 「춘향전 각색에 대하여」, 20쪽.
27) 유치진은 〈춘향전〉을 개작할 때, 이해조의 〈옥중화〉를 토대로 하고 이광수의 〈일설 춘향전〉을 참고했다고 밝히고 있다. 유치진, 「춘향전 각색에 대하여」, 22쪽.
28) 극연의 〈춘향전〉 공연은 부민관의 1천 8백석을 꽉 메우고도 모자라 보조의자 2백여 개를 갖다 놓을 정도로, 매회 2천여 명의 관객이 들어서는 연극사상 초유의 기록적 대성황을 이루었다고 한다. 유민영, 『우리시대 연극운동사』, 단국대출판부, 1990, 160쪽.

각색 이유에 대해 유치진은 "우리의 좋은 고전이면서도 아즉 내가 본 한에서는 연극다운 각색이 없었"[29]기 때문이라고 밝혔으나, 신극단체인 극연의 〈춘향전〉 공연은 많은 비판에 직면한다. 하지만 〈춘향전〉 공연으로 극연은 사상 처음으로 흑자를 기록하게 된다.

유치진은 〈춘향전〉이라는 인기 레퍼토리를 가져오지만 단순히 남녀 간의 사랑 이야기가 아니라 부패한 권력에 대해 저항하는 기록으로 각색의 방향을 정한다.

> 「춘향전」하면 그것은 봉건적인 열녀전으로만 압니다. 사실 과거의 「춘향전」을 그랬습니다. 그 점이 고조되어 있기는 했습니다. 그러나 나는 춘향의 정조를 그의 인습에서 나오는 진부한 관념적인 정열로만 해석하기 싫었습니다. 그(춘향)가 사람의 생명력을 가지고 그 시대의 부패한 권력과 싸워나가려는 의지-거기에 춘향의 사랑이 있고 생명이 있는 것이 아닐까요.[30]

유치진은 춘향을 열녀이면서도 시대의 부패한 권력과 싸워가려는 의지를 지닌 여주인공으로 그려내려 하였으며, 몽룡은 평등의식을 자각하고 있는 인물로, 당대의 엄격하게 유지되던 신분제도를 개혁하려는 생각을 지니고 있는 존재로 부각시키려 했다.

> 몽룡   (술을 먹고) 이렇게 파탈하고 노는 것을 나는 그 중 조와해.
>   여기서만 말이지마는 요즘 꼬리탑탑한 양반부시럭이들이

---

29) 유치진, 「춘향전 각색에 대하여」, 20쪽.
30) 유치진, 「〈춘향전〉의 동경상연과 그 번안대본의 비평」, 『조선일보』, 1938.2.24.

너무 상하만 찾는 데는 나는 딱 질색이다. 세상 이치를 떠저
보면 본시 만물이 날 때에 상하가 잇는 것은 아니거든.

방자   아닙니다. 상하는 잇서야 합니다. 웨 가튼 손구락이 길고 짜
르고 합니까?

몽룡   아니다. 하늘을 보아라. 하늘에 어듸 높흐고 나즌 데가 잇느
냐?[31]

이몽룡은 봉건적 신분 질서에 대해 부정적인 시각을 가지고 있으
며, 방자나 사령들과도 한 자리에 앉아서 상하 구분 없이 술을 마시기
를 권하는 인물이다. 이처럼 몽룡이 신분 질서에 대해 깨인 생각을 가
진 인물이기 때문에 신분의 차가 큰 춘향과의 결혼도 가능하게 되는
것이다. 물론 그가 낭만적인 감성을 지닌 인물이라는 점도 이유일 것
이다. 이러한 이몽룡과 대비되는 인물인 변사또는 봉건적 질서에 충
실한 인물이며, 잔인한 성격의 부패한 관리의 전형이다.

변학도   참 그런가보오. 우리끼리 말이지마는 오늘 이 잔치를 베
풀노라고 참 힘드럿소. 대주소호 분등해서 쌀과 돈을 좀
바더들이는데 당초에 모혀야지 그래서 하다못해 백성놈
들을-

운봉영장   쉬- 조심하오.

변학도   쉬는 무슨 쉬요. 한 고을 원으로 안저서 글갱이질 해먹는
사람이 어듸 우리뿐입니까? 이 세상에 재물 보고 욕심
안내는 놈이 잇다면 그놈이 더 큰 도적놈이지오.

---

31) 유치진, 〈춘향전〉 (3), 『조선일보』, 1936.2.3.

담양부사   허허허…… 그 말슴 참 간주로구료. 그것 명언이오.

변학도   여보 담양. 리치가 그러치 안소. 나라에서 원님을 내세워
          서 한 고을을 맥길겐 벌서 제 마음대로 하라는 것 아니
          오? 쉽게 말한다면 좀 글거먹어도 괜찬타는 거지오.[32]

변학도라는 인물이 보여주는 부정과 부패는 변학도로 상징되는 지
배층의 부정성으로 확대되면서 비판의 정서를 만들어내게 된다. 4막
1장의 '변학도의 생일' 장면에서 각 고을의 수령들은 어떻게 백성들을
수탈하는지에 대해 서로 자랑을 한다. 생일잔치에 모인 고을 수령이
라는 사람들의 생각은 하나같이 변학도와 같다. 그들은 다투어 자신
들의 부패를 자랑한다. 그들은 자신의 부패한 모습을 숨기려고도 하
지 않으며, 오히려 당연한 것으로 이야기한다. 부패한 관리를 징벌하
는 암행어사도 자신들의 부패함을 칭찬할지 모른다고 이야기하는 데
서 지배권력층 전반의 부패를 읽을 수 있게 한다.

이러한 지배층의 횡포에 민중들은 비판적 시각을 드러내는데, 3막
1장의 농부가 부분이나 3막 3장의 광한루 장면 등은 수청을 들지 않
는다는 이유로 춘향을 죽이려는 변학도에 대해 민중들이 비판하는 내
용으로 채워져 있다. 오입쟁이마저도 "회절 안 한다고 주기는 자도 우
습지 않흔가"[33]하며 수청을 들지 않는다는 이유로 춘향을 죽이려 하는
변학도에 비판적 태도를 보인다. 마을 사람들은 변학도가 생일잔치
날 춘향이를 죽인다는 소식을 듣고 구경하러 모여드는데, 그들은 모
두 변학도를 비판하며, 춘향의 처지에 동정의 시선을 보낸다. 그 중에

---

32) 유치진, 〈춘향전〉 (48), 『조선일보』, 1936.4.2.
33) 유치진, 〈춘향전〉 (43), 『조선일보』, 1936.3.27.

는 춘향이를 살려달라고 등장(等狀)하러가는 과부들도 있다.

寡婦 　얼른들 오오. 춘향어머니는 벌서 옥문압헤들 갓다오.

甲 　　자, 빨리 삼문 압흐로 가자 렬녀는 불경이부란 천지간 웃듬
　　　인대 웨 춘향이를 죽인단 말이냐?

乙 　　흥! 하누님이 내신 렬녀 매친다고 변하며 죽인다고 이언(二
　　　言)할까

丙 　　걱정마러라. 제 아모리 악한 관장이기로서니 우리부중 과부
　　　떼가 나서는 다음에야 정신을 좀 안차릴려고.

戊 　　에그 큰소리말게. 이러케하여싸도 소용업슬걸세. 공연히 이
　　　러다가 우리까지 생무함만 사지 안켓나.

甲 　　(분개하야) 무어? 그것이 무슨말이야?

乙 　　예편네는 사람 아니래!

戊 　　누가 그런소리 햇느냐? 그년 이리 썩 나오너라.

(모도 분개하야 과부 戊를 죽일드시 덤빈다)

寡婦 　(말리며) 쉬! 이러지말고 얼른 갑시다. 이러케 집안 싸움만
　　　하다가는 춘향이가 죽고 난 다음에야 등장을 드리겟구랴. 설
　　　사 등장을 드려서 아무 소용업다 하더라도 우리는 우리 힘
　　　껏 해보아야지.

甲 　　그럼 그래야지. 춘향이가 죽는 것을 우리가 어떠케 보고만
　　　잇담.[34]

마을 과부들이 모여 절개를 지키려는 춘향의 행동에 대해 지지하면

---

34) 유치진, 〈춘향전〉 (45), 『조선일보』, 1936.3.29.

서 "아모리 악한 관장일지라도 과부 떼가 나선 다음에야 정신을 차리지 않겠냐며" 절개를 지키려는 춘향을 처형하는 변학도의 태도의 부당함에 대해 항의할 것을 결의하고 있다. 절개를 지키는 것은 당시 지배층의 여성에게 요구하는 대표적인 윤리였다. 그런데 그러한 윤리를 지킨다는 이유로 춘향을 죽이려 하는 사또의 태도에 민중들은 분노하는 것이다. 이러한 상황 속에서 사또의 수청 요구를 거절하는 춘향의 저항은 단순히 정절을 지키려는 것에 그치지 않고, 부정한 권력에 맞서려는 의지로까지 확장된다. 애정 문제를 극의 전면에 배치하고 부정적 인물이 권력을 이용해 이를 가로막는 식의 극 전개는 흥미 있게 극을 지켜보게 하면서도 부정해야할 대상이 무엇인지를 분명하게 인식시킨다.

유치진은 잘 알려진 고전 이야기를 가져오지만, "재물 보고 욕심 안 내는 놈이 도적"이라고 당당하게 이야기하는, 변학도로 상징되는 지배층의 부정성을 부각시키고, 이러한 변학도와 지배층의 폭정에 대해 비판적 시각을 가진 민중들을 부각시켜 보여주려 했다. 이를 통해 낭만적 사랑이야기 이면에 놓인 현실의 모순을 인식하도록 했다. 이는 이 시기 유치진이 이야기하는 낭만성의 실제를 잘 보여준다. 유치진은 지조와 정의를 추구하는 긍정적인 인물을 주인물로 내세우고, 부패한 권력을 행사하는 부정적 인물에 맞서 목숨을 걸고 싸우게 한다. 이는 "현실의 모순을 깨트리고 돌진하려는 인간의 시혼"[35]을 드러내는 것으로, 낭만적인 사랑 이야기를 통해 극을 재미있게 지켜보는 동

---

35) 「미국의 현역작가 막스웰 안더슨-"목격자 상연에 제하야-」(2), 『동아일보』, 1938.7.8.

안 이러한 시각을 관객들에게 자연스럽게 전해지도록 했다. 여기에 더해 주인물의 의지를 지지하고 도우려는 민중들의 목소리를 배치하여 부패한 권력에 맞서는 모습에 힘을 싣게 했다.

유치진의 〈개골산〉[36]은 "신라 말의 두 슬픈 주인공 마의태자와 락랑공주의 기구한 운명을 그린 것"으로 "춘원 선생의 소설 "마의태자"에 피익된 바"[37] 많다고 밝히고 있다. 유치진의 언급대로 〈개골산〉은 이광수의 「마의태자」의 내용을 근간으로 해서 자신의 구상을 드러낸 희곡이다. 그러나 이광수의 「마의태자」가 나라를 잃은 슬픔보다 모든 것을 이뤘지만 결국에는 후회만 남은 왕건의 처지를 쓸쓸하게 드러냈다면, 유치진의 〈개골산〉은 신라를 지키기 위해 목숨까지 내놓았던 젊은이들의 저항에 관한 이야기가 된다. 유치진은 〈개골산〉을 "신라와 고려의 흥망을 배경으로 하고 마의태자와 낙랑공주의 슬픈 사랑을 줄거리로 역거낸 대사극"[38]으로 소개하지만[39], 극의 초점은 슬픈 사랑 이야기에 있지 않다. 〈개골산〉에서 가장 중요한 극적 사건은 목숨을 바쳐서라도 신라를 지키고 싶어 하는 젊은이들의 의지이다. 이광수의 「마

---

36) 유치진, 〈개골산〉, 『동아일보』, 1937.12.15.-1938.2.6.
37) 「일대비약 앞두고 질적향상을 기도, 유치진씨담」, 『동아일보』, 1937.6.24.
38) 「장편연재희곡 내일 십오일부 조간부터」, 『동아일보』, 1937.12.14.
39) 이상우는 〈춘향전〉과 〈개골산〉이 리얼리즘을 토대로 한 로맨티시즘의 창작 방법을 지향한 역사극이라고 보며, 본질적 차원에서 리얼리즘을 완전히 버린 것이 아니라 "대극장 공연을 계기로 자신의 이념을 보다 많은 대중들에게 계몽, 전파하고자 하는 일종의 당의정으로써 낭만적 역사극을 이용"한 것이라 했다. 그는 특히 〈개골산(마의태자)〉이 역사소설을 통해 민족주의를 밀수입하는 방법(우회전략)을 쓰고 있지만, 〈개골산〉의 민족주의적 성격은 표층적인 것에 불과하고, 심층적 구조는 망국의 태자/정복국의 공주라는 이원적 대립구조에서 생성되는 비극적 사랑에 있다고 평가했다. 이상우, 「1930년대 유치진 역사극의 구조와 의미-〈춘향전〉과 〈개골산〉의 텍스트를 중심으로」, 『어문논집』 34, 민족어문학회, 1995.

의태자」에서는 신라가 무력하게 망해가는 과정을 그대로 드러내고 있
다면, 유치진의 〈개골산〉에서는 목숨을 걸고 왕건에 맞서 신라를 지키
려 했던 젊은이들의 충심을 중심으로 낭만화해서 그려내고 있다.

이러한 유치진의 의도는 인물설정에서부터 잘 드러난다. 「마의태
자」와 달리 〈개골산〉은 신라와 고려에 속한 인물들을 선악의 대립 구
도로 설정하고 있다. 신라를 지키려는 태자와 태자를 따르는 무리는
선으로, 왕건을 비롯하여 고려인이나 고려와 내통하는 자는 악인으로
구분하고 있다. 국가를 위해 기꺼이 자신을 희생할 수 있는 인물인지
혹은 자신의 안위만을 추구하는 인물인지에 따라 선악이 나눠지고 있
는 것이다.

> 상보 선필.   왕건의 모사. 항상 남의 마음을 저울질할 여유를 가지려
> 는 노장군
> 시중 왕철.   빈틈없는 무력주의자
> 겸용.   고려와 내통하는 자. 액구눈이 흉물스럼.
> 최활.   방정마즌 늙은 것
> 설효.   느릿느릿하고 음침한 사람. 사십세 가량.
> 태자.   김부의 아드님 되시는 분. 불행히 사기에 그 이름을 失
> 함. 성격이 영매하고 가슴에는 돌덩이 같은 포부를 갖으
> 섯음.
> 급찬 김곤.   귀족출신의 나 어린 태자의 동지. 나이 어린만큼 비분도
> 만코 피도 만코 실망도 만흠. 무반출신
> 김비.   태자의 동지, 삼십 세, 이지적임.
> 이유.   동상(同上). 이십 오세쯤. 뚱뚱한 호인 타입.

한공달.　　김비나 이유보다 연상이나 연상을 고집하지 안는 겸손
　　　　　한 사람.[40]

　고려의 신하나 "고려와 내통하는 신라 신하"는 인물 설정에서부터
"액구눈이 흉물스"럽다거나, 방정맞고 음침하다는 식으로 부정적인
이미지를 분명히 했다. 왕건에 대한 설명도 이익을 위해 남을 이용하
고 속이는 것에 능한 인물로 설정하고 있다. 반면 신라의 태자는 "성
격이 영매하고""돌덩이 같은 포부를 갖"고 있는 인물이며, 김곤을 비
롯한 태자의 동지들은 "비분"이 많고, "이지적"인 "호인", "겸손한 사
람"으로 제시하고 있다. 신라의 신하였던 이들도 자신의 이익 때문에
고려 편에 서기도 하지만 태자를 따르는 신라의 젊은이들은 목숨까지
내놓으며 신라를 지키려 한다. 「마의태자」에서 어리석고 자기 욕심만
차리던 김부는 〈개골산〉에서 "마음이 너무 어지시어서 줏대가 없"는
왕이며, 「마의태자」에서 지략가였던 왕건은 〈개골산〉에서 부정적인
계략을 쓰는 악인이다. 이처럼 신라를 위하는 인물인지 고려 편에 선
인물인지의 여부를 기준으로 선과 악으로 구분하고 이러한 구도는 극
전체에서 일관된다.

　극의 갈등은 신라의 신하들을 회유하여 나라를 빼앗으려 하는 왕건
의 계략이 드러나면서 악인인 왕건에 맞서 신라를 지키려 하는 의로운
신라 신하들의 목숨을 건 싸움의 과정으로 진행된다. 물론 힘의 구도는
압도적으로 고려가 우위에 있다. 태자와 왕건 사이의 힘의 불균형으로
인해 태자 무리가 왕건을 없애는 것은 불가능해 보인다. 그러나 이들은

---

40) 유치진, 〈개골산〉(30), 『동아일보』, 1938.2.6.

포기하지 않고 신라를 지키기 위해 목숨까지 내놓기로 한다.

〈부부〉[41]는 1930년대 중반 유치진의 낭만적 경향의 작품 가운데 마지막으로 발표된 작품이다. 짧은 단편으로 등장인물도 부부와 친구인 염, 그리고 지나가는 사람인 추석양 정도이며, 돈 때문에 갈등이 생겼다가 갑자기 해결되는 단순한 내용을 다루고 있다. 그러나 〈부부〉가 드러내려는 것은 돈의 문제가 아니라 부부 간의 정, 자식에 대한 애정, 어려운 이웃에 대한 온정이다.

극의 분위기는 무겁지 않고, 사건 전개도 치밀하지 않다. 부부가 돈 문제로 갈등하지만 집에 식모까지 두고 있어 돈 문제가 심각하게 보이지 않는다. 극의 갈등은 전쟁으로 주식이 폭락하자 돈을 갚기 위해 아내에게 돈을 빌려오도록 하면서 생긴다. 아내는 남편이 학교 선생을 그만두고 불안정한 주식 일을 하는 것이 불만이고, 남편이 이렇게 된 원인이 친구인 염 때문이라고 생각하여 염에게 싫은 소리를 한다. 이러한 상황에서 갑자기 지나가던 추석양이라는 사람이 등장하고, 아이에 대한 이야기를 나누며 서로 공감하게 된다.

> 추석양　부모의 은혜란 자식을 낳아봐야 안다더니 그게 정말이더군요. 오늘 새벽에 아이를 낳아 놓고 난 나를 낳을려구 내 부모두 이렇게 고생을 했겠거니 하고 울었습니다.[42]
>
> 처　　　내가 자동차로 병원에 가서 분반실에서 어떻게 고생을 했는지 아마 기절을 했었나바. 몇 시간 후에 정신을 차려 보

---

41) 유치진, 〈부부〉, 『문장』 2권 9호, 1940.11.
42) 유치진, 〈부부〉, 6쪽.

니까 당신은 내가 깨어나기를 기다려서 침실 옆에서 내 손
목을 꼭 잡구 있구 회는 한여페서 누에새끼같이 조용히 자
고 있었구-나는 그때의 그 거룩한 광경을 잊을래야 잊을
수가 없오.

김　　　……우리는 가끔 싸우기도 했지만 행복스런 때도 짜장 많
었지. 지금으로부터 또 10년이　그리고 20년 30년이 지내
면 당신은 백발이 되구 나는 허기가 꼬부러진 하라버지가
되겟지. 그러문 아무두 우리를 돌봐주는 사람은 없어지구
……여보 이 세상을 하직할 적에 당신과 나는 한날 한시에
떠나야지. 내가먼저 죽고 당신이 혼자 남는다거나 당신이
먼저 죽고 나혼자만 남는다거나 하면 어떻거우. 이 넓은 세
상에 뭘 의지하고 산단말요.[43]

　돈 때문에 싸우던 부부는 아이가 태어났던 때를 떠올리며 서로의
소중함을 깨닫게 된다. 그리고 추석양의 아내가 아이를 낳고 추운 방
에서 밥도 못 먹고 누웠다고 이야기를 듣자 아내가 빌려왔던 돈을 선
뜻 건네 버린다. 추석양이라는 남자가 염에게도 똑같은 말을 하고 돈
을 받아갔다는 사실이 전해지면서 그가 사기꾼이라는 사실이 드러나
지만 바로 이어서 소련이 퇴각했다는 뉴스가 들리고 주식이 오르면서
모든 문제가 해결된다.
　극은 소련의 핀란드 침공으로 카부(주식)가 떨어지자 돈을 빌려야
하는 상황에 처한 남편 김과 그의 친구 염의 대화에서 시작하여, 핀란
드의 저항으로 소련군이 퇴거하자 주식이 다시 올라 돈 문제가 해결

---

43) 유치진, 〈부부〉, 8쪽.

되면서 끝이 난다. 인물들 간의 갈등은 돈 때문에 발생하지만, 갈등을 만들고 해결하는 것은 외부의 정치적 상황이다. 1939년 11월, 소련의 핀란드 침공하면서 전쟁이 발발하자 "소련의 무법한 침약에 국민 전체가 여간 분개"[44]하고, 김과 염은 주식이 떨어져서 경제적으로도 타격을 입게 된다. 김은 소련의 연전연승을 걱정하지만, "핀랜드군은 강경히 대항하여 소련군에게 막대한 손해를 주어서 소련군은 하는 수없이 국경선 밖으로 퇴거"하게 되고, 김과 염은 "積善之家에 必有餘慶이라더니 그 말이 옳은 말"[45]이라며 만세를 부른다. 이웃에 인정을 베푸는 게 자신에게도 좋은 결과를 가져온다는 의도를 드러낸 것이다.

1930년대 후반기의 희곡에서 유치진은 애정문제와 같은 좀 더 가벼운 문제로 고민하는 인물들을 등장시키고 있다. 이러한 인물은 가벼운 볼거리를 소비하는 동양극장의 연극을 즐기던 대중관객들에게도 익숙한 유형이라 할 수 있으며, 무겁고 진지한 공연보다 가벼운 볼거리를 소비하던 동양극장의 관객들이 극연의 공연을 선택할 수 있도록 의도한 설정이라고 할 수 있다. 이는 〈토막〉과 같은 1930년대 전반기의 희곡에 등장하는 피해자형 인물들에 비해 많은 사람들이 접근하기 쉬운 인물이기도 하다. 그러나 이러한 낭만적 인물을 활용하면서도 유치진은 현실에 대한 문제의식을 놓치지 않고 있다. 〈소〉에서 마름의 존재는 농촌이 처한 구조적 문제를 보여주는 설정이며, 〈당나귀〉의 젊은 머슴도 시대의 변화를, 〈자매〉의 강주사의 경우도 신분의 벽이 무너지고 돈이 새로운 신분으로 등장하는 변화를 포착하게 한다.

---

44) 유치진, 〈부부〉, 3쪽.
45) 유치진, 〈부부〉, 9쪽.

〈춘향전〉과 〈개골산〉에서도 "현실의 모순을 깨트리고 돌진하려는" 의
지를 가진 주인물을 등장시킨다. 애정문제와 같이 낭만적 감정의 문
제로 고민하는 주인물을 등장시켜 관객의 접근을 용이하게 하면서도
이면에 현실 문제를 배치하여 문제의식을 놓치지 않으려 하는 유치진
의 의도가 인물구도에서도 드러나고 있는 것이다.

2. 애정 갈등을 활용한 흥미 강화

〈토막〉에서 〈빈민가〉까지의 작품이 문제적 현실을 관찰하여 있는
그대로 보여주는 재현의 방식을 사용하였다면, 〈소〉에서부터는 인물
들 간의 갈등을 통해 극을 전개시키는 방식을 선택하고 있다. 적대자
가 등장하지 않는 초기극의 재현의 방식은, 관객의 공감을 얻기 위해
비극적 현실을 중첩시켜 보여주어야 했다. 그래서 "한 작품 내에서 두
가지 사건을 병치시켜 진행하는 이중적 플롯"[46]의 구조가 나타나게 되
었다면 〈소〉에서부터는 이전의 이중구조가 하나의 사건을 중심으로
통일되고 있으며, 갈등의 대상이 되는 인물이 직접 등장하여 갈등을
현실화해서 보여주면서 극적 긴장감을 유도하고 있다. 이러한 갈등의
구조는 대결구도를 통해 작가의 의도를 분명하게 드러낼 수 있으며,
또한 관객들의 기대감을 조성하여 긴장감을 지속시키며 극을 보는 재
미를 주는 데 유용한 방식이라 할 수 있다.

---

46) 양승국, 「유치진 초기 리얼리즘 희곡의 구조와 의미」, 『한국현대문학연구』 18, 한
국현대문학회, 2005, 132쪽.

〈소〉는 표면적으로는 말뚝이의 결혼 문제를 중심으로 극이 진행되며, 반전을 활용하여 극에 재미와 긴장감을 주면서 관객을 기대시키고 있다.[47] 신문에 연재된 총 18회 가운데 초반 8회까지는 밀린 도지세 때문에 귀찬이가 팔려가게 되면서 발생한 말뚝이의 애정문제의 위기를 다루며, 작은 갈등들을 배치하여 두 사람의 애정문제가 어떻게 해결될지에 대해 긴장감을 조성한다. 말뚝이의 바람대로 귀찬이네의 빚을 대신 갚아주는 것으로 해결될 것 같았던 극의 분위기는 9회부터 소의 소유권 문제를 둘러싼 말뚝이와 개똥이 그리고 마름의 갈등으로 확장된다. 귀찬이와의 결혼을 바라는 말뚝이와 만주행 여비를 원하는 개똥이, 그리고 밀린 소작료를 받기를 원하는 마름, 이 세 사람이 각각의 욕망을 채우기 위해 필요한 것이 바로 소이기 때문에 소를 둘러싼 이들 사이의 갈등이 격화된다.

극의 갈등은 결혼을 원하는 말뚝이의 욕심에서 시작된다. 극 초반에는 소작료 때문에 귀찬이가 팔려가게 되자, 바쁜 농사철 일을 하지 않고 게으름을 피워 국서와 갈등을 빚고, 소를 담보로 귀찬이네 빚을 갚아주기로 하면서 결혼을 허락받지만, 이러한 행복한 분위기는 바로 다음 장면에 소를 팔아 만주로 떠날 여비를 마련하려는 개똥이의 상황이 드러나면서 반전된다. 극 초반부터 개똥이는 만주에 갈 여비를 마련해야 한다고 소를 팔자고 조르는 장면이 있었던 만큼 예상 못했던 일은 아니다. 그러나 소 덕분에 말뚝이가 귀찬이와 결혼할 수 있게 되었다고

---

47) 유치진은 「대중성의 개척」(『조선중앙일보』, 1935.7.7)에서 "극이 끝날 때까지 관객으로 하여금 긴장된 마음에서 무대를 '기대시킬 수' 있도록 하기 위해서는 작품을 구성하는 사건(스토리)의 연구를 제1위에 두고 노력 한다"고 밝히고 있다. 〈소〉에서 볼 수 있는 사건의 연속은 이러한 기대감을 유지시키기 위한 기법이라 할 수 있다.

좋아하는 바로 다음 장면에 소장수를 데려와서 개 값이라도 받고 얼른 팔아넘기려는 상황을 배치하여 이들의 결혼을 위태롭게 한다.

마름의 역할 또한 말똥이의 결혼에 위기를 조성하는데, 초반에는 좋은 얼굴을 하던 마름의 태도가 매섭게 변하는 것도 말똥이의 결혼 이야기가 성사된 이후이다. 밀린 도지세를 올해 안에 갚으라 하고 이에 말똥이 반발하여 다툼이 일어나자 마름은 소도 몰고 갈 수 있다고 엄포를 놓으면서 긴장감은 더해간다. 그리고 개똥이를 오해한 말똥이가 낫을 휘두르면서 갈등이 최고조에 이른 다음 순간에 마름이 소를 끌고 간 것이 밝혀지면서 상황은 다시 반전된다.

극은 중반까지는 귀찬이와 결혼하고 싶으나 소작료 때문에 문제가 발생하여 갈등하는 상황을 보여주고, 중반 이후부터는 소 덕분에 갈등이 해결되고 결혼이 성사되려 할 즈음 소를 탐내는 개똥이와 마름의 존재를 부각시켜 새로운 긴장을 형성하며, 결국 귀찬이와 결혼하고 싶어하던 말똥이가 소작료 때문에 소를 빼앗겨 결혼이 좌절되자 논임자의 집 곳간에 불을 지르는 갑작스런 파국으로 마무리된다.

젊은사람	신작로 돌다리까에 있는 댁의 논임자의 곡간 알지요? 거기서 불이 붙엇서요. 말똥이가 지른거야. (중략)
처	(허둥지둥하며)……저런 고집통이봐! 에그 잘 잽혀갔다. 그눔이 장가를 못가니까 심술이 나서……그저 눈이 뒤집혀진 모냥이야. 바로 미쳣서……밋쳐……(퇴장)
국 서	(방으로 도로기어 들어가며) 넨장 내 아랑곳 아니

　　　　야-

개똥이　　　호홋홋……그예 불소동이야……어서 이 아픈데만
　　　　　나으면 나는 걸어서라도 만주로 갈테야. 넓은 북면
　　　　　으로 떠나가야지……하로라두 속히 여기를 떠나가
　　　　　야 살지……

(유자나뭇집딸 노래부르며 나타난다.)

유자나무집딸　(약간취했다.) 히히힛……개똥이! 너 혼자 잇구
　　　　　나……나두 만주갈테야……너허구. 가치 다려다
　　　　　주. 사람이 날보구 돌질허지 안는데로 가치 다려
　　　　　다 주-(그러면서 개똥이헌테 붓앵키려 한다. 개똥
　　　　　이 뿌리쳐 버린다. 다시 일어나며) 히히힛……나
　　　　　두 가치 갈테야……사람살기 조흔곳으로 다려다두
　　　　　……[48]

　홍겹게 진행되던 극의 흐름은 마지막에 이르러 비극으로 끝난다.
이는 풍년이 들어도 소작료로 모든 것을 빼앗길 수밖에 없는 1930년
대 농촌의 문제를 드러내기 위한 설정으로, '웃음'의 효과[49]를 의도한
것이다. 즉 홍겨운 분위기로 관객을 웃기다가 마지막에 눈물을 쏟게
해서 그러한 비극의 원인이 어디에 있는지 생각할 수 있도록 의도한
것이다. 〈소〉는 말똥과 귀찬의 결혼 여부를 중심으로 극을 풀어가다
가 이들의 결혼이 성사되지 못하는 것으로 극을 마무리하지만 그 이

---

48) 유치진, 〈소〉, 『동아일보』, 1935.2.22.
49) 희극적 견지에서 현실을 재고찰 해서 우리의 암담한 생활에서 웃음을 발견하고
　　그 웃음 속에 얼마나 많은 비극이 태생되며 혼합되어 있는가를 보여주는 것을 말
　　한다. 유치진, 「대중성의 개척」, 『조선중앙일보』, 1935.7.7.

면에 이들의 결혼을 불가능하게 하는 배경으로 불합리한 소작문제를
부각시킨다. 즉 소작료를 내기 위해 딸까지 팔아야하고, 집안의 가장
큰 재산이며 희망인 소마저 빼앗아가는 불합리한 제도라는 것을 인식
시키는 것이다. 농촌의 현실에서 소재를 가져오면서도 애정문제를 표
면에 내세워 재미있으면서도 긴장감 있게 그려 가는 〈소〉의 방식은
극을 관람하는 재미를 주면서도 현실의 문제를 인식하도록 하기 위해
고안된 방법이라 할 수 있다. 그러나 희극적으로 전개되던 극의 흐름
을 갑작스럽게 반전시켜 암담한 상황에서 결말을 맺어버리는 이러한
방식은 문제의 원인을 인식하게는 하지만, 그 해결의 가능성에 대해
서는 닫아버리고 만다는 점에서 문제적이다. 걸어서라도 만주로 가고
싶어 하는 개똥이의 모습에서 농촌의 희망 없음을 보여주고, "사람들
이 돌질하지 않는 데로" 데려가 달라는 유자나무집 딸의 모습에서 귀
찬이의 미래를 읽을 수 있지만, 문제를 해결하기 위해서 어떻게 해야
하는지 그 방향을 보여주지는 못한 것이다.

  현실을 소재로 하고 있다는 점에서 〈소〉는 이전 작품 경향의 연장
선상에서 읽을 수도 있다. 그러나 〈소〉는 애정 갈등을 통해 현실 문제
를 드러낸다는 점에서 이전의 작품과는 다른 극적 전략의 변화를 보
여준다. 그러나 말똥이의 결혼문제를 표면에 두고 흥겹게 이야기를
풀어가다가 갑작스러운 파국으로 극을 마무리 짓고 있어 현실문제의
해결 가능성을 닫아버리고 있다. 〈빈민가〉(수)까지는 선언적인 대사
를 통해서라도 현실문제의 해결방향을 이야기하려 했다. 물론 그러한
선언이 극 전개에서 자연스럽게 드러나지 않는다는 점에서 극작술의
미숙이라는 비판을 받기도 했지만, 유치진 나름의 방향은 드러난다.
그러나 〈소〉에서는 그러한 가능성이 닫혀버리고 있다. 그렇기 때문에

"'유모러스'한 데서 관중을 실컷 웃겼을 뿐이고 아모런 감명을 주지 못한 작품"[50]이라는 비판을 받기도 한다. 이러한 측면에서 유치진이 현실에 대해 관찰자의 입장[51]이었기 때문이라는 지적도 있었다. 그러나 〈소〉에서 나타난 이 같은 변화는 1934,5년 신극계에 닥친 위기에 대한 유치진의 인식과 연관되는 것이었다. 공연을 둘러싼 외적인 상황이 악화되면서 좌익극은 몰락했고, 신극 또한 제약이 커지게 된다. 무엇보다 신극을 한다는 명분만으로는 극단을 유지하는 것이 불가능해진 상황에서 유치진은 극연의 방향을 직업극단으로 정하고 재미있으면서도 의미 있는 연극을 통해 많은 관객을 확보하기로 방향을 정하게 된다. 그래서 현실의 문제를 다루면서도 관객이 재미있게 볼 수 있도록 사건을 전개해나가면서도 그 이면에 현실의 문제를 포착할 수 있도록 하는 것으로 극작의 방향을 정하게 된 것이다.

〈소〉는 개인의 애정문제를 표면에 두고 있으며, 갈등의 구조를 활용하여 극적 재미를 추구하고 있다는 점에서 이전의 경향과는 분명한 차이를 보인다. 현실의 문제를 소재로 하는 〈소〉가 희극적 인물을 선택하고, 인물들 간의 갈등을 직접 보여주는 방식을 통해 재미와 기대감을 지속시키려 의도했다면, 〈당나귀〉는 현실이 배제된 전형적인 삼각관계의 애정갈등을 근간으로 하고 있다. 〈당나귀〉에서 볼 수 있는 늙고 병든 노인과 젊고 아름다운 첩, 그리고 젊고 건강한 머슴이라는 삼각구도는 통속극에서 흔히 사용하는 갈등의 도식이다. 통속극에

---

50) 전용길, 「동경학생예술좌 제1회 공연을 끗내고」, 『조선중앙일보』, 1935.6.9.-14.
51) 임화(「극작가 유치진론-현실의 빈곤과 작가의 비극」, 『동아일보』, 1938.3.1.-2)는 "유치진이 쓴 대부분의 사실적 작품은 현실과의 갈등의 소산이 아니라 관찰의 소산"이라 평가하면서 유치진이 단순한 관찰자의 시선에 머무르고 있기 때문에 현실을 통찰력 있게 파악해내지 못하고 있다고 비판하였다.

서는 이러한 관계에서 시작해 이들의 욕망이 부딪치는 상황을 구체적
으로 보여주면서 통속적 흥미를 만족시키는 방향으로 극을 진행시킨
다면, 유치진은 통속적인 상황을 가져오면서도 통속성과 거리를 두기
위해 갈등을 내면화해서 보여주는 방식을 선택하고 있다. 즉 유치진
은 계속해서 갈등을 만들어내지만 인물들 간의 갈등을 직접 보여주기
보다 내적갈등으로 드러내는 방식을 사용하고 있다.

극의 초반은 첩의 외도를 목격한 추암이 첩에게 추궁하면서 일어나
는 둘 사이의 갈등을 다루고 있다. 그러나 첩의 외도장면을 무대 위에
직접 보여주는 방식을 사용하지 않고, 추암이 마음속에 담아둔 이야
기를 강노인에게 들려주는 방식으로 드러난다. 그러면서도 이야기의
내용도 "자네는 모를 거야.....아니야, 나 외에는 이 세상에서는 아무도
모를 일이야"[52] 하는 식으로 조금씩 정보를 드러내는 방식을 사용해
궁금증을 유발하면서도 지나치게 통속적으로 흘러가는 것을 경계하
고 있다. 추암은 자신의 늙음과 그에 따르는 외로움을 토로하면서 첩
의 외도를 목격하고 싸움을 하게 된 이야기를 꺼낸다.

> 추암   자네 모를꺼야......아니야, 나외에는 이세상에서는 아모도 모
>   를일이야?
> 노인   뭔말인가 추암? 자네내외간에 내모르는 무슨 기픈 곡절이
>   또잇나? 말을 해보게! 그래야 알지.
> 추암   (옆방을 가르키며) 저것이 이사람! 저것이! 아 분해! 치가
>   떨려 말이 나오질 안는.
> 노인   저것이 어쨋단 말인가?

---

52) 유치진, 〈당나귀〉, 『조선일보』, 1935.1.31.

추암 저것이- 해……행실을 부렸다네.

노인 행실을?…… 그런 어리석은 소린 작작허게, 양반의 집안에서
무슨 그럴리가 잇을꺼라구.

추암 안야! 내가, 내가, 이 눈으로 밧서! 이 두눈으로말야!

노인 자네가?

추암 (고개를 끗덕이며)……바루 그적게야. 나는 저녁을 먹구 맥업
시 이 자리에 누어잇섯지. 그러자 나도 모르게 혼곤히 잠들
럿든가봐……잠길에 무언지 박앗 대문을 톡톡! 톡톡! 이렇게
두서느번 뚜듸기는 소리가 나지 안켓나. 그소릴 듯자마자 내
가슴은 선득햇지……저 소리가 뭘가? 무언지 나는 꼭 꿈길에
무서운걸 본 것 가탯다. 그래서 어린애처럼 나는 숨을 죽이
고 가만히 업듸여 잇섯서 이윽코업듸엿노라니까 누군지 슬
그머니 박그로 끌려나가는 발소리가 들렷다. 그때 나는 미친
듯이 벌꺽틔어 이러낫지. 들창을 와락 여럿지. 그랫더니….이
사람, 내가 무엇을 봐겟나?……망할년가트니! 그년이 대문아
페서 웬 사네허구 꽉 끄러안꼬섯지를 안햇겟나.[53]

추암의 입을 통해 첩의 외도사실을 폭로하는 이러한 방식은 첩의
외도 장면을 직접 무대에 드러내지 않으면서도 충분히 궁금증을 유발
하게 하고 있다. 이는 무대에 극렬한 갈등의 장면을 직접 보여주지 않
고도 추암과 젊은 첩이 처한 상황을 알려주고, 그러면서 외도라는 자
극적인 이야기의 이면에 있는 두 사람의 관계, 즉 살 날이 얼마 남지
않은 추암과 젊은 첩이 처한 상황에 대해 생각하도록 하고 있다. 이러

---

53) 유치진, 〈당나귀〉, 1935.1.31.

한 방식은 이 극이 통속적인 인물설정을 가져오고 있지만 통속적인
극에서 다루는 애정갈등과는 다른 이야기를 하겠다는 의도를 드러낸
것으로 읽을 수 있다.

　추암과 첩 사이의 갈등이 직접 드러나는 것은 극의 중반에 이르러
서이나, 여기에서도 둘 사이의 갈등은 표면화되지 않고 오히려 비껴
간다. 첩의 외도를 의심하는 추암의 이야기에 겹쳐서 문 두드리는 소
리가 나고 첩이 몰래 나가고, 이 상황을 추암이 지켜보면서 긴장감이
유발된다. 그러나 예상과 달리 이웃 노파가 등장하면서 추암의 의심
이 현실화되는 것이 유예되고, 추암의 의심이 사실일지에 대한 궁금
증과 함께 다음에 이어질 상황을 기대하게 한다. 뒤이어 추암의 의심
대로 첩이 젊은 머슴을 몰래 만나고 있으며, 함께 떠나려 한다는 사실
이 드러난다. 하지만 이러한 비밀이 드러나는 과정에서 강한 갈등의
상황이 나타나지 않는다. 대신 첩의 내적 갈등을 보여주면서 첩이 떠
나는 것을 긍정하게 만드는 방향으로 사건이 진행된다.

> 첩　안야 그러케 실허하든 이집이 떠나려드니간 엇전지 급작스레
> 정이 드러 보이는구료. 내 손때에 저런 이 기동에랑 이 벽에서
> 내 몸냄새가 나는 것 갓구……앗! 십년이나 살든 이 집을 내가
> 엇더케 바린담. 그리고 또 나라는 인간이란 기왕 남의 첩으로
> 마련된 인간일걸. 여기서 빠저나간대에 무슨 신통한 일이 잇
> 겟나.?[54]

---

54) 유치진, 〈당나귀〉, 1935.2.5.

극 초반 추암의 의심을 통해 드러난 첩은 늙은 남편을 두고 젊은 남자와 바람이 난 부정한 여성이지만, 중반 이후에 첩이 자신의 속 이야기를 들려주게 되면서 관객들은 첩의 처지를 이해하게 되고, 추암을 떠나기로 결심하는 것에 대해 공감하게 된다. 가족들 때문에 젊은 나이에 늙은 추암과 결혼했고, 애정 없는 남편이었지만 남편에게 충실하며 집안을 돌보와 왔다. 그런데 이제 늙은 남편이 죽고 나면 혼자 남겨질 텐데 그러한 것을 생각해서 젊은 머슴과 떠나 새롭게 살고 싶어하는 첩의 마음에 공감하게 되는 것이다. 그러나 막상 떠날 시간이 되자 그동안의 정 때문에 망설이고 결국 남기로 마음을 바꾸면서 첩에 대한 긍정성은 더해지고 그녀의 처지를 안타깝게 여기게 된다.

추암과 첩의 결혼은 돈이 매개된 것일 뿐 애정으로 맺어진 사이는 아니다. 그렇기 때문에 늙고 병든 남편의 곁에 남겠다는 첩의 태도 변화는 첩이 악인이 아님을 보여줌으로써 안타까움을 유발하고, "인간답게 자신의 의지대로 살라"는 노파와 머슴의 설득으로 마음을 바꿔 떠나기로 하는 첩의 선택에 긍정성을 더한다. 추암 또한 첩에 대한 집착의 감정을 보이지만 첩을 위해 떠나보낼 줄 아는 모습을 보인다. 잡고 싶지만 첩을 위해 잡지 않는 추암과 또 막상 떠나려고 하다가도 정 때문에 망설이는 첩의 모습은 통속극에서의 갈등을 드러내는 방식과 확연히 구별된다. 〈당나귀〉는 통속적인 이야기에서 흔히 사용하는 애정갈등을 소재로 하고 있지만, 인물들 간의 갈등을 직접 보여주는 방식보다 궁금증을 유발하게 하고, 각각의 인물들의 내적 상황을 보여주어 그들의 처지에 대한 이해를 끌어낸다.

〈당나귀〉는 통속적으로 보일 수 있는 남녀 간 애정갈등을 다루면서도 이를 늙음과 젊음의 대비로 풀어내며, 통속성을 비껴가기 위해 의

도적으로 인물들 간의 외적 갈등을 최소화하고 내적 갈등을 중심으로
사건을 전개해가는 방식을 선택하고 있다. 자기 욕심만으로 젊은 첩
을 곁에 붙들어둘 수 없음을 안 추암이 첩을 보내주고, 망설이면서도
새로운 삶을 찾아 떠나가는 〈당나귀〉의 늙은 추암과 젊은 첩, 그리고
젊은 머슴이라는 설정은 삼각관계의 애정문제를 다루는 것처럼 보이
지만, 이러한 애정문제의 이면에 시대의 변화와 새로운 삶을 향해 가
는 것에 대한 의미가 내포되어 있다.

　애정문제로 고민하는 인물들이 본격적으로 활용되고 있다는 점에
서 〈소〉와 〈당나귀〉는 이전의 작품경향과는 확연한 차이를 보인다.
〈소〉가 애정문제를 다루면서도 현실에서 소재를 가져와 그들의 애정
을 파국으로 끌어간 원인이 모순된 현실에 있음을 보여주고자 했다
면, 〈당나귀〉는 현실을 배제하고, 애정문제를 늙음과 젊음의 문제로
풀어내면서 과거의 시간을 사는 추암과 그러한 과거를 떠나 자신의
시간을 살기 위해 추암을 떠나는 첩의 대립 구도를 통해 시대의 변화
를 보여주고 있다.

　〈자매〉가 여성이 처한 현실의 문제를 드러내는 방식은 결혼이다.
"안동김씨로 한 때 쩡쩡 울녓다는 양반 김은호에게는 윤집 정숙이의
두 딸이 잇다. 장녀인 윤집은 15세에 혼인을 하여서 지금은 아들까지
잇는 몸이건만 공부를 못 하엿기 때문에 남편에게 소박을 맛게 되고
차녀 정숙이는 경성, 동경 등지로 유학을 하고 돌아왓으나 그 사이에
혼기가 노처지고 말엇다. 구여성이기 때문에 고민하는 윤집, 신여성이
기 때문에 고민하는 정숙"[55], 이 두 여성이 겪는 문제를 유치진은 결혼

---

55) 「극연공연을 앞두고, 상연극본해설(2)」, 『동아일보』, 1936.5.28.

이라는 제도에서 기인하는 것으로 그려내고 있다.

극은 윤집의 이혼재판과 정숙의 결혼 문제로 인해 생겨나는 갈등을 다룬다. 자매의 결혼 문제를 극의 전면에 드러내어 적절한 흥미를 유도하면서 그 이면에 자매의 불행을 가져오는 당대 현실의 문제를 포착하게 하고 있다. 〈자매〉는 긍정적인 인물이 부재하기 때문에 결혼에 대한 낭만적인 기대 대신 부정적인 인물들을 전면에 드러내어 당대 사회가 직면한 여러 문제들을 부각시킨다. 세상 바뀐 것을 모른 채 여전히 과거를 살고 있는 김은호나 딸을 부잣집에 시집보낼 생각만 하는 조씨는 현실인식이 부재하다. 교육 받지 못했다는 이유로 아들까지 낳고 살던 아내를 내쫓는 윤집의 남편과, 취직을 미끼로 해서 옛 상전의 딸을 욕심내는 강주사는 현실의 변화를 이용하는 이기적인 인물의 전형이다. 유치진은 구여성인 언니를 내쫓아버린 윤집의 남편은 극에 직접 등장시키지 않는다. 대신 동생 정숙에 관심을 가지고, 정숙과 결혼하고 싶어 하는 강주사로 인해 발생하는 갈등을 통해 당시 여성이 처해있던 현실을 문제적으로 드리내고자 했다. 강주사가 부정적인 인물이기 때문에 정숙의 결혼에 대한 낭만적 기대보다는 여성이라는 이유로 불행해지게 되는 상황이 중심으로 된다.

강주사는 돈이 많다는 것을 과시하기 위해 "지극히 큰 지갑"[56]을 들고 다니고, 많은 명함을 자랑하며 자신의 인맥을 과시한다. 은호는 자기 집 씨종의 아들이었던 강주사가 시대의 변화에 빠르게 대처하여 돈을 벌었고 이제 어마어마한 사람들과 교류한다는 것을 알고는 딸 정숙의 일자리를 부탁한다. 강주사는 취직하는 데 돈이 필요하지만

---

56) 유치진, 〈자매〉, 『조광』 9, 1936.7, 341쪽.

정숙의 일이라면 아까운 줄 모르는 사람이라며 적극적으로 일자리를 구해주겠다고 나선다. 하지만 그가 다른 마음을 품고 있다는 것은 바로 드러난다. 그는 정숙의 집에 중매쟁이가 드나드는 것에 대해 불쾌한 기색을 보이며 "새부잣집이 과거에 팥죽장수를 햇지만 지금은 돈이 잇겟다 댁은 지벌이 높으겟다. 말하자면 그 돈에다가 댁의 지벌"과 "아가씨의 정조까지"[57] 매매 하는 셈이라고 빈정댄다. 그러면서 "우리 가튼 눔이 아가씨 가튼 이 하구 사귈 수 있을가?"[58]라며 화를 내어 속마음을 노출한다. 이에 하라범은 "저눔이 버르장머리 없이 아마 작은 아씨를 조와하는 모양"이라며 경계하지만 은호는 "돈이 있으면 종의 새끼도 다 뽐내보는 세상"이라며 이를 대수롭지 않게 넘긴다. 그러나 강주사의 속셈이 다르다는 것을 알기에 불안이 발생하고, 일자리를 구하기 위해 강주사를 따라갔던 정숙이 울어서 퉁퉁 부은 눈에 구겨진 옷차림으로 들어오면서 불안은 현실이 된다.

영도　정숙이가 아까 정거장에서 오방울이하구 맞났다나요.

은호　그래서?

영도　오늘은 늦어서 서울엘 가두 소용없다구 그라더래요.

은호　그래?

영도　정숙이더러 점심 사준다구 어데가자더니-

은호　점심?

영도　그러더니 (은호의 귀에 대고 무어라 말을 한다)

은호　(금방 얼굴이 질리며) ……뭐? 그 씨종의 색기가! 제 상전의

---

57) 유치진, 〈자매〉,『조광』9, 347쪽.
58) 유치진, 〈자매〉,『조광』9, 347쪽.

　　딸을 갖이구!

　(정숙 안방에서 울다가 나와-)

　정숙　아버지! 제발 아무 말슴 마러주세요. 오방울이는 우리의 채
　　　　권잡니다.

　은호　원 이런 고약한눔 보게! 인젠 그눔이 못하는 짓이 없구나!

　정숙　아버지! 빗쓴 종이구 빗준 상전이란 말이 잇이 안습니까? 아
　　　　버지. 그만 참어주세요. 네?[59]

　정숙은 일자리라도 얻어보겠다며 마음에 들지 않지만 강주사를 따
라 나갔다가 불편한 상황을 겪게 된다. 극의 무대가 은호의 집 안에 고
정되기 때문에 정거장에서 두 사람 사이에 어떤 일이 일어났는지를
보여주지는 않는다. 다만 3막에서 빚을 받으러 온 강주사의 입을 통해
"아가씨의 손을 좀 맜어 보려고 했"다는 것이 알려진다. 강주사는 사
람의 손 좀 만져보는 게 죄냐며, "어릴 때부터 정숙씨를 좋아했구 그
분의 일이라면 아까운 걸 몰랐"다며, 자신의 행동을 신식말로 참연애
라고 포장한다. 이러한 뻔뻔한 태도에 영도는 "돈만 있으면 아모거나
된다는 너의 더러운 생각"이 문제라고 비판하지만 강주사는 "돈으로
나는 지벌도 사고 문벌도 사고 학문도 사고 정치도 사고"[60]하겠다며
돈의 힘을 과시한다.

　극은 윤집과 정숙의 결혼문제를 중심 사건으로 진행하지만 결혼에
대한 낭만적인 기대가 발생할 여지는 없다. 이는 관객이 긍정적으로
감정이입할 대상이 없기 때문이다. 정숙은 자신의 학비를 마련하느라

---

59) 유치진, 〈자매〉, 『조광』 10, 1936.8, 218쪽.

60) 유치진, 〈자매〉, 『조광』 11, 1936.9, 259쪽.

가족들이 빚을 진 것에 대해 죄책감을 가지고 있다. 그러나 대학교육까지 받았지만 여자라는 이유로 취직이 어렵게 되자 생선가게에 취직해서라도 돈을 벌기로 한다. 정숙은 교육 받은 신여성이지만 사회적 위치에서는 교육 받지 않은 언니 윤집과 차이가 없다. 결혼하라는 어머니의 성화에 불편해하면서도 속으로는 적당히 결혼해서 현실문제에 대한 고민에서 벗어나고 싶어 한다. 윤집은 공부를 못한 게 평생 한이지만, 공부를 한 정숙은 오히려 언니 윤집의 처지를 부러워한다.

> 정숙 언니 난 부끄럽수. 논팔어 공부한 게 이게 뭐유?
> 윤집 너는 지금이라두 의젓한 실랑을 골나서 혼인할 수 잇지안니?
> 정숙 나두 그렇게라두 하구 싶죠. 그렇지만 내가 어듸루 시집을 간단말이우? 어머니 의견대로 중맬 대요? 선을 뵈요?……그러기에는 나는 너무 철이 나버렸어요. 내 나히 벌서 수물여섯인걸요.
> 윤집 참 너 같은 공부꾼은 연애란 걸 해서 혼인한다더라.
> 정숙 내게 그런 용기가 있으면 좋겠우. 이 나히에 무슨 연애에요? 연애합네허구 나서기에두 정말 새삼스럽잖어요?
> 윤집 나야 이왕 망친 신세지만 너까지 그렇게 엉거주춤 해가지구 어쩔려구 그러니? 중매대기두 싫다 선뵈는 건 안 된다. 연애두 못헌다. 이래서야 속수무책 아니냐?
> 정숙 생각할수록 내 앞길은 캄캄해요.[61]

윤집은 동경이니 서울이니 다니면서 소원대로 공부한 동생 정숙을

61) 유치진, 〈자매〉, 『조광』 11, 1936.9, 261.

부러워하지만, 정숙은 돈 천원에 모욕을 당하고, 아침부터 저녁까지 몇 십원의 월급에 매달리는 자신보다 언니가 부럽다고 한다. "아모 철 없을 적에 결혼이나 했든들 이렇게 내 앞길은 캄캄하지 않을" 것이라 며, 교육을 받았어도 결혼을 하지 못한 여성이 겪게 되는 사회경제적 인 어려움을 토로하였다.

극에서 정숙과 윤집은 피해자로 기능한다. 피해자이기 때문에 관 객의 감정적인 동일시를 유도하게 된다. 동일시(identification)는 자 기 자신을 연극의 등장인물이 처한 상황에 투사시키는 능력[62]이다. 관 객은 자신들의 실제 자아와 비슷하거나 그들의 이상적인 자아와 가장 닮았다고 생각하는 등장인물에 대해 동일시를 하게 된다. 동일시는 공감할 수 있는 능력에 의존하는데, 잘못 없이 일방적으로 피해를 입 게 되는 윤집이나 정숙과 같은 피해자의 상황이 감정이입을 쉽게 하 고, 그녀들에게 부당한 피해를 강요하는 남성들과 당대 사회의 문제 를 비판적으로 인식할 수 있게 한다.

유치진은 결혼 문제를 통해 여성들이 처한 부당한 현실을 드러내는 데 집중하였다. 그 과정에서 교육받은 여성인 정숙의 차별점을 드러내 지는 못했다. 극에서 정숙은 시종 착하고 수동적인 피해자의 역할만 하 고 있어 윤집과 변별되지 않는다. 동경과 서울에서 학교를 다녔다는 정 보만 제시될 뿐 교육받은 여성으로서의 시각이나 행동은 보여주지 못 했다. 부당한 현실에 대해 발언하고 어떻게 살아가야할지 이야기하는 인물은 윤집이나 정숙이 아니라 이들의 먼촌 오빠인 영도이다.

> 영도   (무슨 생각에 잠겨 한 구석에 섰드니) ……정숙아 오방울아
> 그눔한테 우리는 완전히 진 것 같다.
> 정숙   이 시대는 확실히 오방울이의 시대로군요.
> 영도   하지만 오늘 저녁에 나는 내가 허는일에 더 큰 신념을 얻었
> 다. 내가 이 시굴에 묻쳐서 어린애들을 모아놓고 리역 니연을
> 가르키는게 여간 무의미하게 안역여지더니 인전 그런 일이라
> 두 하지 않으면 안될 줄 알었다. (少間……멀리서 깽맥이 소
> 리) …자 그만 자거라![63]

여성인물들이 자신의 처지를 한탄하고 눈물 흘릴 때 영도는 돈만
있으면 아무거나 된다는 강주사의 더러운 생각이 문제라고 직접 쏘
아붙인다. 그러면서 이전에는 의미 없게 여겼던 시골에서 어린애들을
가르치는 일이라도 해야겠다고 결심한다. 정숙이 그 회사에 다니는
일이 죽게 싫다며 울고, 윤집은 깨끗한 숫처녀인 정숙이 결혼만 하면
팔자가 환히 필 것이라며 달래는 것과 대비되는 장면이다. 유치진은
윤집의 이혼과 정숙의 결혼 문제를 통해 당시 여성들이 처해있던 부
당한 현실을 드러냈지만 이러한 여성문제가 흥미 있는 볼거리 정도로
다뤄지고 있으며, 정작 교육받은 여성이 그러한 현실을 어떻게 극복
해 나가야 할지 가능성에 대한 고민이나 해결의 방향을 고민하는 정
도의 역할조차 주지 않았다.

유치진은 〈춘향전〉에서도 춘향과 몽룡의 신분을 초월한 애정문제
를 표면에 드러내고, 이면에 이들을 방해하고 갈등을 만들어내는 계
기로 부정한 권력의 문제를 배치하였다. 사실 〈춘향전〉은 홍행극단에

---

63) 유치진, 〈자매〉, 『조광』 11, 1936.9, 259-260쪽.

서 주로 상연하는 레퍼토리였다. 그렇기 때문에 극연의 〈춘향전〉 공연은 신극의 타락이라는 비난을 받기도 했다. 그러나 유치진은 고전 〈춘향전〉을 가져오면서도 흥행극단과는 다른 방식으로 이야기를 구성했다. 즉 리얼리즘적 시각으로 〈춘향전〉을 재구성해서 낭만적 사랑 이야기를 통해 현실의 문제를 인식할 수 있도록 했다. 낭만적 사랑이야기를 표면에 두고 있지만, 이면에 시대의 모순을 배치함으로써 부정적 현실을 만든 실체를 관객들이 짐작할 수 있도록 한 것이다. 물론 〈춘향전〉이 창작이 아니라 각색인 만큼, 극을 구성하는 데 일정한 제약이 있을 수밖에 없다. 유치진은 이러한 제약을 의식하면서도 관객의 기대를 고려하여 극을 구성하고 있다.

춘향전 각색의 실제에 잇서는 우리는 만흔 제약을 밧는다. 즉 연극 대중은 「춘향전」 하면 「춘향전」에 대한 윤곽을 벌써 알고 그 작품이 그 윤곽에서 멀리 떠나는 것을 실망한다.

연극 대중은 「춘향전」에서 광한루 장면을 보여주기를 원하고 잔치 장면을 내어주어야만 만족한다. 그리고 광한루에서는 춘향의 그네 뛰는 것을 보고자하고 옥중에서는 옥창 틈으로 춘향과 몽룡이 서로 손을 잡는 것을 보고자 하고 잔치 장면에서는 몽룡이 개다리소반을 박차고 퇴장하는 것을 보고자 한다.

그뿐 아니라 대사에 있어서도 그들은 꼭 듣고 싶어하는 대사를 가진다. 예를 들면 광한루 장면에서 '안수해, 해수혈, 접수화' 등의 대사, 옥중 장면에서는 '서방님 듣조시오'부터 시작되는 춘향의 유언, 잔치 장면에서의 암행어사 이몽룡이 서두고 간 시 등이 그것이다.[64]

---

64) 유치진, 「〈춘향전〉의 동경상연과 그 번안대본의 비평」, 『조선일보』, 1938.2.24.

유치진은 연극이 다른 예술과는 성질이 달라서 관객 대중을 떠난 극작가의 유아독존적 태도가 전적으로 용납되기 어렵기 때문에 번뇌가 있을 수밖에 없음을 전제한다. 그러면서 이 구속은 그냥 둘 수 없고 그대로 얽매어 있을 수도 없기 때문에 관객의 기대를 선용하고, 개척하고, 대우하고, 무시할 때는 냉정히 무시해버려야 할 것[65]이라고 했다. 관객들이 〈춘향전〉에서 기대하는 장면을 보여주어야 관객들이 만족하는 만큼 관객들이 기대하는 장면을 적절히 활용하면서도 작가가 극을 통해 이야기하려는 바를 담아내려는 의도가 〈춘향전〉에 잘 나타나 있다. 관객들은 〈춘향전〉의 이야기를 알기 때문에 다음에 어떤 장면이 이어질지 알고 있다. 그러나 극을 보면서 기생 점고장면이나 옥중장면과 같은 내용이 나오기를 기대한다. 유치진은 이러한 관객들의 기대를 고려하여 〈춘향전〉의 장면들을 배치하였다. 그러면서도 춘향의 사랑과 고난 이면에 부당한 권력을 행사하는 집단에 대한 비판적 시선을 유도하도록 했다. 표면적으로 춘향의 사랑이야기를 보여주어 관객들에게 익숙한 이야기를 들려주면서도, 이면에 춘향의 의지를 꺾어 취하려하는 부정한 권력의 문제를 비판하였다.

극은 춘향의 사랑을 중심으로 이야기를 풀어간다. 단옷날 이몽룡과 만나는 것으로 낭만적으로 시작하지만, 이어 안타까운 이별의 상황을 만들고, 계속해서 춘향의 사랑을 시험하는 고난의 상황이 이어진다. 기생점고 장면에서 춘향에게 수청을 강요하는 변학도의 부정성과 춘향의 저항을 부각시키며, 부당한 권력에 대항하는 춘향의 사랑을 보여주고자 했다. 춘향은 거지꼴로 돌아온 몽룡을 보고서도 변함없는

---

65) 유치진, 「〈춘향전〉의 동경상연과 그 번안대본의 비평」, 『조선일보』, 1938.2.24.

사랑을 보여주며, 자신의 죽음보다 혼자 남을 몽룡의 미래를 걱정한
다. 이러한 모습을 통해 춘향의 사랑이 신분상승과 같은 목적에 있는
것이 아니라는 점을 부각시킨다. 그러면서 춘향의 순수한 사랑을 방
해하는 변학도와 주변인들을 통해 이야기가 놓여있는 시대적 배경이
'크로즈 업' 되도록 했다.

> 나는 「춘향전」을 각색하는데 그 시대적 배경을 되도록 뚜렷이 '크로
> 즈 업'해 볼려고 힘썼읍니다. 그 '크로즈 업'된 시대적 배경에는 빙공영
> 사(憑公營私)하는 탐관오리가 준동(蠢動)하고 있습니다. 그중에 전개
> 되는 춘향의 사랑은 결국 그 탐관오리와 싸우는 피의 기록입니다.[66]

극의 3막 농부가 대목이나 3막 3장의 광한루 장면은 고전 〈춘향전〉
에는 등장하지 않는 부분으로, 지배층의 부패와 이를 바라보는 민중
들의 부정적 시선이 잘 드러나고 있다. 마지막 4막에서 사또의 떠들썩
한 생일잔치에 모인 수령들이 서로 다투어 자기 허물을 자랑하는 장
면은 지배층 전반의 부정성을 잘 보여준다.

변학도	앗다! 운봉가튼이가 웨 저러케 겁이 만흘까! 제아모리
	어사면 우리를 어쩌겟소! 준민고택을 해먹는게 어듸 우
	리뿐이오. 조선 팔도 관중들이 다 해먹는 노릇인데.
담양	사람이란 말타면 경마재피고 십다는 격으로 한번 관장
	이 되어보면 걸갱이질도 해먹고 십은 거지.
변학도	암 그러치! 암행어사 제깐 놈도 입으로는 큰소릴 할는지

---

66) 유치진, 「춘향전 각색에 대하여」, 『극예술』 5, 1936.9.

　　　　　　　몰나도 별수 업슬꺼요. 그 놈도 사람이란걸 그예 해먹고
　　　　　　　말지.
　　구례현감　　우리들 하는 노릇을 등치고 칭찬할는지 또 아나요.[67]

변학도뿐만 아니라 생일잔치에 모인 수령들은 하나같이 백성 등치
는 것을 당연하게 여기며, 자신의 솜씨를 자랑하기까지 한다. 이들 수
령들의 부정적인 모습은 이들이 속한 지배층의 부정성을 상징적으로
보여주는 것으로, 변학도 개인만의 문제가 아니라 "그 시대의 부패한
권력"[68]을 말하기 위함이다. 유치진은 〈춘향전〉의 익숙한 사랑이야기
이면에 부패한 권력을 배치하여 흥미 이면에 시대의 문제를 알게 하
며, 이를 통해 일관된 작가의식을 드러냈다.

〈개골산〉은 왕건 암살계획과 신라의 태자와 고려의 낙랑공주의 애
정갈등을 연계시키며 긴장감과 흥미를 만들어 가는 극적 전략을 활용
한다. 극 초반에 강한 긴장감을 만들어내는 것은 왕건을 제거하려는
태자 일행의 계략이다. 태자와 태자의 동지인 급찬 김곤, 사빈경 이유
와 시랑 김비, 낭중한 공달은 신라 궁을 방문한 왕건을 제거하여 신라
를 지킬 계획을 세운다. 왕건이 오십 명의 호위군만을 데리고 온 것을
기회로 여긴 것이다. 그러나 사실은 왕건이 군사 오천을 몰래 성 밖에
대기시켜두었다는 사실이 전해지면서 분위기는 격앙된다. 이들은 "왕
건이 이 나라에 옴은 화친에 뜻이 잇음이 아니라 역시 신라를 먹으러
온"[69] 것이라는 점을 잘 알고 있었지만, 왕건의 군사 오천이 신라궁을

---

67) 유치진, 〈춘향전〉, 『조선일보』, 1936.4.2-3.
68) 유치진, 「춘향전 각색에 대하야」, 『극예술』 5, 1936.9.
69) 유치진, 〈개골산〉(1), 『동아일보』, 1937.12.17.

둘러싸고 있다는 것이 드러나면서 태자와 태자를 따르는 무리들은 신라 궁에 고립되어버린 듯한 상황이 된다. 태자와 그를 따르는 몇몇 군사로는 왕건과 대등하게 맞서 이길 수 없다는 것을 알고 있다. 그러나 이 같은 힘이 불균형도 신라의 젊은이들이 목숨을 내놓으면서까지 맞서려하는 의지를 드러내면서 기대가 형성된다.

유렴　그러니 왕건을 저냥 궐내에 두엇다가는 별 수 없이 왕건이__\
　　　세상이 되고 말 것이오. 때는 왓소. 이때를 노치면 그 쥐는 아\
　　　주 노치는 쥐오.

태자　자 상대등마마의 의견을 밧들어 나감이 어떳소?

비　　(환도를 빼며) 자객으로는 이 몸이 나서리다.

유　　나도 한 사람으로 뽑아주오.

곤　　이 몸도 나서 망국군신의 일홈을 씻으리다.

공달　이몸도 나아가리다.

태자　그러면 되엇소. 자 우리 뜻이 합하고 힘이 합하얏으매 일행\
　　　왕건의 목을-(일동 맹세의 뜻으로 칼을 높이 하늘에 든다)\
　　　세세한 이야기는 오늘 저녁에(일동의 귀를 모아 귀속말을 한\
　　　다) 알으시겟소?

일동　명심하리다(칼을 칼집에 넛는다)

유렴　신라의 사나회의 무서운 의분을 보이기까지는 다 같이 목숨\
　　　을 내어걸고-

일동　녜.[70]

---

70) 유치진, 〈개골산〉(6), 『동아일보』, 1937.12.23.

유렴과 김비와 이유 등은 "대의를 내세우고 옥으로 부서질지언뎡 질그릇으로 온전하기를 원치 안는"[71] 충신으로, 태자와 함께 왕건을 제거하기 위한 실천에 앞장서는 역할을 한다. 이후 극은 왕건을 제거 하려는 계획을 실행해가는 태자 일행과 이들의 의도를 간파하고 막대 한 군사력과 계책으로 맞서려는 왕건의 계획이 드러나면서 상황은 더 복잡해지고 긴장과 흥미가 지속되게 하는 방식으로 진행된다.

왕건은 전쟁 없이 신라를 얻고자 하고, 그러기 위해서는 민심을 얻 고 있는 태자를 자연스럽게 자신의 편으로 끌어들일 필요가 있다고 생각한다. 그래서 낙랑공주를 이용해 태자의 마음을 돌리려고 한다. 태자가 왕건에 힘으로 맞서는 흐름에 낙랑공주가 개입하면서 애정갈 등까지 더해지며 상황은 복잡하게 전개된다. 낙랑공주의 존재는 왕건 의 계략을 흔들며 힘의 불균형을 흩트리며 태자의 의지에 힘을 실어 주게 된다. 그러나 낙랑공주의 존재는 신라를 차지하려는 왕건의 계 략의 일부이기 때문에 관객들은 두 사람의 사랑이 이루어지기를 기대 하기보다 불안한 긴장감을 가지고 이들을 지켜보게 된다. 물론 낙랑 공주는 왕건의 계략 때문이 아니라 처음부터 태자를 마음에 들어 하 고, 이후 여러 차례 태자를 위기에서 구하는 역할을 한다. 극에서 낙랑 공주의 존재는 태자와 태자 일행이 왕건에 맞서 움직일 수 있는 공간 을 만들어준다.

〈개골산〉의 중심 사건은 왕건을 암살하기 위한 계획과 시행이며, 이 과정에서 애정갈등이 개입하면서 긴장과 흥미가 더해지게 된다. 극 초반부터 태자일행은 왕건을 암살할 계획을 세워 왕건을 긴장하게 만

---

71) 이광수, 「마의태자」 하편(62), 『동아일보』, 1926.12.14.

든다. 그러나 이러한 계획은 첩자에 의해 왕건에게 전해지고, 왕건은
가짜를 만들어 위험에 대비한다. 그리고 긴장감이 이어지다 태자가
왕건을 칼로 베는 장면까지 만들어낸다.

> 왕건은 칼을 맞어 피투성이가 되어 무대로 들어와 쓰러진다. 태자는
> 피묻은 칼을 들고 고함치며 왕건을 쫓어 들어온다.

> 태자 이 간악한 도적 왕건아(칼을 번쩍 들어 왕건의 목을 친다. 목
>   이 몸동아리에서 떨어진다)
> 태자 (발길로 차며) 에이 더러워라![72]

사실 앞 장에서 태자 일행을 경계한 왕건이 가짜로 자기 역할을 할
인물을 준비해두었기 때문에 여기에서 죽은 왕건이 실제 왕건이 아니
라는 것은 관객들도 잘 안다. 그러나 이러한 장면을 통해 태자의 의지
와 용맹함, 그리고 그가 이루고 싶은 꿈을 잠깐이나마 실현하게 해주
는 효과를 낸다. 그리고 이 상황에서 공주는 "부왕을 죽인 원수"인 태
자를 도와 그를 도망가게 해준다. 왕건은 "애초에 짐은 공주의 돔으로
써 태자를 잡으로 하엿는데 공주는 도로혀 태자에게 걸리고 말엇고
나. 짐의 일생에 이와 같이 어리석은 돌을 노하보기는 처음"[73]이라고
한탄하기도 한다. 나라를 구해야 한다는 태자의 사명감도 낙랑공주에
대한 감정 때문에 흐려지게 된다.
그러나 낙랑공주는 이기적인 존재로, 다른 사람을 배려하기보다 자

---

72) 유치진, 〈개골산〉(21), 1938.1.26.
73) 유치진, 〈개골산〉(27), 1938.2.3.

기감정이 중요하다. 그래서 온전히 태자의 편이 될 수는 없는 인물이다. 극 초반에 공주는 태자가 자신의 사랑을 거절하는 것에 분노해서 악담을 쏟아냈다. 자기 마음을 짓밟으면 태자를 해할 수도 있다는 것을 드러낸 것이다. 유치진은 낙랑공주를 "백화의 성질과는 정반대로 매섭고 독함. 그러나 어린애와 같이 쾌활하고 사랑스럽고 무사기"[74]한 인물로 설정하고 있다. 자기희생적이고 덕 있는 백화와는 거리가 있는 인물로, 그녀의 감정이 위험한 결과를 가져올 수 있다는 것을 암시하는 것이다. 그리고 이러한 암시는 극에 마지막에 와서 실현된다.

> 공주   (니를 바드득 갈며) 두고 보라. 나의 마음은 그대도록 짓밟고서! 흥 원수의 자식이라 하야 업수히 여겼으니 이놈도 그 원수의 무서움을 보혀주리라! 그려 게집의 차디찬 맛을 보혀주리라.
>
> 공주   (중략) 소녀의 굳은 뜻은 동궁마마를 해하고, 그리고 이 몸도 죽고 그것뿐이외다.
>
> 공주   (중략) 소녀는 몸소 태자를 찾어 이 칼로 버히고 말리이다.[75]

태자가 낙랑공주의 사랑을 거절하고 다시 백화를 선택하자 낙랑공주는 왕건에게 태자와 태자 일행 모두를 죽여줄 것을 청하고, 결국 신라를 구하기 위해 목숨을 걸었던 이들의 의지를 좌절시키고 죽게 만드는 결과를 만들어낸다. 낙랑공주에 대한 태자의 감정은 극의 마지막에 와서 확인된다. 태자가 낙랑공주를 선택하자 백화는 "이 세상은 제 욕

---

74) 유치진, 〈개골산〉(30), 1938.2.15.
75) 유치진, 〈개골산〉(20), 1938.1.23.

심대로 되는 세상이 아니옵고 더우기 이 자리에서 소녀가 소녀의 욕심만 채우랴면 이 귀하신 동궁마마를 신라 억만창생과 함께 일케"된다며 자신을 희생하려 한다. 이러한 백화의 선택에 태자는 "그몸을 팔어서 이 한몸의 안락을 사려든 이 더러운 사나희를 용서"[76]하라라며 낙랑공주를 선택하여 한 몸의 안락을 추구하려던 것을 반성한다.

〈개골산〉은 신라를 지키기 위해 목숨을 걸었던 젊은이들 의지와 비극적인 사랑이야기를 연결시키며, 이를 통해 자신의 안락을 추구하기보다 대의를 위한 삶, 국가를 위한 삶의 가치를 보여주려 했다. 낙랑공주의 경우 자기 감정만을 생각했기 때문에 태자와 모두를 불행하게 했고, 그녀 스스로도 불행해져 버린 것이다. 〈개골산〉은 낭만적 사랑이야기를 통해 국가를 위한 희생, 충심이라는 감정의 힘을 드러내려 했고, 이러한 점에서 "현실의 모순을 깨트리고 돌진하려는 인간의 시혼"[77]을 보여주려 한, 리얼리즘에 기반한 로맨시티시즘의 원리를 잘 드러낸 작품이라 할 수 있다.

1930년대 후반기의 유치진은 애정문제를 극의 표면에 드러내고, 애정갈등을 중심으로 극을 풀어간다. 그러나 애정문제를 드러내는 데만 집중하는 것이 아니라, 이면에 현실의 문제를 배치하여 애정을 파국으로 이끌어가는 원인이 무엇인지 인식할 수 있도록 하였다. 〈소〉와 〈춘향전〉은 전혀 다른 경향의 작품으로 분류된다. 하지만 표면에 애정 갈등을 배치하고, 그 이면에 이들의 사랑을 불가능하게 하는 원인으로 현실의 문제를 배치하는 방식은 유사하다. 극의 소재가 달라

76) 유치진, 〈개골산〉(29), 1938.2.5.
77) 유치진, 「미국의 현역작가 막스웰 안더슨-"목격자 상연에 제하야-」(2), 『동아일보』, 1938.7.8.

졌을 뿐 이야기를 전개하는 방식이나 극작 의도는 일치하는 것이다. <소>에서 시작되는 이러한 극 구성의 변화는 비참한 현실의 상황을 중첩시켜 보여주는 <토막> 류의 작품과 달리 관객들이 '재미'와 '기대감'을 가지고 극을 관람할 수 있게 한다. 이는 이 시기 유치진이 대상으로 하는 관객이 대중극관객으로 확대된 것과 관련된다. 대상 관객이 대중극을 즐기던 관객으로까지 확장되면서 유치진은 그들에게 익숙한 애정문제를 표면에 내세운다. 이를 통해 대중극관객들도 흥미 있게 극을 관람하게 되고, 애정문제 이면에 그들을 방해하는 현실의 실체를 알 수 있게 된다. 이러한 극 전략은 대중극을 즐기던 관객들이 원하는 이야기를 보여주면서도 현실의 문제를 놓치지 않으려는 유치진의 의도에서 나온 결과였다.

그러나 이 시기의 극은 긍정적 세력의 힘이 미약하고, 부정적 세력의 힘은 막강해서 대부분 비극으로 마무리되고 있다. 애정갈등 이면에 존재하는 현실의 문제, 시대의 모순을 인식시키려 했지만 두 세력 간의 힘은 균형을 이루지 못하고 있다. 이는 유치진 스스로도 현실의 문제가 해결될 수 있다는 긍정적 확신을 갖고 있지 못하다는 것을 보여준다 할 수 있다. 결국 부정적 세력의 거대한 힘에 유치진 스스로 압도되어 간, 그래서 점차 현실적 힘의 거대함에 눌려가는 그의 지친 심리적 측면을 드러내 보여주는 것이다. 이는 이후 국민연극으로의 이행을 읽을 수 있는 근거로도 볼 수 있겠다.

극예술연구회 전문화를 통한 연극대중화 추구

1. 대중극관객 수용의 필요성 인식

유치진은 일본 유학시절부터 꿈꾸었던 행장극장을 실천하는 대신 현실적 선택으로 극연 활동을 시작하게 된다. 무대극을 추구하는 신극단체에서 활동을 결정했지만 "연극의 예술성보다 연극을 이용한 계몽을 구상하던"[78] 유치진이었기에 "연극 그 자체의 예술적 형태를 탐구하여 우리 민족으로 하여금 올바른 연극문화를 가지게 하자는" "극예술연구회의 방향이 생리에 얼른 맞지 않아서 괴로웠다"[79]. 유치진은 행장극장이라는 과제를 젖혀두고 극연이 지향하는 방향에 적응하려 노력하지만, 관객보다 예술적 모색에 집중하는 극연의 아마추어적 방식에 대해 문제의식을 가지게 된다. 그는 극연이 연구부로 대표되는

---

78) 유치진, 『동랑자서전』, 서문당, 1975, 123쪽.
79) 유치진, 『동랑자서전』, 123쪽.

이론적 방면과 실천부로 대표되는 실제적 방면으로 나누어 활동을 한
지 3년이 지났음에도 불구하고 신극수립의 기반이 불투명한 원인이
무엇인지에 대한 의문을 제기한다.

> 여기에 이 운동의 강화에 방해된 결함이 잇엇다면 그중에 가장 큰 이
> 유로 나는 경제적 토대의 박약을 들 수 잇을 것이다.(중략)
> 여태까지의 극연은 기본적 경제를 가저보지 못하고 회원 독지가의
> 손으로써 융통된 공연비로써 공연을 꾸려오고 잇은 것이다.
> 그러므로 연극은 여태까지 아마츄아적 활동에서 저회하야 전문적으
> 로 비약을 하지 못하엿다. 初出發에는 우리는 아마츄아적 誠意로써 事
> 業에 손을 댈 수 잇다. 그러나 時間과 같이 그 誠意를 永續시킬수는 없
> 다. 그結果는 드디어 演技員의 無常의 變動을 招起하고 各員의 活動을
> 全力的으로 두지 못하엿다.
> 무엇보다도 급한 것은 劇運動의 實際者들에게 專門的으로 이 事業
> 에 그 時間과 그 力量을 傾注할 수 잇도록 하여야할 것이다. 그러치 않
> 고는 이 運動의 地盤은 언제까지든지 搖動하고 잇을 것이다.[80]

이 글에서 유치진은 극연의 가장 큰 문제로 극단의 경제적 토대가
박약한 것을 들고 있다. 공연 수익으로 극단이 운영되어야 함에도 불
구하고 지금의 극연은 회원 독지가에게서 융통된 자금으로 극단을 꾸
려가고 있어 문제라는 것이다. 이처럼 "극인은 다른 직업을 가지고 그
직업의 여가를 타서 연극운동을 하는 순 아마추어적 방식"은 "연극운
동의 방향을 그 본연적 이상에서 비뚜로 나가려는 위험을 충분히 방

---

80) 유치진, 「신극수립의 전망」(3), 『동아일보』, 1934.1.11.

지해주기는 하나 극단원의 생활을 보장하지 못해 주기 때문에 극인이
자기의 전 시간을 연극운동에다가 제공하지 못하기에 침체가 온다."[81]
유치진은 연극활동을 지속시키기 위해서는 독지가에 의지하는 아마
추어적 방식으로는 한계가 있음을 지적한다. 그는 무엇보다 극단의
경제적 토대를 마련할 것을, 그래서 연기원들이 연극에 모든 시간과
역량을 경주할 수 있도록 할 것을 제안한다. 그러기 위해서는 단원들
의 생활을 보장해야 하고, 공연 수와 공연 일자를 늘려 수지를 맞추는
것으로 이러한 경제적 문제를 해결할 수 있다고 제안하였다. 물론 이
때까지는 경제적 문제를 해결하기 위해 극장을 가지자는 것으로 논의
의 방향이 귀결되고 있지만, 중요한 것은 공연 수익을 통해서 극단을
유지해야 한다는 제안을 처음 하고 있다는 점이다.

> 演技員들에게 全 時間을 이事業에 바치게 하자면 무엇보다 먼저 그
> 들의 生活保障을 생각하여야할 것이오 그러기 위하여서는 公演數와 公
> 演日字를 느리고 演劇을 公演으로써 그 收支를 맞추게 努力하여야 할
> 것이다.
> 그러케 되면 연극의 공연은 회원의 생활을 算入하고 경제적으로 수
> 지를 맞출 수 없는 것인가?
> 나의 생각에는 반듯이 그러치도 않은 것 같다. 웨 그러냐 하면 신극
> 운동에 종사하는 연기원이란 각자의 예술적 열성으로 말미암아 그처럼
> 과다한 생활비를 탐욕치 않는 까닭이다.
> 그리고 조선관중이란 앞에도 언급한 바와 같이 고유한 오락에 궁하
> 여 참된 예술에 渴하고 잇다. 그러므로 신극수립을 문화운동 전반에 관

---

81) 유치진, 「朝鮮劇壇의 現勢와 今後活動의 多樣性」, 『조선일보』, 1935.7.7.

련시켜서 전개시키고 극본 제공을 항상 전 민중의 관심의 的이 되도록 한다면, 이러한 조직적 활동 밑에서 활동한다면 현재보다 훨씬 많은 관중을 동원시킬 수 있을 것이다.[82]

유치진은 연기원들이 연극에만 모든 시간을 투자하게 할 수 있도록 그들의 생활을 보장해야 한다고 보았다. 그래서 일 년에 한두 번 있는 정기공연에 그칠 것이 아니라 공연 수와 공연 일자를 늘려 경제적 수지를 맞추기 위해 노력해야 한다고 제안한 것이다. 공연의 수익은 공연 횟수와 관객 수에 의해 결정된다. 공연 횟수를 늘리기 위해서는 공연을 보기 위해 많은 관객들이 찾아주어야 가능하다. 그렇기 때문에 기존의 신극관객뿐만 아니라 더 많은 관객을 확보해야 하는 과제가 생겨난 것이다. "현재보다 훨씬 많은 관중"을 동원하기 위해서는 극본 또한 "전 민중의 관심의 的"[83]이 되도록 할 필요가 생긴 것이다.

유치진이 이야기하는 "현재보다 훨씬 많은 관중"은 신극관객뿐만 아니라 대중극을 즐기는 관객까지 포함한 개념이다. 1930년대 중반 이후의 유치진의 글에는 이전에 비해 관객층이 확대되었음을 알 수 있다.

극연의 전통이란, 첫째 연극을 예술적으로 완성시키려는 것, 둘째 그 완성된 예술로써 문화를 사랑하는 시민의 지력과 교양과 취미와 오락을 북돋우자는 것이다. 야(野)한 취미에 흐르는 야한 연극을 하기는 쉽다. 이런 연극을 제공하는 기회는 시내에서도 때때로 있다. 그러나 높

82) 유치진, 「신극수립의 전망」, 『동아일보』, 1934.1.11.
83) 유치진, 「신극수립의 전망」, 『동아일보』, 1934.1.11.

은 교양을 추구하는 문화를 사랑하는 시민을 위한 오락물은 많지 못하다. 정말 없다. 이런 시민을 위하여 극연좌는 그 완성된 연극으로써 지력과 교양과 취미와 오락을 부어주는 일방, 야한 취미에 빠져 있는 관중까지도 높은 문화수준으로 끌어올려야 할 것이다.[84]

연극전문화를 위해서는 극연을 전문극단으로 전환시켜야 한다는 유치진의 주장에 대해 세간에서는 의혹의 시선을 보낸다. 이에 유치진은 전문극단으로 전환해도 극연의 전통을 유지하게 된다는 점을 밝히며, "높은 교양을 추구하는 관객"과 함께 "野한 취미에 빠져 있는 관중"까지도 높은 문화수준으로 끌어올려야 할 것이라는 입장을 보인다. 이러한 점에서 유치진이 대상으로 하는 관객은 높은 교양을 추구하는 이전의 지식인관객에서 "野한 취미에 빠져있는" 관객으로까지 확대되고 있음을 확인할 수 있다. 여기에서 "野한 취미에 빠져있는" 관객은 대중극관객으로, 동양극장의 연극과 같은 대중극을 즐기는 관객을 포함하는 개념이다. 이 시기 유치진은 대중극관객으로까지 관객층을 확대하고 이들 대중극관객을 고려하여 극작을 하여야 함을 이야기하고 있다. 이러한 대중극관객은 유치진의 말을 빌리면 "무식한 사람이나 유식한 사람을 물론하고 모든 계급의 사람"[85]이며, 이전의 신극관객과 달리 "참담한 현실을 참담한 그대로 보고 싶어 하지 않는"[86] 관객이기도 하다.

1930년대 후반기의 유치진은 적당한 알기 쉽고 재미있는 것을 레

---

84) 유치진, 「조선의 신극은 어듸로—우리 극계의 현황」, 『사해공론』 4권 9호, 1938.9.
85) 유치진, 「대중성의 개척」, 『조선중앙일보』, 1935.7.7.
86) 유치진, 「대중성의 개척」, 1935.7.7.

퍼토리로 할 것을 제시하는데, 특히 '웃음'과 '재미'를 강조하고 있다. 1930년대 초기에 발표된 유치진의 글에는 연극이 민중에게 다가가기 위해 오락성의 측면이 필요함을 전제하면서도 교화적 측면 또한 중시하고 있었으나 전문극단을 지향하는 1930년대 중반 이후에 발표된 글에는 교화적 측면이 약해지고 연극의 재미라는 오락적 측면을 강조하는 것을 확인할 수 있다.

> 나의 창작에 잇서서 요즘 유의하고 시험해 보랴는 방법은 희곡의 대중성(비속성은 아닙니다)의 획득이겠습니다. 즉-
> (1) 어떠케 하여야만 내가 말하랴는 바를 무식한 사람이나 유식한 사람을 물론하고 모든 계급의 사람에게 "자미잇게" 보일 수 잇슬까?
> (2) 어떠케 하여야만 그 극이 끗날 때까지 관객으로 하여금 긴장된 마음에서 무대를 "기대시길 수" 잇슬까?[87]

이 글에서 유치진이 주목하고 있는 것은 대중성 획득을 위한 기법의 측면으로, 어떻게 해야 관객이 재미와 긴장감을 가지고 끝까지 공연을 지켜보게 할 수 있는가 하는 문제이다. 이 시기 유치진은 〈토막〉에서와 같이 참담한 현실을 참담하게 드러내 보여주는 방식은 관객을 괴롭게 하고 혐오감을 준다고 파악하며, 관객을 위해 비극적 현실을 다루더라도 웃음을 적절히 활용할 것을 제안하였다.[88] 〈토막〉이 당시 관객들의 주목을 받았던 것은 〈토막〉에 재현된 참담한 현실이 많은 관객들의 공감을 얻었기 때문이었다. 그러나 1930년대 중반의 유치진

---

87) 유치진, 「대중성의 개척」. 1935.7.7.
88) 유치진, 「대중성의 개척」. 1935.7.7.

은 〈토막〉과 같이 현실을 다루더라도 "희극적 견지에서 현실을 재고 찰하여 암담한 생활에서 웃음을 발견하고 그 웃음 속에 얼마나 많은 비극이 태생되며 혼합되어 있는가를 재현"[89]해야 한다는 입장으로 전환한다.

현실의 문제를 다루더라도 웃음을 활용하여 참담하지 않게 드러내야 한다는 이러한 입장 변화는 일본의 경험에서 영향을 받은 것으로 보인다. 〈토막〉과 같은 방식의 극이 극연의 신극관객을 교화시키기에 적합한 방식이었다면, 동양극장의 연극을 즐기던 대중극관객에게 "참담한 현실 그것을, 참담한 그것대로 내어놓으면 보는 사람이 여간 괴로워하는 게 아니며, 속히 피로를 느끼고, 급기야는 작품에 대한 혐오의 감까지 느끼게 되기" 때문에 '웃음'의 효과를 생각하게 된 것이다. "작품이 독자에게서 혐오의 감을 사게 될 때에는 그 작품은 이미 작품으로서 낙제된 것"[90]이기 때문이다. 그래서 그는 "희극적 견지에서 우리 현실을 재고찰해서 우리의 암담한 생활에서 웃음을 발견하고 그 웃음 속에 얼마나 많은 비극이 태생되며 혼합되어 있는가를 재현해 보려는 것"[91]으로 방향을 전환하게 된다.

이러한 관객의 변화는 실제 작품의 변화로 나타난다. 1933년에 발표된 〈버드나무 선 동리의 풍경〉과 1935년 발표된 〈소〉는 현실의 문제를 다루고 있지만 극의 분위기는 전혀 다르다. 어두운 현실을 어둡게 재현하는 〈버드나무 선 동리의 풍경〉과는 달리, 어두운 현실을 소재로 하면서도 재미있게 그려가는 〈소〉의 변화를 이해하기 위해서는

---

89) 유치진, 「대중성의 개척」, 1935.7.7.
90) 유치진, 「대중성의 개척」, 1935.7.7.
91) 유치진, 「대중성의 개척」, 1935.7.7.

일본 희곡 〈馬〉의 영향이라는 측면을 고려할 필요가 있다.

유치진의 초기 리얼리즘을 대표하는 작품으로 평가받아왔던 〈소〉에 대해 원로 연극인 이원경이 〈소〉가 일본 극작가 사카나카 마사오(阪中正夫)의 3막 희곡 〈말(馬)〉을 표절한 작품이라는 주장[92]을 하여 논란을 일으켰다. 이원경은 유치진의 〈소〉가 일본희곡 〈馬〉을 조선식으로 고친 것이지만, 당시는 그러한 일이 아무런 문제가 되지 않던 때였다고 회고하였다. 이원경은 유치진의 〈춘향전〉과 〈흑룡강〉 공연의 무대장치를 담당하기도 한 인물로, 유치진과 함께 연극활동을 했던 동시대 연극인이었다. 이러한 이원경이 유치진의 〈소〉가 일본 희곡을 표절한 작품이라고 한 주장은 상당한 논란[93]을 야기했다.

〈소〉와 〈馬〉는 가족 구성에서부터 소와 말에 대한 농부의 애착, 그리고 소작료로 소와 말을 빼앗기게 되자 장자가 마구간에 불을 지르는 내용이 중심 사건이다. 두 작품은 인물 구성에서부터 극 전개에 이르기까지 많은 부분에서 유사하다.[94] 〈馬〉는 〈소〉보다 앞서 발표되어

---

92) 『한겨레신문』, 1991.4.17.
93) 이두현(『한겨레신문』, 1991.4.17)은 "〈소〉와 〈말〉이 연관이 있다는 이야기는 알고 있지만 동랑 생전에 누를 끼칠까 해서 직접 대조해본 적은 없어 뭐라고 말할 수는 없다"고 밝히면서도 "이원경씨가 주장한다면 거의 확실할 것"이라는 입장을 보였다. 반면, 서연호(「유치진의 〈소〉와 일본희곡 〈말〉 대비고찰」, 『한국연극』, 1991.7)는 "〈소〉가 이원경의 주장과 같이 일본 작품을 표절한 것이라면 우리 희곡사와 연극사, 연극학계와 연극계, 문화계 전반의 사회적 위상과 자존심에 손상을 주는 결과를 가져올 것"이라 우려하며, "'표절'이라는 단정은 매우 신중하게 제기돼야 한다"는 입장을 보였다. 그는 표절의 사전적 의미가 '타인의 글이나 글귀를 그대로 가져다 자기 명의로 발표하는 일'이라 전제하고, 〈말〉과 〈소〉 두 작품은 여러 측면에서 차이가 있고, 각기 창의적인 국면이 실재하며, 동일성과 유사성을 확인할 수 있기 때문에 표절이 아닌, 예술적인 영향관계로 볼 수 있다고 결론을 내렸다.
94) 서연호는 〈소〉와 〈말〉이 "가족구성과 말이나 소에 관한 농부의 애착, 소작료로 말

일본 연극계의 주목을 받았으며, 유치진 또한 실제 공연을 관람하였다는 것을 언급하고 있다. 유치진은「동경문단 · 극단 견문초-일본 신극운동의 현상과 그 동향」에서 재동경 1년 동안에 무대에서 40편 내외의 작품을 구경했으며, 그 중에서 가장 감명이 깊은 작품의 한 편으로 "阪中正夫 작의 "馬" 3막"을 들었다.[95] 표절 여부를 떠나 〈소〉와 〈馬〉이 상당히 유사한 틀을 사용하고 있다는 점에 주목하여 두 작품의 영향관계를 살피는 일은 유치진의 변모를 이해하기 위해 중요하다 할 것이다.

사카나카 마사오의 〈馬-ファース〉는 1932년『카이조(改造)』5월호에 발표된 현상공모 당선작으로, 같은 해 7월에 젠신자(前進座)에 의해 공연되었다. 〈馬〉는 키슈(紀州)지방 방언을 사용하였다는 점과 파스(farce)라는 독특한 형식을 사용하였다는 점에서 주목받았다.[96] 〈馬〉는 소작제문제로 고통을 겪는 농민의 생활과, 가난한 농촌 현실

과 소를 빼앗기는 것, 장자와 차자의 성질 그리고 장자가 불을 지르는" 등의 유사성은 발견되지만 〈말〉은 말을 중심으로 한 부자간의 갈등이 중심인데 비해 〈소〉에서는 형제간의 갈등이라는 점, 말에 대한 농부의 병적인 애착이 방화 동기가 된다면 〈소〉에서는 지주 때문에 결혼을 못하게 된 것이 방화 동기라는 점, 그리고 〈말〉에서는 소수 인물의 역할과 갈등이 잘 표현되었다면, 〈소〉는 〈말〉에 비해 상대적으로 인물의 성격 추구가 미약하고 갈등 구조가 느슨하여 산만한 느낌을 주며 통일성이 부족하다는 점을 지적하며, 표절이 아니라 다만 예술적인 영향관계를 인정할 수 있는 여러 가지 자료들이 확인될 뿐이라는 결론을 내렸다. 서연호, 위의 글 참조.

95) "나는 재동경 1년 동안에 무대에서 겨우 40편 내외의 작품밖에 구경하지 못했다. 그 중에서 가장 나의 감명이 깊은 작품은 신축지 극단 공연에서는 하이열만스 作 "天佑丸" 4막과 모리열 作 "탈츄프" 5막, 신쿄게키단 공연에서는 헤이와-드 부처 작 "포-기" 4막, 창작좌 공연인 阪中正夫 작의 "馬" 3막과 眞船豊 작인 "유" 3막 등 이엇다." 유치진,「동경문단 · 극단 견문초-일본 신극운동의 현상과 그 동향(5)」, 『동아일보』, 1935.5.17.

96) 半田美永 偏,『阪中正夫集』, 1979.

을 배경으로 하고 있지만, 농민의 현실을 사실적으로 그리거나, 어떤 이데올로기를 가지고 농촌과 농민의 문제를 경제적, 사회적 관점에서 부각시킨 것도 아니다. 다만 말을 지극히 사랑하는 농부가 말에 대한 애정을 드러내는 것을 중심으로 극을 전개해가면서 당시 일본 농촌이 직면해있던 문제적 현실을 드러내 보여주는 작품이다.[97]

극은 3막으로 구성되어 있는데, 1막은 말을 자식처럼 아끼던 기타츠미요시(北積吉)가 말을 팔아 소작료를 마련하려 하지만 지주에게 말을 빼앗기는 내용을 다룬다. 2막은 도로공사 때문에 살던 집에서조차 쫓겨난 가족은 돌보지 않고, 지주집 마구간에 살다시피 하며 말을 돌보는 기타츠미요시로 인해 힘들어하는 가족들의 상황이이 중심 내용이다. 3막은 말을 돌보기 위해 지주집 마구간에서 지내는 기타츠미요시가 집에 돌아오도록 하기 위해서는 말이 없어져야 한다고 생각한 장남 다케이치(竹一)가 지주의 집 마구간에 불을 지르고, 이웃사람들은 이것을 차남인 도쿠지로(德次郎)가 저지른 일로 오해하여 잡으려 하는 내용으로 채워져 있다.

극은 말에 대한 이러한 기타츠미요시의 지나칠 정도의 애착을 보여주며, 이로 인해 생기는 갈등을 따라가고 있다. 현실감각 없는 '말귀신' 같은 츠미요시의 행동을 극의 표면에 두고 있지만, 그 이면에는 힘들게 농사를 지어도 잘 살기는커녕 키우던 소작료 때문에 소중한 말까지 팔아야 하는 당시의 모순된 농촌 현실에 대한 지적을 분명히 드러내고 있다.

누이   그렇다 해도 그 망아지를 살 수는 없을 거예요. 저 말 판

---

97) 半田美永 偏, 上揭書.

돈은 모두 소작료로 나갈 텐데 뭐. (언덕 위에 보이는 흰
벽의 큰 곳간을 가리키면서) 저렇게 하얗게 지어 놓은
곳간을 보고 교장 선생님네는 정말 좋겠다고 우리는 매
일 얘기해요. 죽은 兵衛가 동네 쌀이 매년 저 곳간으로
들어가 버린다고 자주 말하지 않았어요. 이제 우리 말까
지 쌀이 돼서 저 곳간으로 들어가게 됐군요.

도쿠지로　(누이와 함께 문 쪽으로 나가며) 어머니, 말을 판단 말이
지요?

누이　팔지 않으면 우리 식구 먹고 살수가 없으니 어쩔 수 없다.
교장선생님이 소작료를 가져 오라고 재촉하니, 이 말을
팔아도 전부 쌀이 돼서 교장 선생님에게로 가버린다.[98]

　열심히 농사를 지어도 동네의 모든 쌀은 지주의 집 곳간으로 들어가
고, 그것으로도 부족해서 가족처럼 키우던 말뿐 아니라, 자기 딸마저
파는 사람도 생기는 농촌의 현실을 이야기한다. 극은 소작료를 문제 삼
아 말을 빼앗아버리고, 농사일에 쓰기 위해 잠시 말을 빌리려고 해도
빌려주지 않는 지주 네고로 기쿠사쿠(根來菊作)의 인색함과 아무리 일
을 해도 빚을 갚을 수 없으며, 언제 한번 배불리 먹어볼 수 없는 가난한
소작농의 현실을 대비시켜 보여준다. 이러한 상황은 츠미요시의 장남
다케이치가 지주의 집 마구간에 불을 지르는 것으로 끝이 난다. 그런
데 불을 지른 이유가 지주의 횡포에 대한 분노 때문이 아니라, 말이 살
아 있으면 말을 돌보느라 아버지가 일을 하지 않는다고 생각하기 때문
이다. 자기들은 제대로 먹지도 못하고 고생하는데, 아버지는 아무 일도

---

98) 阪中正夫,〈馬〉,『改造』, 1932.5.

하지 않고 말만 돌보는 것에 불만을 가졌기 때문이었다.

이처럼 〈馬〉에는 자각한 농민과 같은 인물이 등장하지 않는다. 대신 말을 빼앗기고도 지주의 집에 가서 말을 돌보는 기타츠미요시나, 지주의 착취 때문이 아니라 집안일은 하지 않고 말만 돌보는 아버지에 대한 불만 때문에 지주의 마구간에 불을 지르는 장남 다케이치가 등장한다. 즉 현실에 대한 불만은 가지고 있지만 그 불만의 원인이 어디에서 기인하는지를 정확하게 알지 못하는 인물들을 등장시켜 현실의 문제를 드러내면서도 재미있게 극을 볼 수 있게 하고 있다.

〈馬〉는 힘들게 농사를 지어도 소작료로 모두 빼앗기고, 가족처럼 지내는 말뿐 아니라 딸마저도 팔아야하는 농촌의 현실을 이야기한다. 그러나 이러한 문제를 사실적으로 드러내지 않고 재미있게 보여주는 파스(farce)라는 방식을 선택하고 있다. 작가인 사카나카 마사오 스스로도 〈馬〉가 '대사로서의 방언의 문제와, 파스로서의 형식 문제에 성과를 남겼다'[99]고 언급하고 있다. 〈馬〉가 주는 독특한 분위기와 재미는 파스라는 형식을 활용한 데에서 오는 것이라 할 수 있다. 소작료로 아끼던 말을 빼앗기고, 살던 집에서조차 쫓겨나는 비참한 농촌의 현실을 다루고 있지만, 이러한 비참한 현실이나 극인물들이 처한 상황으로 인해 관객을 고통스럽게 하지 않는다. 오히려 인물들의 행동을 재미있게 드러내어 문제 상황을 재미있게 지켜볼 수 있도록 하고 있다.

비참한 현실의 문제를 다루고 있지만 웃음을 활용하면서 극은 비극적인 분위기와 어느 정도 거리를 확보하게 된다. 이는 등장인물들의 독특한 성향과 우스꽝스러운 행동에서 기인한다. 바보스러울 정도로

---

99) 半田美永 編, 『阪中正夫集』, 1979, 75~76頁.

말에 집착하여 말과 같이 잠을 자고, 아들의 주먹밥까지 말에게 먹일 정도로 가족보다 말을 더 사랑하는 기타츠미요시는 말을 빼앗기자 일은 하지 않고 지주의 마구간에서 말을 돌본다. 집이 헐려 가족이 쫓겨나게 됐는데도 이 사실에는 무관심하고 아끼는 말이 병이 난 것을 걱정할 뿐이다. 이처럼 가족은 돌보지 않고 말에만 미쳐있는 아버지를 비판적으로 지켜보던 장남 다케이치는 말에 대한 아버지의 집착을 끊기 위해 마구간에 불을 지른다. 교장의 횡포 때문에 농사지은 곡식은 모두 소작료로 내고, 그것도 모자라 말까지 빼앗기고 집에서도 쫓겨난 상황에서 마구간에 불을 지른 다케이치의 행위는 극단적인 선택으로 보일 수 있다. 그러나 극은 이러한 상황을 긴장감 있게 드러내기보다 자신이 불을 지른 것을 들켰다고 생각하고 비굴하게 용서를 비는 다케이치의 모습과, 그러한 형을 놀리는 도쿠지로의 모습을 보여주면서 의도적으로 긴장감을 누그러뜨리고 있다. 동생 도쿠지로는 형도 자신과 같은 전과자가 되었다고 오히려 좋아하는 기색마저 보인다. 이처럼 〈馬〉는 농촌사람들과 농촌의 비참한 현실을 다루면서도 관객을 고통스럽게 하지 않는다. 극 인물들이 처한 현실은 고통스럽지만 보여주는 방식이 독특하기 때문이다.

〈馬〉는 소작문제를 이야기하면서 불합리한 제도 그것에 대한 비판보다 그러한 상황에 놓여 있는 농민들의 독특한 기질에 초점을 맞추고 있다. 즉 "소작문제 등을 바로 정면에서 논하는 농민의 근대성보다도, 더욱 농민으로서의 전통이라 할까 기질이라 할까. 농민의 마음 가운데 흐르는 오래된 일면에 흥미를 가지고, 그것을 쓴 작품"[100]인 것이다.

---

100) 阪中正夫,「演出メモ」,『現代戯曲選 第3卷』, 河出書房, 1952, 半田美永 篇, 阪中

농민의 가운데는, 이런 기질도 있다고 하는, 익살맞고 바보스러우나, 그러나 나로서는, 소작문제 따위를 논하는 농민의 근대성보다도, 더욱 농민으로서의 전통이라고 부를까. 기질이라 부를까, 농민 가운데 흐르는 오래된 일면에 흥미를 가지고, 이것을 쓴 작품이다.

百姓은 이상한 인간이다. 나 자신도 그렇게 생각해, 웃으면서 썼다. 이런 바보 같은 사람이 다른 세간에 있을까. 그런 생각을 하면서도, 나는 이 주인공에, 장남에, 또 동생에, 큰 애정을 느끼면서 썼다.[101]

사카나카 마사오는 소작문제와 같은 현실의 모순을 문제 삼는 농민의 근대성보다는 오래된 전통적 기질을 그리고자 했고, 그래서 농민 기질의 독특한 이상함(おかしさ)에 초점을 맞추기 위해 파스라는 방식을 채택하였다고 이야기하고 있다. 〈馬〉는 우스꽝스러운 인물과 상황을 통해 웃음을 유발하고 있다. 그러나 극은 단지 그들의 어리석음을 드러내는 데서 그치는 것이 아니라 그 이면에 그들을 착취하는 모순된 농촌의 구조를 의식하도록 의도하고 있는 것이다. 극의 우스운 인물과 우스운 상황은 극 속의 현실을 목격하면서도 관객을 고통스럽지 않게 하는 방식이다. 다만 이러한 방식은 웃음 이면에 숨은 문제적 상황을 인식하게 하지만, 더 이상의 방향을 제시하지는 않는다. 즉 절망 너머로 희망을 발견하게 하지는 못하는 것이다.

〈馬〉는 농촌의 문제를 다루면서도 웃음을 통해 재미있게 진행시키며, 그 웃음 이면에 현실의 문제가 무엇인지 인식하게 하는 방식을 사용하고 있다. 특히 말을 빼앗기고, 살던 집에서마저 내몰리지만 말을

正夫集, 1979, 74~75頁 再引用.
101) 半田美永 編, 『阪中正夫集』, 1979, 75頁.

돌보는 일에만 관심을 갖는 집안의 가장 츠미요시가 보여주는 독특함
은 바쁜 농사철에 농사일은 하지 않고, 결혼문제에게 집착하는 말뚱
이의 모습이 겹쳐진다. 어두운 현실을 다루면서도 웃음으로 드러내는
방식, 즉 비극적 상황을 희극적으로 드러내 보여주는 〈馬〉가 보여주
는 독특한 측면은, 〈소〉에서 비극적 농촌 현실을 다루면서도 희극적
인 방식으로 풀어가는 유치진의 극작 기법 변화에 상당한 영향을 준
것으로 보인다.

〈소〉에 나타난 '재미'와 '기대감'에 대한 모색은 관객의 취향을 고려
한 것으로 극연의 경제적 문제 해결과 관련된다. 극연 초기극의 현실
재현 방식은 현실에 대한 문제의식을 공유할 수 있는 극연의 지식인
관객층[102]을 대상으로 한 것이었다면, 재미와 기대감으로 구성된 〈소〉
의 방식은 다수의 관객층을 확보하기 위한 시도로 볼 수 있다. 즉 소극
장과 지식인관객층에 한정되었던 기존의 방식을 벗어나 새로운 대중
관객층을 확보하기 위해서는 다수의 관객이 거부감 없이 받아들일 수
있도록 재미와 기대감을 활용한 극작술을 시도한 것이다. 그러면서도
현실의 문제를 포착할 수 있도록 고려하였다.

2. 일본 극단 신쿄의 대중화 방법 수용

1934년까지의 유치진은 극연의 아마추어적 방식에 문제를 제기하

---

102) 유진오(「제3회 극연공연을 보고」, 『조선일보』, 1933.2.13-2.17)는 〈토막〉 공연
시의 관객은 얼른 보기에도 거의 전부가 지식계급에 속하는 사람들, 월급쟁이,
지주의 아들이나 그들의 부인, 남녀전문대학생들이었다고 언급하였다.

면서도 경제적 문제를 해결하기 위해서는 극장을 가질 필요가 있다는
입장이었다. 그러나 1934년부터 일 년 남짓한 기간 동안 일본 체류를
마치고 귀국한 이후의 유치진은 이전과는 다른 확신을 가지고 "기술
자 양성"[103]과 "관객층 조직"[104]과 "대극장에서의 상설공연"[105], "창작
극 위주의 공연 방침"[106]과 같은 새로운 연극의 방향을 제시하기 시작
한다. 이러한 유치진의 변화는 일본 신극계의 변화에서 영향을 받은
것으로 보인다.

극연 활동을 하던 중 유치진은 극작과 연출을 공부하기 위해 1934
년 3월부터 1935년 5월까지 일본에 체류하며 일본연극계의 변화를
목격하게 된다.[107] 1930년대 중반 일본연극계는 프롯트(プロット) 해
산 이후 좌익연극은 불가능해지고 츠키지쇼게키쿄(築地小劇場)의 연
극과 같은 신극은 관객들의 외면을 받는 상황이었다. 사요쿠게키쿄
(左翼劇場)과 신츠키지게키단(新築地劇団)을 중심으로 활발한 활동
을 전개하던 프롯트가 검열로 인해 상연대본이 삭제되는가 하면, 상
연금지, 단체에 대한 탄압, 멤버의 검거 등으로 공연활동이 불가능해
지면서 1934년 7월 해산된다. 좌익 연극이 불가능해지고, 또 기존의
'신극적' 혹은 '소극장적'이라고 하는 말을 들으면 무언가 불쾌하게 느
끼는 것이 당시 신극에 대한 관객들의 일반적인 생각이었다.[108] 이 같

---

103) 유치진, 「피로한 조선 예술계-경제조건보다 문제는 기술자에」, 『조선중앙일보』,
    1935.5.11.
104) 유치진, 「조선연극의 앞길—그 방침과 타개책에 대하야」, 『조광』 1, 1935.11.
105) 유치진, 「신극운동에 대한 나의 구도」, 『삼천리』 82, 1937.1.
106) 「극예술연구회 제8회 공연을 앞두고」, 『동아일보』, 1935.11.17.
107) 『동랑자서전』, 145-153쪽 참조.
108) 松尾 哲次, 「感想と創造の可能性について」, 『月刊 新協劇団』 第16号, 1936. 9.1.

은 상황을 '신극의 위기'로 파악한 무라야마 토모요시(村山知義)는 "신극대동단결의 제창"(1934.9)을 시도한다. 외적 상황의 악화로 인해 프롯트 시기와 같은 연극이 불가능해지고, 츠키지쇼게키죠와 같은 연극실험실적 성격의 신극은 관객들의 외면을 받는 상황에서 기존의 신극과 다른 새로운 신극의 방향을 모색해야 했고, 그러한 모색의 결과로 제기된 것이 신극단 대동단결을 통한 전문극단 결성이라는 방향인 것이다. "신극의 존재가치는 관객에 추수하지 않는, 진보적이고 예술적으로 양심적인, 연출상 통일성 있는 연극을 창조"[109]하는 데 있다는 무라야마 토모요시의 신극대동단결의 제창은 프롯트의 해산으로 약체화하고 있는 여러 극단으로부터 일류 배우를 픽업해서 배우 중심의 단일극단을 만들고, 그 주변에 극작가클럽 등의 부문별 전문가의 섹션을 마련하여 그 전체가 일본신연극협회로 일컬어지는 전문극단 신쿄게키단(新協劇団)의 결성으로 구체화된다.[110]

신쿄게키단은 배우를 중심으로 한 직업극단을 목표로 했다. 좋은 연극을 만들기 위해서는 무엇보다 먼저 배우가 연극에 전 생활을 전념할 수 있어야 한다[111]는 것이 신쿄가 직업극단을 지향한 이유이다.

우리의 연극운동이 당면한 또 하나의 문제는 직업화라고 하는 것이다. 좋은 연극을 창조하고 제공하기 위해서 당사자는 전 시간과 전 능력을 전념하지 않으면 안 된다. 따라서 연극에 의해 생활하지 않으면

---

109) 村山知義, 『新劇の再建』, 東京 : 弘文社, 1947.
110) 祖父江昭二, 『近代の演劇』, 諏訪春雄, 菅井幸雄 編集, 東京 : 勉誠社, 1997.
111) 村山知義, 「新劇團大同團結の提唱」, 『改造』 9月 号拔刷, 1934.

안 된다.[112]

여기에서 무라야마 토모요시가 이야기하는 직업화는 배우가 연극을 통해 생활할 수 있도록 극단이 경제적인 문제를 해결해주는 체제를 말한다. 좋은 연극을 통해 많은 관객을 확보하기 위해서는 먼저 관객들과 직접 만나는 배우의 연기력을 향상시켜야 하고, 그러기 위해서는 배우가 연극에 전념할 수 있도록 경제적 측면을 보장해줘야 한다는 것이 무라야마 토모요시의 판단이었다. 신쿄게키단 이전에도 단원들에게 월급을 주는 신극단은 있었다. 그러나 신극의 직업화와 예술성을 일치시키는 일에 성공하지 못했으며, 그 결과 신극은 아마추어적인 것이 아니면 안 된다는 신념과, 신극은 직업화하면 즉시 추락하고 만다고 하는 관념을 가지게 했다.[113] 그러나 신쿄게키단은 좋은 연극을 통해 많은 관객을 확보하고, 그 수익으로 배우들에게 월급을 지급하는 직업극단을 목표로 했다.

신쿄는 특히 배우의 역할을 중요하게 여겼는데, 이는 이론가와 연출가의 역할이 중시되던 기존의 신극단과는 방향을 달리한 것이었다. 극작가, 연출가, 비평가는 일의 성질상, 배우에 대해 권위를 가질 가능성이 많고, 이러한 권위를 가지고 상임으로 있으면서 극단 내에 논의를 좌우하는 것은 여러 가지 폐해의 근원이 되기 때문에 연출가나 비

---

112) 村山知義, 『新劇の再建』, 90頁.
113) 게이쥬츠자는 공연수익으로 월급을 지급하는 것이 가능했지만, 통속극으로의 타락이라는 비판에 직면했으며, 츠키지쇼게키죠의 경우는 공연수익금이 아니라 히지가타 요시의 자금으로 배우에게 월급을 지급하는 방식이었기 때문에 제대로 된 직업화는 아니라고 무라야마 토모요시는 판단하였다. 村山知義, 「新劇の發展と新協劇團」, 『新協五週年史』, 新協劇團, 1939, 15頁.

평가가 아니라 배우를 중심으로 극단을 운영하는 것이 바람직하다는
것이다.[114] 이러한 배우 중심의 극단이라는 표현은 기존의 신극단과는
다른 직업극단이자 전문극단인 신쿄의 방향을 잘 보여주는 측면이라
할 수 있다.

직업극단을 표방한 만큼 신쿄는 정기공연에 그치는 것이 아니라 매
월 상설공연을 시도하였다. 또 관객과 타협하지 않으면서도 많은 관
객을 동원하고 어느 정도의 수입을 지속적으로 얻기 위해서 대극장에
진출해서 상설흥행을 하는 것을 목표로 했다. 그러나 자신들의 연극
이 미완성이기에 대극장을 관객으로 가득 채우는 것은 불가능하다는
점, 그리고 그 때문에 예술상의 추락이 끼어들 여지가 생길 수 있다는
점[115]에서 초기에는 소극장에서의 상설흥행을 선택한다. 물론 소극장
이라 해서 연극을 서재적, 고답적으로 만드는 것이 아니라, "재미있어
야 하며, 또 예술의 향상에 따라 점점 매력을 더하는"[116]것으로 할 것
을 제안하였다. 그러면서 점차 관객층을 확대하고 또 극단 경영을 유리
하게 하기 위해서 대극장 진출을 계획했고, 1937년부터 대극장에서의
상설흥행이 가능해진다. 이후 신쿄는 츠키지쇼게키죠에서의 공연을
통해 작품성과 흥행성을 인정받은 작품을 가지고 혼코자(本鄕座), 유라
쿠자(有樂座), 도쿄게키죠(東京劇場)와 같은 대극장에 진출해 그동안
신극을 접하지 않았던 관객들에게 신극의 레퍼토리를 제공하게 된다.

신쿄의 대극장 진출은 신극의 직업화를 위한 경제적 문제의 해결책
이기도 하지만, 또 한편으로는 한 사람이라도 많은 사람에게 신극을

---

114) 村山知義, 『新劇の再建』, 36~39頁.
115) 村山知義, 『新劇の再建』, 23~24頁.
116) 村山知義, 『新劇の再建』, 20頁.

보여주기를 희망했기 때문이기도 하다. 무라야마 토모요시는 연극이 대중적인 것이어야 한다고 보았으며, 대극장 진출을 통해 그동안 신극을 접하지 못했던 다양한 계층의 관객들에게 자신의 연극을 보여주고자 했다. 대극장 진출을 의도하면서부터 신쿄가 대상으로 하는 관객은 이전의 소극장 시기의 관객과 달라진다. "잡연한 군집"이라 표현된 신쿄의 대상 관객은 이전에는 신극을 가까이하지 않았던 소시민층을 포함한 양적으로 확장된 개념이다. 무라야마 토모요시는 근로 대중과 인텔리겐치아와 같은 광범한 대중을 관객으로 흡수하기 위해서 관객조직을 만들 것을 제안하였다.

> 우리의 연극은 근로대중 및 인텔리겐치아와 같은 광범한 대중을 관객으로 흡수하지 않으면 안 된다. 비속적이 아닌 대중적인 연극은 우리의 관객을 넓고 크게 한다. 그러나 우리는 단순히 상연에 머물러서는 안 된다. 관객을 더욱 확대하기 위해서는, 연극의 성과를 정착하기 위해서는, 관객의 의지를 연극에 반영시키기 위해서는, 그리하여 관객을 포함해 광범한 활동체가 되기 위해서는, 우리는 관객조직을 만들지 않으면 안 된다.[117]

여기서 무라야마 토모요시가 제안하고 있는 "관객조직을 만들자"는 논리는 관객을 더욱 확대하고, 확대된 관객을 그들 공연의 안정된 관객으로 묶어두기 위해서 고안된 것이다. 그렇기 때문에 일단 확보된 "소비조합이나 극단의 후원회, 학교의 연극연구회"와 같이 관객 조직을 신쿄 공연의 안정된 관객으로 확보하기 위해서는 그들 관객들의

---

117) 村山知義, 『新劇の再建』, 84~85頁.

의지를 고려하고, 연극에 반영시킬 필요가 있었던 것이다. 여기에서
신쿄가 제기한 관객조직은 오사나이 카오루(小山內薫)가 지유게키
죠(自由劇場)에서 시도한 것과 같은 기존 신극의 관객조직과는 성격
이 다르다. 신극에서의 관객조직이 자신들의 연극을 이해할 수 있는
선택된 관객이었다면, 신쿄의 관객조직은 다수의 관객을 안정되게 확
보하기 위한 것이라는 점에서 차이가 있다. 이러한 차이는 기존의 신
극이 보여주었던 관객에 대한 계몽적인 태도와 다른 신쿄의 관객관을
보여주는 것이라 할 수 있다.

배우의 양성을 통한 전문극단화와 관객층의 조직은 극장의 경제적
문제를 해결하는 방편이었고, 레퍼토리 선택 역시 확대된 관객층을
고려해 이전 신극의 방향과는 달라진다. 신쿄의 상연 레퍼토리에 대
한 방향은 1934년 10월에 발표된 "극단창립인사"에서 분명하게 언급
되고 있다.

우리 극단이 예술적 방향으로 한 것은 영리적 기업을 배척하고, 관객
의 비속한 취미에 아첨하지 않고, 시대의 추이와 함께 걷는 진보적 예
술적 방향을 확보하는 것에 있으나, 여전히 종래의 신극이 서양극의 외
형적 이식에서 몇 걸음 나가지 않는 잘못을 깊이 반성하여, 제 외국(諸
外國)에서의 성과를 풍부하게 펴내고, 우리나라의 긴 연극적 전통을 계
승하여 새로운 연극을 수립하는 것을 포부로 하였다. 따라서 상연목록
은 창작현대물을 주로하고, 우수소설의 각색 및 외국희곡의 번안을 선
택하고, 서양번역극은 우리의 이 예술적 밭을 풍요화하기 위해 이것과
병행적으로 계통적 연구적으로 상연한다.[118]

---

118) 小笹吉雄, 『日本現代演劇史』 昭和戰前篇, 白水社, 1993.

신쿄는 그동안의 일본 근대 신극운동이 주로 서양연극의 외형적 이식에 불과했음을 비판하며, "현재의 진실을 깊이 그려낸 신작"을 주로 상연하겠다는 목표를 밝히고 있다. 분게이쿄카이(文芸協會)나 지유게키죠, 츠키지쇼게키죠의 레퍼토리가 셰익스피어극에서부터 근대 자연주의극, 표현주의극을 망라한 서양의 번역극을 소개하는 것에 치중하였음을 지적하며, 신쿄는 번역극보다 현재를 소재로 한 창작극을 주로 공연할 것임을 분명히 하고 있다. 그 결과 신쿄의 공연 레퍼토리에서 가장 주목받은 분야는 "현대"를 소재로 한 창작극 공연이었다. 신쿄의 창단공연인 〈요아케마에〉(夜明け前)부터, 구사카 에이지로 (久坂榮二郎)의 〈호쿠토노카제〉(北東の風)와 구보 사카에(久保榮)의 〈카잔바이치〉(火山灰地)와 같은 신쿄의 대표적인 창작극 공연들이 작품성의 면에서도 인정을 받았으며 흥행 면에서도 성공을 거둔다.[119]

번역극 상연의 경우에도 신쿄는 그동안의 번역극 공연이 원작을 그

---

119) 소후 에쇼지(祖父江昭二)는 「新協·新築地時代」(諏訪春雄·菅井幸雄 編, 『近代の演劇』, 勉誠社, 1995)에서 프롯트 해산 후 신쿄와 신츠키지 양 극단이 등장해서 해산하기까지의 과정을 설명하고 있다. 그에 의하면 사요쿠게키죠 계열과 신츠키지의 잔류 멤버에 의해 리얼리즘 연극의 재건이 일어났고, 사회주의 리얼리즘을 잇고 있는 구 프롯트계의 극작가에 의해 제창된 발전적 리얼리즘 혹은 반자본주의 리얼리즘을 모범으로 한 작품이 발표되었다. 신츠키지극단의 「土」, 「綴方教室」, 「海援隊」 그리고 신쿄게키단의 「北東の風」, 「火山灰地」 등이 대표적인 작품이다. 이들 작품의 성격에 대해서는 민병욱의 글(『일제강점기 재일 한국인의 연극운동』, 연극과인간, 2000, 28쪽)에서도 설명하고 있다. 그는 신쿄게키단이 "1925년 2월 일본프롤레타리아문예연맹의 연극부, 1925년 11월 일본 프롤레타리아예술연맹의 트렁크 극장, 1927년 2월 노농예술가연맹의 전위좌, 1928년 3월 전일본무산자예술연맹(NAPF)의 좌익극장, 1929년 4월 일본프롤레타리아연극동맹(PROT)의 좌익극장, 1931년 11월 일본프롤레타리아문화연맹(KORF)과 일본프롤레타리아연극동맹에 이르는 프롤레타리아연극의 집합체"이며, "신쿄게키단에서 공연한 島崎藤村의 〈夜明け前〉, 久坂榮二郎의 〈北東の風〉, 久保榮의 〈火山灰地〉들은 자본주의 현실을 비판한 경향성의 작품들"로 설명하였다.

대로 재현하는 데 치중한 것과 달리, 일본적 현실을 염두에 두고 독자
적으로 창조해야 한다는 입장을 보이고 있다.

　우리의 외국물 상연의 태도가 그 원작의 이른바 「본고장」의 상연을
그대로 모방하거나, 소개한다고 하는 입장이 아니고, 그것을 넘어서 예
를 들어 민족적 풍속적 생리적 등의 모든 점에서, 희곡의 해석 나름, 연
출가 방침 나름, 연기 그 밖의 사소한 부분에 있어서도 독자의 것을 창
조하려 하는 의욕을 가지고, 또 그 즈음 일본적 현실을 눈앞에 두고 그
것과의 교류에서 해결해야 한다.[120]

　분게이쿄카이부터 지유게키죠, 츠키지쇼게키죠와 같은 신극단의
레퍼토리는 번역극 위주였으며, 그것도 이른바 원작을 그대로 옮겨오
는 것에 집중하였다. 그러나 무라야마 토모요시는 원작을 그대로 모
방하거나 소개하는 것이 아니라, 연출자 나름의 희곡에 대한 해석이
있어야 한다고 보았으며, 연출, 연기 등에서도 일본적 현실을 고려하
여 독자적인 것을 창조하려 노력해야 한다는 입장이었다. 원작의 의
도에 충실하려 한 기존의 번역극 상연방식과 달리 무라야마 토모요시
는 연출자가 각 인물의 성격을 새롭게 포착하고 해석해서 새로운 연
출방향을 제시할 것을 요구하고 있는 것이다.[121]

---

120) 村山知義, 『新劇の再建』, 217頁.
121) 그러나 때로 이러한 새로운 해석에 의한 상연은 상당한 곤란을 동반하기도 했는
　데, 관객은 물론이고, 당사자까지도 옛 이미지에 붙잡힌 경향이 있기 때문에 새
　로운 이해가 이론으로서 이해되어도 그 예술적 형상화가 불충분하게 되거나 혹
　은 불충분으로 받아들여지기도 했다고 한다. 村山知義, 「「どん底」演出ノート」,
　38頁.

창작극 위주로 레퍼토리를 가져가는 것과, 번역극 상연에 있어서도 일본적 현실을 고려해야 한다는 것은 관객을 의식한 선택으로 볼 수 있다. 잡연한 군집으로 설정된 신쿄의 관객들에게는 생경한 번역극보다 일본적 현실을 반영한 창작극이나, 번역극 상연의 경우에도 일본적 현실을 반영한 작품이 쉽게 받아들여질 수 있다는 점을 고려한 것으로 볼 수 있다는 것이다. 이러한 신쿄의 "창작극 우선론"과 "번역극의 일본적 소화"는 대극장 공연으로 이어진다. 무라야마 토모요시는 지금까지 소극장을 방문하지 않아 신쿄의 연극을 접하지 못한 관객들에게도 자신들의 연극을 제공하는 것이 가능하다는 점에서 대극장 진출이 바람직하다고 보았으나, 대극장에 진출한다고 해서 비속적인 이야기를 공연하는 것은 아니라는 점을 분명히 하였다.[122] 대극장의 잡연한 관객층을 고려해야 하지만 연극을 비속화 시키는 것이 아니라 진실을 매력적으로 연극화하는 것을 통해 다가가야 하며,[123] "알기 쉽고, 재미있고, 직접적인 감동이 강한 것"[124], 즉 예술적으로 뛰어나지만 알기 쉽고 재미있는 작품을 레퍼토리로 할 것을 주문한다.

그러나 신쿄의 첫 대극장 진출인 1935년 아사쿠사(淺草)의 쇼치쿠자(松竹座) 공연은 관객 동원에 실패한다.[125] 무라야마 토모요시는 실패의 원인을 좋은 레퍼토리 부재와, 연기수준의 미숙에서 찾았다. 그

---

122) 村山知義, 『新劇の再建』, 136頁.
123) 村山知義, 『新劇の再建』, 87-88頁.
124) 村山知義, 『新劇の再建』, 154頁.
125) 「白虎隊饅頭」, 「坊ちゃん」, 「ホロロン閣下」 등의 세 작품을 25회 공연하여 일일 평균 225명, 총 5,646명의 관객을 동원한다. 이는 츠키지쇼게키죠에서 공연된 「夜明け前」이 일일평균 115명, 「ポーギ」 206명, 「雷雨」 158명, 「花嫁學教」 165명, 「石田三成」 190명을 동원한 것과 비교하면 성공적이라고 보기는 어렵다. 新協劇団, 『新協五週年史』, 1939, 44頁.

러면서 대극장의 레퍼토리는 기본적으로 소극장과 같지만 넓은 충의
흥미를 끌 수 있는 테마를 선정하여 난해하지 않게 풀어갈 것을 주문
하였다.[126] 이후로도 혼코자(本鄕座), 유라쿠자(有樂座) 등의 대극장
에서 공연을 지속하는데, 새로운 작품을 상연하기보다는 주로 츠키지
쇼게키죠의 공연에서 관객에게 호평을 받은 〈돈조코〉(どん底)나 〈카
잔바이치〉(火山灰地), 〈요아케마에〉(夜明け前)와 같이 흥행성과 작
품성에서 인정받은 작품을 선택하여 안정된 흥행성적을 거둔다.[127] 이
는 신극의 직업화가 실현되면서 배우들의 안정된 연기를 바탕으로 한
신극 공연이 가능해졌고, 그 결과 그동안 신극을 접하지 않았던 관객
들도 신극의 관객으로 수용하여 신극의 레퍼토리를 제공할 수 있게
되었음을 말해준다.

　무라야마 토모요시의 신쿄는 직업극단을 목표로 한 만큼 대극장 진
출과 상설공연을 통해 연극을 대중에 가까이 가져가려 했다. 그 결과
그동안 신극을 접하지 못했던 관객들에게 신극의 레퍼토리를 제공할
수 있게 된다. 이러한 모든 신쿄의 성과는 극단의 경제적 안정이 갖추
어진 상황이었기 때문에 가능한 결과였다. 즉 배우를 중심으로 한 전
문극단을 표방하였기 때문에 경제적 안정 위에 배우가 충분한 연기력
을 갖출 수 있었고, 흥행극에 대해 경쟁력을 갖추게 되면서, 대극장이

---

126) 이러한 측면을 고려하여 37년 신주쿠 제1극장에서의 공연은 대극장식 연극인
　　 「春のめざめ」와 「科學追放記」를 레퍼토리로 하여 평균 878명의 관객을 동원한
　　 다. 村山知義, 前揭書, 156頁.
127) 츠키지쇼게키죠의 하루 평균 관객이 200여명이라면 혼고자의 「どん底」는 389
　　 명, 도쿄게키죠의 「火山灰地」는 931명, 혼고자의 「初戀」은 543명, 유라쿠좌의
　　 「千万人でも私は行かん」은 1067명, 도쿄극장의 「夜明け前」는 1591명을 동원하
　　 였다. 新協劇団, 前揭書, 45頁.

라는 많은 관객을 수용할 수 있는 공간에 진출하여 작품성을 갖춘 공연을 보여주는 것이 가능했던 것이다.

무라야마 토모요시가 시도한 전문극단론, 대극장 중심론, 관객조직화, 창작극 중심의 레퍼토리는 귀국 이후 유치진의 주장 속에서 익숙하게 발견되는 논리이다. 무라야마 토모요시와 신쿄게키단이 선택했던 연극전문화의 방향은 같은 문제의식에 직면했던 유치진에게 많은 영향을 미친 것으로 보인다. 유치진은 일본체류를 마치고 귀국한 뒤에 극연이 지금까지의 소인극적 활동에서 벗어나기 위해서 "기술자 양성"[128)과 "관객층 조직"[129), "대극장에서의 상설공연"[130)과 "창작극 위주의 공연 방침"[131)을 제안한다.

유치진은 전문적 기술을 갖춘 배우가 없기 때문에 극연의 공연이 소인극(素人劇)에 그치고 있는 것으로 파악하였다. 그래서 관객들에게 제대로 된 연극을 보여주기 위해서는 먼저 연극의 주인공인 훈련된 배우를 가져야 한다고 주장한다. 그러기 위해서는 배우들에게 경제적인 보장을 해 주어야 하며, 기술자를 양성해야 한다고 보았다. 또 월 1회 번역극을 공연할 게 아니라 조선 작품을 상설공연해서 배우들을 훈련시켜야 한다고 제안하였다. 이는 관객에게 극을 전달하는 배우의 측면보다 연극실험실로서의 신극의 이상에 치중하는 극연 시스템에 대한 문제제기이다. 유치진은 극연의 활동을 아마추어적 연극실험으로 끝내지 않기 위해서 훈련된 배우들이 연기하는 제대로 만든 조

128) 유치진, 「피로한 조선예술계-경제조건보다 문제는 기술자에」, 『조선중앙일보』, 1935.5.11.
129) 유치진, 「조선연극의 앞길—그 방침과 타개책에 대하야」, 『조광』1, 1935.11.
130) 유치진, 「신극운동에 대한 나의 구도」, 『삼천리』81, 1937.1.
131) 유치진, 「극예술연구회 제8회 공연을 앞두고」, 『동아일보』, 1935.11.17.

선 작품을 상연하여 관객을 확보해야 한다는 생각을 드러낸 것이다.

"극인은 다른 직업을 가지고 그 직업의 여가를 타서 연극운동을 하는 순 아마추어적 방식"은 "연극운동의 방향을 그 본연적 이상에서 비뚜로 나가려는 위험을 충분히 방지해주기는 하나 극단원의 생활을 보장하지 못해 주기 때문에 극인이 자기의 전 시간을 연극운동에다가 제공하지 못하기에 침체가 온다."[132] 그렇기 때문에 극연이 지금과 같은 아마추어적 방식을 버리고 단원들이 모든 시간을 연극운동에 투자할 수 있도록 생활을 보장해 주는 체제로 전환해야 한다는 것이다. 이시기 유치진이 주장하는 극단체제가 전문극단이다. 연극전문극단이실현되면 배우는 모든 시간을 기술을 배우는 데 투자할 수 있게 되어연기력을 향상시킬 수 있고, 연극의 완성도가 높아지면 많은 관객들을 확보할 수 있게 되는 것이다.

또한 유치진은 소극장보다 대극장이라는 공간에서 제대로 된 연극을 보여주는 방식을 선택한다. 극연이 전문극단으로 비약하기 위해서는 먼저 경제적 토대가 마련되어야 하고, 극단의 경제적인 문제를 극단 내부에서 해결하기 위해서는 배우를 양성하고, 대극장 공연을 통해 많은 관객을 획득하기로 한 것이다. 유치진은 연극 실험실로서의 소극장 연극이 가지는 의미는 인정하지만, "소극장이 연구적이기 위해서 특수한 관중만의 집합소가 되어버리는"[133] 것에 대해서는 비판하며, "신극의 새로운 목표는 대극장에서 출발하지 않으면 안 된다"[134]고 분명하게 단언하였다.

---

132) 유치진, 「朝鮮劇壇의 現勢와 今後活動의 多樣性」, 『조선일보』, 1935.7.7.
133) 유치진, 「신극운동의 한 과제」, 『조선일보』, 1937.6.11.
134) 유치진, 「신극운동의 한 과제」, 『조선일보』, 1937.6.11.

이후 극연은 부민관으로 진출한다. 부민관은 당시 40만 인구를 가진 식민지 조선의 중추인 경성부의 부민들을 위한 교화와 오락 공간으로, 규모나 시설 면에서 당시 조선에서 첫 손가락에 꼽힐 만한 공간이었다. 극연은 10회 공연인 〈촌선생〉과 〈어머니〉를 비롯해 〈자매〉와 〈춘향전〉, 〈풍년기〉 등 24회 공연까지를 부민관에서 상연한다. 부민관 무대를 사용하게 되면서 극연의 공연은 많은 관객을 대상으로 하게 되었고, 그에 따라 대극장에 맞는 연극에 대한 모색을 시작하게 된다.[135]

> 우리가 부민관 무대를 사용함으로써 힘은 말할 수 업시 들지마는 연극에 대한 이상은 차침 가까워오는 듯하다. 그 이유는 부민관과 가튼 대극장을 사용함으로써 민중예술로써의 연극의 본망을 수행할 수 잇는 까닭에서다.
> 좀 더 대극장식의 희곡이 제작되엇스면![136]

극연의 대극장 진출에 대해 유치진은 "민중예술로써의 연극의 본망을 수행할 수" 있다는 기대를 드러냈다. 소수의 지식인관객을 위한 연극이 아니라 폭넓은 관객을 대상으로 하는 연극, 대극장식 희곡 제작에 대한 바람도 피력했다. 대극장 진출과 함께 관객층을 조직할 것도 제언하였는데, 이는 안정된 숫자의 관객을 확보하기 위한 것이다.

---

135) 부민관은 상당히 높은 사용료를 사용하여 비난을 받았는데, 대강당은 입장료를 받지 않는 경우 45원(낮에는 30원)을 받고, 입장료를 받으면 90원(낮에는 45원), 영리를 목적으로 하면 224원(낮에는 90원)이라는 높은 금액을 받았다. 당시 공연 입장료가 50전 이하였던 점을 생각하면 상당히 높은 가격이었음을 알 수 있다.
136) 「이원잡담-연극무제」, 『조선일보』, 1937.3.20.

그런 까닭에 한 特志家가 나오기까지 나는 관객층 조직을 위선 제창
하고 싶다. 우리에게 조직된 관객이 수백명만 있으면 최소한도이나마
극장인의 생활을 보장해 주면서 전문적으로 연극에만 전념하는 극 단
체를 하나 이끄러 나갈 수 있으리라고 생각한다.[137]

"관객을 회원조직으로 하여놓으면 그 덕으로 관객망이 확립되어서
극단의 재정적 안정을 얻을 수 있음은 물론이고, 그 극단이 내포하는
바 관객의 의향을 반영시키기 쉬울 것"[138]이라는 것이 유치진이 관객
층의 조직을 제안하는 이유이다. 여기에서 유치진이 소개하는 연극
관객층의 조직은 오사나이 카오루와 무라야마 토모요시 같은 일본 연
극인들이 시도했던 방법이기도 하다. 연극 활동을 지속하기 위해서는
자신들의 연극을 지지하는 고정 관객층을 확보할 필요가 있었고 관객
조직을 통해 어느 정도 경제적 기반을 마련한 상태에서 자신들이 추
구하는 연극을 지속적으로 시도해나갈 수 있었다. 유치진이 관객층을
조직하려는 이유도 극단 운영을 위해 안정된 숫자의 관객을 확보하기
위해서이다. 그러면서도 유치진은 회원조직을 기반으로 해서 다수의
관객으로 관객층을 확대하려는 의도를 가지고 있었다.

극연의 공연을 창작극 위주로 가져가야 한다는 생각은 유치진이 극
연 초기부터 가지고 있던 것이었다. 그러나 해외문학파들과 홍해성이
극연의 주도권을 가지고 있던 상황에서는 그러한 구상을 실현하는 것
이 어려웠다면, 신극이 위기에 처하고 신극계가 위기에 대응하기 위
해서는 기존과는 다른 방법을 선택하게 된다. 1935년 일본에서 귀국

---

137) 유치진,「조선연극의 앞길—그 방침과 타개책에 대하야」,『조광』 1, 1935.11.
138) 유치진,「新劇運動에 對한 나의 構圖」,『삼천리』 81, 1937.1.

한 이후 유치진의 글에서는 좀 더 분명하게 창작극 공연의 필요성을 주장하였다. 유치진이 극연의 연출을 전담하게 되면서부터는 신진 작가들을 발굴하여 그들의 창작극을 공연하기 시작한다. 번역극 상연에 있어서 관객보다 극담당자의 교양에 맞추려 한 태도를 문제로 지적하며, 원작자가 아닌 관중을 본위로 하고 "조선 관중이 알아먹을 수 있을까"[139]하는 문제를 본위로 할 것을 제안하였다.

유치진이 말하는 "번역극의 조선적 소화"란 번역극을 상연하더라도 관중을 본위에 두고 번역극 레퍼토리를 고르고, 관중의 수준과 정서에 맞게 그것을 각색하거나 번안하여 공연하는 것을 말한다. 이러한 태도는 번역극의 내용이 조선의 생활감정에 맞지 않기 때문에 이해하기 어려워서 재미를 느끼지 못하는 관객을 고려한 것이다. 연극 공연의 의미가 그 작품이 말하는 바를 관객에게 제대로 전달하는 것이라면, 원작을 그대로 보여주는 데 집중하느라 정작 작품의 내용을 관객이 이해하지 못하게 되는 것은 문제라고 보았다. 그래서 어느 정도 보수를 해서라도 관객에게 이해시키는 것이 참된 의미에서의 원작에 대한 충성[140]이라는 것이 유치진의 논리였다. 결국 이 시기 유치진이 주장하는 "창작극 우선론"과 "번역극의 조선적 소화론"은 레퍼토리 선택에서부터 관객을 고려해야 한다는 것으로, 많은 관객들에게 자신의 연극을 보여주려는 의도에서 비롯된 것이다. 그 결과 극연 1기와 달리 극연 2기의 번역극 상연은 관객들이 쉽게 이해할 수 있도록 각색과 번안이라는 방식을 택하고 있다.

---

139) 유치진, 「연극시평-창작희곡 진흥을 위하야」, 『조선일보』, 1935.8.8.
140) 유치진, 「연극시평-창작희곡 진흥을 위하야」, 『조선일보』, 1935.8.8.

극연 2기에는 1930년대 전반기에 보였던 진보적 연극운동에 대한 관심 대신 극단의 경제적 토대마련이라는 문제에 집중하고 있으며, 전문극단이라는 분명한 방향을 실현하기 위해 노력하고 있다. 전문극단을 실현하기 위해서는 대극장에 진출해야하고, 대극장에 적합한 희곡 창작을 위해 필요한 것이 바로 "낭만성"이다.

일반적으로 우리 「인텔리」는 피할 길 없는 소시민층이고, 우리 현실은 암담하고도 참혹하다. 이 암담하고 참혹한 생활 속에서 짜낸 우리의 작품은 어떤가? 거기에는 없다. 희망이 없다. 구원의 길이 없다. 검정 일색이며 암흑뿐이다. 이 암흑에서 발버둥치는 사람이 과연 나 한 사람뿐일까? 그렇다면 천만 다행이겠지만 우리 문단이 제공하는 작품은 불행히도 거의 다 같은 색채이다.

그러나 작가는 이 현실과의 씨름에서 져서는 안 된다. 현실이 살기 어렵다고 인류가 멸하라는 법은 없으니까. 이럴수록 작가는 가슴을 펴고 영혼의 불을 밝혀 심장을 크게 가지고 영혼을 밝히고 이상을 높이 하여, 자칫 흙탕물 속에 빠지려는 우리의 상상력 내지 창조력을 북돋우지 않으면 안 될 것이다. 작가는 모름지기 영혼의 불이 있어야 한다. 우리가 한 시체로서 현실에 묻히기 전에 이 불로써 자기를 내세워야 할 것이다. 자기를 비약시켜야 할 것이다. 그렇지 않으면 그는 현실의 탁류에 쓸려 가고 만다.

내가 말한 낭만정신은 이 '불'을 말함이다. 자기를 비약시키려는 줄기찬 상상력(창조력)을 말함이다. 이 낭만정신은 생활에 대한 혹은 예술에 대한 '의욕'의 '에스프리'가 아니면 안 된다. 더구나 희곡에 있어서는 아무런 생활의 의욕이 없는 신변잡기적인 작품은 금물이다. 아무리 현실을 묘사해 내더라도, 현실에서 '리얼'한 것이 예술로서 '리얼'한 것

은 반드시 아니며, 현실에서 극적인 것이 무대에서 극적으로 되는 것은
아닌 것이다. 오히려 그 반대일 경우도 있다. 무대에서 극적인 것은 우
리의 생활에 '의욕적인 에스프리'가 고조될 때 이미, 그것이야말로 우
리를 감동시킬 수 있는 '리얼'이 될 수 있는 것이다.[141]

유치진은 암담하고 구원이 없는 현실의 탁류에 쓸려가지 않기 위해
서 작가는 현실과의 싸움에서 져서는 안 되며, "영혼의 불"로서 자기
를 내세워야 하는데, 이 불이 바로 낭만정신이라고 설명한다. 그는 낭
만정신은 생활과 예술에 의한 의욕의 에스프리가 되어야 하기 때문에
의욕이 없는 신변잡기적인 작품은 금물이라고 밝혔다. 여기에서 말하
는 의욕이 없는 신변잡기적 작품이란 초기의 〈토막〉과 같은 방식을
말하는 것으로 보인다. 그는 희망 없는 암담한 현실을 그대로 드러내
는 것이 리얼이 아니라, 생활에 의욕적인 에스프리가 고조될 수 있도
록 해야 우리를 감동시킬 수 있으며, 이것이야말로 리얼이 될 수 있다
고 보았다. 이는 현실을 리얼하게 재현하는 것보다 관객들에게 리얼
하게 받아들여지는 측면이 중요하다는 것으로, 이 시기 유치진이 대
상으로 했던 대중극관객의 성향과 관련된다. 대중극관객은 예술을 일
상의 연장으로 받아들이며, 예술이 자신의 현실과 관련하여 어떤 기
능을 충족시켜주기를 기대한다.[142] 그렇기 때문에 극 속의 상황을 사
실적으로 느끼도록 하는 심리적 측면도 중요하며, 예술과 일상을 적
절히 연결시켜 리얼하게 느낄 수 있도록 하는 것이 필요하다는 것이
다. 극 속에서 전개되는 사건이 실제 사건과 다르더라도 관객들이 극

---

141) 유치진, 『동랑자서전』, 189-190쪽.
142) 부르디외, 『구별짓기:문화와 취향의 사회학』, 새물결, 1995.

을 보면서 극 속 상황을 현실처럼 인식하도록 하는 심리적 리얼리티를 담지하고 있을 때 무리 없이 대중의 공감을 얻어낼 수 있다. 유치진의 이러한 낭만성의 논의는 대중극관객들의 이러한 일반적인 취향에 대한 고려에서 나온 것으로 볼 수 있다. 그는 이 로맨티시즘이 희곡에 있어 한층 더 요구된다고 했는데, 이유는 로맨틱한 수법이 대극장의 관객들에게 "에필"할 수 있다고 판단했기 때문이다.

> 유 정인섭씨의 말을 듣건대 일후의 문학은 레알리즘과 로맨티즘의 조화이리라고 햇는데 물론 나도 이미 동감입니다. 그러나 희곡에 잇어서는 그보다도 더 한층 로맨티즘이 요구되리라고 생각합니다.
>
> 記 그 이유는?
>
> 유 비교적 소규모의 극단까지도 부민관 같은 대무대를 쓰게 되는 관계로 지금까지 레알리즘에만 충실햇던 작품은 빈 데가 잇고 기름기가 없어 빡빡하기만 합니다. 그러니까 말초적인 레알리즘에만 구속되지 말고 좀 더 인간의 자유스러운 감정-공상, 희망, 분노, 이데올로기 등을 배태한 로맨틱한 수법이라야 일반 독자나 관중을 에필할 수가 잇을 것입니다.[143]

당시의 연극이 부민관과 같은 대극장 무대를 사용하게 되므로 말초적인 리얼리즘보다는 인간의 자유스러운 감정을 배태한 로맨틱한 수법을 쓰는 것이 관중에게 어필한다는 논리이다. 대극장에서 많은 관

---

143) 유치진, 「문단타진 즉문즉답기-낭만성 무시한 작품은 기름없는 기계」, 『동아일보』, 1937.6.10.

객을 얻기 위해서는 그때까지 써오던 "리얼"한 수법을 과감하게 정리하고 수정할 필요가 있으며, 이는 '인간의 자유스러운 감정'을 배태하는 수법, 즉 애정문제를 적극 활용하는 것으로 구체화된다. 그렇다고해서 리얼리즘을 버린 것은 아니며, 그 기저에는 현실의 모순을 직시해야 한다는 극작가로서의 의무를 유지하고 있었다.

이러한 리얼리즘에 기반한 로맨티시즘 논리가 적용된 작품이 〈소〉이다. 그러나 〈소〉의 시도는 유치진의 의도와는 다른 결과로 나타난다. 초기 사실주의극이 보여준 현실의 문제를 "재미"와 "기대감"으로 극화한 〈소〉는 1935년 6월 동경학생예술좌가 처음 무대에 올리게 된다. 그러나 "유머러스한 방식이 관중을 웃기기만 할 뿐 아무런 감명도 없다는 비판"[144]을 받기도 한다. 이후 극연 8회 정기공연에서 상연을 계획하나 검열불통과로[145] 공연이 무산되고 만다. 애정문제를 표면에 내세우고 갈등을 통해 재미와 기대감을 주려 하였지만, 이전의 작품에 등장하는 주인물과는 확연히 다른 희극적 인물인 말똥이로는 현실의 문제를 제대로 드러내기 어려웠다. 그러면서도 현실의 문제를 다루고 있다는 점에서 검열을 통과하지 못하는 문제도 발생한 것이다.

현실을 소재로 하고 있다는 점에서 〈소〉는 〈토막〉과 〈버드나무 선동리의 풍경〉과 같은 경향으로 분류되었다. 그러나 어두운 현실을 무

---

144) 전용길, 「동경학생예술좌 제1회 공연을 끗내고」, 1935.6.9~14. 두 차례에 걸쳐 연재된 글에서 전용길은 〈소〉가 "진실한 농촌의 현실을 보여주지 못한 동시 조선의 현실도 잘못 보여 준 작품"이라고 비판하였다.

145) 「극연 제8회 공연은 검열불통과로 연기」, 『동아일보』, 1935.6.30.
「극예술연구회 제8회 공연 연기-상연각본 검열불통과로」, 『조선일보』, 1935.7.2.
이후 〈소〉는 37년 2월 15회 공연에서 「풍년기」로 개작하여 상연되며, 이후 21회 공연에서 재상연 된다.

겁게 보여주는 〈토막〉 류 작품의 방식과 애정문제를 중심으로 "홍미" 있게 극을 전개하다가 현실의 문제를 알게 하는 〈소〉의 차이는 분명하다. 〈소〉는 말똥이의 결혼문제를 표면에 두고 홍겹게 이야기를 풀어가다가 갑작스럽게 파국으로 극을 마무리 짓고 있어 현실문제의 해결방향을 닫아버리고 있다. 〈수〉까지는 선언적인 대사를 통해서라도 현실문제의 해결방향을 이야기하려 했다. 물론 그러한 선언이 극 전개에서 자연스럽게 드러나지 않는다는 점에서 극작술의 미숙이라는 비판을 받기도 했지만, 현실 문제에 대한 유치진의 해결 방향은 드러난다. 그러나 〈소〉에서는 그러나 가능성이 닫혀있다.

〈소〉는 관객들이 극을 홍미 있게 극을 지켜보게 하면서도 현실의 문제가 드러나게 했다. 그러나 이런 방식은 가볍다는 비판을 받았고, 현실을 다루었다는 점에서 검열을 통과하기에는 불가능한 방식이었다. 유치진이 〈소〉의 방식을 버리고 같은 시기 발표된 〈당나귀〉를 선택하게 된 것은 자연스러운 결과로 보인다.

〈당나귀〉에는 식민지 농촌 현실이 완전히 배제되고 있다. 극에서 다루는 사건은 늙음과 젊음의 대비로 드러나는 남녀 간의 애정갈등의 문제이다. 유치진은 늙은 추암과 젊은 첩의 갈등에 초점을 두기보다 추암을 떠나기로 결심하는 첩의 내면의 고민을 비중 있게 다룬다. 통속극에서 볼 수 있는 상황을 그대로 가져오면서도 통속극과는 전혀 다른 방식으로 이야기를 풀어가는 〈당나귀〉의 방식은 대중극관객들의 취향에 익숙한 설정이지만 여타의 통속극과는 전혀 다른 극연식의 수준 있는 애정극이라 할 수 있다.

〈소〉의 방식이 당시 식민지 현실의 문제를 다루면서도 웃음을 적절히 결합한 것이라면, 〈당나귀〉는 애정갈등을 전면에 드러내어 홍미를 표면화시키고, 그 이면에 현실의 문제를 유추하게 하는 방식이다. 유치진은 두 작품을 의도적으로 동시에 발표하고 그 반응을 통해 이후 자신의 방향을 결정하고자 한 것으로 보인다. 그리고 〈소〉의 방식이 검열로 문제시 되자 〈당나귀〉의 방식을 일관되게 유지하게 된다. 특히 자기 욕심 때문에 젊은 첩을 곁에 붙들어둘 수 없음을 안 추암이 첩을 보내주고, 첩과 젊은 머슴이 새로운 삶을 향해 길을 떠나는 〈당나귀〉의 결말은 이 시기 유치진의 선택과 겹쳐진다. 첩은 악한 인물이 아니다. 처음에는 잘 지내다가 남편이 병들면서 갈등이 생기게 된 것이고, 희망 없는 노인 옆에서 살아보려 하다가 결국 남은 삶을 위해서 떠나기로 한다. 여기에서 첩의 떠남은 새로운 삶을 향해 가는 것으로, 이는 유치진이 사실주의 세계를 떠나 낭만주의라는 새로운 길을 선택하게 되는 것과 겹친다. 망설이다가 떠나는 첩의 모습에서 〈소〉의 세계를 유지하려다가 결국 〈당나귀〉라는 새로운 길을 선택하는 유치진의 모습이 겹치는 것이다.

이후 유치진은 〈당나귀〉의 세계를 유지하게 된다. 〈당나귀〉의 세계란 정치 현실에 제거된 현실로, 이 현실 속에서 민족은 존재하지만 민족의 미래에 대해서는 이야기하지 않는다. 결국 〈당나귀〉에서 유치진은 자신의 변화를 알리고 있으며, 첩이 떠나는 것으로 자신의 고민과 새로운 방향으로의 전환을 드러내고 있는 것이다. 이런 의미에서 〈소〉와 〈당나귀〉는 유치진의 현실에 대한 관심이 닫히고, 낭만이라는 새로운 세계의 문을 여는 것을 상징적으로 보여준다 할 것이다. 이후 유치진은 일관되게 〈당나귀〉의 세계를 유지해나간다. 현실의 문제를 다루더라도 정치현실이 제거된 현실을, 민족의 문제를 다루더라도 민족의 미래에 대해 이야기하지 않는 세계를 지속적으로 보여주는 것이다.

1930년대 후반기는 극연의 아마추어적 방식에 문제의식을 가졌던 유치진이 일본 연극계의 상황을 목격하면서 새롭게 한국 신극의 방향을 모색하려던 유치진의 고민을 보여준다 할 것이다. 이는 높은 교양을 추구하는 시민과, 야한 취미에 빠져있는 관중까지 자신의 연극의 관객으로 포함시켜 신극의 관객층을 확장하고, 연극문화를 정착시키겠다는 의도였다. 표면적으로는 애정문제를 다루지만 그 속에 자기 시대의 눈에 보이는 모순을 희곡적으로 지적하려는 태도를 유지한다. 리얼리즘을 토대로 한 로맨티시즘, 즉 리얼리즘의 시각은 유지한 채 으로 낭만적인 이야기로 대중관객들을 끌어들이고, 그들에게 애정문제의 이면에 존재하는 현실의 모순을 인식할 수 있도록 의도한 것이다.

이후 유치진은 다양한 볼거리를 보여주는 세련되고 품격 높은 극연식의 대중성을 추구한다. 그러면서 극연을 "기존의 소인극에서 연극 전문극단으로 전진시키"[146]기 위해서 "연극행동에 있어서는 이론보다도 실천이 앞서야 할 것이며 실천에서 이론이 리-드 되어야 할 것"[147]이라고 방향을 제시했다. 전문극단을 위한 실천으로 종래 연 2,3회 공연하던 횟수를 늘려 월 1회 공연 계획을 세운다.[148] 이를 통해 "자체의 기술적 역량도 기르려니와 연극애호들의 기갈을 되도록 나수어보려"[149] 한다. 그리고 계획대로 1936년에는 연 5회 10편의 작품을 상연하고, 1937년은 전반기에 4회, 5작품을 공연한다. 극연을 전문극단으로 전진시키겠다는 목표로 활발하게 공연활동을 전개한 것이다.

---

146) 유치진, 「극예술연구회 第八回 공연을 앞두고(상)」, 『동아일보』, 1935.11.17.
147) 유치진, 「극문학계발의 두가지 과제」, 『동아일보』, 1935.1.8.
148) 서항석, 「창립 五주년을 맞이하는 극예술연구회 신방침」, 『동아일보』, 1936.1.1.
149) 서항석, 「창립 五주년을 맞이하는 극예술연구회 신방침」, 『동아일보』, 1936.1.1.

그러나 이러한 시도에도 불구하고 흥행적인 면에서는 동양극장의 연극에 밀리게 되고, 신극인들 사이에서도 긍정적인 평가를 받지는 못한다. 무엇보다 검열 강화로 연극 공연의 제약이 커지면서 영화제 작을 시도하고, 극연 배우들을 영화에 출연시켜 얼굴을 알리려는 노력도 한다. 하지만 기대했던 성과는 거두지 못하고 극연의 내부의 분열과 갈등이 커지게 된다. 이러한 상황에서 유치진은 더 이상 작품 활동을 지속할 추진력을 상실하게 된다. 여기에 더해 부정적 세력의 거대한 힘에 유치진 스스로 압도되어, 스스로도 현실 문제의 개선에 대한 확신이 옅어지고, 점차 현실의 힘에 압도당하는 그의 지친 심리적 측면 또한 더 이상의 작품 활동을 막는 원인이었을 것이다.

IV.

국민극관객 대상 설정과
국민국가의 이상 제시

194

국민극관객에 대한 교화적 접근

1. 완전한 인물 통한 관객 동일시 유도

극연좌 이후 극작 활동을 중단했던 유치진은 국민연극 시기를 맞아 국민연극의 이론을 제시하고, 그 이론에 적합한 장막 희곡들을 연이어 발표하며 국민연극 시기를 주도해가게 된다.

1940년대 전반기는 국민의 건강한 오락 혹은 교화기관으로서 국민의 이념을 담을 수 있는 국민연극이 요구되었고, 유치진의 관객은 국민연극을 즐기는 국민극관객이 되었다. 이러한 국민극관객은 "한정된 지식층이 아닌 모든 계층을 망라한 대중"[1]이다. 1930년대 중반 이후 부민관에 진출해 대중극관객과 만났던 유치진은 국민연극 시기를 맞아 모든 계급을 망라하는 일반국민으로까지 대상 관객층을 확대한다. 유치진은 이들 국민극관객을 대상으로 해서 국민의 역할이 무엇인지

---

1) 유치진, 「국민연극의 구상화 문제-흑룡강 상연에 제하여」, 『매일신보』, 1941.6.5.

깨닫게 하고, 그래서 이들이 국민국가 건설에 기여할 수 있는 존재로
만들어내려 했다. "낡은 체제의 감정의 잔재가 아즉도 남어 잇는 관중
을 대상으로 국민국가의 국민"[2] 되기를 가르쳐야 하는 과제를 수행하
기로 한 것이다.

국민연극 시기 유치진은 "신체제하에서 국민의 건강한 오락으로써,
혹은 국민 교화기관으로써, 국민의 發發한 이념을 담을 수 있는 국민
연극"[3]을 추구한다. 국민연극의 대상은 이전의 대중극관객에서 국민
극관객으로 확대되고, 이들 국민극관객에게 재미와 교훈을 함께 줄
수 있는 인물을 모색하게 된다. 그래서 고안된 인물이 바람직한 국민
으로서의 모습을 보여줄 수 있는 긍정적 주인물이다. 이 시기 주인물
은 대중적인 작품에서 주로 등장하는 용감하고 정의로운[4], 관객들이
동일시하고 싶은 인물이다. 그러나 대중극관객을 대상으로 했던 시기
의 극과 달리 국민연극 시기의 인물은 용감하고 정의로우면서도 국
민으로서의 역할에 대해 자각한 인물이라는 점에서 차이가 있다. 이
러한 긍정적 주인물과 대립되는 부정적 인물은 개인적으로도 악인이

---

2) 함대훈은 국민연극의 관객이 "물론 민중이어야 할 것은 다시 재론을 불요하는 것"
   이라 하면서도 "근대극이 민중을 위한 연극이요 민중의 생활에서 그 희곡을 구성
   햇다면 국민연극도 민중을 위한 연극이오 그 제재도 민중에서 구할 것이나, 국민연
   극은 막연히 민중에서만이 아니라 일보를 나아가 국가정신을 가진 민중에서 그 관
   객의 제재를 구한다 할 것이오, 동시에 그 민중이 총후 민중이오, 전장을 압혜 둔 민
   중"이라고 했다. 즉 "국민극의 민중은 국가정신을 가진 민중이오 총검 뒤에 선 민중
   이여야 할 것이며, 전장에 동원된 병사의 가족인 민중", "국민극을 사랑할 수 잇는
   민중이오, 총검 뒤에 선 민중이어야 할 것"이라고 했다. 「국민연극의 첫 봉화-극단
   현대극장 창립에 제하야」, 『매일신보』, 1941.4.1.
3) 유치진, 「국립연극 수립에 대한 제언」, 『매일신보』, 1941.1.3.
4) 대중문학의 주인공은 "힘이 세고, 용감하며, 여자 복이 많고, 머리가 비상하며, 항
   상 정의에 편에 서는 인물"이 주로 활용된다. 박성봉, 『대중예술의 이론들』, 동연,
   1995, 86쪽.

지만 시대성을 띠고 있다는 점이 특징이다. 1930년대 희곡에서는 긍정적 주인물이 부정적 인물보다 힘이 약해 불행해지는 결말을 보였다면, 국민연극 시기의 극의 주인물은 부정적 인물에 비해 힘이 약하지만 강력한 협조자의 도움으로 역전이 가능해진다는 점도 이 시기의 특징이라 할 수 있다.

〈흑룡강〉[5]은 만주사변 이후 중국 내의 위협을 극복하고 만주국 건설에 이바지하는 긍정적 주인물인 성천을 중심으로, 성천과 대립하는 중국인 양칠산과, 테군 대장 호만복의 갈등을 다루며, 억압받는 조선인을 도와주는 후원자로 일본의 존재를 설정하고 있다. 만주사변 이후 일본에 대한 만주인들의 적개심은 커져 가고, 조선인이 일본의 보호를 받았다는 이유로 조선인에까지 적대적인 태도를 보이게 된다. 극의 기본 구도는 조선인과 만주인이 대립하는 구도로, 조선인 성천과 만주인 양칠산, 호만복이 대립하고, 조선인을 돕는 일본의 존재가 배경으로 놓인다.

〈흑룡강〉은 "민족협화를 통해 대동아건설의 국가이상을 구상화"[6] 한 작품이다. 민족협화를 내세우는 만큼 주인물 성천은 협화의 이념을 내면화한 인물로, 민족협화를 실천하여 주변 사람들을 설득한다. 심지어 아버지를 죽게 한 덕삼 일가를 용서하는 모습을 보여주며 민족 간의 화합을 강조한다.

　　星天　아싸두 그 젊은 사람헌테 모욕을 당했다구 내가 독기를 들엇

---

5) 〈흑룡강〉은 미국의 하버드-옌칭 도서관에 소장되어 있던 공연대본을 분석 대상으로 한다. 앞으로 작품을 인용할 때는 공연본의 해당 쪽수만 밝히기로 한다.
6) 유치진, 「국민연극의 구상화 문제-흑룡강 상연에 제하여」, 『매일신보』, 1941.6.5.

지만 정말 우리는 우리 사람끼리 싸워서는 안되겠습니다. 우
리끼리 의조케 못 산다문 여러 민족이 석겨사는 滿洲 이 넓은
쌍에서 우리 어쩌케 사나요? 우린 우리의 큰 뜻을 위해서 사
소한 감정을 죽여야 합니다.

徐氏   네 애비두 그런 소린 허구 다니더니 그예 동리 일 째문에 죽
지 안트냐? 너두 네 애비처럼 동리일일래 생죽엄을 못해서
그러니?[7]

조선인들을 적대시하는 만주인들 때문에 쫓겨난 덕삼 일가가 성천
일행과 함께 살기를 청하자, 성천의 어머니 서씨는 몇 해 전 봇물 때문
에 싸움이 나서 남편을 죽게 만든 덕삼 일가와 함께 살 수 없다고 반대
한다. 하지만 성천은 "우리끼리 의좋게 못살면 여러 민족이 섞여 사는
만주에서 우리가 어떻게 사느냐"고, 지난 일 때문에 앞으로 살아가려
는 일이 조금이라도 어긋나면 안 되기 때문에 앞일을 위해 지난 일은
잊어버려야 한다고 어머니를 설득한다. 박해를 받으면서도 과거의 사
사로운 감정은 잊고, 만주 땅에서 여러 민족이 화합하여 살아야 한다
는 것이다. 만주에 또 다른 조선을 만들어서 조선인의 정착을 독려해
야 한다는 이러한 성천의 이상을 조선청년들도 그대로 받아들인다.

성천   사람이 재물얘요. 사람만 잇스문 이 넓은 들이 문전옥토가 되
구 거기서 나는 곡식을 실어낼 기차두 놀수 잇잔수? 멀잔아
서 저 대남문 앞으로 푹곽푹곽하고 기차가 지내다닐껄유.[8]

---

7) 유치진, 〈흑룡강〉, 1막 31쪽.
8) 유치진, 〈흑룡강〉, 1막 16쪽.

연   아버지 조선이 조혼줄은 인제사 아섯서요! 조선이 조코 아름
      답길래 아름다운 조선을 지킬려고 우리가 여기서 고생을 하
      는 게 아닙니까. 우리가 여길 못지키면 아름다운 조선도 급기
      야는 도적의 나라가 되고 만담니다. (중략) 여기가 자리만 잡
      히면 조선과 같은 아름다운 금수강산이 몇 십 개 생길른지 모
      른대요. 아버지 조곰만 더 참으세요. 인제 이 땅에도 새 나라
      가 생기지 안아요.[9]

  모두가 화합해서 만주를 조선과 같이 살기 좋은 곳으로 만들어가자
는 성천의 주장을 연이 그대로 되풀이하고 있다. 이는 성천이 보여주
는 인물됨으로 인해 주변 인물들이 그의 주장을 의심 없이 받아들이
고 있음을 보여주는 것으로, 관객들의 심리적 변화도 의도한 설정이
라 할 수 있다.
  화합을 통한 만주국 건설이라는 성천의 이상은 그 뒤에서 든든하게
받쳐 주는 일본의 존재가 있기 때문에 힘을 얻게 된다. 극은 조선인이
만주인들의 박해를 받는 상황을 보여주면서도 그 뒤에 막강한 군사력
을 가진 든든한 일본이 조선인을 보호하고 있기 때문에 만주인들이
함부로 할 수 없다는 점을 강조한다. 강한 힘을 가진 일본의 존재가 배
후에서 성천과 조선인을 지원하기 때문에 만주국 건설이라는 성천의
이상이 현실적으로 가능해질 수 있다는 것을 보여준다.
  만주인들이 조선인들에게 적대적인 것은 "조선 사람들을 그냥두면
작구 몰려 들어와서 한전에 수전에 급기야는 만인을 다 내 쪽이고 만

---

9) 유치진, 〈흑룡강〉, 3막 16쪽.

다"[10]라고 생각하기 때문이다. 그러나 성천은 사사로운 감정은 버리고 여러 민족이 만주에서 화합하며 살아가야 할 것을 강조하면서 동아시아의 여러 민족이 힘을 모아 동방을 지켜야 한다는 의지로 중국인 부호 장거강을 설득하기까지 한다.

> 성천 대인, 목전의 일만 생각지 마시구 널리 천하대세를 살펴보세요. 우린 하루바삐 일어서서 동방 사람의 힘으로 이 동방을 지켜야 합니다. 그러하지 못하면 만주구 대국이구 일본이 구할 것없습니다 한꺼번에 다 망하구 맙니다. 우리는 북으로 저 우랄산맥에 만리장성을 쌓구 남으로 쟈바섬에다가 봉화 뚝을 세워야 합니다. 그래서 안으로 각 민족이 화목허구 밖으로 도적을 막아야 해요. 그래야만 비로소 이 만주두 맘 놓고 사람 사는 나라가 될꺼에요.

대동아공영권과 오족협화의 논리를 이야기하는 성천의 이상에 장거강도 결국 동참하기로 한다. 그러나 성천의 이상이 그를 감복시켰다기보다 믿었던 호만복이 자신의 처 동월을 빼앗아 가면서 그의 부정적인 면을 제대로 알게 되었기 때문이다. 호만복에 실망한 장거강은 성천의 생각에 동조하고 그와 함께 행동하기로 마음을 정하게 된다. 극에서 성천만이 사사로운 감정에 매이지 않고, 협화의 이념을 실천하는 존재로 부각된다. 성천의 인물됨에서 오는 신뢰는 그가 주장하는 "협화"의 이념에 대한 신뢰를 더하는 역할을 한다.

민족 협화의 논리를 펴며 조선 농민이 만주에 정착할 수 있도록 노

---

10) 유치진, 〈흑룡강〉, 4막 16쪽.

력하는 성천과 대립하는 인물은 양칠산과 테군 대장 호만복이다. 이
들은 일본을 경계하고, 일본의 힘을 배경으로 해서 자신들의 영역에
들어와 사는 조선인들에 대해 적대적인 태도를 보인다. 이들은 개인
적인 이익만을 추구하는 전형적인 악인이기도 하다. 국민연극 시기의
부정적 인물은 단순한 악인이 아니라 시대성을 드러내는데, 양칠산이
나 호만복은 만주사변 이후의 조선인에 대한 만주인의 적대적인 인식
을 보여주는 역할도 한다. 만주 땅에서는 양칠산과 호만복 같은 인물
의 힘은 막강하며, 상대적으로 조선인과 이들을 이끄는 성천의 힘은
미약하다. 하지만 성천의 뒤에는 일본이 있기 때문에 어느 정도 힘의
균형이 생기고, 개인적인 이익에만 집착하는 악인들의 부정성이 드러
나면서 자연히 성천의 이상에 관객들이 동조하게 되는 효과를 만들어
내게 된다.

〈북진대〉[11]는 "일로전역을 배경으로 하여 그 시대의 정치적 분위기
와 생동하는 사회상을 그리고 시대적 조류를 명확히 스켓취하고, 그
리하여 그 속에 생활하는 일진회 청년 남녀의 선구적 사상과 헌신적
활동"[12]을 그린 작품이다. 북진대는 일본의 경의선 철도공사 부설에

---

11) 국민연극 시기의 유치진의 연극에 대한 연구를 제약했던 원인은 자료의 부족 때
문이라 할 수 있다. 그러나 〈북진대〉의 구체적인 공연 상황을 짐작할 수 있는 팸
플릿을 입수하게 되어 〈북진대〉 공연을 보다 구체적으로 이해하는 것이 가능하게
되었다. 일본어로 작성된 〈북진대〉 팸플릿은 표지와 광고란을 포함해 총 14쪽으
로 구성되어 있으며, 극의 배경, 막, 장, 경개, 인물, 기획에 이르기까지 공연 전반
에 대한 사항을 자세히 기록하고 있어 〈북진대〉 공연을 충분히 유추할 수 있게 한
다. 〈북진대〉의 공연 팸플릿은 대본이 발견되지 않는 현재 상황에서는 가장 구체
적으로 극의 내용을 유추할 수 있게 하고, 공연에 대한 정보를 제공하는 자료라는
점에서 의미가 크다.
12) 주영섭, 「『北進隊』演出記」, 〈북진대〉 공연 팸플릿.

동원되었던 일진회의 "북진수송대"를 극화한 작품으로, 일본을 위해
헌신하는 일진회 회원들의 행적이 중심이다. 이용구를 비롯한 일진회
회원들의 친일 행적이 극작의 계기가 되고 있지만,[13] 이용구를 극의
전면에 드러내는 것이 아니라 이용구를 추종하는 일진회 회원인 정병
조와 박정숙과 같은 청년남녀를 통해 그들이 신뢰하는 이용구와 일
진회의 긍정성을 드러내며 그들의 사상에 동조하도록 유도하고 있다.
또한 친러파인 조용철을 악인으로 설정해 대립구도를 부각시키는데,
친일파는 선이 되고, 친러파는 악이 되는 이념에 따른 이분법적 인물
구도를 설정했다.

극의 주인물은 승지 벼슬의 명문가 귀공자인 정병조이다. 그는 이
용구의 제자이자 일진회 총무인 고백선의 권유로 일진회에 입회하고
되고, "조선과 일본이 협력 병합하야 전 아세아 민족의 결성에 의한
대아세아 건설에 매진할 것"[14]을 결심한다. 정병조는 수년 전에 외숙
이 부사로 있던 부산에서 처음 보고 마음을 빼앗겼던 박정숙을 일진회
사무실에서 다시 만나게 되어 일진회 입회를 한층 행복하게 느끼게 된
다. 그러나 조영철의 간계로 일진회원들이 자신을 친러파로 오해하는
것을 알게 되자 일진회를 원망하고 자신을 향한 박정숙의 애정까지 의
심하여 일진회 운동 자체를 조소하게 된다. 그리고 복수를 위해 의심받
은 대로 일진회를 방해하고 친러파에 협력하는 행동을 한다.

---

13) 1941년 현대극장이 견지정에 있는 시천교 당내로 이전하면서 유치진은 시천교 교
　　당의 노인들에게서 이용구와 일진회 회원들의 체험담을 듣게 되었고, 그것을 주
　　제로 한 작품을 쓰고 싶다는 생각을 하던 차에 경성 대화숙의 제안으로 극을 쓰게
　　되었음을 밝히고 있다. 유치진, 「北進隊餘話」, 『국민문학』, 1942.6.
14) 〈북진대〉 공연 팸플릿, 4쪽.

〈북진대〉 공연 팸플릿

　이처럼 인간적인 감정과 약점까지 드러내는 정병조라는 인물 설정
은 고백선과 이용구를 위시한 일진회 회원들의 긍정성을 강화하기 위
한 설정이다. 일진회 여회원인 박정숙은 고아였으나, 부산의 내지인
에 의해 길러지면서 자연스럽게 친일사상의 감화를 받은 신여성이다.
박정숙은 정병조가 친러파 밀정으로 오해받는 상황에서도 정병조의
인격을 믿어주는 인물이다. 일진회 총무인 고백선은 정병조에게 일진
회의 입회를 권유하는 인물로, 정병조가 친러파의 밀정으로 의심받는
상황에서도 끝까지 그의 인격을 믿어주는 인물이다. 심지어 경의선
군용철도를 파괴하려던 정병조가 잡혀 사형선고를 받지만 이 시점에
서 오해가 풀리자 그를 오해하여 사도를 밟게 한 것을 후회하여 정병
조를 박정숙과 도망하게 하고, 자신이 정병조의 벌을 대신 받으려는
희생정신을 보여준다. 이용구 또한 정병조의 부탁으로 조용철이 조선

으로 들어올 수 있도록 물심양면으로 도우며, 정병조가 의심받는 상황
에서도 그를 믿어주고 여러 가지로 배려하는 인물로 설정되어 있다.

유치진은 민족을 위한 일을 하겠다는 결심은 했지만 인간적인 약점
을 가진 인물을 주인물을 설정하고, 그를 물심양면으로 도와주고, 믿
어주고, 또 대신 죽어줄 수 있는 정도의 희생적인 면모를 가진 일진회
회원들을 협조자로 설정하여 일진회의 긍정성을 강화하였다. 고백선
과 이용구의 인간미를 부각시키고 그들의 생각과 행동의 긍정성을 강
화한 것은 일진회 회원과 그들의 사업에 대한 관객들의 긍정적 인식
을 끌어내기 위한 장치이다. 이용구와 고백선이 보여주는 신의에 박
정숙의 애정이라는 측면이 더해지면서 일진회 활동에 대한 흥미와 긍
정성을 강화되고 있다.

정병조를 위기에 빠뜨리는 조영철은 전형적인 악인이다. 그는 "해
삼위(블라디보스토크)에서 배일파와 기맥을 통하고 있는"[15] 인물로,
정병조의 외사촌이기도 하다. 그런데 자신을 일진회에 입회시키려는
정병조의 선의를 이용해서 무사히 조선에 들어오지만 곧 징병조를 배
신하고 위기에 빠트리는 인물이다. 심지어 일진회 회원들이 정병조를
친러파 스파이로 오해하도록 교묘하게 간계를 꾸민다. 외사촌 사이인
정병조를 이용하다가 배신하는 조영철은 신의를 어긴 배신자라는 점
에서 인간적으로도 악인이지만, 국가를 위해 일하는 일진회의 사업을
방해한다는 점에서 제거되어야 할 존재가 된다. 이렇게 철저한 악인
인 조영철이라는 인물의 부정성은 그가 속해있는 친러파의 부정성을
극대화하기 위한 설정이다.

---

15) 〈북진대〉 공연 팸플릿, 4쪽.

〈북진대〉는 국가를 위한다는 명분과 일진회 회원 간의 신의를 강조하고 있으며, 친일이냐 친러냐에 따라 선악이 나눠지는 구도를 사용하고 있다. 서로를 믿어주고, 또 대신 죽어줄 수 있는 정도의 희생적인 면모를 가진 일진회 회원들의 인간미는 그들이 하는 일에 대해 관객들의 긍정적인 인식을 끌어낸다. 이에 반해 정병조를 위기에 빠뜨리는 조영철은 전형적인 악인으로, 자신이 조선에 들어올 수 있도록 도와준 정병조를 배신하고, 그가 친러파 스파이로 오해받도록 교묘하간계를 꾸미기도 한다.

〈북진대〉의 인물은 친일인가, 친러인가에 따라 긍정성과 부정성이 선명하게 나누어진다. 이는 〈북진대〉의 시대성을 읽을 수 있는 부분으로, 러일전쟁 시기 러시아를 대하는 일본의 시각을 그대로 내면화한 것이다. 일진회원들이 보여주는 신의와 희생이라는 측면에 대비되는 조영철과 친러파들의 간계와 배신이라는 측면은, 일진회와 일본에 대한 긍정성을 강화한다. 그래서 관객들에게 일진회가 추구하던 가치 즉 일한병합의 타당성과 일본을 위한 희생을 자연스럽게 긍정하도록 의도하고 있는 것이다.

극에는 흑룡회의 주간 우치다 료헤(內田良平)도 직접 등장[16]하는 것으로 되어 있다. 팸플릿에 제시된 정보만으로는 우치다 료헤가 구체적으로 어떤 역할을 하는지는 분명하지 않지만, 일진회의 활동을 배후에서 돕는 역할이라는 정도는 짐작할 수 있다. 일본의 우익을 대표하는 우치다 료헤는 "흑룡회를 조직하여 한국병합 당시 후면에서

---

16) 〈북진대〉공연 팸플릿, 4쪽의 극 인물 소개에서 7번째로 內田良平(1874-1937, 흑룡회 주간)를 소개하고 있다.

활약한 인물"[17]이다. 흑룡회는 일본의 대륙팽창 정책을 주장하고 러시아의 남하정책을 견제하는 역할을 했는데, 이러한 흑룡회의 한국진출의 배경은 러시아와 일본이 군사적으로 충돌할 경우, 격전이 예상되는 조선에서 배일 감정이 고조되는 것을 막기 위해 친일 세력을 육성할 필요가 있었기 때문이었다.[18] 흑룡회는 일진회 결성에 깊게 개입하였는데, 일진회의 결성은 한국 내의 친러 세력을 제거한다는 측면과 일본군의 전쟁을 대비한, 일본의 전쟁수행 측면에서 이루어졌으며, 일진회에 대한 지원은 민간외교의 한 방편으로 한일병합을 위한 예비단계로서 이루어졌다. 우치다 료헤가 직접 등장하는 것에서 한일병합의 당위성을 교화하기 위한 극이라는 방향이 분명하게 드러난다. 친러파를 부정적으로 내세워 일진회에 대한 부정적 인식을 줄이고, 일진회의 이념을 직접 드러내기보다 인간적이면서도 동료를 위해 희생하는 모습을 보여주어 긍정성을 유도하려 한 것이다.

이러한 구도는 "내선일체와 대동아건설의 초석 탐구"[19]라는 극의 목적을 이루기 위한 것으로, 〈북진대〉는 "日露전쟁이 한창인 메이지 37년 8월부터 다음해 3월에 걸쳐 일진회원이 맹방 일본을 위해 경의선군용철도 부설에 혹은 군수품의 수송에 헌신적 노력을 하고, 또 러시아 국경 깊이 침입해 몸을 위험에 두고 적정을 탐색하는 등 일부 배일파의 박해 가운데서도 일한 형제 양국의 합병에 헌신하는 모습과 그 고원한 이상을 극화"[20]하고자 했다. 이러한 의도를 드러내기 위해

---

17) 황미주, 「『흑룡』의 한국관련 기사분석을 통한 사료적 가치 고찰」, 『일본문화연구』 24, 2007.
18) 황미주, 위의 글, 117쪽.
19) 유치진, 「북진대」, 『대동아』 2, 1942.7.
20) 長崎祐三, 「"北進隊"公演に際して」, 〈북진대〉 공연 팸플릿, 3쪽.

국민으로서의 역할을 자각한 정병조라는 명문가의 자제를 주인물로 설정하고, 그와 같은 뜻을 가지고 이끌어주는 일진회의 간부, 이전부터 마음에 두고 있던 일진회 여회원, 그리고 친러파인 악인 조영철이라는 인물을 설정하였다. 그리고 "일러전쟁 당시 이용구 일파의 일진회 백만 회원이 친러파의 배일분자를 흩어지게 하고, 경의선 군용철도의 부설과 군수품의 수송에 결사적 노력을 바친 장면이나 친일에서 일한병합으로 이행하는 당시의 사상경향을 묘사"[21]하였는데, 이는 일본 국민으로서의 역할을 자각한 일진회 회원들의 영웅적 면모를 통해 내선일체의 구호를 자연스럽게 내면화하도록 하려는 의도였다.

1942년에 발표된 〈대추나무〉는 만주 이주를 징려하기 위한 목적극이다. 극의 주인물은 만주 이주에 대해 긍정적인 생각을 가진 동욱과 유희이고, 이들의 만주 이주를 방해하는 인물들이 부정적인 역할을 수행한다.

동욱은 농촌 소작인의 아들이지만, 잘생기고 똑똑한 젊은이로 마을의 경방단장을 맡고 있다. 마을 청년들의 중심 역할을 하며, 청년들 사이의 여론을 쥐고 있는 인물이기도 하다. 동욱의 생각과 결정은 청년들의 생각과 행동에도 영향을 미친다. 동욱은 좁은 마을에서 이웃과 으르렁거리는 것보다 만주로 가는 것이 낫다고 생각하며, "우리가 같이 만주로 가면 무서울 것 없지 않냐"라며 동무들을 설득한다. 동욱은 만주에 대한 기대를 가지고 있지만 한편으로는 자기가 떠나면 혼자 남을 아버지가 걱정이다. 그리고 유희와의 애정문제로 인해 혼란을 겪으며, 만주로 떠나겠다는 결정을 번복하며 갈등을 겪기도 한다.

---

21) 大和塾記, 「北進隊を企劃して」, 『국민문학』, 1942.6.

결국 만주로 이주하기로 결정하면서 "다른 사람들은 동리를 위해 떠
나는데 그 틈에서 제 욕심을 채리는 건 죄악"²²이라며, 개인적인 이해
관계를 떠나 국가적 이해관계를 우선해야 한다는 논리를 내세운다.

극의 여주인공인 유희는 건강하고, 아름다우며 순박하고 정이 많
은 지적인 여성이다. 유희는 동욱과 서로 좋아하는 사이지만 대추나
무의 소유권을 둘러싸고 원수처럼 지내는 부모님들 때문에 힘들어하
고 가족을 위해 동욱과 헤어지기로 결정하는, 전통적 여성상에 가까
운 모습을 보여주기도 한다. 동욱과 헤어지고 부모님의 뜻에 따라 기
손과의 결혼을 결정하면서도 만주로 떠나는 동욱을 위해 누비저고리
를 만들어 몰래 전하며 애틋한 마음을 드러내기도 했다. 결국 이러한
유희의 진심이 알려지면서 두 가족은 화해를 하게 되고 결혼을 허락
받기에 이른다. 가족을 우선시하고 자신을 희생하려는 유희의 선택이
두 이웃의 오랜 갈등을 풀고 화해하는 결과로 이어지게 된 것이다. 이
처럼 가족을 우선시하는 이러한 유희의 태도는 사회를 강건하게 이끌
책임감에서 비롯된 것으로, 전장으로 떠난 남성들을 대신해서 굳건하
게 후방을 지키는 총후부인의 미덕을 보여주고 있다.

〈대추나무〉에서 농민들이 만주로 떠나는 것을 반대하는 인물은 지
주이다. 소작인들이 모두 만주로 떠나버리면 일손이 부족해질 것을
염려해서 길수에게 만주가 사람 살만한 곳이 못 된다는 소문을 내도
록 사주해서 농민들의 만주 이주를 방해한다. 그렇다고 해서 지주가
일본과 일본의 정책을 반대하는 것은 아니다. 다만 대동아 경제 블럭
이라고 하는 전체적 틀에 대한 이해가 없기 때문에 국책과는 거리가

---

22) 유치진, 〈대추나무〉, 『신시대』 2권 10호, 1942.3

먼 행동을 한 것이다. 지주도 내선일체에 대해 비판적인 생각을 가진 것이 아니기 때문에 면서기의 조언에 쉽게 협조하는 태도로 돌아선다. 동욱의 아버지인 경주 또한 처음에는 동욱의 만주 이주를 반대한다. 하지만 만주가 살기 좋은 곳이라는 길수의 이야기에 마음을 바꾸고, 대추나무를 둘러싼 사소한 싸움을 그치고, 함께 만주로 떠나기로 결정한다. 이처럼 〈대추나무〉는 만주 이주를 찬성하는 인물과 이를 반대하는 인물이 대립하는 구조를 보이고, 만주 이주가 모두에게 이익이 되는 선택이라는 것을 확인하면서 대립구도가 종결된다.

이 같은 국민연극 시기 유치진 희곡의 주인물들은 모두 개인보다 민족을 우선한다. 〈흑룡강〉의 성천은 개인적인 원한 같은 사사로운 감정에서 벗어난 존재이다. 민족을 위해 헌신하는 그는 조선 민족의 통합뿐 아니라 동아시아의 여러 민족이 힘을 모아 동방을 지켜야 한다는 협화의 이념을 체득한 인물이다. 〈북진대〉의 정병조도 "진실로 한국의 장래를 위해" 노력하는 인물이며, 〈대추나무〉의 동욱도 "다른 사람들은 동리를 위해 떠나는데 그 틈에서 제 욕심을 채리는 건 죄악"이라며, 개인적인 이익만을 추구해서는 안 된다고 했다. 국가와 민족을 위해 일해야 한다는 것이다.

이처럼 국민연극 시기의 주인물들은 분명한 사상적 지향점을 드러내며, 이러한 사상을 바탕으로 주변 사람들을 감화시키고 이끌어가는 존재들이다. 유치진은 이들을 정의롭고 용감하며 동일시하고 싶은 인물로 그려내며 관객의 감화와 감정적 동일시를 유도하고 있다. 이들과 대립하는 부정적인 인물은 단순한 악인이기보다 시대성을 전제하고 있다. 성천과 대립하는 〈흑룡강〉의 양칠산과 호만복은 자신의 이익을 위해 타인의 희생을 당연하게 여기는 악인이다. 이들은 특히 일본에 적대적인 태도를 보이며 조선인들이 일본과 같은 편이라고 생각해서 고통을 가한다. 〈북진대〉의 조영철도 자신의 도와준 외사촌 정병조의 선의를 배신하고 악행으로 갚는데, 그가 당시 일본과 대립하던 친러파라는 점이 그의 악함의 근거가 되었다. 〈대추나무〉 또한 개인의 이익 때문에 만주 이주를 반대하거나, 국가의 시책에 어긋난 행동을 할 경우 부정적인 인물로 기능하게 된다.

국민연극 시기 희곡에서 반동인물은 개인의 욕심만을 추구하는 인물로, 시대의 요구를 알지 못하거나 거스르는 역할을 한다는 점에서 부정적인 기능을 한다. 이 같은 반동인물 설정은 자연스럽게 민족을 위한 주인물들의 긍정성을 강화하고 그들의 이상에 관객이 동조하게 하는 효과를 낸다. 〈흑룡강〉의 성천, 〈북진대〉의 정병조, 〈대추나무〉 동욱과 같은 국민연극 시기의 주인물들은 모두 개인보다 민족을 우선하고, 민족을 위해 헌신하려는 젊은이들이다. 이들은 1930년대 전반기 〈토막〉의 명수나 〈수〉의 대선과 같은 인물이라 할 수 있다. 그러나 1930년대 전반기의 희곡에서 이들은 극의 전면에 드러나지 못했고, 거대한 부정적 힘에 의해 패배하는 정도로 배치되었다. 그럼에도 이들의 의지는 관객들에게 강한 인상을 남기고, 부정적 현실을 극복해야 한다는 의지로 이어질 수 있었다. 반면 국민연극 시기의 ㅈ인물들은 일본의 도움으로 자신이 지향하던 바를 이루게 된다. 특히 일본의 역할을 결정적인 계기로 배치해서 협화의 논리를 강조하였다. 그러나 민족을 위한다는 논리가 일본을 위한 것이라는 점이 그대로 드러나는 방식으로는 관객의 감정에 매끄럽게 수용되기 어려웠다.

2. 화해의 결말을 통한 현실 긍정성 강조

국민연극 시기의 극은 갈등을 중첩시키고, 사건을 끊임없이 연속시키는 방법을 선택하고 있다. "불필요하게 복잡한 주인공의 심리묘사를 피하는 대신 끊이지 않고 계속되는 사건의 연속을 통해 주인공이 겪는 난관과 그것을 극복하는 데 자연스럽게 참여할 수 있게끔 둘 사이를 감정의 끈으로 끈끈하게 묶어 두"[23]려는 의도인 것이다. 이는 국민연극의 특성상 관객들의 거부감을 유발할 수 있는 문제를 최소화하기 위해 고안된 방식이라 할 수 있다. 관객들은 인물들 사이의 중첩되는 갈등과 연속되는 사건에 몰입하고 되고, 무대 위에 재현되는 다양한 볼거리에 몰입하게 되는 것이다.

특히 1940년대 전반기의 극은 1930년대 후반기 극에서부터 사용했던 애정갈등을 적극 활용하고 있다. 그러나 1930년대 후반기의 극은 애정갈등을 표면에 드러내어 보여주면서, 그 이면에 그들의 애정이 문제에 부딪치게 되는 원인으로 현실의 문제를 배치하여 낭만적 애정 이면에 존재하는 현실의 모순을 인식하도록 의도하였다. 즉 1930년대 후반기 극에서는 애정 갈등이 모순에 찬 현실의 문제를 알게 하는 데 활용되었다면, 1940년대 국민연극 시기의 극에서는 애정문제가 주인공의 행동이나 신념 변화와 연관되지 않는다. 다만 극의 흥미를 끌기 위한 요소 정도로 활용되고 있으며, 개인적인 애정 문제보다 중요한 집단의 가치를 선전하는 데 활용되었다.

〈흑룡강〉에서 연의 죽음은 호만복의 부정성을 강화시키지만, 성천

---

23) 박성봉, 『대중예술의 이론들』, 동연, 1995, 86-87쪽.

의 복수나 신념의 변화로 이어지지 않는다. 연의 희생은 민족 협화에 이르는 과정으로 기능한다. 〈북진대〉 또한 마찬가지이다. 정병조는 자신의 신의를 의심하는 일진회 회원들에 대한 배신감 때문에 친러파가 되기로 한다. 박정숙의 존재도 그의 결심을 되돌릴 수 없었다. 오히려 박정숙조차 자신을 의심했다고 생각하여 결심을 더욱 굳힐 뿐이었다. 〈대추나무〉의 경우도 유희가 만주로 갈 것인지의 여부가 만주로 떠나기로 한 동욱의 결심을 바꾸지는 못하였다. 애정문제는 극의 흥미를 더하는 역할을 하며, 개인적인 애정문제보다 더 중요한 가치를 강조하기 위해 활용되는 정도였다.

〈흑룡강〉은 "만주사변보다 그 건국에 이르기까지의 고난"을 그리고 있으며, "민족상극보다 민족화합으로 발전하는 대동아건설의 국가이상의 일단을 구상화"[24]하였다. 민족화합을 통한 대동아건설의 이상을 드러내기 위해 〈흑룡강〉은 만주를 배경으로 해서 성천과 조선인들이 겪는 수난의 이야기와 성천과 연, 장거강과 동월의 사랑이야기를 적절히 조화시켜 긴장감과 흥미를 유지하는 극작술을 보여순다. 성천을 중심으로 한 조선인들이 그들에게 적대적인 만주인들과의 갈등을 해결하고 민족협화의 이상을 실현해 가는데, 그 과정에서 애정문제가 적절히 활용되고 있다. 애정문제는 극의 흥미를 주면서도 성천의 이상에 주변 사람들을 동조하도록 만드는 기제로 활용되며, 모든 민족의 화합을 통한 만주국 건설이라는 성천의 이상이 주변을 감화시켜 "민족협화를 통해 대동아건설의 국가이상을 구상화"[25]하는데 기여하

---

24) 現代劇場,「新劇〈黑龍江〉公演報告」,『삼천리』, 1941.7, 26쪽.
25) 유치진,「국민연극의 구상화 문제-흑룡강 상연에 제하여」,『매일신보』, 1941.6.5.

도록 의도되어 있다.

극은 성천을 위시한 조선농민들과 이들 조선인에 적대적인 만주 원주민들의 갈등 상황에서 시작된다. 이러한 갈등의 배경은 만주사변이다. "만주 건국 이전에 조선에서 이주한 농민들은 사변이 발발하자 하얼빈의 일본영사관에 수용되어 보호를 받는다. 사변이 끝난 후, 그들은 본래 살던 마을로 돌아와 불타버린 집을 재건하고 황폐해진 논밭을 갈아 농사를 다시 시작하려 하지만 원주민인 만주인들은 사변을 일으킨 것은 조선인이라고 하면서 양식을 팔지 않을 뿐만 아니라, 소작권마저 빼앗아 버려 조선인 농민들은 생활방도를 잃고 절망에 빠지게"26) 된 상황에서 극이 시작된다. 일본의 보호를 받았다는 이유로 조선인에게는 식량도 팔지 않는다. 배가 고파서 두유라도 사먹으려 해도 더럽다고 하는 만주인 상인의 태도는 만주 땅에서 조선인들이 겪는 수난을 잘 보여준다. 그러나 성천은 민족 협화의 이념으로 조선인들을 이끌어 가며, 물꼬 싸움 때문에 자신의 아버지를 죽게 만들었던 덕삼 일가를 받아들이며 민족 협화의 이념을 실천적으로 보여준다.

극의 본격적 갈등은 양칠산의 등장으로 시작된다. 양칠산은 장거강을 찾아가 아편을 바치고 수전을 얻으려 한다. 그러면서 조선인들이 자신들의 원수라는 점을 부각시키며, 조선인들이 일본군 첩자노릇을 해서 동북군이 전멸했다며 만주 땅에서 조선인들을 내쫓아야 한다고 계략을 쓴다.

> 양칠산   놈들은 우리의 원수애요. 지낸 란리에 雙城堡에서 쫓겨온

---

26) 現代劇場, 「新劇〈黑龍江〉公演報告」, 『삼천리』, 1941.7.

동북군이 여기 숨어 잇는 줄을 일군이 어떠케 알앗겟수. 조
선놈들이 다가르켜준 거애요. 그래서 전멸을 당헌 겁니다.
대체 농민이란 군대보다 더 무서운 놈들이애요. 군대는 전
장만 싯나문 본국으로 다 돌아가지만 농민이란 소진득이
모양으로 쌍에 부터서 싯까지 쌍기운을 쌜아먹거든요. 우
린 어떠케 해서라두 조선농민을 이쌍에 발을 못부치게 해
야 합니다. 이주테에다가 대인쎄서 도장만하나 찍어 주세
요. 그러문 이걸 핑게루 난 놈들을 다 쏘처낼테애요.

토호　　조선놈들 몰아내치구 자네가 수전 농살 지어보겟단 말이
지?[27]

장거강은 성천을 친일적이라 생각해서 경작지를 회수하려 한다. 양
칠산은 조선인들이 부치던 수전을 가로채서 자기가 부치겠다는 욕심
을 드러내며 토호를 설득한다. 토호는 조선인들에게 내어준 토지사
용계약서를 빼앗아주려 하지만, 동월의 도움으로 경작지 반환 요구가
철회된다.

극이 진행되면서 성천과 조선인들을 계속해서 위기에 처한다. 일본
군에 쫓긴 장학량의 태군이 마을을 공격해오는 사건은 관객의 긴장감
을 극대화시키다. 마을 사람들은 구덩이를 파고 대비한다. 하지만 태
군이 마을에 들어오고 이웃여자는 산발이 되어 아이와 도망 오는 장
면이 이어지며 긴장감이 커진다. 이러한 긴박한 상황에서도 성천은
마을 사람들을 피신시키고 용감하게 대항한다. 성천은 포로로 잡히지
만 탈출하여 태군에 맞선다. 만주 땅에서 조선인과 성천의 힘은 미약

---

27) 유치진, 〈흑룡강〉, 2막 46쪽.

하다. 이러한 성천에게 힘이 되는 것은 일본이라는 존재이다. 토호의
비서인 가이남은 조선인들과 손을 잡으면 피 한 방울 흘리지 않고 테
군을 잡을 수 있다고 토호를 설득한다.

> 가이남 테군을 잡자문 조선 사람과 짜야 합니다. 때마츰 테군한테
> 쫓여서 조선 사람들은 지금 죽을 지경이애요. 그들의 울분
> 은 하늘에 뼈첫습니다. 인제는 조선 사람들의 원수가 우리
> 의 원수애요. 그 사람들만 앞장세우면 피한방울 흘리지 안
> 코 테군을 잡을 수 있어요.
>
> 토호 그만두게 손에 무기하나 없고 게다가 끼니를 굶어서 기진
> 맥진한 놈들하고 짜면 뭘해?
>
> 가이남 그 사람들의 배후에는 수백만의 일군이 있지 안습니까?
>
> 토호 그래 그게 어쩌탄 말야?
>
> 가이남 그 군사를 부릅시다.
>
> 토호 그건 웨?
>
> 가이남 지금 테군은 조선 사람을 잡을려고 얼투 당치치두 안흔 소
> 리를 꿈여서 온 마을에다가 사발통문을 돌렷답니다. 조선
> 사람을 그냥두면 작구 몰려 들어와서 한전(旱田)이 수전
> (水田)이 급기야는 만인이 다-내 쪽이고 만다고. 그래서
> 온 동리가 디집혀서 조선 사람을 잡으려 든답니다. 그러니
> 군대에다가 사람을 보내려 해도 첫째 보낼 길이 없읍니다.
> 그려.[28]

---

28) 유치진, 〈흑룡강〉, 4막 15-16쪽.

가이남은 조선 사람들이 태군에 쫓겨서 죽을 지경이라는 사실을 전하며, 조선 사람들의 원수가 바로 자신들의 원수로, 조선 사람들을 앞세우면 태군을 잡을 수 있다고 토호를 설득한다. 조선 사람들은 약하지만 강한 군대를 가진 일본이 조선을 돕고 있으니 이를 활용하자는 것이다. 일본이라는 막강한 힘이 조선 사람들을 보호하고 있다는 인상을 부각시킨다. 이에 처음에는 조선 사람들에게 적대적이었던 토호도 점차 마음이 흔들리고, 자신의 처를 납치해간 태군이 존경하던 장학랑의 부하라는 사실을 알게 되면서 마음이 바꾸게 된다. 그리고 점차 성천에 대한 호의를 갖게 되고 성천과 뜻을 함께 도모하기로 한다.

> 토호 (고개를 들어 성천을 보더니 성천에게 달려간다) 성천이! (조선 농민 의아한드시 일제히 토호를 본다) 성천이 이 일을 어쩌케하면 조흔가?
>
> 성천 그 무슨 말슴임니까?
>
> 토호 나를 구해다고.
>
> 성천 우리와 생사를 가치하시렵니까?
>
> 토호 이쌍에 죄악의 씨를 모조리 뭇지를수만 있다면-내게는 柊月이만이 인젠 문젝 아니다.
>
> 성천 (토호의 손을 붓들며) 좃습니다. 걱정마세요. 대인 우리도 우리의 원수를 갑겟습니다.
>
> 토호 나를 막지 말어라. 나는 오랫동안 헤매다가 인제야 겨우 내 갈길을 찾엇다.[29]

---

29) 유치진, 〈흑룡강〉, 4막 43-44쪽.

　토호가 성천을 신뢰하고 돕기로 하면서 성천은 힘을 얻게 된다. 토호의 도움으로 성천의 힘이 커지게 되면서부터는 호만복의 부정성을 드러내는 데 집중하게 된다. 호만복이 양칠삼으로부터 아편을 건네받는 모습은 부정한 군인 그 자체이다. 호만복의 부대는 정규군이면서도 재물을 빼앗고, 집에 불을 지르고 사사로운 욕심 때문에 남의 아내를 빼앗는 "더런 짓"을 한다. 동월은 이러한 호만복의 정규군이 마적보다 훨씬 못한 존재라고 폄하한다. 호만복과 그의 군대를 부정하는 것이다. 술에 취해 연을 겁탈하는 모습에서 호만복은 인간적으로나 군인으로서나 최악의 인물이라는 것을 드러낸다.

　그러나 민족협화를 주장하는 극답게 호만복이 속한 군대 전체를 배제하지는 않는다. 양칠산이나 호만복과 같은 개인적인 이익만을 추구하는 악인은 제거되지만, 다른 만주인들은 수용하려는 태도를 보인다. 부정한 짓을 계속하다가 모든 것을 잃은 호만복은 스스로 죽음을 선택하게 하지만, 나머지 태군들은 호대장에게 홀렸던 것뿐이라며 이들을 용서하고, 함께 새로운 만주국을 건설하는데 동참하도록 하고 있다.

> 성천　결박한 걸 슬러들 주슈.(농민들른 퇴군의 결박을 슬른다.) 너 이들두 맘만 바로 잡으문 만주 새 나라의 홀능한 일꾼이 될 수 잇스니까 살려두든느야. 정말 우리는 이 만주 때문에 얼마나 만혼 피를 흘렷는지 모른다. 허지만 날이 밝으문 삼월초하로 만주 새나라는 건국된다. 우리는 다가치 손을 잡구 우리의 생명을 이나라를 위해서 바치기를 맹세하자. 그리고 이 짱을 개척하노라구 희생된 거룩한 생령을 축복해주자.

〈흑룡강〉은 성천을 비롯한 조선 사람들의 수난을 중첩시키며 극을 전개한다. 그러면서 상당히 스펙터클한 극 전개를 계획하고 있다는 점에 주목하게 된다. 시공간의 제약을 고려하면서도 성천과 마적 때의 싸움 장면을 직접 무대 위에 재현하여 관객들의 시선을 끌고자 했다. 마적의 등장에 위험을 감지한 조선 농민들이 흙구덩이를 파고 중요한 물건을 감추면서 위기에 대비하는 장면을 배치하고, 말발굽소리, 총소리를 활용하여 위험이 점점 가까워지고 있음을 드러내는 설정은 관객의 긴장감을 조성한다. 이어서 테병이 마을을 침략 약탈하고 총싸움을 벌이는 장면을 무대 위에서 직접 보여준다.

만인장사치   이집이야

퇴병1   (집안을 둘려보고) 망할 것들 벌서 도망을 햇고나.

퇴병2   정말- 꺼우리 라면 씨도 냉기지 말랫는데.

퇴병1   에이 퐈-즈-(총끝으로 천정을 쑤시어보며) 먹을 건 업나. 이 마대가 뭐야? (만저 보더니) 볍씨다.

퇴병2   아 이건 밥이다.(밥 남은 것을 발견해 갓이고 저마다 먹으려고 말치락거린다.)

퇴병1   (신발을 발견하고) 이것 봐 웬 호박이냐.

(제 신을 버서 노코 바꾸어 신는다)

만인장사치   이 볍씬 래일 싸차(馬車)로 실어가기로 하고 인제 다음 집으로 가세. 자 빨리 (도로 나가려 한다.)

만인장사치   (한구석에 성천이 숨은 것을 가르키며) 나거 스슴마? (저게 뭐야?)

퇴병1   나벤 뒤- (어디)?

만인장사치   캉캉(저것 봐요)

만인장사치는 성천이 선 데를 가르킨다. 퇴병 1과 2는 어둠을 뚫고 무엇을 발견하려고 애쓰며 언뜻하면 쏠 듯이 한 발 두 발 가까이 간다.

성천은 숨도 못 쉬고 섰다.

퇴병이 가까이 오자 성천은 피스톨을 한 방 놓는다. 만인 장사치 맞아서 꺼꾸러진다.

그 순간 퇴병1,2 깜짝 놀래서 주춤 물러선다. 성천이 숨쉴 새도 없이 또 한방 쾅! 퇴병 자빠진다.

퇴병2도 대고 쏜다. 성천과 퇴병2는 동시에 자빠진다.

성천이가 자빠지는 것을 보고 연이 덤벼서 성천을 흔든다.[30]

〈흑룡강〉은 극의 규모가 커졌으며, 여러 인물들과의 복잡한 갈등 상황을 무대 위에서 직접 보여주는 방식을 선택하고 있다. 조선인들이 테군 잔당의 습격을 받고 총격전을 벌이는 상황을 대사로 처리하지 않고 직접 무대 위에 재현하고 있다. 총을 든 퇴병이 마을에 쳐들어오고, 성천이 숨어있는 장소를 만주인 장사치가 퇴병에게 알려주는 장면은 관객의 긴장감을 유도한다. 그리고 이어서 성천이 숨어서 기습을 노리다가 피스톨로 퇴병을 제거하는 장면을 보여주어 긴장감을 해소하며 관객을 후련하게 한다. 줄곧 악행을 일삼던 호만복이 성천에게 패배하자 자살하는 장면도 직접 무대 위에서 보여준다. 이러한 스펙터클한 장면 활용은 국민연극의 특성상 유발될 수 있는 관객들의 거부감은 최소화하기 위해 볼거리를 최대한 강화시키기 위해 고안된 방식이라 할 수 있다.

---

30) 유치진, 〈흑룡강〉, 3막 34-35쪽.

〈북진대〉[31] 는 "메이지 37(1904)년 8월부터 다음해 3월"까지이며,
장소는 "경성과 평양"이다. 팸플릿에 제시된 막 구성과 경개를 토대로
내용을 재구성해 보면, 1막은 "1904년 8월 아침 경성 종로의 일진회
사무소"[32]가 배경이다. 일진회 사무소가 배경인 만큼 이용구의 제자이
며, 일진회의 총무이기도 한 고백선의 권유를 받은 정병조가 일진회
에 입회하고, 또 수년 전 처음 만나 마음을 빼앗긴 일이 있었던 박정숙
과 재회하는 상황이 중심이었을 것으로 보인다. 이용구와 고백선 두
사람은 "조선과 일본이 병합해서 대아시아 건설에 매진"[33]할 것을 맹
세하는데, 이러한 두 사람의 맹세가 일진회를 통해 선전하려는 극의
주제라 할 수 있다. 극은 긍정적 인물인 고백선과 정병조를 등장시켜
그들의 신념인 "일한병합을 통한 대아시아 건설"의 당위성을 이야기
하며, 여기에 더해 정병조가 이전부터 마음을 두고 있던 일진회 여 회
원과의 사랑이야기를 덧붙여 극의 흥미를 유도하며 일진회 회원들의
신념에 대한 긍정성을 이끌어내자 하였다. 고백선과의 신의에 박정숙
과의 애정이라는 측면이 더해지면서 일진회 활동에 대한 긍정성과 흥
미를 강화하는 것이다

　1막에서는 국가를 위해 무엇을 해야 하는지에 대해 자각한 긍정적
인물들의 인간적인 면모를 부각시켰다면, 2막에서부터는 부정적인

---

31) 〈북진대〉의 경개는 『대동아』(1942.7)에도 소개되어 있으나, 구체적인 극 전개에
　　대한 정보는 제공되지 않고 있어 극의 내용을 추측하는 데는 한계가 있었다. 〈북
　　진대〉 팸플릿 또한 대본이 아닌 만큼 상세한 내용까지 게재되어 있지는 않다. 하
　　지만 등장인물의 전체적인 면모와 막과 장의 정보를 제시하고 있어 극이 어떻게
　　전개되었을지 추측할 수 있도록 하고 있다.
32) 〈북진대〉 공연 팸플릿, 2쪽.
33) 〈북진대〉 공연 팸플릿, 2쪽.

친러파 인물을 등장시켜 선악관계를 분명히 하고 갈등 상황을 만들어
낸다. 제2막은 "수일 후의 밤, 경성 북촌 정병조의 정자"[34]가 배경이다.
정병조는 블라디보스토크에서 배일파(排日派)로 활약하고 있는 자기
의 외사촌 조영철을 전향시켜서 "진실로 한국의 장래를 위해 싸우는
일진회에 입회시키려"[35] 노력하고, 이용구의 알선으로 두만강을 건너
는 증명서를 얻어 조영철이 무사히 조선에 들어올 수 있도록 돕는다.
2막의 공간이 경성의 북촌 정병조의 정자로 설정되어 있는 만큼 블라
디보스토크에 있는 조영철이 직접 등장하기보다는 조영철이 몰래 조
선에 들어올 수 있도록 애쓰는 정병조와 일진회원들의 모습을 긴장감
있게 보여주는 방향으로 진행되었을 것으로 추정된다.

2막이 국가를 위한다는 분명한 신념을 가지고 자신들에 적대적인
친러파까지 설득하려는 일진회 회원들의 노력을 부각시키면서, 이들
에 적대적인 친러파의 존재를 드러내어 긴장감을 형성한다면, 3막은
이러한 긴장감을 더욱 상승시키며 본격적인 갈등을 만들어낸다. 3막
은 "익일 밤, 1막과 같은"[36] 경성 종로의 일진회 사무소가 배경으로, 일
진회 사무소에서 조영철이 정병조의 일진회 입회기념 사진을 몰래 훔
쳐서 친러파에 전해주는 내용이 중심임을 읽을 수 있다. 조영철은 이
용구를 비롯한 일진회원들의 도움으로 무사히 조선에 들어올 수 있었
음에도, 자신을 일진회에 입회시키려는 정병조의 간곡한 청을 거절하
고 오히려 정병조의 일진회 입회 기념사진을 훔쳐내어 친러파에 넘기
는 면을 드러내어 부정성을 강화하며, 긴장감을 상승시킨다. 1막에서

---

34) 〈북진대〉 공연 팸플릿, 2쪽.
35) 「북진대」, 『대동아』, 1942.7.
36) 〈북진대〉 공연 팸플릿, 2쪽.

일진회원들을 등장시켜 그들의 사상과 신념에 대한 긍정을 유도했다면, 2,3막은 이들과 적대적인 친러파 인물을 등장시켜 긴장감을 상승시키며, 자신들에게 적대적인 친러파에까지 도움을 주는 일진회원들의 인간적인 모습과, 자신에게 베푼 호의를 배신으로 답하는 친러파의 부정성을 대비시키고 있다.

　조영철의 등장으로 형성된 긴장감은 4막에서 사건으로 구체화 되는데, 악인의 계략으로 인한 오해와 희생을 통한 화해라는 익숙한 방식이 활용되고 있다. 4막은 2장으로 구성되어 있는데, 1장은 조영철의 간계로 인한 정병조와 일진회 회원 간에 오해와 희생을 통한 화해가, 2장은 모든 오해가 풀어지고 경의선 군용철도가 전통(全通)되어 후속부대를 만재한 기차가 북으로 맥진하고, 고백선과 정병조가 이를 배웅하는 내용으로 채워진다. 극에서 갈등이 가장 고조되는 부분이 바로 4막 1장으로, "12월 새벽의 산중 철도공사장"[37]이 배경이다. 12월 새벽의 산중이라는 극한의 상황 속에서도 경의선 군용철도를 개통하기 위한 공사가 시작되고, 일진회원이 총동원되어 철도공사에 조력하는 상황에서 어느 날 공사장에서는 일진회원의 구타사건이 발생한다. 이 사건은 일진회의 사업을 반대하는 친러파의 소행이었지만, 사건 현장에 버려진 보자기에서 조영철이 훔쳐 친러파에게 건넨 정병조의 일진회 입회기념 사진이 발견되면서 경성의 일진회 사무소에서는 정병조를 친러파 밀정으로 오해하게 된다. 이용구와 박정숙은 정병조의 인격을 믿지만, 정병조는 이 사건으로 자기를 친러파로 오해하는 일진회를 원망하게 되고, 자신의 진심을 의심하는 일진회에 복수하기

---

37) 〈북진대〉 공연 팸플릿, 1쪽.

위해 친러파의 밀정으로 활약하기로 하면서 갈등이 극대화되기에 이른다.

갈등은 정병조가 경의선 군용철도를 파괴하려고 조선에 들어오고, 순시중인 고백선에게 붙잡혀 사형선고까지 받게 되게 되면서 최고조에 이르지만, 서로의 행동을 오해하여 책망하는 동안 결국 조영철의 계략으로 인한 오해라는 것이 판명되면서 한순간에 풀어지게 된다. 이는 멜로드라마에서 흔히 사용하는 의무적 장면[38]의 역할을 하는데, 갈등이 최고조에 이르렀을 때 지금까지 비밀로 유지되어 오던 악인의 간계를 폭로되고, 오해가 풀어지는 것이다. 자신의 오해 때문에 정병조가 사로(邪路)를 밟게 되었다고 생각한 고백선은 정병조를 박정숙과 함께 도망하게 하고 대신 벌을 받으려는 희생정신을 발휘한다. 이에 감동한 정병조가 죽음을 각오하고 군용철도 파괴 음모와 기밀을 알려주어 친러파에 의한 철도파괴를 미연에 방지하게 되면서 모든 갈등은 해소된다. 극은 '38년 3월 밤의 평양 대동강 철교공사장'을 배경으로, 이들의 노력으로 경의선 군용철도가 全通되고 후속부대를 가득 실은 기차가 북으로 맥진하는 것을 고백선과 정병조가 배웅하는 것으로 마무리하고 있다.

〈북진대〉는 치밀한 극 구성으로 높은 평가를 받았으며, 획기적인 성과를 거두어 국민연극에 많은 가르침을 준 작품이다.[39] 일진회와 이용

---

38) '잘 만들어진 극'의 줄거리는 어떤 비밀에 의해 좌우되는데 관객은 이를 알고 있으나 주인공은 진실이 결정적인 순간에 밝혀지기 이전까지는 전혀 알지 못한다. 이것이 바로 의무장면으로 이 순간에 적은 패배를 인정할 것이고 주인공은 승리를 획득할 수 있다. J.L. Styan, 원재길 역, 『근대극의 이론과 실제 1 - 자연주의와 사실주의』, 탑출판사, 1995, 15-16쪽.

39) 오정민, 「〈북진대〉 관극평」, 『매일신보』, 1942.4.8-10.

구, 우치다 료헤까지 등장시키지만, 이들은 극의 이면에 배치하고, 일진회 청년 남녀의 선구적 사상과 헌신적 활동을 표면에 드러내어 이들의 사상과 활동을 긍정적으로 포장하고 있다. 이러한 〈북진대〉의 방식은 국민연극이 요구하는 내용을 담아내면서도 거듭 사건을 연속시키고 애정갈등을 중첩시켜 관객들에게 흥미있게 다가갈 수 있도록 고려한 결과였다.

〈대추나무〉에는 여러 갈래의 갈등이 상당히 복잡하게 얽혀있는 양상을 보인다. 먼저 대추나무 소유권 문제를 둘러싼 경주·세영과 정촌·태근 두 집안의 싸움이다. 이들은 서로 이웃에 살고 있으면서도 대추나무를 둘러싸고 늘 갈등을 빚는 관계이다. 여기에 경주의 아들 동욱과 정촌의 딸 유희가 부모들 몰래 서로 좋아하는 사이지만 부모의 반대에 부딪치게 되는 이야기가 더해진다. 여기에 마을 사람들이 만주로 이주하는 문제를 둘러싸고 벌어지는 갈등이 얽힌다. 그리고 이러한 각각의 갈등은 모두 동욱과 유희 두 사람의 애정문제와 연결되며, 만주 이주라는 문제로 해결되도록 구성하고 있다.

극은 대추나무를 둘러싼 두 집안의 다툼에서 갈등이 시작되는데, 이러한 갈등은 조선의 땅이 좁기 때문에 이웃 간에도 서로 다툼이 일어날 수밖에 없음을 보여주는 상징적인 역할을 한다. 좁은 땅 때문에 생겨난 다툼은 동욱과 유희 두 사람의 결혼이 문제에 부딪치게 되고, 이 모든 갈등은 만주가 기회의 땅이라는 것이 드러나면서 해결된다.

> 길수 　이걸 보세요. (하며 호주머니에서 무엇을 끄으러내더니 경주
> 　　　에게 준다)
> 경주 　(손바닥으로 받으며) 뭐야? (디려다 본다)

길수　만주에서 난 곡식인데 쌀하고 콩이애유.

경주　(눈이 둥글해지며) 이게? 이렇게 굵은 콩이, 이 백옥같이 흰 쌀이?

길수　녜.

경주　(깨물어 보더니 조와서 그러나) 가짓말.

길수　정말애유. 금방 행장을 챙기노라고 만주에서 갖이고 나온 이 자루를 떠니까 이 안에서 나오겠쥬.

경주　(기쁨을 못 참아) 하, 하, 하……도야야 이것 봐라. 이건 듣기와는 아주 딴판이로구나. 이 콩은 우리 도화동에서 나는 것보다 훨신 좋고 쌀도 여깃 것허구 그다지 틀리지 않지 않어? 이런 곡식이 된다문야 땅인들 좀 좋으랴! 이, 이런 줄을 모르구 그 어린 것을 공연이 혼자 보냇구나. 애야 얼른 면서기한테 뛰어가서 이 경주세영이도 만주에 대려다 달라고 일러다구 얼른![40]

　동욱의 설득에도 절대로 만주에 가지 않겠다고 고집을 부렸으나, 길수가 만주에서 난 곡식을 보여주자 경주는 만주에 대한 기대로 마음이 돌아서게 된다. 그래서 대추나무 울타리를 헐어 정촌 집으로 대추나무가 가도록 하며 이를 계기로 두 사람은 화해를 한다. 이에 정촌은 유회를 며느리 삼아 달라 부탁하고 두 사람은 함께 만주로 가기로 약속한다. 만주라는 곳이 모든 갈등을 한 번에 해결해버리고 있는 것이다. 일제의 분촌운동을 선전하면서도 이 극은 상당히 교묘하게 부정적인 측면을 가리고, 두 집안의 다툼과 애정갈등을 중심으로 극을

---

40) 〈대추나무〉, 『신시대』 3권 1호, 1943.1.

전개하다가, 마지막에 이 모든 갈등을 만주라는 새로운 기회의 땅을 통해 풀어버리게 하고 있다. 대추나무 하나 때문에도 이웃끼리 늘 싸워야 하는 현실을 넓은 땅 만주로 이주만 하면 모두 해결된다는 것으로 마무리하고 있는 것이다. 그러나 결말에서 경주가 만주로 떠나기로 결정하고, 정촌과 화해하고 유희를 며느리로 허락하는 모든 과정이 한꺼번에 이루어지고 있다는 점은 다소 갑작스럽다. 관객들에게 이런 변화는 갑작스럽게 다가올 것이며, 만주 이주라는 구호가 의도만큼 거부감 없이 전달되기에는 한계가 있다 할 것이다.

1930년대의 극이 주로 비극적인 결말로 마무리된다면, 1940년대 전반기의 극은 모든 문제가 해결되는 긍정적 결말을 보인다. 신체제 하에서 국민이 향할 바와 이념의 길을 밝히고 그 이념의 건전한 발전을 도해서 국민으로 하여금 이념의 최후의 승리를 약속해[41]주어야 하기 때문이다. 유치진은 이러한 승리의 배경에 일본의 존재를 배치하여 일본의 긍정성을 암시하고 있다. 〈흑룡강〉에서는 성천과 조선 사람들의 거듭되는 수난을 만들어내고, 그 이면에 이들을 든든하게 지키는 막강한 힘을 가진 일본을 조선을 돕는 실체로 배치하고 있으며, 〈북진대〉의 정병조는 일진회와 이용구의 든든한 지지와 희생적인 믿음이 있었기 때문에 모든 오해를 극복할 수 있었다. 〈대추나무〉에서도 이웃 간의 다툼을 끝내고 동욱과 유희의 결혼을 허락받을 수 있었던 것 또한 일본의 만주이주 정책이 있었기 때문이다. 일본의 존재를 주인물이 겪는 수난의 이면에 숨기고 주인물을 돕는 존재로 설정하여 자연스럽게 일본의 존재를 긍정하게 하며, 그러면서 자연스럽게 국가

---

41) 유치진, 「국민연극 수립에 대한 제언」, 『매일신보』, 1941.1.3.

의 이념을 체득할 수 있도록 의도하고 있는 것이다.

국민연극 시기 유치진은 만주라는 공간에 관심을 집중하고 있는데, 이는 당시 많은 조선인들이 만주국에 살고 있었기 때문에 조선인들은 자연스럽게 "만주국"의 표상을 통하여 "동아신질서"에 다가갈 수 있었기 때문이며[42], 또한 만주국은 일본의 대륙진출을 위한 오랜 꿈의 실현이었기 때문이다. 일본은 만주국을 내세워 러시아와 구미 세력을 배제하고 중국에 대한 우월한 위치를 확보하고자 했다.[43] 조선인의 만주 이주 문제는 비단 조선에 그치는 것이 아니고 조선과 만주국을 위시한 일본 제국 전반에 관련되는 문제로 부각되었기 때문에 만주를 배경으로 한 연극을 일관되게 만들어낸 것으로 볼 수 있겠다.

---

42) 김재용, 「일제말 한국인의 만주인식-만주 및 '만주국'을 재현한 한국 문학을 중심으로」, 『일제말기 문인들의 만주체험』, 역락, 2007,
43) 김경일 외 3인 공저, 『동아시아의 민족이산과 도시』, 역사비평사, 2004, 339-340쪽.

현대극장 통한 국민극 수행

1. 시대 상황에 순응과 국민연극론의 내면화

극연좌의 침체 이후 연극 활동을 중단하고 있던 유치진은 1940년 12월 결성된 조선연극협회 이사로 추대되면서 다시 연극계의 중심적 위치로 복귀하게 된다. 조신연극협회는 "연극의 건전한 발달과 연극인의 질적 향상을 꾀하야써 문화의 새로운 건설에 공헌하자는 목적으로 경무국의 통제 아래 극인의 행동과 사업을 단결하"[44]기 위해 등장한 단체이다. 총독부 경무국 주도로 결성되었다는 점에서 드러나듯이 조선연극협회는 연극통제를 담당하는 실제적 기구로서 당국의 지침을 받아 일선 연극인 및 연극단체를 관리하는 국민연극운동의 총괄하는 기구로서의 역할을 담당하게 된다.

협회에 소속되지 않은 단체는 공연활동을 할 수 없도록 하고, 협회

---

44) 「조선연극협회 결성의 유래」, 『삼천리』 13권 3호, 1941.3, 142쪽

소속 극단원들에게 회원증을 나누어주어 회원증을 소지한 사람만이
무대에 설 수 있도록 하여 실질적으로 연극인들을 통제할 수 있도록
했다.[45] "이 협회 밑에 가맹할 각 극단에서는 종래와 달른 각도에서 민
중에게 외치는 연극을 하게 될 것이고, 또 연극인들의 지도기관으로
서 존재가 클 것"[46]임을 명시하였다. 이러한 극단 통제뿐 아니라 극작
가를 통제하기 위해 연극협회 회원 중에서 극작가만이 따로 극작가동
호회를 조직하고 연극협회 배속 하에 신체제에 적응하여 명랑 건전한
작품을 극단에 제공하도록 하였다. 극작가동호회는 극작가의 활동을
통제하기 위한 것으로, 극작가동호회 회원이 아니면 연극협회 소속
극단에서 공연할 수 없도록 규제하였다. 이를 통해 자연스럽게 대본
을 통제할 수 있게 했다. 유치진은 극작가동호회 회장으로 취임하였
고, 이듬해 1941년 3월 현대극장의 대표로 취임하면서 이 극단을 근
거로 조선연극협회 활동에 적극 참여하게 된다.

이러한 국민연극 시기의 활동에 대해 유치진은 피할 길 없었던 선
택이었다고 회고[47]하고 있지만, 사실 그는 연극이 정치적으로 활용하
는 것에 긍정적 생각을 가지고 있었다. 유치진은 연극이 관중들을 심
리적으로 통일시키는 측면에 주목하였는데, "나치 독일이나 러시아
같은 나라에서 국민정신 통제의 유일한 도구로 연극을 쓰는 것은 당
연한 일"[48]이라는 생각을 하고 있었다. 1940년 1월에 발표한 「국민예

---

45) 협회발행 기예장을 발급하여, 어느 지방 어느 무대에 있어도 회원기예장을 소지
하고 있지 않는 자는 무대에 설 수 없도록 했다. 「연극시평」, 『국민문학』, 1942.10.
46) 「조선연극협회 결성의 유래」, 144쪽.
47) 유치진, 『동랑자서전』, 202-204쪽.
48) 유치진, 「연극과 현대인-현대성의 탐구」, 『조광』, 1939.7.

술의 길」[49]에서부터는 시국극의 필요성을 주장하였다. 이 시기 유치
진의 판단에 영향을 미친 것은 일본 신극계를 대표하던 양 극단인 신
쿄(新協)와 신츠키지(新築地) 마저 해산되고, 모든 연극이 국민연극
으로 수렴되는 일본연극계의 변화였을 것이다.

일본 내에서는 1937년부터 국민문학론이 활발하게 거론되기 시작
한다. 연극계에서는 1938년 9월 국민연극연맹의 준비회가 결성되나
이때까지는 국민연극연맹이 연극계에 미친 영향은 미미했다. 이 시기
는 신쿄와 신쓰키지 양극단이 활동하고 있었기 때문에 국민문학이 신
극의 영역에는 큰 영향을 미치지 못했다. 당시 연극인들은 국민연극
에 대해 극도의 무관심을 보였으며, 연극계를 통제하려는 관청 당국
만이 이에 관심을 촉구할 뿐, 연극인들에게 국민연극이라는 말에 대
해 체제적인 이미지를 가진 것으로 인식하였다.[50] 이러한 분위기를 한
번에 전환시킨 것이 신쿄와 신츠키지 양극단의 해산 사건[51]이다. 신쿄
와 신쓰키지의 해산은 일본에서도 더 이상 기존의 신극과 같은 연극
이 불가능하다는 것을 보여주는 사건이었다. 이에 연극인들은 변화된
상황에 대한 인식 위에서 새로운 방향에 대한 모색을 요구받게 되었

---

49) 유치진, 「국민예술의 길」, 『매일신보』, 1940.1.2.
50) 大山功, 「國民演劇序說」, 『國民演劇』 1卷 1号, 1941.3.
51) 당시 경시청 특고과의 나카무라 겐지로는 신쿄게키단의 〈大佛開眼〉(1940.2. 나카
타 히데오가 쓴 로맨틱한 내용의 원작을 무라야마 토모요시, 스즈키 에이스케, 마
쓰모토 갓페이가 개작) 상연을 보고, 大佛 건립의 이면에 농민과 노예에 대한 착
취를 암시하고, 이를 통해 이데올로기를 교묘히 표현하고 있음을 알아채고는 양
극단이 의거하는 사회주의 리얼리즘이 일본의 방침에 역행한다고 판단하였다. 이
에 1940년 8월 신쿄와 신쓰키지 양극단의 주요 멤버 백 명 이상을 검거하고, 남겨
진 반수의 단원에 대해 사회주의적 색채가 짙은 두 극단은 국가 정세에 적합하지
않다는 이유로 즉시 해산을 권고하고 이에 양 극단은 자발적 해산을 결정하기에
이른다. 菅井幸雄, 『近代日本演劇論爭史』, 未來社, 1979, 219-220頁.

다. 이어서 1940년 10월 다이쇼요쿠산카이(大正翼贊會)가 발족하고,
문화 전반에 걸쳐 임전 체제, 총동원 체제가 갖추어져 갔으며 "국민"
이라는 말은 그 모든 변화들을 포괄하는 용어로 대두되기에 이른다.
이러한 거대한 체제의 흐름에 편승하는 길이 연극의 생존전략이었고,
잡지 『코쿠민엔게키』(國民演劇)가 창간되면서 국민연극론이 등장하
고, 국책에 입각한 연극 노선이 유일한 방향으로 제시되었다.

　일본에서의 국민연극의 방향을 제시한 대표적인 인물은 오오야마
이사오(大山功)로, 그는 『코쿠민엔게키』 창간호(1941.3)에 「국민연극
서설」[52]을 게재하여 국민연극의 개념을 규정하였다. 그는 당시 일본
에서도 국민연극의 개념이 분명하지 않고 "어떤 사람은 일본 국민의
민족성을 반영한 연극이라고 주장하고, 어떤 사람은 국민 대중 전체
를 통한 보편타당한 연극이라고 하고, 어떤 사람은 건강한 문화와 명
랑한 오락을 주는 연극이라고 말하고, 어떤 사람은 민족적으로 위대
한 연극이라고 강변하고, 어떤 사람은 국민에게 봉사하는 연극이라고
하고, 어떤 사람은 모든 예술이 가장 긴밀하고도 유기적으로 종합된
연극이라고 주장"[53]하며 의견이 분분한 것을 지적하였다. 이러한 개념
은 각각 일면의 진실을 포함하고는 있지만 국민연극의 전모를 드러내
지는 못한다고 단정하였다. 그러면서 오오야마 이사오는 "국민연극이
란 한마디로 국민의식을 가진 연극"[54]으로 규정했다. "일본 국가가 지
향해야 할 방향, 일본 민족이 나아가야 할 침로에 따라 그 문화전선의

52) 大山功, 「國民演劇序說」, 1941.3.
53) 大山功, 「國民演劇論序說」, 107頁.
54) 大山功, 「國民演劇論序說」, 109頁.

일익을 담당하려는 연극"[55]이라는 것이다.

오오야마 이사오는 국민연극의 이론을 체계화하는 데 충분한 경계(警戒)와 진중한 숙려를 요하는 세 가지 기준을 제시한다. 첫 번째가 국민연극의 시대성 문제이다. 그는 국민연극은 영구히 불변하는 어떤 구체상을 가진 것이 아니며, 그 시대의 국민연극을 만든 역사성, 시대성의 제약을 받는 유동적인 것이며 발전적인 모습으로 변모하는 것으로 보았다.

두 번째는 국민연극의 형태적 다양성의 문제이다. 국민연극은 장르나 형태에 있어서 결코 고정적이 아니고, 다종다양하며, 일률적이 아니라 다채로운 다양성을 포함하고 있는 것이다. 오오야마 이사오는 국민연극이라면 무언가 일정한 장르와 일정한 형태를 가진 것처럼 생각하지만 실은 다종다양한 장르와 형태를 가지고 있는 것이라고 했다. 소위 상업연극, 신극, 아동연극, 지방 소인극, 야외극 등 어떤 장르의 연극도 국민연극일 수 있고, 음악극 무용극, 대사극, 무언극 등 어떤 연극도 국민연극이라고 할 수 있다는 것이다. 국민의식을 지니고 있으며, 국민문화운동의 일익인 조건과 자격을 구비하고 있으면 국민연극이 될 수 있다는 말이다.

세 번째는 국민연극의 정치성의 문제로, 국민연극은 정치성의 우위를 인정하나 그것은 결코 기계적으로 직접 정치에 예속되는 것이 아니라 자율성을 가진다는 것이다. 오오야마 이사오가 이야기하는 국민연극은 "예술성을 바탕으로 국민 전체를 한 개의 국민정신으로 결합하는 연극"으로 요약할 수 있다.

---

55) 大山功, 「國民演劇論序說」, 109-110頁.

　오오야마 이사오는 "시대성, 다양성, 정치성"을 국민연극의 방향
으로 제시하였으며, 국민연극에 대한 보다 구체적인 글인 「국민연극
의 한 성격-소인극의 국민연극적 성격에 대해서」[56]에서는 국민문학
의 근본 성격으로 국민성을 강조하였다. 여기에서 국민성은 "일본 민
족으로서 당연히 가지고 있어야 할 민족적 의식"을 가리키는 말이다.
즉 "일본 민족 공동체의 혈족적, 정신적 통일의 중심에 나타나는 천황
을 익찬하여 받들고, 일본 국가를 새롭게 세계사의 한 중간에 크고도
강력하게 신장시키고자 하는 국민의 의식"이 바로 국민성이라는 것
이다. 그는 국민문학이 신민으로서의 "봉사"를 근저에 가질 때 비로소
진정한 국민문학이 될 수 있다고 보았다.[57]

　오오야마 이사오는 상업연극에 대해서는 비판적이었는데, 상업연
극이 국민연극적 성격을 결여하고 있다고 보았기 때문이다. 그는 "상
업연극은 많은 국민 대중에 의해서가 아니라 단순히 일부 소비계급에
주로 감상되고 향수되고 있을 뿐"[58]이라는 점을 문제로 지적하였다.
즉 상업연극은 국민 대중 가운데 있는 것이 아니기 때문에 국민연극
적 성격을 상실하고 있다고 비판하였다. 그는 상업극도 "무대와 관객
석이 예술적 감명에 의해 혼연하게 융합 일치되는 일은 있으나, 이는
단순히 예술적 감명이라는 것에 그쳐서 전 생활적, 전 인간적이라는
것까지 승화되는 일은 없"[59]기 때문에 상업연극은 국민후생운동이 되
지 못하며, 국민정신 함양의 수단도 될 수 없다고 단언했다.

---

56) 大山功, 「國民演劇の一性格-素人劇の國民演劇的性格に就いて」, 『國民演劇』,
　　1941.9.
57) 大山功, 「國民演劇の一性格-素人劇の國民演劇的性格に就いて」, 92頁.
58) 大山功, 「國民演劇の一性格-素人劇の國民演劇的性格に就いて」, 94頁.
59) 大山功, 「國民演劇の一性格-素人劇の國民演劇的性格に就いて」, 95頁.

오오야마 이사오에 의해 주도된 일본 내에서의 국민연극에 대한 모색은 『코쿠민엔게키』를 통해 지속적으로 모색된다. 이자와(伊澤紀)는 국민연극이 "일본국민으로서의 자각을 연극에 반영하는" 것으로 "신도(臣道)실천"[60]이라는 말로 바꿀 수 있는 국민 도덕의 문제를 다룬 연극으로 설명하였다. 하마무라 요네조(濱村米藏)는 "대중의 국민적 자각을 위해 새롭게 확립한 연극"[61]을 국민연극으로 규정했다. 대중을 국민적으로 자각시키기 위해서는 먼저 재미있는 것이어야 하고, 알기 쉬운 것이어야 한다고 전제하며, 국민연극의 성격을 일본정신의 현실적 성격 창조로 들었다. 일본정신이란 국가의 진전을 촉구하는 국민적 기질을 가리키는 것으로, 충의, 효행, 투지, 아름다움, 희생이라는 것이다. 이어서 슈즈이 겐지(守隨憲治)[62] 스즈키 에이스케(鈴木英輔)[63], 야마모토 슈지(山本修二)[64], 야마다 하지메(山田 肇)[65] 등에 의해 국민연극의 성격과 방향에 대한 모색이 이어지게 된다.

1940년부터 일본에서는 국민연극이 대세를 이루고 있었으며, 국민연극과 그 속에 담겨야 하는 내용에 대한 모색이 계속해서 진행되고 있었디. 유치진은 이미 일본 연극계의 이러한 변화의 흐름을 읽고 있었다. 1940년 12월에 발표한 「금년의 연극」에는 일본 신극계의 이러한 변화를 포착하고 있으며, 조선 연극계의 변화에도 대비하고 있음을 알 수 있다.

---

60) 伊澤紀, 「國民演劇の諸問題」, 『國民演劇』, 1941.4.
61) 濱村米藏, 「國民演劇論」, 『國民演劇』, 41.10.
62) 守隨憲治, 「歌舞伎劇の國民演劇的性格」, 『國民演劇』, 1941.10.
63) 鈴木英輔, 「國民演劇の確立について-感想二三-」, 『國民演劇』, 1941.10.
64) 山本修二, 「國民演劇の種 相」, 『國民演劇』, 1941.10.
65) 山田 肇, 「國民演劇について」, 『國民演劇』, 1941.7.

　　한동안은 무풍지대이든 조선극단에도 신년부터는 할 일이 꽤 많을
것 같다. 첫째 각 년부터 준비해오든 반도연극인협회(가칭)가 새해부
터 결성된다는 소식이다. 그 외에도 동경에서 연극법이 來議會에는 통
과될 것이라니까 그 연극법이 통과되면 조선극계에도 획기적인 파문이
밀려올 것이오 신체제하에 있어서의 국민연극의 수립문제도 아직 논위
되어 있는 것 같지 않고-이렇게 열거해보니까 신년에 지상에 올른 과
제는 정말 많다.[66]

　　일본의 국가 권력이 연극계를 통제하는 상황을 목격한 유치진은
한국 연극계에도 같은 변화가 있을 것임을 예견하고, 국민연극이라
는 방향을 차근차근 모색해간다. 그렇다면 유치진이 이야기하는 국민
연극이란 무엇인가. 유치진은 "신극의 기원이 상업극에 대한 반발로
서 일어난" 것으로, "소수인의 영리의 대상으로 좀먹어 들어가는 연극
의 예술성과 문화성을 지키려는 이념이 신극의 출발적인 이념"이라고
보고, 이러한 신극이 "국가가 이념하는 정치적 방향으로 정비되어 있
는"[67] 것을 '국민극'이라 했다.

　　현하 정세는 모든 사회생활이 종래와 같이 자유경쟁적으로 개인의
생활만을 위주할 수 없다. 개인보다도 국가를 앞세우고 국가를 위해서
는 개인을 바치지 않으면 안 된다. 그러기 때문에 우리는 종래와 같은
신극에 대한 각인각색의 견해를 성립시키기 전에 국가라는 커다란 명
제 앞에다가 우리의 예술을 내놓지 않으면 안 되게 되었다. 즉 앞으로
의 신극의 지도 정신은 군웅 할거적인 종전과는 달라서 단 하나로 집결

---

66) 유치진, 「신체제하의 연극-조선연극협회에 관련하여」, 『춘추』 1, 1941.2, 267쪽.
67) 유치진, 「신극과 국민극-신극운동의 금후 진로」, 『삼천리』 13권 3호, 1941.3.

된다. 국가가 이념하는 정치적인 방면이 그것이다. 이 방향으로 정비되어 있는 신극을 우리는 오늘날 국민극이라 부른다. 여태까지 신극으로 불려지던 연극은 그 신극을 우리는 오늘날 국민극이라 부른다. 여태까지 신극으로 불려지던 연극은 그 역할이 끝났다. 이제는 새로운 시대를 이끌어나갈 연극은 국민극으로 대치되지 않을 수 없게 된 것이다.

생각건대 국민극운동은 무엇보다도 영리주의자의 손에 붙들려 있는 연극을 빼앗아서 그것을 국민에게 내주는 운동이다. 영리의 도구가 된 연극을 공익 우선으로 내세우자. 즉 연극을 국민의 공유물로 만들어서 전 국민으로 하여금 한 가지 이념 속에서 다 같이 행복을 느끼고 공통된 불행에서 같이 울게 하는 것이 국민극의 근본적인 이상이 아닐까 한다.[68]

유치진은 신극의 근본 이상과 국민극의 그것은 완전히 일치되는 것으로 보고 있다. 종래의 신극의 역할을 끝이 났지만, 신극의 근본적인 정신을 살려주는 것, 혹은 그 정신을 일보 현실의 길로 이끌어주는 것, 즉 국가의 이념을 담은 신극이 국민연극이라는 것이다. 여기에서 유치진은 상업연극에 대해 분명하게 선을 긋고 있다. 신극이 영리본위의 연극에 반항하여 일어난 연극인 만큼 "영리주의자의 손에 붙들려 있는 연극을 빼앗아서 국민에게 내주는 운동"이 바로 국민극운동이며, "영리의 도구가 된 연극을 공익 우선으로 내세우는 것, 즉 연극을 국민의 공유물로 만들어서 전 국민으로 하여금 한 가지 이념 속에서 다 같이 행복을 느끼고 공통된 불행에서 같이 울게 하는 것이 국민극의 근본적인 이상"[69]이라 했다. "이상적으로 상업극이란 앞으로 존재

---

68) 유치진, 「신극과 국민극-신극운동의 금후 전망」, 『삼천리』13권3호, 1941.3.
69) 유치진, 「신극과 국민극-신극운동의 금후 진로」, 『삼천리』13권 3호, 1941.3.

해서는 안 되고 따라서 그 문구조차 없어져야 할 것으로 생각된다."[70]
라는 극단적인 발언까지 할 정도로 상업극에 대해서는 부정적이었다.
국민연극론자들은 당대의 연극이 상업주의에만 급급하고 저급한 민중
을 상대로 한 오락물의 수준에 머물고 있는 것이 한계라고 지적하고,
이러한 문제를 해결하기 위해 국민연극이 필요하다는 논지를 보였다.

이러한 상업극에 대한 강한 부정에서 한편으로는 상업극에 대한 경
계의 시선을 읽을 수 있다. 1930년대 중반 이후로도 상업극단은 활발
하게 공연활동을 전개했으며, "예술적 향훈을 지키려는 기운이 상실
되고 조선의 극계는 상업극의 독무대가 되었"[71]을 정도였다. 상업극의
득세와 달리 극연좌는 공연조차 올리지 못하고 활동이 중단되어 있었
고, 이러한 상황이 지속되면서 유치진은 연극 활동을 지속할 수 있을
지 여부조차 불투명한 상황이었다. 유치진의 국민연극 선택은 이러한
상황을 한 번에 역전시키고 다시 연극계의 주도권을 회복할 수 있는
기회였다. 조선연극협회와 극작가동호회, 현대극장을 통해 연극계 전
반을 통제할 수 있는 강력한 권력을 가지게 되면서 유치진은 연극계
를 주도하는 위치에 올라서게 된다.

유치진에게 국민연극이란 민중을 교화하는 연극이라는 신극의 이
상 자리에 국민을 교화한다는 국민극이 대치되는 형태이며, 교화와
오락성의 조화라는 방향도 지속되고 있다. 연극이 국민정신을 통합하
는 데 유용[72]한 만큼 신체제하에서 연극은 국민의 건강한 오락 혹은
국민 교화기관으로서 국민의 이념을 담을 수 있도록 해야 한다는 입

---

70) 「연극시평-원칙적인 것과 구체적인 것」, 『조광』 68, 1941.6.
71) 유치진, 「금년의 연극」, 『매일신보』, 1940.12.25.
72) 유치진, 「연극과 현대인-현대성의 탐구」, 『조광』 45, 1939. 7. 104쪽.

장이 지속되는 것이다.

유치진에 의하면 국민극은 "사회의 관심의 的"[73]이 되어야 하고, 내용에서 예술의식과 함께 국가이념에 기여하는 것, 즉 개인보다도 국가를 앞세우고 국가를 위해서 개인을 바쳐야[74]하는 연극이며, "연극을 국민의 공유물로 만들어 전 국민이 한 가지 이념 속에서 다 같이 행복을 느끼고 공통된 불행에서 같이 울게 하는 것"[75]이다. 그러나 그는 신체제를 따르는 연극이란 결코 국방복을 입는다거나 군가를 막간에 부른다거나 하는 형식적인 것에 있는 게 아니라 내용적인 것에 있음을 분명히 한다.

예술의 새로운 발전이면 어디로 향한 발전일까. 그 방향은 두말할 것 없이 신체제 하에 있어서의 국민이 향할 바 이념의 길이다.

그러므로 그 이념을 밝히고 그 이념의 건전한 발전을 도해서 국민으로 하여금 이념의 최후의 승리를 약속해주지 않으면 안된다. 요즘 항간에는 신체제하의 연극이라면 무대에 나와서 국기나 내두르고 군가나 합창하면 괜찮은 줄 알고 있다. 그러나 기실은 그들이 무대에서 국기를 내두르는 것은 그들이 상연하는 퇴폐적인 상연물의 내숙(캄프라지)을 하기 위해서다. 국기만 내두르고 군가만 부르면 타락한 연극이라도 상연할 수 있다면 이는 진실로 한심한 노릇이다. 이 현상은 오히려 국민의 악감을 사고 드디어 국민문화의 저하를 초래할 뿐이다.

오인은 신체제하에 있어서 국민의 건강한 오락으로써, 혹은 국민 교화기관으로써 국민의 潑潑한 이념을 담을 수 있는 국민연극을 창조하

---

73)「上海 京城 兩地『藝術家交驩』좌담회」,『삼천리』13권 9호, 1941.9, 162쪽.

74)「上海 京城 兩地『藝術家交驩』좌담회」, 162쪽.

75) 유치진,「신극과 국민극-신극운동의 금후 진로」,『삼천리』13권 3호, 1941.3.

지 않으면 안된다. 이상적으로 말하면 장차 연극의 내용은 물론이요 내용을 담는 형식과 연극을 국민에게 배급하는 방식까지도 새로이 고려되어야 할 것이다.[76]

국민의 오락으로서, 혹은 교화기관으로서의 국민의 이념을 담을 수 있는 국민연극을 창조하기 위해서는 결코 "국방복을 입는다거나 군가를 막간에 부른다거나 하는 형식적인 것"[77]으로는 안 된다는 것을 분명히 한다. 그는 이념성을 국기나 군가와 같은 형식적인 장치를 통해 드러내는 것이 아니라, 내용 속에 잘 스며들게 녹여내어야 한다는 것을 강조한다. 이념성을 내용 속에 잘 녹여내는 것은 대중들의 거부감을 완화시키고 효과적인 방식이기 때문에 내용적인 것을 어떻게 형상화할 것인가에 대해 고민할 필요가 있다는 것이다. 국민연극이란 "협회의 수뇌 부원 몇 사람의 힘으로 되는 게 아니고, 연극업자 개인의 노력과 사회(관중)의 지지로써 비로소 달성되는 것"이기 때문[78]에 최대한 관중의 지지를 얻기 위해서는 '어떻게'라는 방식이 중요하며, 유치진은 작품을 통해 직접 이 "어떻게" 라는 부분을 직접 제시하여 보여주고자 한 것이다.

국민연극 시기의 "어떻게"는 주인물의 수난과 애정문제를 조화시켜 관객들에게 쉽게 다가가는 방식으로 드러난다. 〈흑룡강〉은 수난의 구조를 이용하여 관객들의 정서적 동화를 유도하고, 일본을 작품의 전면에 내세우지 않으면서도 민족협화라는 일제의 정책 이념을 충실하

---

76) 「국민연극 수립에 대한 제언」, 『매일신보』, 1941.1.3.
77) 유치진, 「금년의 연극」, 『매일신보』, 1940. 12. 25-30.
78) 유치진, 「금년의 연극」, 『매일신보』, 1940.12.25-30.

게 전달하고 있으며, 성천과 연이, 장거강과 동월의 사랑 이야기를 중
요 모티프로 활용하였다.[79] 〈북진대〉 또한 "日露전쟁이 한창인 메이지
37년 8월부터 다음해 3월에 걸쳐 일진회원이 맹방 일본을 위해 경의
선군용철도 부설에 혹은 군수품의 수송에 헌신적 노력을 하고, 또 러
시아 국경 깊이 침입해 몸을 위험에 두고 적정을 탐색하는 등 일부 배
일파의 박해 가운데서도 일한형제 양국의 합병에 헌신하는 모습과 그
고원한 이상을 극화"[80]하였다. 여기에서도 주인물의 수난과 박정숙과
의 애정문제가 부각되는 동일한 원리가 활용되고 있다. 유치진은 애정
과 갈등을 충분히 활용하여 관객들에게 쉽게 다가갈 수 있도록 하면서
도, 그 이면에 교훈을 놓치지 않도록 하는 교화적 대중성의 방식을 일관
되게 지속시키고 있는데, 국민연극 시기의 친일극 또한 마찬가지이다.

　애정문제를 표면에 드러내고 이면에 작가의 의도를 배치하는 방식
은 일제강점기를 관통하는 유치진의 극작 기법이라 할 수 있다. 1935
년 이후의 소위 낭만적 경향의 작품에서도 유치진은 극의 표면에는
익숙한 애정문제를 드러내고 그 이면에 그들의 애정이 문제에 부딪치
게 되는 원인으로 현실의 문제를 배치하여 관객이 모순에 가득한 현
실의 문제를 인식할 수 있도록 했다. 관객들은 그들이 늘 보아오던 익
숙한 이야기를 보는 것으로 생각하지만, 애정문제를 통해 자연스럽게
이면의 현실 문제를 알게 되는 것이다. 이러한 방식은 국민연극 시기
의 작품에도 그대로 나타난다. 국민연극은 "반도 민중이 일한병합을
여하니 열망"하였으며, 또 "일한병합이 무력압박에 의한 것이 아니고,

---

79) 김재석, 「〈흑룡강〉에 나타난 계몽 · 선전의 기법과 작가적 의미」, 유민영박사 정년
　　기념논총 간행위원회 편, 『한국연극학의 위상』, 태학사, 2002. 297쪽.
80) 長崎祐三, 「"北進隊" 公演に際して」, 〈북진대〉 공연 팸플릿, 3쪽.

반도 민중의 자발적 열망을 일본이 용인한 것이라는"[81] 관객들이 거부
감을 가질 수 있는 내용을 다룬다. 그러나 국기를 내두르거나 군가를
합창하는 것과 같은 방식이 아니라, 민족을 위한다는 순수한 의지를
가진 청년남녀의 신념과 애정갈등을 표면에 두고 이면에 그들을 신뢰
하고 돕는 역할로 일본과 일진회와 같은 친일 단체를 배치하여 거부
감은 줄이면서도 내선일체의 의도는 전달하려 한 것이다.

2. 전문극단 체제 실현과 국민극 실천

유치진에게 국민연극은 이전과 다른 선택이라기보다는 기존 신극
의 연장선에 있는 것으로 상업주의극에 대립하여 국민극관객에게 재
미와 교훈을 줄 수 있는 연극이다. 이념성을 제외하면 극연 2기의 유
치진이 제시하던 전문극단의 방향이 구체적으로 실현한 형태가 되는
것이다. 이는 현대극장의 형태를 보면 더욱 분명해진다. 1941년 3월
에 창립된 현대극장은 국민연극의 이론을 만들어내고 실천해 나간 일
제말기의 대표적 친일극단으로, "일제의 의도와 유치진을 비롯한 몇
몇 연극인의 이해관계가 맞아떨어지면서"[82] 등장하게 된 실체라고 할
수 있다. 이러한 현대극장의 구성은 "전일의 극연과, 학생예술좌와, 토
월회와 일부 상업극단과 영화인들로 성원되어 마치 예원 전반의 대동
단결로 보여"[83]질 정도로 다양한 극단의 인물들이 결합하여 이루어진

---

81) 大和塾記, 「北進隊を企劃して」, 『국민문학』, 1942.6.
82) 김재석, 「국민연극론의 성격에 대한 소고」, 『문학과 언어』 11, 문학과언어연구회,
    1990, 16쪽.

형태로 알려지고 있다. 〈북진대〉 팸플릿은 이러한 현대극장의 구성원
들이 어떻게 공연에 결합하고 있는지를 실증적으로 보여주고 있다는
점에서 주목된다.

〈북진대〉 공연에는 현대극장을 구성하는 다양한 극단 출신의 구성
원들이 총동원되는 양상을 보이는데, 극작은 극연 출신의 유치진이,
연출은 동경학생예술좌 출신[84]인 주영섭이 담당했으며, 같은 동경학
생예술좌 출신의 박동근이 찬조로 일조하고 있다. 대규모의 작품인
만큼 〈북진대〉 공연에는 많은 배우들이 등장한다. 이들 배우들의 면
면을 보면 이용구 역할에는 이백수가, 고백선 역은 이웅이, 정병조의
역할은 서월영이 담당하며, 친러파이며 악인으로 설정된 조영철은 청
춘좌 출신의 배우 서성대가 맡고 있는 것을 볼 수 있다. 이용구 역할
의 이백수는 토월회 출신의 배우로, 미나도좌와 같은 좌파적 신극단
체와 조선연극사와 같은 흥행극단, 그리고 극연좌에서도 활약한 배우
이다.[85] 고백선 역의 이웅은 극연좌 출신의 배우이며, 정병조 역의 서
월영은 현철의 조선배우학교 1기생으로, 1925년 토월회 연기자로 극
단 활동을 시작하고, 이후 토월회의 후신인 태양극장에서 활동하다가
동양극장의 전속극단인 청춘좌와 중앙무대, 고협에서 활동한 연극배
우이며, 동시에 조선영화주식회사에 소속되어 시기의 많은 국책영화
에 출연한 대표적인 영화배우이기도 하다.[86] 친러파의 악인으로 등장
하는 조영철 역의 서성대는 동양극장의 청춘좌 출신의 배우이며, 여

---

83) 박영호, 「예술성과 국민극」, 『문장』 25, 1941.4, 205쪽.
84) 박영정, 「일제강점기 재일본 조선인 연극운동 연구」, 『한국극예술연구』 3. 한국극
    예술학회, 태동, 1993.
85) 강옥희 외 3인 공저, 『식민지시대 대중예술인 사전』, 소도, 2006, 253-256쪽.
86) 강옥희 외 3인 공저, 위의 책, 161-164쪽.

주인공인 박정숙 역의 김소영도 청춘좌 출신의 당대 대표적인 여배우
이다. 흑룡회의 주간 우치다 료헤 역의 이화삼도 일본의 좌익극단에
서 활동 하다가 귀국 후 조선연극협회와 낭만좌에서 활동한 경력이
있다. 정병조 집안의 종의 아들 벙캐로 등장하는 윤성무도 토월회 출
신이며, 동경학생예술좌 출신의 이해랑은 시낭독으로 극에 참여하고
있다. 극의 장치는 일본 삼일극장 출신이며, 조선연극협회의 창립공연
〈수전노〉의 인상적인 무대장치로 주목받은 바 있는 김일영이 맡았다.
음악은 당시로는 드문 미국유학파 출신인 현제명이 맡았는데, "일제
중반까지는 "양악으로 민족 개량 운동"을 전개하다 후반부터는 음악
과 관련한 모든 조선 총독부 관제 친일 단체에 지도자로 가장 강력하
게 활동한 대표적인 인물"[87]이기도 한 현제명은 대화숙 주최의 '군가
강연의 밤' 등에서 일본 정신과 일본 정서로 만들어진 군가와 일본 국
가를 부르는 등 뚜렷한 친일 행적을 보인 음악가이기도 하다.

이처럼 작가와 연출, 배우를 아우르는 〈북진대〉 공연에 참여한 인물
들의 면면은 현대극장이 "지난날의 토월회, 극연, 동경학생예술좌, 일
부 상업극단 및 영화 계통의 배우까지 거의 망라한 방대한 조직"이라
는 특성을 잘 보여준다. 즉, 극연의 유치진이나 동경학생예술좌 출신
의 주영섭, 박동근은 극작과 연출을 맡고 있으며, 동양극장의 유명배
우였던 서월영, 서성대, 김소영 등은 배우로 결합하고 있다는 것이다.
〈북진대〉 공연은 극연 계열 연극인들과 동양극장과 같은 상업극단의
배우들의 어떻게 결합해서 공연으로 이어지는지 실증적으로 보여주

---

87) 노동은, 「현제명 : 일제말 친일음악계의 대부」, 『친일파 99인』 3, 돌베개, 1990,
131쪽.

고 있다는 점에서 의미가 있다. 그런데 여기에서 주목되는 점은 현대극장의 형태가 극연과 동경학생예술좌와 같은 신극단체를 중심으로 동양극장과 같은 상업극단의 배우들이 결합하는 형태라는 점이다. 극연이나 동경학생예술좌와 같은 신극계열 극단 출신의 인물들은 극본과 연출과 같은 영역을 담당하여 가볍지 않은 문제의식을 담아내고, 상업극단 출신의 배우들은 연기를 담당해 사실감 있는 연기로 관객들에게 다가가는 방식을 선택하고 있는 것이다.

각 극단의 전문가들이 결합하여 이루어진 현대극장이라는 실체는 극연 2기 유치진이 제안했던 전문극단의 방식이 실현된 것으로 볼 수 있다. 유치진은 극연의 아마추어적 태도에 문제를 제기[88]하며, 전문극단으로의 비약이라는 방향을 제시한다. 극연을 신쿄와 같은 전문극단으로 비약시키겠다던 유치진의 시도는 당시 극연이 처한 상황에서 실현되기 어려웠다면, 각 극단의 전문가들이 결합하는 현대극장의 형태는 그가 꿈꾸었던 전문극단이 실현된 것으로 볼 수 있다. 극작이나 연출은 신극 계열의 인물들이 맡고, 연기는 상업극단 소속의 유명 배우들이 맡는 이러한 현대극장의 방식은 신극의 권위는 유지하면서도 상업극단에서 훈련된 배우들을 활용할 수 있기 때문에 상당히 효과적이었을 것으로 추정된다. 아마추어적 방식을 벗어나 전문극단으로 비약하고자 했건 1930년대 중반 유치진의 지향이 현대극장의 〈북진대〉 공연에서 실현되고 있음을 확인할 수 있었다.

이러한 점에서 유치진의 국민연극 선택은, 작가 내부의 일관성의 원리에 의한 의도적인 선택임을 읽을 수 있다. 이는 연극계의 주도권

---

88) 유치진, 「신극수립의 전망」, 『동아일보』, 1934.1.11.

확보 문제와도 관련된다. 극연좌의 침체 이후 연극 활동을 중단하고 있던 유치진은 1940년 12월 결성된 조선연극협회 이사로 추대되면서 다시 연극계의 중심적 위치로 복귀하게 된다. 검열로 인해 공연활동이 사실상 불가능해지고 상업극단에 밀려 존재감이 약해져가던 상황에서 유치진이 조선연극협회와 현대극장을 선택한 것은 이러한 상황을 한 번에 역전시키고 연극계의 주도권을 장악할 수 있는 기회였다.[89] 조선연극협회와 극작가동호회, 현대극장을 통해 유치진은 연극계 전반을 통제할 수 있는 강력한 권력을 가지고 연극계를 주도하는 위치에 올라서게 된다. 유치진의 현대극장 선택은 자신이 꿈꾸었던 전문극단을 실현할 수 있는 기회이면서, 동시에 상업극단에 밀렸던 상황을 반전시킬 수 있는 계기이기도 하였다.

1940년 일본의 양대 신극단인 신쿄와 신츠키지가 해산되고 모든 연극이 국민연극으로 수렴되는 것을 목격하면서 유치진은 국민연극으로의 변화를 당연한 흐름으로 받아들인다. 국민연극도 신극과 마찬가지로 "영리주의자의 손에 붙들려 있는 연극을 빼앗아서 국민에게 내주는 운동"[90]으로, 신극과 그 이상이 일치하는 것으로 그 방향을 설명한다. 그렇기 때문에 유치진이 국민연극을 선택한 것은 이전 연극 활동의 연장이며 유치진이 꿈꾸어 왔던 전문극단의 체제를 실현할 수 있었던 기회이기도 한 것이었다.

---

89) 김재석(「국민연극론의 성격에 대한 소고」)은 국민연극론자들이 상업극을 공격한 것은 '본격연극이라는 명분을 이용해 일제와 결탁함으로써 전체 연극계를 지배하겠다는 야망을 드러낸 것'이라 보고 있다.

90) 유치진, 「신극과 국민극-신극운동의 금후 진로」, 『삼천리』 13권 3호, 1941.3.

V.

일제강점기 연극의 관객지향성

유치진은 관객과 소통하는 연극의 본질적 측면에 주목하였다. 관객을 중심에 놓고 그들과 소통하면서 교훈을 주는 관객지향성을 일관된 창작원리로 해서 극작활동을 지속하였다. 유치진은 관객지향성이라는 원리 안에서 작품 활동을 지속하였으며, 그 과정에서 대상으로 하는 관객층이 달라지면서 달라진 관객과의 소통을 의도하였기 때문에 기법에서 변화가 나타나고 있는 것이다. 이러한 관점은 유치진 희곡의 변화를 어쩔 수 없는 선택으로 보는 것이 아니라, 상황 변화에 능동적으로 대응해 간 작가의 선택이라는 내적 논리로 설명한다는 점에서 의미가 있다. 또한 그동안 주로 한국연극계 내로 국한되었던 논의를 일본연극계로까지 확장하여 영향관계를 찾고 유치진이 지향했던 연극의 방향을 보다 분명하게 규명하였다는 점도 의미 있다.

연극은 관객과 만나면서 완성되는 예술이다. 그렇기 때문에 연극에서 관객의 역할이 단순히 관람자로만 고정되지 않으며 연극의 수신자로, 연극을 함께 만들어가는 역할을 수행하게 된다. 관객에게 보여야 의미를 가진다는 점에서 연극은 관객을 위한 행위라 할 수 있으며, 항상 어떤 종류의 관객을 지향한다. 이처럼 연극의 수신자로서의 관객의 기능에 주목하여 관객을 중심에 놓고 그들의 반응을 고려하고, 소통을 의도하여 극작을 하는 것을 관객지향성이라 부를 수 있다. 이러한 관객지향성의 문제는 유치진의 희곡을 이해하는 데 중요한 시각이 된다. 유치진에게 관객은 연극을 구성하는 기본적인 조건이기 때문이다. 유치진은 연극에서의 관객의 역할을 수동적으로 이해하지 않고 적극적으로 공연을 만들어나가는 조건으로 놓고 있으며, 관객에 수용되는 측면을 고려하여 극작을 하는 관객지향성을 일관되게 지속하고 있다.

　유치진은 극작가이면서 동시에 연출가이다. 극단에 소속된 일원으로서 극작을 하게 된다는 것은 극단에 소속되지 않은 작가들 보다 대상으로 하는 연극의 관객층이 보다 구체적이라는 것을 말한다. 그렇기 때문에 극단이 지향하는 방향이나 극단의 연극을 지지하는 관객층과 같은 조건을 고려해야 한다는 것이 전제된다. 유치진은 자신이 쓴 희곡이 공연될 때의 관객의 반응을 직접 목격하는 것이 가능했다. 즉 자신이 상정한 내포관객과 실제관객의 차이를 경험할 수 있었던 것이다. 유치진 희곡의 변화는 그가 극작가이면서 동시에 연출가였기 때문에 나타난 결과로, 유치진 연극의 변화는 내포관객과 실제관객의 차이를 줄이기 위한 노력이라 할 수 있다. 자신이 설정한 이상적 관객과 실제 공연을 관람하는 관객 사이의 거리를 넘어서려는 시도가 새로운 내포관객을 만들게 되고, 이는 유치진 연극의 변화로 나타나게 된다는 것이다.

　이러한 측면을 고려하여 유치진이 자신의 연극의 관객으로 상정한 내포관객을 토대로 시기를 나누면, 1930년대 전반기 극연의 신극관객을 내포관객으로 선택한 시기와, 1930년대 후반기 대중극관객을 내포관객으로 시기 그리고 1940년대 전반기 국민극관객을 내포관객으로 한 시기로 구분된다.

먼저 1930년대 전반기의 유치진은 극연의 신극관객을 내포관객으로 선택하고 있다. 신극관객이란 신극을 관람하는 관객이면서 동시에 신극수립에 관심을 가진 관객이다. 오락성 추구에 집중하는 신파극과 같은 연극을 부정하고, 새로운 극문화를 수립하는 것을 목표로 한 극연은 관객 또한 자신들의 연극을 이해하고 함께 만들어갈 이상적인 관객을 요구하게 되는데, 이러한 이상적 관객이 바로 신극관객이다. 유치진이 극연을 선택하면서 이들 신극관객을 내포관객으로 설정하고 이들과의 소통을 의도하는 극작을 하게 된다.

1930년대 전반기의 유치진은 피해자형 인물을 활용하여 공동연민을 자극하고 있다. 이러한 방식은 신극관객들에게 민중의 실상을 알게 하기 위함이며, 또한 감정이입을 통해 유치진이 보여주는 현실에 대한 문제의식을 공유할 수 있도록 하기 위함이다. 연민을 통해서 감정이입이 이루어진 관객들은 작가가 의도하는 대로 극 속의 상황에 몰입하게 되며, 작가가 폭로하는 민족현실의 모순을 인식하게 되고, 이를 개선하려는 노력에 동참할 수 있게 되는 것이다. 또한 비극적인 결말로 끝을 내어 민중의 궁핍한 현실을 강조한다. 이러한 방식도 신극관객을 대상으로 했기 때문에 나타난 결과로, 민중에 원기를 주는 낙관적 결말 대신 민중들의 비참을 확인시켜주는 비극적인 결말을 선택해서 현실을 정치하게 포착하고자 하였다.

유치진은 민중예술론의 영향을 받았고, 행장극장을 꿈꾸었다. 행장극장은 트렁크극장과 같은 이동연극으로 일본의 좌익극의 영향을 받은 형태이다. 유치진은 언제, 어디서나 기동력 있게 공연을 할 수 있으며, 노동자 농민을 직접 찾아가 그들을 관객으로 공연을 하고, 무대와 객석이 충분히 소통하는 공연을 보여준 일본 사회주의 연극을 주목했으며, 이러한 관심이 행장극장 형태로 구체화된다. 공연을 위한 조건들이 최소화되는 행장극장은 어디든지 찾아가서 공연을 할 수 있다는 장점이 있으며, 또 비싼 입장료 때문에 극장을 찾지 못했던 다수의 민중들이 관객이 된다는 점에서 의미가 있는 방식이다. 그러나 산 신문극을 써서 브나로드 운동의 일환으로 행장극장 활동을 추진함으로써 연극으로 민족계몽에 여생을 바쳐보려던 유치진의 꿈은 식민지적 상황 속에서 극연이라는 현실적인 선택으로 이어진다. 사회주의 연극의 영향을 받았으면서도 카프가 아닌 극연을 선택할 수 있었던 것은 유치진이 연극의 기법적인 측면에서 접근하고 있기 때문이다. 유치진이 사회주의 연극에서 주목한 것은 이념전달의 측면보다 연극을 접하지 못했던 민중들을 직접 찾아가서 그들에게 연극을 보여주는 것이었으며, 그 안에서 그들과 함께 소통하는 것이었다. 그래서 그 대상이 민중극관객에서 신극관객으로 바뀐다고 해서 문제될 것은 없었다. 신극관객과 소통하면서 그들에게 교훈을 줄 수 있는 연극의 형태로 나타나게 된 것이다. 그래서 지식인 관객들에게 민중의 현실을 보여주고, 그들이 그러한 현실의 모순을 개선하는 데 기여할 수 있도록 하는 방식을 활용하고 있는 것이다.

현실적 선택으로 극연을 선택하고 극연의 신극관객을 내포관객으로 했던 유치진이지만, 점차 신극관객을 대상으로 하는 극연의 아마추어적 방식의 한계를 인식하게 되면서 내포관객을 대중극관객으로

확대하게 된다. 이러한 내포관객의 변화는 유치진에게 지식인관객이
의미가 없기 때문이 아니라, 지식인관객만을 대상으로 했을 경우의
한계를 인식하고 있었기 때문이다. 유치진은 처음부터 연구자적인 단
계를 거쳐 대중관객층을 획득하는 문제에 집중할 필요가 있음을 밝히
고 있기 때문에 관객층의 변화는 이전부터 그가 가지고 있던 구상에
의한 것이라 할 수 있다. 이러한 관객층의 변화는 일본의 신쿄게키단
이 선택한 방식의 영향을 받은 것이기도 하다. 일본 신극이 관객들의
외면을 받는 상황을 타개하기 위해 신쿄게키단은 대중극을 즐기는 관
객으로까지 관객층을 확대하고, 그들의 취향을 고려하면서도 신극으
로서의 문제의식은 놓치지 않는 연극을 보여주는 것으로 방향을 전환
한다. 유치진은 연극이란 대중적인 것이라는 인식을 하고 있었고, 극
연 활동을 통해 극연의 한계를 느끼던 중 일본연극계의 변화를 목격
하면서 대중극관객을 대상으로 하는 새로운 방향을 모색하게 된다.

대중극관객이란 연극을 오락으로서 소비하는 관객층을 말한다. 구
체적으로는 동양극장과 같은 상업극단의 연극을 즐기는 관객이 된다.
대중극관객은 연극을 통해 어떤 문화를 만들어가는 의식을 가진 존재
가 아니라 단순히 새롭게 등장한 근대적 문화인 연극을 즐기고 싶어
하는 관객이다. 이들 대중극관객을 내포관객으로 설정하면서 이들과
의 소통을 고려하게 되면서 극작술의 변화가 모색된다.

대중극관객을 대상으로 삼으면서부터 낭만적 감정문제로 고민하
는 인물이 등장하게 된다. 이러한 인물은 가벼운 볼거리를 소비하는
동양극장의 연극을 즐기던 대중관객들에게도 익숙한 유형이라 할 수
있으며, 무겁고 진지한 공연보다 가벼운 볼거리를 소비하던 동양극장
의 관객들이 극연의 공연을 선택할 수 있도록 의도한 설정이라고 할

수 있다. 그러나 편하게 접근할 수 있는 인물을 활용하면서도 유치진은 이를 현실의 문제와 연결하고 있다. 〈소〉에서 마름의 존재는 농촌이 처한 구조적 문제를 보여주는 설정이며, 〈당나귀〉의 젊은 머슴도 시대의 변화를, 〈자매〉의 강주사의 경우는 신분의 벽이 무너지고 돈이 새로운 신분으로 등장하게 된 시대의 변화를 포착하게 한다. 애정문제와 같은 낭만적 감정의 문제로 고민하는 인물을 주인물로 등장시켜 관객의 접근을 쉽게 하면서도 현실에 대한 감각을 놓치지 않으려는 유치진의 의도가 드러나고 있다.

1930년대 후반기의 유치진은 애정문제를 극의 표면에 드러내고, 그 이면에 현실의 문제를 배치하여 이들의 애정이 파국으로 끝나게 되는 원인이 무엇인지 인식할 수 있도록 배치하고 있다. 〈소〉와 〈춘향전〉은 전혀 다른 경향으로 분류된다. 하지만 표면에 애정 이야기를 배치하고, 그 이면에 이들이 사랑을 불가능하게 하는 원인으로 현실의 문제를 배치하는 방식은 유사하다. 현실의 문제에서 고전 이야기로 소재가 달라진 것 외에 이야기를 전개하는 방식은 일치한다는 것이다. 〈소〉에서 시작되는 이러한 극 구성의 변화는 비참한 현실의 상황을 중첩시켜 보여주는 이전의 방식에 비해 관객들이 재미와 기대감을 가지고 극을 관람할 수 있도록 고려한 방식이라 할 수 있다. 대중극관객들을 고려하여 표면적으로는 그들이 익숙한 애정문제를 보여주면서, 그 이면에 그들의 애정상황이 문제에 부딪치게 되는 원인으로 현실의 문제를 배치하여 낭만 이면의 현실의 모순을 인식하도록 의도하고 있다. 애정이야기에 익숙한 관객들에게 표면적으로는 그들이 늘 보아오던 것 같은 익숙한 이야기를 꺼내는 것 같지만, 애정문제의 이면에 현실의 문제를 의도적으로 배치하여 모순된 현실을 포착할 수 있도록 하고 있는 것이다.

유치진의 이러한 변화는 일본의 신쿄게키단의 활동에서 영향 받은 것이다. 1930년대 중반 일본연극계는 현실적 상황 악화로 인해 프롯트기와 같은 연극은 불가능해지고 신극은 관객들의 외면을 받는 상황에서 무라야마 토모요시를 비롯한 신극인들은 새로운 연극의 방향을 모색하기 시작하고, 전문극단인 신쿄게키단이 결성되기에 이른다. 신쿄는 좋은 연극을 만들기 위해서는 배우들이 전 시간을 연극에 투자할 수 있도록 경제적 측면을 보장해서 기량을 향상시켜야 한다는 입장이었으며, 또한 관객층을 기존의 지식인 관객에서 대중극관객으로까지 확장하고, 그들을 자신들의 안정된 관객으로 묶어두기 위해 관객조직을 만들 것을 제안하기도 했다. 대중극관객을 대상으로 하는 만큼 쉽고 재미있는 이야기를 레퍼토리로 구성해서 대극장에서의 상설공연을 시도한다. 신쿄는 관객과 유리된 연극이 아닌 관객들이 원하는 바를 반영한 연극을 추구했는데, 극단이 경제적 자립을 통해 전문극단화 되어야 홍행극에 대해 경쟁력을 갖출 수 있고, 관객들에게 재미있으면서도 제대로 만든 연극을 제공하는 것이 가능해진다고 파악했기 때문이다.

이러한 신쿄의 시도는 1930년대 중반 이후 유치진의 주장 속에서 익숙하게 나타난다. 연극계가 처한 상황 변화에 대응하기 위해서는 전문극단으로 전환해야 한다는 유치진의 논리는 극작에서 낭만성으로 구체화 된다. 이 시기의 유치진은 〈토막〉과 같이 참담한 현실을 참담하게 드러내는 방식은 관객에 혐오감을 준다고 파악하며, 관객을 위해 비극적 현실을 다루더라도 웃음을 적절히 활용할 것을 제안한다. 이러한 변화가 잘 드러난 작품이 〈소〉이다. 어두운 현실을 어둡게 그려가는

1930년대 전반기의 작품과 달리 〈소〉는 애정문제로 고민하는 인물을 등장시키고, 웃음을 활용하여 재미있게 극을 풀어 간다. 현실의 문제를 재미와 기대감으로 변형시킨 〈소〉의 방식에 대한 당시의 평가는 부정적이었으며, 검열로 인해 상연할 수도 없게 된다. 이에 유치진은 애정 갈등을 전면에 드러내어 흥미를 표면화시키고, 그 이면에 현실의 문제를 은폐시키는 〈당나귀〉의 방식을 일관되게 지속하게 된다.

1940년대 전반기의 유치진은 국민연극론을 수용하게 되면서, 국민연극이 요구하는 대로 국민극관객을 내포관객으로 수용하게 된다. 국민극관객은 국민연극의 관객으로 동원되는 관객을 말한다. 동원된다는 것은 관객 스스로의 의지로 연극을 선택하는 것이 아니라는 의미이다. 이들은 공연 자체를 즐기려는 관객과 달리, 스스로의 취향에 맞는 연극을 골라 볼 수 있는 자유가 제한된 관객이며, 적극적으로 연극을 즐기려는 의지가 상대적으로 약한 관객이기도 하다. 국민극관객은 신극이나 대중극관객에 한정되는 것이 아니라, 모든 계급을 포함하는 일반 국민이며, 유치진은 이들 국민극관객에게 바람직한 국민의 모습을 보여주는 것으로 국민극을 실천하고자 한다. 유치진은 국민극관객을 내포관객으로 삼아 이들을 일본이 국민연극을 통해 만들어 내려한 코쿠민(國民)으로 교화시키고자 의도한다.

연극의 대상이 국민으로 확대되면서 이들 국민극관객들에게 재미와 교훈을 함께 줄 수 있는 인물이 필요했고, 국민으로서의 바람직한 모습을 보여줄 수 있는 긍정적 주인물을 활용하고 있다. 특히 이 시기의 주인물은 관객들이 동일시하고 싶어 하는 용감하고 정의로운, 대중적인 작품에서 흔히 사용하는 인물의 전형이다. 그러나 이들이 분명한 사상을 가지고 있다는 점에서 대중극관객을 대상으로 하는 작품과는 구별된다. 부정적 인물에 비해 상대적으로 약자의 위치에 놓여있지만 협조자의 도움으로 역전이 가능해진다는 점도 이 시기 극의 특징이라 할 수 있다.

국민극관객으로 대상의 폭이 확대되면서 유치진은 끊임없이 사건을 연속시키는 방법을 선택한다. 불필요하게 복잡한 주인공의 심리묘사를 피하는 대신 끊이지 않고 계속되는 사건의 연속을 통해 주인공이 겪는 난관과 그것을 극복하는 데 자연스럽게 참여할 수 있도록 하고 있는 것이다. 특히 국민극관객을 내포관객으로 한 시기의 극은 모든 문제가 해결되는 긍정적 결말을 보이는데, 유치진은 이러한 승리의 배경에 일본의 존재를 배치하여 일본의 긍정성을 암시하고 있다. 〈흑룡강〉은 성천과 조선 사람들의 거듭되는 수난을 만들어내고, 그 이면에 이들을 든든하게 지키는 막강한 힘을 가진 일본이라는 존재를 조선을 돕는 실체로 배치하였다. 〈북진대〉의 정병조는 일진회와 이용구의 든든한 지지와 희생적인 믿음이 있었기 때문에 모든 오해를 극복할 수 있었다. 〈대추나무〉에서도 이웃 간의 다툼을 끝내고 동욱과 유희가 결혼을 허락받을 수 있었던 것도 일본의 만주이주 정책이 있었기 때문이다. 일본의 존재를 주인물이 겪는 수난의 이면에 배치하여 조선인을 돕는 일본의 존재를 자연스럽게 긍정하게 하였으며, 이를 통해 국민극관객들이 자연스럽게 국가의 이념을 수용할 수 있도록 의도한 것이다.

국민연극 시기의 활동에 대해 유치진은 피할 길 없었던 선택이라고 하지만 사실 유치진은 국민연극으로의 변화를 스스로 준비고 있었다. 1940년 신쿄와 신츠키지 양 극단의 해산이라는, 일본의 국가 권력이 연극계를 통제하는 상황을 목격한 유치진은 한국 연극계에도 같은 변

화가 있을 것임을 예견하고 국민연극이라는 방향을 모색하기 시작한
다. 유치진에게 국민연극이라는 것은 이전과 다른 선택이 아니라 기
존 연극 활동의 연장이었다. 유치진은 국민연극과 신극의 이상과 완
전히 일치하는 것으로 보고 있으며, 국민연극도 신극과 마찬가지로
영리주의자의 손에 붙들려 있는 연극을 빼앗아서 국민에게 내주는 운
동으로 규정하였다. 당대의 연극이 상업주의에만 급급하고 저급한 민
중을 상대로 한 오락물의 수준에 머물고 있는 것이 한계라고 지적하
고, 그러한 문제를 해결하기 위해 국민연극이 필요하다는 논지인 것
이다.

유치진의 국민극 선택은 이전부터 추구하던 전문극단 체제를 실현
할 수 있는 기회였다. 이는 이 시기의 공연활동을 보면 더욱 분명해진
다. 일제의 의도와 유치진을 비롯한 몇몇 연극인의 이해관계가 맞아
떨어지면서 등장하게 된 실체인 현대극장은 극연과, 학생예술좌, 토
월회와 일부 상업극단, 영화인들로 성원되어 마치 예원 전반의 대동
단결로 보일 정도였다. 〈북진대〉 공연은 실제로 현대극장의 구성원이
어떻게 공연에 결합하고 있는지를 실증적으로 보여준다. 〈북진대〉 공
연은 극연 계열 연극인들과 동양극장 배우들의 총합으로 이루어지는
데, 신극 계열의 인물들이 주로 극본과 연출과 같은 영역에, 상업극단
출신의 배우들은 연기를 담당하고 있다. 신극을 중심으로 대중극단이
결합하는 이러한 형태는 1930년대 중반 이후 유치진이 제안했던 전문
극단의 방식이 실현된 형태라고 해도 좋을 정도이다. 신극계열의 연
극인들이 극작과 연출을 담당하여 가볍지 않은 문제의식을 담아내고,
동양극장 출신의 배우들이 배우로 출연해 사실감 있는 연기로 관객들
에게 접근하는 전문극단의 방식이 현대극장에서 실현되고 있는 것이

다. 이러한 측면은 국민연극 시기의 친일극 또한 유치진이 의도적으로 선택한 결과이며, 일관된 연극의 맥락에서 이루어지고 있음을 보여준다 할 것이다.

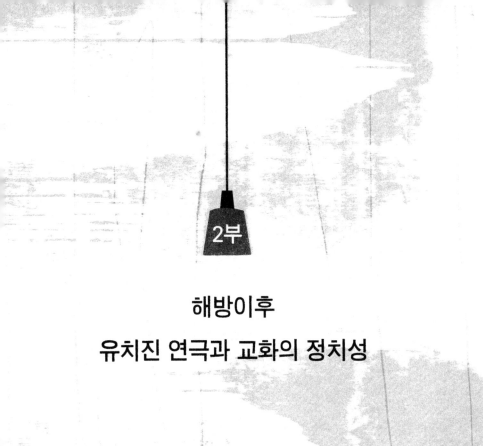

2부

해방이후
유치진 연극과 교화의 정치성

I.

극협과 연극의 정치적 활용

1. 1940년대 후반기 연극계

유치진을 논할 때 1940년대 후반이라는 시기는 문제적이다. 1940
년대 전반기, 국민연극의 이념에 충실한 작품을 창작하며 연극계를
주도하던 유치진은 해방이라는 혼란스러운 상황 속에서 활동을 중단
한다. 좌익계열 연극인들이 조직적으로 활동하며 일제잔재 청산과 새
로운 국가건설이라는 방향을 제시하여 많은 관객들의 호응을 얻는 동
안 유치진은 침묵으로 일관한 것이다. 그러던 유치진은 1946년 6월
극예술연구회를 재건하고 이후 '연극 브나로드 운동 실천위원회'를
통해 활동을 재개하며, 이듬해 「극예술협회」를 창립하면서 우익연극
인들을 중심으로 연극계를 재편하기에 이른다. 이후 유치진은 극작과
연출뿐만 아니라 연극 행정가로도 활동하며, 1950년에는 「국립극장」
극장장에 부임하면서 해방 후 연극계 전반을 주도하는 위치에 서게
된다.

해방 이후의 유치진의 행적을 따라가다 보면 몇 가지 의문과 대면
하게 된다. 먼저 해방 이후에 보인 침묵과 정치적 행보라는 진폭의 차
이다. 이 시기의 유치진의 침묵에 대해서는 친일연극에 대한 반성[1]으
로 혹은 해방에 대한 입장정리가 되지 않았기 때문[2]으로 설명하거나,
우파 연극인들의 공백과 연결시키기도 한다. 분명한 것은 혼란스러운
시대를 맞아 연극인들이 가장 활발하게 움직이며 자신들의 신념을 드
러내던 시기 유치진이 침묵하였다는 점이다. 여가가 아닌 직업으로서
의 연극을 주장하였던 유치진이 자의든 타의든 그의 직업인 연극 활
동에 공백을 보이고 있으며, 이후 급격한 정치적 행보를 보인다는 점
은 문제적이다. 어떠한 이유로 연극 활동을 중단하고 또 갑작스럽게
정치 이념으로 무장하게 되는지, 이 시기의 유치진의 행적을 분명하
게 짚어볼 필요가 있다.

이 시기 행적만큼 작품 경향 또한 상당히 혼란스럽다. 〈토막〉과 같
은 현실 비판적인 작품을 창작했던 유치진이 해방 후의 현실에 대해
서는 발언하지 않고, 3.1운동이나 해방의 기쁨과 같은 과거의 감격을
재현하는 데 치중한다.[3] 그러다가 극협 이후에는 신탁통치 문제와 낭

---

1) 김동원의 회고에 의하면 이해랑과 함께 유치진을 찾아가 연극계로 돌아오기를 권
   하자 "아직은 때가 아니라고 생각하네. 여러 가지 지난날을 반성할 시간도 가질 필
   요가 있고..."(『미수의 커튼콜』, 태학사, 2003, 132쪽)라며 거절했다고 한다. 이에 대
   해 이상우는 "친일행각에 대한 일정한 자기반성과 대응 논리 찾기를 위한 일시적
   자기보존 방식으로 볼 수 있다"(「해방직후 좌우대립기의 희곡에 나타난 현실인식
   의 양상」, 『유치진 연구』, 태학사, 1997, 348쪽)고 보고 있다.
2) 박영정, 『유치진 연극론의 사적전개』, 태학사, 1997, 196쪽.
3) 이러한 점 때문에 좌익계열 작가들에 비해 현실인식이 부족하다는 비판을 받는다.
   양승국, 「해방직후 유치진 희곡을 통해 본 분단현실과 전쟁체험」, 『한국현대문학연
   구』 1, 한국현대문학회, 1991 참조.

만적인 사랑이야기와 같은 정치적인 사안이나 대중성에 치중한 이야
기들을 극화하고 있다. 이 시기의 희곡에 대해서는 역사극과 리얼리
즘극으로[4] 혹은 역사소재극과 전쟁소재극으로[5] 나누어 설명하고 있
으며, 시기적으로도 한국 전쟁기까지를 논의에 포함시키고 있다.[6] 그
러나 역사를 소재로 했는지 혹은 현실을 소재로 했는지의 문제로 작
품을 분류하여 논의하는 방식은 해방이라는 예상치 못한 상황에 직면
한 유치진의 혼란스러움과 그 이후의 새로운 방향모색이라는 이 시기
의 특성을 설명하기에는 한계가 있는 방법이라고 할 수 있다. 1940년
대 후반기는 해방이라는 예기치 못한 상황에 직면한 유치진의 고민과
선택을 드러낼 수 있는 접근 방법이 필요하다. 해방기라는 시기는 많
은 연극인들의 운명과 연극사의 지형도를 바꾸어 놓는 중요한 시기이
다. 그 복잡했던 상황을 지나왔던 유치진의 침묵과 이후의 선택을 읽
어내는 것은 유치진 희곡을 이해하기 위해서도, 해방 이후의 연극사
를 이해하기 위해서도 중요하다고 할 수 있다.

　이 글은 1940년대 후반기 유치진 희곡의 혼란스러움을 해명하려는
의도에서 시작되었다. 특히 해방이라는 상황에 직면한 유치진의 고민
과 이후의 선택에 주목하고자 한다. 그래서 해방 직후 어떠한 과정을
거쳐서 유치진이 다시 연극계의 주도권을 회복하게 되는지, 연극계의
주도권 회복이라는 측면을 중심으로 이 시기의 유치진의 행적과 작품
을 읽어가려 한다. 연구 대상은 〈조국〉에서부터 1950년 2월에 발표된

---

4) 이상우, 앞의 책, 141쪽.
5) 윤금선, 『유치진 희곡 연구』, 연극과인간, 2009.
6) 이상우, 앞의 책, 윤금선, 위의 책, 양승국, 「해방이후의 유치진 희곡을 통해 본 분단
　현실과 전쟁체험의 한 양상」, 『한국현대문학연구』 1, 한국현대문학회, 1991.

〈장벽〉까지로 한다. 1940년대 후반기 유치진은 해방의 감격이나 신탁통치를 둘러싼 갈등을 주로 다루고 있다. 이 글의 2장에서는 해방을 소재로 한 작품을, 3장에서는 신탁통치 찬반 논쟁을 소재로 한 작품을 대상으로 해서 유치진이 연극계의 주도권 회복을 위해 시대 상황에 어떻게 대응하고 있는지를 살펴보고자 한다. 해방 이후의 혼란 속에서 연극계의 주도권 회복하기 위해 연극 활동을 재개하고 방향을 모색해가던 시기에 초점을 맞추어 유치진의 지향점을 분명히 하는 것이 중요하다는 판단에 의한 것이다.

2. 좌익연극인 주도의 연극계에 대한 대응

2.1. 좌익연극에 대응하는 우익연극의 시각 드러내기

해방 이후 연극계는 좌익연극인들이 주도권을 잡고 있었다. 이러한 상황에서 침묵을 지키던 유치진은 1947년 3월, 3.1절 기념공연으로 〈조국〉을 상연하면서 연극 활동을 재개하게 된다. 유치진이 침묵을 깨고 연극 활동을 재개한다는 점도, 그리고 처음 발표한 작품이 3.1만세운동을 소재로 한다는 점도 주목된다. 해방 이후에는 3.1만세운동을 소재로 한 작품이 다수 창작되었는데, 이는 해방이라는 감격이 어느 날 갑자기 주어진 것이 아니라 3.1만세 운동과 같이 독립을 얻기 위한 노력이 있었기 때문에 가능했다는 것을 이야기하고 싶었기 때문이다. 그러나 동일한 사건을 소재로 하면서도 유치진은 좌익연극인들과는 다른 시각에서 3.1만세운동의 의미에 접근하고 있다. 함세덕과 같

은 좌익연극인들은 "3.1만세운동이 몇몇의 민족 지도자에 의해 이루
어진 것이 아니라, 조국의 광복을 열망하는 민중들의 역량 위에서 이
루어진 것임"[7]을 드러내려 했다. 그러나 유치진의 〈조국〉은 좌익 진영
의 3.1절 기념공연에 대한 우익 진영의 대응 공연이었다는 것에서 짐
작할 수 있듯이 3.1만세운동에 참여하는 문제를 개인의 관점에서 풀
어가며, 모든 문제를 해결하는 지도자들의 역할을 부각시켜 우익연극
인으로서의 시각을 드러내고 있다.

〈조국〉은 3.1 만세운동에 참여하는 문제를 개인의 갈등으로 풀어간
다. 정도는 조국의 독립에 대한 열망을 가지고 있지만 그에 못지않게
어머니에 대한 효심 또한 지극하기 때문에 만세운동에 참여하기로 약
속을 하고서도 계속 갈등한다. "나라 있구 부모 있지 나라를 잃구서야
부모를 모신들 뭘 하겠나"라며 손가락을 깨물어 수결까지 하며 만세
운동에 나가기로 하지만 자신이 잘못되면 혼자 남게 될 어머니에 대
한 걱정 때문에 망설인다. 어머니 또한 "나라를 지극히 사랑"하는 인
물이지만 "동시에 아들 정도에 정에 끄을리는 인간적인"[8] 인물로 혹
시나 아들을 잃지 않을까 하는 걱정이 앞서 아들이 만세운동 참여하
는 것을 만류한다. 아들의 결심이 굳은 것을 확인하고는 마지못해 허
락을 하지만, 그러면서도 자신의 신세를 서러워하는 이야기를 하여
아들이 만세운동에 나가지 않도록 결정을 번복하게 한다. 극은 이처
럼 만세운동에 참여하는 문제를 조국애와 효심 사이에서 갈등하는 개
인의 문제로 풀어내며 망설임과 번복을 거듭한다. 그리고 이러한 모

---

7) 김재석, 「1940년대 후반기 함세덕 희곡 연구」, 『어문학』 92, 한국어문학회, 2006,
329쪽.
8) 유치진, 「등장인물의 성격」, 『소』, 행문사, 1947, 34쪽.

든 혼란은 민족지도자들이 독립선언서를 낭독하면서 해결된다.

멀리서 두시 정각을 알리는 싸이렌 소리. 정도 머리를 든다. 자기 시
계를 본다.

정 도　　(중얼대다싶이) 두 시다.
대문안에 광고지 한 장이 떨어진다. 정도 얼른가서 줍는다. 펴본다.
어머니　　(정도 한테로 가서)뭐냐?
정 도　　독립 선언서애요. 지금 독립선언식을 거행허나 봐요! 바고
　　　　　다 공원에서는!

어디선지 독립선언서를 낭독하는 소리가 들린다. 정도와 어머니는
부동의 자세로 홀린듯이 그 소리를 듣고 섰다. (중략)
이상의 선언서의 낭독 소리는「대한독립만세」라는 수십만 군중의 외치
는 고함소리에 흐려진다. 애국가 소리와 만세소리 차츰 가까히 들려온다.

장서방　　(태극지를 들고 급히 등장) 아니 무슨 꿈들을 꾸구계슈. 막
　　　　　야단났어요. 나두 장사하던것 다 집어던지구 이걸 들구나
　　　　　섯답니다. 정도 얼른 나와봐. (행길로 사라진다)
정 도　　어머니 용서하세요.
어머니　　오냐, 가거라.[9]

효심과 조국애 사이를 오가던 갈등의 정점에서 민족지도자들이 독
립선언서를 낭독하고, 망설이던 사람들은 모두 거리로 뛰쳐나오게 된

---

9) 유치진, 〈조국〉, 『소』, 행문사, 1947, 31~32쪽.

다. 장서방은 장사하던 것을 집어던지고 태극기를 들고 나서고, 정도도 만세운동에 나가기로 결심을 굳히고 어머니 또한 비장하게 허락한다. 극에서 민족지도자는 마지막에 잠깐 목소리로 등장하는 정도이지만 존재감은 극의 모든 갈등을 해결할 정도로 크다. 반전을 거듭하던 정도와 어머니의 갈등도 지도자들이 독립의 당위성을 낭독하는 순간한 번에 해결되어 버린다. 여기에서 유치진이 3.1만세운동을 민족 지도자가 중심이 된 사건으로 인식하고 있으며, 개개의 국민들은 이들이 이끄는 대로 따르는 수동적인 존재로 이해하고 있음을 읽을 수 있다. 이러한 시각은 함세덕이 민족대표를 나약하게, 때때로 만세운동을 포기하려는 인물로 그린 반면, "정향현을 위시한 학생들은 굳건한 믿음으로 그들을 추동해내면서 만세운동을 희생적으로 이끌어"[10]가는 것으로 그린 것과 상반된다. 좌익연극인들이 3.1만세운동을 주도한 계층으로 민중을 설정하여 "역사적 변화의 중심에 민중이 있었음을 드러내려" 하였다면, 유치진은 역사의 변화를 주도하는 것은 지도자들이며 민중은 이들을 따르는 수동적인 존재라는 점을 부각시켰다. 좌익연극인들은 민중이 주체가 되는 혁명을 염두에 두고 있었기 때문에 민중의 단결된 힘이 중요했다면, 유치진은 혼란스러워하는 개인들에게 올바른 방향을 제시하는 지도자의 역할을 중요하게 설정하여 역사를 만들어가는 것은 지도자들이라는 우익연극인으로서의 시각을 드러내었다.

　〈흔들리는 지축〉[11] 또한 해방에 대한 우익연극인으로서의 유치진의

---

10) 김재석, 앞의 글, 329쪽.
11) 〈흔들리는 지축〉은 1949년 10월 제1회 남녀대학 연극경연대회에서 공연된 작품이며, 같은 해 정음사의 희곡총서로 발표되었다. 그러나 작품 말미에 1947년 작으

시각을 잘 보여준다. "1945년 8월 15일 조국 해방 일"을 배경으로 하는 〈흔들리는 지축〉은 야외극을 위한 소인극 대본[12]을 의도하였기 때문인지 극의 완결성 보다는 해방 소식을 접한 사람들의 반응과 감격 그리고 우려까지, 해방 날의 풍경을 중점적으로 보여주는 극이다. 극의 전반부는 마을의 젊은이들이 징병으로 끌려가고, 징병을 피해 도망친 젊은이를 숨겨주었다는 의심 때문에 순경에게 잡혀가는 등 일제의 억압으로 고통 받는 마을 사람들의 상황을 다루고, 후반부는 갑작스럽게 주어진 해방에 대해 감격해하는 이야기로 구성되어 있다. 여기에서 주목할 점은 일제의 억압과 해방에 대한 마을 사람들의 반응이다. 마을 사람들은 일제의 억압에 대해 수동적으로 반응한다. 이들은 고통스러운 현실에 불만을 가지고 있지만 그러한 현실의 문제를 해결하려는 의지나 노력은 보이지 않는다. 단지 "내가 죽었으면 죽엇지 왜놈을 위해선 내 안 죽는다"[13]며 징병을 피해 도망 다니는 을봉을 장하게 얘기하는 정도이다. 여기에서 을봉의 행동은 일본을 위해 죽기 싫다는 것이지 해방을 위한 노력은 아니다. 극에서 마을 사람들은 일제에 대해 불만은 가지고 있으나 맞설 생각은 못하고 뒤에서 불평만 하고, 해방 소식이 전해지자 이에 감격해하는 정도이다.

극에서 민중이 이처럼 수동적으로 설정되어 있기 때문에 민중은 해방을 가져오는 주체가 되지 못한다. 〈흔들리는 지축〉에서 가장 독특한 부분은 해방을 가져온 주체에 대한 인식으로, 특히 주목해서 볼 지점이

로 기록되어 있으며, 해방의 감격을 다루고 있어 신탁통치 문제를 둘러싼 좌우익의 대립을 선명하게 부각시키는 극예술협회 설립 이후의 작품들과는 구분된다.

12) 『한국문학전집』 32, 민중서관, 1966.

13) 유치진, 〈흔들리는 지축〉, 『흔들리는 지축』, 정음사, 1949, 110쪽.

미국에 대한 언급이다. 극의 주인물이라고 할 수 있는 을봉은 일본의 병정이 되기를 거부하고 도망 다니고 있다. 이러한 그가 막막한 현실에서 자신을 구원해줄 대상으로 생각하는 것이 미국 비행기다.

> 을봉   (고개를 들어 우러러보며) 아, 저것! 바루 삐 이십구! 아메리카 비행기다. 야!(누가 보나 주위를 살피더니 만세를 부르듯 두 손을 쳐든다) 이 삐 이십구야, 제발 날 좀 태워다구! 날 태워 어디든지 실어다 다구! (홀린듯이 푸른 하늘을 한참 쳐다본다. 비행기 안계에서 사라진다) 앗, 그만 가 버렸네. 또 가버렸어. (매우 실망한 듯...)[14]

을봉은 미군 비행기가 자신을 어디든지 실어가 주기를 간절히 바란다. 여기에서 을봉이 미국을 우호적으로, 자신을 구해줄 수 있는 존재로 인식하고 있음을 읽을 수 있다. 자신을 병정으로 삼아 전쟁터에 내보내려는 일본이 절대악이라면, 그러한 절대악과 싸우는 미국이라는 존재는 그를 고통스러운 현실에서 구해줄 수 있는 대상이 되는 것이다. 그렇기 때문에 조선의 적인 일본과 싸우는 미국은 자연스럽게 조선과 같은 편이며, 조선을 일본으로부터 해방시키는 존재가 된다.

극에서 미국이 주는 존재감은 상당히 크다. 강돌이가 조선이 해방되었다는 소식을 전했을 때 동민 B는 "요즘 미국 비행기가 버쩍 자주 다니는 걸 봐두 혹"[15]이라는 말로 미국 비행기라면 일본을 몰아낼 수 있을지도 모른다는 생각을 드러낸다. 극에서 해방은 일왕이 연합군에

---

14) 유치진, 〈흔들리는 지축〉, 108쪽.
15) 유치진, 〈흔들리는 지축〉. 117쪽.

항복하면서 주어진 것으로 설명하고 있다. 민중들은 수동적으로 고통
스러운 현실을 인내하고 있었고, 그러는 동안 미국으로 대표되는 연
합군의 도움으로 해방이 주어진 것으로 보고 있는 것이다. 그래서 분
단에 대한 불안도 스스로 해소할 수 없다. 극의 마지막에 미소의 개입
으로 "한 나라가 두 토막이 나면 해방이 무슨 소용"[16]이냐는 우려가 나
오자 강돌이는 "내가 뭐 연합군 사령관야"[17]라고 반문한다. 남북이 분
단되는 문제에 대한 결정권도 남북이 가지고 있는 것이 아니라 연합
군 사령관이 가지고 있다는 것이다. 이러한 인식은 해방이나 분단과
같은 문제가 몇몇 지도자들의 결정에 따른 것이며 민중들은 이러한
현실을 수용하는 존재이라는 시각을 드러낸 것으로, 민중을 변화의
주체로 설정한 좌익연극인들과 구별되는 우익연극인으로서의 유치진
의 입장을 잘 보여준다.

　해방을 개인의 문제로 풀어내는 방식은 〈며누리〉에서도 드러난다.
〈며누리〉[18]는 해방을 소재로 하면서도 해방의 기쁨보다는 일제에 의
한 각자의 상처를 드러내는 데 집중한다. 〈흔드리는 지축〉의 을봉이
징병을 피해 도망을 갔기 때문에 해방을 맞을 수 있었다면 〈며누리〉
의 도수는 징병을 가서 전사한 것으로 나온다. 그래서 극의 분위기는
해방을 맞은 기쁨 보다는 도수를 잃은 슬픔이 지배적이다. 〈며누리〉
의 인물들은 현재를 살아가지만 모두 과거의 상처에서 벗어나지 못하
고 있다. 그러나 그 상처의 내면은 각기 다르다. 시아버지와 시어머니
두 사람은 아들 도수를 잃은 상실감을 느끼고 있다면, 태성은 감옥에

---

16) 유치진, 〈흔들리는 지축〉, 123쪽.
17) 유치진, 〈흔들리는 지축〉, 123쪽.
18) 유치진, 〈며누리〉, 『국학』, 1947.1.

가 있는 동안 좋아하던 찬실을 친구 도수에게 빼앗긴 상처를 가지고 있으며, 찬실은 남편을 잃은 슬픔이 크다. 〈며느리〉에는 해방의 기쁨보다 상처를 드러내 보이고, 다음 순간 극의 초점을 태성과 찬실 두 사람의 애정문제로 옮겨버린다. 극의 후반부는 태성이 그동안 숨겨두었던 찬실에 대한 마음을 고백하고, 찬실도 이에 흔들리지만 외롭게 남을 시부모에 대한 염려 때문에 찬실은 남고 태성 혼자 떠나는 것으로 마무리하고 있다. 유치진은 일제강점의 상처를 개인의 상처로 풀어내고 있으며, 이들이 정치 문제에 관심을 갖는 것을 경계한다. 태성은 독립운동을 하다가 감옥까지 갔다 왔지만 "서울에 앉아서 좌익이니 우익이니 허구 괜한 정치싸움에 끼이는 것"[19]이 싫어 광산으로 떠난다. 정치적인 싸움과는 거리를 두겠다는 태성의 선택은 사실상 정치운동의 한 축을 담당하는 좌익연극에 대한 비판적 시선을 드러낸 것으로 볼 수 있다.

　해방을 소재로 한 작품에서 유치진은 해방을 위한 노력과 해방을 맞은 감격, 가족을 잃은 슬픔과 같은 개인의 감정 문제로 이야기를 풀어간다. 좌익 연극인들이 민중의 단결된 힘을 강조하며 그 힘을 통해 새로운 국가건설에 대한 이상을 드러내었다면 유치진은 이를 개인의 문제로 풀어내며, 조선의 해방을 가져 온 주체로 민족 지도자와 미국과 같은 몇몇 세력에 방점을 둔다. 같은 시기 동일한 대상을 소재로 하면서도 좌익연극인들과 다른 시각과 지향점으로 대응하는 우익연극인으로서의 유치진의 입장을 읽을 수 있다.

---

19) 유치진, 〈며느리〉, 131쪽.

2.2. 침묵, 좌익연극인 주도의 연극계에 대한 거부

갑작스럽게 해방이 되었고, 유치진 또한 해방이라는 혼란스러운 상황 속에서 다른 연극인들과 마찬가지로 새로운 방향 모색에 동참한다. 1945년 8월 18일 조선문화건설중앙협의회가 발족하고 그 산하에 조선연극건설본부가 조직된다. 유치진도 김승구, 김태진 박영호, 함세덕과 함께 조선연극건설본부 심의실에 이름을 올리고 있다.[20] 조선문화건설중앙협의회는 명칭 그대로 문화 전반에 걸친 중앙협의 기관으로 좌우 구분 없이 다양한 문화계의 인물들이 회원으로 가입하였고, 유치진 또한 국민연극 시기를 함께 했던 연극인들과 함께 협회에 가입을 한다. 해방이라는 예기치 못한 상황을 맞아 대부분의 연극인들이 조직 안으로 들어가서 활동을 모색하게 되고, 유치진 또한 다른 연극인들과 행보를 같이하게 된 것이다. 그러나 "아무런 전체적 회의도 없이 임화, 이원조, 몇몇 사람들이 자기들 자의로 영도자의 자리에 앉아 영도권을 장악"하였고, "방방곡곡에 비라를 散布하여 자가선전하는 그 불순한 동기"[21]에 불쾌해 하는 사람들이 생겨나게 되었다. 그러면서 다수의 이탈자가 생겨났고 유치진 또한 조직에서 이탈하게 된다.[22]

---

20) 『매일신보』, 1945.8.24.
   『각 정당 각 단체 해설』, 여론사출판부, 1945.
21) 김광섭, 「해방 후의 문화운동 개관」, 『민성』 5권 8호, 1949.8.
22) 유치진 스스로도 해방기에 대해서는 거의 언급하지 않고 있다. 다만 해방되는 해를 경황없이 보내고 이듬해 이른 봄에 철원으로 가게 되었다는 것, 그리고 거기에서 공산주의 체제의 문제점을 목격하게 되고, 연극운동과 병행하여 조직적으로 반공운동을 위해 싸워야겠다는 결심을 하였음을 밝히고 있다. 그리고 1947년 3월에 〈조국〉을 공연하고, 이후 우익연극인들을 규합하여 「극예술협회」를 창립하였다고 언급하는 정도이다. 유치진, 『동랑자서전』, 서문당, 1975, 211-215쪽 참조.

해방 이후의 연극계는 조직력에서 뛰어난 좌익연극인들이 주도권을 잡게 되었고, 국민연극 시기까지 연극계를 주도해 오던 유치진은 중심에서 밀려나게 된다. 이에 유치진은 연극 활동을 중단하는 선택을 한다. 물론 1945년 9월에 대한문예협회 창립에 참여하고[23] 9월 18일에 중앙문화협회[24], 그리고 1946년 3월에는 조선문학가동맹의 출범에 자극 받은 우익진영 인사들이 그에 대응하기 위해 조직한 전조선문필가협회에도 가입한다.[25] 좌익 문인들에 대응하기 위한 우익 문인들의 모임에 유치진 또한 이름을 올리고 있다. 그러나 구체적인 활동으로 이어지지는 않았으며, 연극 활동과도 거리가 있었다. 직업으로서의 연극을 주장하던 유치진이 그의 직업인 연극 활동을 중단한 것은 그 자체로 의미를 지닌 행동이 된다. 당시는 좌익연극인들이 연극계 전반을 주도하는 상황이었고, 그러한 상황에서 영향력이 큰 유치진은 침묵을 선택함으로써 좌익연극인들과 그들이 주도하는 당대 연극계에 대한 거부라는 의미를 생성해내게 된다. 이러한 침묵의 시간을 가지게 되면서 유치진은 우익연극인을 대표한다는 상징성을 가지게 되었고, 이후 그가 연극 활동을 재개하게 되는 상황에 더욱 힘이 실리게 된다.

유치진이 연극 활동을 재개하려는 움직임은 극예술연구회 재건[26]노력에서 시작된다. 실제 활동으로 이어지지는 않았지만[27] 이를 계기로

---

23) 대한문예협회는 문학을 비롯해 음악, 미술, 연극, 출판부로 부서가 구성되어 있으며, 기관지 발간과 문예 학술서적 출판 계획도 가지고 있었다. 『일간조선통신』 제9호, 1945.9.12.
24) 『각 정당 각 단체 해설』, 여론사출판부, 1945.
25) 『동아일보』, 1946.3.11.
26) 「극예술연구회 재건」, 『한성일보』, 1946.5.14.
27) 이해랑의 회고에 의하면 극예술연구회가 재건돼 가지고 활동을 한 일은 없었다고 한다. 국립문화재연구소 편, 『대담 · 한국연극이면사』, 도서출판 피아, 2006, 268

미군정의 지원을 얻어 연극브나로드 실천위원회를 조직해 전국 순회 공연을 기획하게 된 것이다. 민주일보의 후원을 받아 추진된 연극 브 나로드 운동은 청년 학생들을 대상으로 강습도 하고, 〈안중근 의사의 최후〉와 같은 연극을 연습하여 농촌을 순회하기로 한다.[28] 이는 조직 적인 좌익연극인들의 활동에 위기의식을 느낀 미군정이 우익 연극을 적극 지원하게 되면서 생긴 결과였다. 수재와 전염병 등의 문제로 계 획했던 성과를 거두지는 못했지만 이후 유치진은 미군정의 지원 속에 서 본격적으로 연극 활동을 재개하게 된다. 그리고 좌익 연극에 맞서 우익 연극의 성격을 드러내는 〈조국〉을 들고 관객과 만나게 된다.

반공적인 연극을 좀 해 보자. … 그래서 이것은 몇 사람, 뜻 맞는 사람 모아 가지고 내가 〈조국〉이라는 1막짜리를 썼어요. 그래서 1947년 3월 1일 날, 지금 국립극장, 그때 시공관, 그때 부민관인가? 지금 국립극장 자리, 거기에서 그걸 상연했어요. 닷샌가 1주일인가 했는데, 어떻게 손 님이 오는지 하루 5천 명쯤 이렇게 와요. 그래서 1만여 명의 손님이 들 끓는다는 말을 듣고. 그래서 공산주의 하는 놈들이 이렇게 자기 세상같 이 떠드는데, 반공적인 기치를 달고 해도 되는구나 이런 생각이 들었어 요. … 그래도 손님이 그렇게 많아요.[29]

유치진은 〈조국〉이 "민족 연극에 대한 각오와 좌익 진영에 대한 선

쪽 참조.
28) 이 시기의 연극 브나로드 운동은 좌익의 연극대중화 운동에 대응할 수 있는 우익 헤게모니를 위한 움직임으로 볼 수 있다. 백승숙, 「해방기 희곡의 전개양상 연구」, 영남대 박사학위논문, 2001, 91쪽 참조.
29) 『대담 · 한국연극이면사』, 210쪽.

전 포고를 동시에 한"[30] 공연이라고 밝히고 있다. 이러한 〈조국〉 공연
은 많은 논란을 가져온다. 이 시기에 관한 유치진의 회고에 의하면 2
년에 가까운 칩거를 끝내고 〈조국〉을 공연하려고 하자 좌익연극인들
이 일제히 공격을 시작했고, 좌익 신문들까지 나서 유치진을 미제 자
본주의의 주구라고 매도[31]하는 등 유치진은 좌익 진영의 집중적인 견
제를 받게 된다. 유치진의 등장만으로도 좌익 진영이 경계하였으며,
유치진의 연극 활동을 견제하였던 것이다. 그러나 〈조국〉에는 좌우익
과 같은 이념이 등장하지도 않고, 신탁통치와 같은 논란이 되는 사안
도 다뤄지지 않는다. 단지 3.1 만세운동의 감격을 그리고 있는 듯이 보
이는 〈조국〉을 유치진은 왜 반공적인 연극으로 소개하는 것일까.

먼저 극의 시각에서 원인을 찾을 수 있겠다. 동일한 소재를 선택하
면서도 유치진은 좌익연극인들과는 다른 시각에서 문제에 접근하고
있다. 좌익연극인들은 프롤레타리아가 중심이 된 새로운 국가건설을
목표로 했고, 그렇기 때문에 3.1만세운동을 통해 민중의 역량을 드러
내는 것에 초점을 두었다. 그러나 유치진은 3.1만세운동이 민족지도
자가 중심이 된 사건으로 그리고 있으며, 민중들은 해방이 주체가 아
니라 이들이 이끄는 대로 따르는 수동적인 존재로 놓고 있다. 또한 미
국은 일본이라는 절대 악과 맞서는 강력한 존재와 맞서 싸우는 존재
로, 조선을 해방시킬 수 있을 만큼 강한 힘을 가진 것으로 설정하였다.
이러한 시각은 좌익연극인들과는 전혀 다른 우익연극인으로서의 시
각을 드러내는 것이었다.

---

30) 유치진, 『동랑자서전』, 214-215쪽 참조.
31) 유치진, 『동랑유치진전집』 9, 서울예대출판부, 1993, 178쪽.

다음으로 유치진이라는 인물이 가진 존재감을 들 수 있다. 해방 이전의 유치진은 연극계에서 가장 영향력 있는 인물이었다. 그러던 유치진이 해방 이후에 활동을 중단한 것은 그 자체로 당시의 연극계에 대한 거부 즉 좌익연극과, 좌익연극인들이 주도하는 연극계에 대한 거부라는 의미를 드러내는 것이었다. 그렇기 때문에 유치진이 연극활동을 재개하는 것은 그 자체로 좌익연극에 맞서는 본격적인 우익연극의 등장을 알리는 것으로 받아들여졌다. 유치진이 침묵의 시간을 가지게 되면서 이후 그가 연극 활동을 재개하는 것에 의미가 부여되었고, 특히 대중성이 강한 그의 연극이 많은 대중들의 공감을 얻게 되면서 더욱 힘이 실리게 된다. 유치진의 등장으로 유치진을 중심으로 한 우익연극인들은 점차 영향력을 확대하게 되고, 여기에 미군정의 지원까지 더해지면서 연극계의 주도권은 유치진과 우익연극인들 쪽으로 이동하게 된다.

3. 우익연극인을 중심으로 한 연극계 재편

3.1. 반탁운동을 통한 우익 이념의 우월성 선전

1947년 5월의 극예술협회의 창단공연인 〈자명고〉에서부터 유치진은 신탁통치를 둘러싼 논쟁을 극의 소재로 선택하게 된다. 해방을 소재로 한 작품에서 나타나던 가해자로서의 일본과 피해자로서의 조선이라는 대립에서 벗어나서 민족 구성원을 좌우로 나누고 신탁통치에 찬성하는 좌익은 악으로, 반대하는 우익은 선으로 구분한다. 특히 이

시기부터 유치진은 분명한 정치적 지향을 가진 주인물을 통해 자신의
정치적 지향을 분명하게 드러내며, 이를 낭만적 사랑이야기로 포장해
서 관객들에게 자연스럽게 수용될 수 있도록 하고 있다.

〈자명고〉는 호동왕자와 낙랑공주의 사랑이야기라는 설화를 빌려
당대의 정치적 상황에 대해 직접 발언한다. 극에서 낙랑과 고구려는
같은 민족으로 설정되어 있으며, 고구려의 왕자인 호동은 외세인 한
나라의 힘을 빌려 같은 민족인 고구려와 맞서려는 낙랑 왕의 태도를
비판한다.

> 호동 단군께서 도웁하시던 이 거룩한 신역에다가 어이하야 (장초
>   를 가리키며) 저 오랑캐를 불러들이시나이까? 산중의 왕노릇
>   이 하고 싶어 호랑이의 위풍을 빌리는 여호와도 같이 마마는
>   저런 한나라 오랑캐를 불러 그 힘으로 자기의 권세를 부려보
>   겠다는 생각이 아니시오? 제발 비노니 저 같은 오랑캐와 가
>   까이 하시와 제 동족의 피를 빨아 먹는 그런 어리석은 수작은
>   삼가소서. …한나라는 우리를 보호하여 준다는 핑계로 인심
>   을 무마하야 마침내 이 땅을 송두리째 먹어 보겠다는 수작이
>   오.[32]

한나라를 가까이 하는 것은 제 동족의 피를 빨아먹는 수작이라고
비판하는 호동의 당당하고 의지에 찬 모습은 그동안 호동을 원수로
여기던 공주조차 설득시켜 같은 동족끼리 못살게 하는 것을 그만두어
야 한다는 생각을 하게 만든다. 그래서 결국 "우리나라가 다 망하여도

---

32) 유치진, 〈자명고〉, 『유치진 역사극집』, 현대공론사, 1949, 139쪽.

같은 피를 받은 우리 동족끼리는 한데 뭉치어 사이좋게 살아야"[33] 한다
며 그동안 나라를 지켜주던 자명고를 찢어버리고 만다. 공주가 이같
이 극단적인 선택을 할 수 있었던 것은 호동의 신념이 옳다고 생각했
기 때문이며, 그러한 옳은 신념을 실천하려는 호동을 사랑하게 되었
기 때문이다. 극에서 호동은 관객이 동일시하고 싶어지는 완전한 인
물이다.[34] 유치진은 호동과 같이 관객의 동일시를 유도하는 인물을 주
인물로 활용하여 작가의 의도를 직접 발언하게 한다. 그래서 낙랑공주
가 그랬던 것처럼 관객들이 호동 신념에 동조하고, 감화될 수 있도록
하고 있다. 그리고 호동의 신념이 옳다는 것을 드러내기 위해 한나라의
장초는 오만하고 부정적인 인물로, 낙랑의 왕은 어리석은 존재로 설정
하여 관객들이 누구의 사상에 동조해야할지를 분명하게 알려준다.

한나라의 힘을 빌려서라도 고구려와 대립하려는 낙랑은 좌익을, 같
은 민족끼리 통일을 이루려하는 고구려는 우익을, 그리고 겉으로는
낙랑 즉 좌익을 도와주는 체하지만 다른 속셈을 가지고 있는 한나라
는 외세인 소련을 상징한다. 이는 신탁통치에 찬성하는 좌익세력에
대한 부정적 인식을 유도하고, 반대로 신탁통치를 반대하는 우익에
대해서는 지지를 유도하기 위한 의도인 것이다. 관객들에게 익숙한
이야기를 가져와서 같은 민족끼리 힘을 합해야 한다는 이야기를 하
며, 외세에 의존하려는 좌익의 논리를 공격하는 것이다. 여기에서 유
치진은 좌익에 대한 공격과 신탁통치 반대라는 분명한 지향점을 드러
내고 있으며, 사랑 이야기와 이념을 적절히 결합하여 작가의 의도가

---

33) 유치진, 〈자명고〉, 194쪽.
34) 이 시기의 인물은 국민연극 시기와 마찬가지로 "관객의 동일시를 유도하는 완전
한 인물"이다.

관객들에게 자연스럽게 전달될 수 있도록 있도록 했다.[35)

신탁통치를 둘러싼 갈등이 극의 표면에 선명하게 부각되는 것은 〈어디로〉[36)에서부터이다. 여기에서 유치진은 가난한 환경 속에서도 열심히 살아가는 서북학생들의 긍정적 모습을 통해 신탁통치에 반대하는 그들의 확고한 정치적 신념을 설득력 있게 드러내고자 했으며, 어려운 시대에 필요한 청년의 자세에 대해서도 이야기하고 있다. 극의 사건 구도는 분명하다. 서북학생들은 신탁통치에 찬성하는 인사에 대해 테러를 할 정도로 적극적으로 반탁운동을 전개하는데, 서북학생의 한 명인 승봉칠이 자신이 다니는 연구소 소장이 테러 대상 명단에 있는 것을 보고 걱정하여 전화로 미리 알려주고, 이 전화 때문에 서북학생이 검거되면서 승봉칠이 스파이 혐의로 기숙사에서 쫓겨나게 되는 것이 극의 한 축이다. 그러나 승봉칠이 스파이 혐의를 벗는 것 못지않게 중요한 것은 "전기불이 없어도 밤이면 이마를 부디치고 사는 이

---

35) 신탁통치라는 문제가 직접 언급되지는 않지만 〈별〉에서도 좌우의 대립 구도는 활용된다. "아버지의 붕당 싸움에 희생된 정도령과 구슬아기의 슬픈 이야기"라는 부제처럼 당파싸움으로 가족을 잃고, 원수를 갚으려던 구슬아기가 오히려 원수의 아들인 정도령을 사랑하게 되면서 갈등하다가 결국 함께 죽음으로써 사랑을 완성한다는 전형적인 사랑이야기의 틀을 따라가고 있다. 그러나 표면적으로는 비극적인 사랑이야기를 다루고 있지만 그 이면에는 두 사람을 죽음으로 몰아넣은 붕당 싸움 즉, 국가를 위하기보다 자기 파벌의 이익을 위해 서로 싸우는 당파 싸움이야말로 모두를 망하게 하는 짓이라는 비판적 시각이 들어 있다. 유치진도 〈별〉을 통해 드러내고자 했던 것이 "눈앞에 어른거리는 감투 바람에 자칫하면 민족의 대과업을 망각하려드는 지금 사회 정세"이며, 이를 우리 민족의 하나의 결함으로 지적하고 있다. 『동랑유치진 전집』 8, 서울예대출판부, 1991, 382쪽.

36) 〈어디로〉는 전체 4막으로 구상된 작품이지만, 1949년 10월과 1950년 2월에 『민족문화』에 2막까지 연재되었을 뿐, 나머지 2막의 행방에 대해서는 알려지지 않고 있다. 『민족문화』가 계간지인 것을 고려하면 전쟁으로 인해 다음호(6월호) 발간이 중단된 것을 짐작할 수 있다. 그러나 전해지는 2막의 내용과 간단히 제시된 3, 4막에 대한 정보로 극의 방향을 추측하는 것은 가능하다.

남한 일대가 종전과 같이 환해질"[37] 수 있도록 하는 등을 만드는 것이다. 승봉칠의 연구는 "이천만 남한 사람들의 눈을 발명하려는 것"이다. 이는 분단 이후 북한이 남한에 대한 전력공급을 중단하여 남한 전체가 전력난을 겪어야 하는 시대적 난관을 승봉칠과 같은 젊은이들이 나서 해결해야 함을 이야기하는 것이다. 1막이 서북학사가 배경이었다면 2막에서부터는 양대근의 집과 양대근이 경영하는 대한과학연구소사무실을 배경인 것으로 보아 승봉칠이 죽을 힘을 다해 연구에 매진하여 남한 일대를 밝힐 등도 발명해 내게 되고, 또한 서북학사 학생들과의 오해도 풀릴 것이며 무엇보다 혜숙과의 사랑이 이루어질 것임을 예상할 수 있다.

〈어디로〉는 멜로드라마의 형식[38]으로 이야기를 풀어가면서 승봉칠의 의로운 마음, 나라를 위해 필요한 역할을 하려는 의지를 부각시키고 있다. 그러면서 승봉칠을 포함한 서북학도들이 신념을 가지고 지지하는 반탁운동에 무게를 싣는다. 〈어디로〉에서 유치진은 신탁통치를 반대하는 우익의 이념을 드러내면서 또한 청년들에게 국가를 위해 어떤 노력을 해야 할 것인지 그 방향 즉 청년들이 '어디로' 가야 할 것인지를 보여주려 했다.

〈어디로〉에서는 신탁통치를 반대하는 우익 청년들의 신념을 부각시키는 정도였다면, 〈장벽〉에서부터는 신탁통치를 둘러싼 좌우의 대립구도를 선과 악으로 선명하게 나누어버린다. 〈장벽〉[39]은 제목 그대

---

37) 유치진, 〈어디로〉, 『민족문화』, 1950.2, 190쪽.
38) 이상우는 (『유치진 연구』, 태학사, 1997) 〈어디로〉의 1막 내용을 소개하며 〈장벽〉과 같이 반탁운동을 소재로 한 멜로드라마적 측면이 강한 드라마였을 것으로 추정하였다.
39) 유치진, 〈장벽〉, 『백민』, 1950.2.

로 남북이 삼팔선이라는 물리적인 경계와 신탁통치에 대한 찬반이라
는 심리적인 벽에 가로막혀 있음을 드러낸다. 그리고 이 벽을 토대로
인물과 그들이 믿는 신념을 선과 악으로 나누어버린다.

> 행객 ㅤ원 참 별일두 다 보겠네. 그럼 40년 동안이나 왜놈의 종노
> ㅤㅤㅤㅤ릇 하다가 기끝 해방 됐다는게 또다시 연합국의 종이 되겠
> ㅤㅤㅤㅤ단 말인가? 그럴리 없어요.[40]

> 보안대 ㅤ그야 물론이지. 조선의 장래란 어느모로 보던지 자주독립할
> ㅤㅤㅤㅤ능력은 절대로 없어. 그러기 때문에 -(더듬거리더니 포켙에
> ㅤㅤㅤㅤ서 갑책을 내어)-오라. 예 있어 신탁통치를 해야지 그러치안
> ㅤㅤㅤㅤ흐면 결국은 조선은 열국의 싸움터가 되구마는거야.[41]

신탁통치를 찬성하는 것은 왜놈의 종노릇을 하는 것과 마찬가지라
는 행객의 주장과 조선이 자주독립할 능력이 없기 때문에 신탁통치를
해야 한다는 보안대의 주장은 관객이 누구의 의견을 지지해야 할지
분명하게 알게 한다. 극은 신탁통치라는 정치적 문제를 둘러싼 갈등
을 따라 가면서 신탁통치에 찬성하는지 혹은 반대하는지에 따라 선악
을 나누어 버린다. 그리하여 신탁통치에 반대하는 것이 민중의 뜻이
고 선이라면, 찬성하는 것은 공산주의자들의 뜻이고 이것은 곧 악이
라는 공식을 만들어낸다. 공산주의자 행세를 하면서 전재민들을 등치
는 똘똘이와 쇠뭉치 같은 인물들은 도덕적으로 정당하기 않기 때문에

---

40) 유치진, 〈장벽〉, 276쪽.
41) 유치진, 〈장벽〉, 279쪽.

그들이 주장하는 찬탁 논리 또한 관객들에게 악으로 인식시키는 역할을 한다면, 태원과 같은 인물은 도덕적으로 정당하기 때문에 그가 주장하는 반탁의 논리는 선이 된다. 관객들이 쉽게 이해할 수 있는 인물 구도와 사건 구성을 보여주기 때문에 관객들은 자연스럽게 우익의 논리를 따라가게 되고, 반탁이 민족을 위한 선택이라는 것을 자연스럽게 인식시킨다.

〈자명고〉에서부터 유치진은 계속해서 신탁통치 문제를 거론한다. 이는 우익이 반탁운동을 반소, 반공운동을 몰아가면서 좌익에 대한 세력의 열세를 만회하려 한 것과 관련된다. 조국의 독립을 염원하던 민중들에게 신탁통치를 찬성하는 좌익을 민족의 독립을 가로막는 악으로 인식시켜 우익에 대한 지지기반을 넓히려 한 것이다. 반탁운동은 반외세운동이었지만 점차 반소 반공운동으로 바뀌게 되는 것은 이러한 맥락과 관련된다. 유치진은 반탁이라는 우익의 논리를 민족주의로 연결시켜 자연스럽게 관객들이 우익의 논리에 긍정하도록 유도하였다.

3.2. 우익연극인 중심의 연극계 재편

1947년부터 유치진의 행보가 바빠지기 시작하며, 정치적인 집회에서 자주 이름이 목격되기 시작한다. 1947년 2월, 전국문화단체총연합회가 결성되었고 유치진은 집행위원으로 선출된다.[42] 1947년 5월에는 "좌익극에 대항하여 민족극 수립을 목적"으로 극예술협회가 결성되었고 유치진은 본격적인 연극 활동을 재개한다. 강연회에서는 연극

---

42) 『동아일보』, 1947.2.13.

을 통한 계몽운동을 이야기하고[43] 극예술협회를 통해서는 연극으로
이를 구체화한다. 극예술협회의 공연 중 절반 이상이 유치진의 희곡
이었으며, 유치진이 연출한 작품이었다. 짧은 시기 극예술협회가 활
발하게 공연을 할 수 있었던 것은 미군정의 지원과 좌익극에 대한 단
속이 있었기 때문에 가능했다. 그리고 이러한 지원에 비례해서 유치
진의 정치적인 활동은 더 활발해지며 연극계에서의 입지도 강화된다.
1947년 10월 29일에는 극예술협회를 비롯하여 호화선, 황금좌 등의
12개 연극단체를 규합하여 전국연극예술협회를 결성하고 이사장에
취임[44]하고, 이어 12월에는 한국무대예술원이 창설되면서 대표로 취
임한다. 전국연극예술협회나 한국무대예술원과 같은 연극계 전반을
아우르는 조직의 대표가 되면서 연극계 내에서의 유치진의 위치는 확
고해진다. 그리고 이러한 지원에 답하기 위해 우익의 논리를 내면화
하고 이 논리를 관객들에게 계몽하는 데 총력을 기울이게 된다. 1948
년을 회고하는 유치진의 글에서 이 시기의 활동을 보다 구체적으로
읽을 수 있다.

　　민족연극의 총종합협의체인 무대예술원의 조직강화로써 반민족적
　　반동연극 배격에 향한 태세의 확립을 비롯하여 UN한국위원단 환영을
　　위한 正月 22일부터 1주일간 시공관에서의 획기적인 춘향전 공연 그리
　　고 5·10선거를 기하여 건국추진문화계몽대의 남한 일대 1개월에 亘
　　한 散兵的 연극계몽운동! 기타 금년 6월에 폐막한 문교부 주최 전국 연

---

43) 유치진이 연극을 통한 계몽운동을 주제로 강연(1947.4.16)을 한다고 소개하고 있
　　다. 「제1회 문화계몽강좌 학련주최」, 『동아일보』, 1947.4.11.
44) 「전국연극예술협회결성」, 『경향신문』, 1947.11.9.

극경연대회! 등등이 그것이다.[45]

민족연극을 지향한다고 하면서도 무대예술원은 태생부터 정치적
인 성격을 지니고 있었다. 좌익연극은 반민족적인 연극이라 여겨 배
제하면서도 우익의 정치적 행사에는 동원되었다. 〈춘향전〉 공연과 문
화계몽대의 활동은 이 당시의 전국문화단체총연합회나 무대예술원
과 같은 조직의 역할과, 그에 대한 정책적 지원의 규모를 짐작하게 한
다. 1948년 1월, 유치진은 유엔 한국위원단을 맞아 〈춘향전〉을 공연하
는데 공연 규모가 상당하다. 정부로부터 백만 원이라는 거액을 지원
받았으며, "30여명으로 구성된 상연준비위원회의 지도 협력과 무대예
술위원회 미술 민족음악연구회의 음악 등 광범한 응원"[46]으로 만전을
기했으며, 무엇보다 출연 배우만도 3백여 명이 동원[47]되는 "종래에 없
던" 엄청난 규모의 공연이었다. 이러한 대규모의 공연을 유치진이 연
출하였다는 점은, 그것도 그의 희곡을 대상으로 했다는 점은, 연극계
를 넘어 당시 문화계 전반에 걸쳐 유치진이 차지하는 위상이 어느 정
도였는지를 보여준다. 유치진의 정치적 행보는 문화계몽대 파견에서
정점을 이룬다. 유치진은 5월 10일 시행될 총선거를 앞두고 4월 7일
부터 약 1개월 동안 남조선 각지에 문화계몽대를 파견하여 총선거에
적극 개입한다.[48]

1948년에 우리 정부가 수립됐죠. 그래 그때 공산주의하고 맞서서 싸워야겠다 그런 생각이 들어서, 5월달일 거예요. 모든 제헌국회의원 선거한다고 정부에서도 유세를 하고, 돌아다니고, 공산당들은 정부를 못 서게 할려고 자꾸 선전을 하고 파괴를 하고 그랬지. 거기 대항해서 정부라는 것, 우리 정부가 가져야 한다는 것을 내세우고, 극단을 한 서른 개를 만들었어요. 그래서 트럭에 태워가지고 면면곡곡으로 돌아다니면서 1개월동안 하루에 세 군데, 네 군데 공연을 하면서 돌아다녔어요. …… 지방에서 보고를 듣고 굉장한 인기였었다고, 그래 정부에서 선거유세 나간 사람들도 우리가 보낸 극단 뒤에만 따라다녔대요. 연극 시작한다 그러면 막 몇 만명이 모이니까 거기서 유세하고, 그래 돌아오니까 트럭에다가 먹을 거를 실어다가 우리를 위로해 주고, 이래서 하루 잘 놀기도 하고 했는데, 그걸 치르고 나니까, 정부가 섰죠. 정부가 그 후에 섰지.[49]

"남조선 방방곡곡을 차자 연극 혹은 악극을 통하여 교화계몽선전으로 건국 대업에 이바지하려"[50]던 문화계몽대는 그 공을 인정받아 공보부로부터 감사장을 받기도 한다.[51] 유치진은 한국무대예술원이 이러한 연극의 교화적 기능을 선거운동에 이용하기 위해 만들어진 것이라고 이야기한다. 그러면서 이때의 활동을 농촌계몽과 농민 예술운동이라는 차원에서 의의 있는 일이라고 평가하며, 자신이 "30년 동안 꿈꾸어오던 행장극장 즉 「브·나로드」 운동을 이런 형태로나마 실천해 보아 기쁨으로 여간 흐뭇한 것이 아니었다"[52]고 회고하고 있다. 그러나

49) 『대담, 한국연극이면사』, 210-211쪽.
50) 「환송회 시공관서 성대거행」, 『동아일보』, 1948.4.7.
51) 「총선거 추진한 예술단체 표창」, 『동아일보』, 1948.5.19.
52) 유치진, 『동랑자서전』, 220쪽.

문화계몽대의 활동은 행장극장에서 이야기하던 민중을 위한 연극이
아니었다. 오히려 민중을 대상으로 정치이념을 선전하는 것에 지나지
않았다는 점에서 행장극장의 이상과는 전혀 다른 활동이라 할 수 있
다. 그것은 민중을 위한 연극이 아니라 유치진이 언급하고 있듯이 우
익연극인 것이다.

유치진은 정치적인 활동을 통해 연극계 내에서의 주도권을 확보했
으며, 우익연극인들을 중심으로 연극계를 재편한다. 그러는 한편 자신
의 구상에 따라 연극계의 틀을 짜 나가기 시작한다. 1949년 6월에는
연극학회를 조직하여 "흥행극이 범람하고 있음에 대하여 되도록 고도
의 학구적 연마를 꾀해보려"[53] 하였으며, 연극학회 주체로 대학연극경
연대회를 개최하는 등 연극 문화를 형성하려는 노력을 한다. 유치진
은 또한 연극의 입장세를 낮추기 위해 노력하고, 극장 문제 해결에도
관심을 기울이는 등 연극계가 직면한 문제를 해결하기 위해 노력한
다. 그리고 이러한 노력은 국가가 연극을 지원하고, 연극인들은 연극
의 교화적 기능을 활용하여 국가 이념을 관객들에게 교화하는 국립극
장의 설립으로 이어지게 된다.

4. 교화적 대중성, 정치성의 다른 이름

1940년대 후반기의 유치진의 행보는 좌익연극인들이 가져갔던 연
극계의 주도권을 되찾기 위한 노력의 일환이었고, 그는 정치적인 선

---

53) 「연극학회 창립」, 『경향신문』, 1949.5.29.

택을 통해 연극계 내에서 자신이 위치를 확보해간다. 해방 이후 연극
활동을 중단하고 침묵을 선택한 것은 좌익연극인들이 주도권을 잡은
상황과 좌익연극에 대한 거부의 뜻을 드러낸 것이었다. 그리고 연극
활동을 재개하면서는 좌익연극에 대응하는 우익연극의 정체성을 드
러내며 연극계의 주도권을 되찾기 위해 노력한다.

이는 극예술협회 설립과 그 이후의 활동에서 잘 드러난다. 극예술협
회는 1930년대의 극예술연구회를 잇는다고 하지만 사실상 국민연극
시기의 현대극장과 같은 지원을 받았고, 또 그에 맞는 역할을 하였다고
볼 수 있다. 극예술협회 이후부터 유치진의 희곡은 우익 진영의 논리를
계몽 선전하는 극이 주를 이루게 된다. 유치진의 논리 또한 연극의 교
화력과 대중성을 활용하여 우익의 논리, 국가의 이념으로 관객을 교화
시키는 문제에 집중한다. 특히 유치진은 연극, 영화의 교화력과 대중성
에 주목하였으며, "이 위대한 대중적 흡수력을 선용하였더라면 민족정
신의 앙양과 국민사상의 통일운동에 막대한 도움"이 될 것이라 생각했
다. 그래서 전 민족을 사상적으로 무장할 문화운동이 필요하다는 것을,
연극을 통해 국민의 정신을 계몽해야 한다는 것을 주장한다.

> 1948년 11월에 일어난 여수순천 반란사건...이런 무분별한 행동을
> 보고 어느 국회의원은 교육문제의 중요성을 역설했다. 그러나 나는 난
> 국 수습에는 자녀 교육뿐만 아니라 전 국민의 정신계몽이 급선무라고
> 생각했다. 왜냐하면 여순사건에는 학생뿐만 아니라 젊은이, 늙은이, 노
> 동자, 인텔리, 상인, 자본가 심지어는 국군과 장관까지 휩쓸려 들었으
> 니 어찌 전 국민의 정신적 재무장이 절실하지 않겠는가?[54]

---

54) 유치진, 『동랑자서전』, 228쪽.

유치진은 국민들이 좌익사상에 휘둘리는 것을 우려하며, 혼란기에 우리가 필요했던 것은 무력보다 지성이며, 총칼보다 정신무장이라는 것[55]을 강조한다. 신념만 가지면 강철보다 강해지고 총탄보다도 무서운 인간이 될 수 있다는 것이다. 그런데 남한에는 확고한 지도 이념이 없어 분열이 앞서니 "새 정부는 우선 국민 이념의 확립과 정신 무장부터 시작"[56]해야 한다고 제안한다. 그래서 연극을 통해 "전 민족이 신뢰할 만한 지도 이념을 세우는 동시에 그를 전 국민에게 계몽"시켜야 한다고 했다. 사상전에 대비하기 위해서는 문화가 제일 시급하다는 것이고, 그래서 정부가 문화정책을 강력하게 추진해주기를 요구한 것이다.[57]

국민들을 정신적으로 재무장해야 한다는 이 시기의 계몽선전의 논리는 국가 지원이라는 문제와 연결된다. 유치진은 국가에서 문화정책을 지원해야 한다고 주장했고, 이러한 국민 계몽을 담보로 정부의 지원 확대를 요구하며, 연극계 내에서의 자신의 영향력을 키워간다. 그 결과 유치진은 전국예술협회 이사장으로, 무대예술원 원장으로, 국립극장 극장장으로 옮겨가면서 연극계를 주도하게 되고, 연극정책을 만들어가게 된다.

유치진의 이러한 태도는 상당히 낯익다. 연극을 통해 국민국가의 이념을 주입시키고 그 대신 국가의 지원을 받았던 국민연극 시기의 행보가 이 시기에 그대로 되풀이되는 듯 보인다. 대중연극에 밀려 연극 활동을 지속할 수 있을지의 여부마저 불투명했던 시기 유치진이

---

55) 유치진, 『동랑자서전』, 230쪽.
56) 유치진, 『동랑자서전』, 231쪽.
57) 유치진, 『동랑유치진 전집』 6, 196쪽.

국민연극을 선택하고, 일제의 논리를 적극적으로 계몽·선전하는 국민연극을 발표한다. 그리고 해방 이후 좌익연극이 밀려 연극활동이 위축되었던 유치진은 미군정의 지원을 받아 연극 활동을 재개하게 된다. 그리고 국가에 필요한 이념으로 국민들을 계몽시키고, 그 대가로 더 많은 정부의 지원을 받게 된다. 이런 점에서 이 시기 유치진의 연극 활동은 연극계의 주도권을 되찾기 위한 노력의 일환이었고, 그러한 노력이 성공을 거둘 수 있었던 것은 유치진이 일관되게 지향하는 연극이 교화적 대중성을 확보한 연극이라는 점에 있다고 할 수 있다.

유치진은 교양이 없는 사람도 마음 놓고 즐길 수 있도록 예술을 민중에게 친교시키는 오락적 대중성과 함께 "인생 생활의 미묘한 단편을 끌어서 무대 위에 재현시켜 그 재현적 미로서 우리를 '미소시키면서도' 한편으로 그 미속에서 우리의 나아갈 바 한줄기의 '교훈'을 암시하는"[58] 교화적 대중성을 특히 중요하게 생각했다. 연극의 대중성을 잘 발전시킨 극이 "프로레타리아-트의 「이데오로기」 본위의 연극"이라고 언급하고 있는 것에서 읽을 수 있듯이 유치진은 정치적인 측면에 부정적인 것은 아니었다.

유치진은 연극의 대중성을 강조하였고, 관객을 중심에 놓고 그들과 교류하는 교화적 대중성의 원리를 바탕으로 해서 일관되게 작품 활동을 해 왔다. 관객과 소통하면서 그들에 재미와 교훈을 주는 연극의 교화적 대중성은 유치진이 일관되게 강조하는 측면이며, 그가 언제나 연극계의 중심에 있을 수 있었던 이유이기도 하다. 유치진은 연극의 교화적 기능을 활용하여 관객들을 계몽시키는 것이 연극의 중요한 사

---

58) 유치진, 「연극의 대중성」, 『신흥영화』 1, 1932.6.

명이라 생각했다. 그러나 이러한 교화성이라는 것은 그 안에 정치성 또한 포함하는, 정치성과 맞물린 개념이었다. 작가가 옳다고 믿는 신념을 관객들이 자연스럽게 받아들이도록 하는 것이 교화라면, 이 경우 시대적 상황 속에서 그가 옳다고 생각하는 원리를 활용하게 된다.

해방 후 유치진은 공산주의에 대한 강력한 반감에서 우익의 정치이념을 선택하게 되고, 그가 선택한 우익의 이념을 교화의 내용으로 선택하게 된다. 그러면서 그의 교화성은 정치성의 다른 이름이 되어갔다. 더구나 유치진은 이러한 정치성은 그의 연극이 지닌 강한 대중성과 결합하면서 더 큰 파급력을 나타나게 되었고, 그래서 유치진이라는 존재와 그의 연극은 강한 영향력을 지닐 수밖에 없었다. 이처럼 유치진의 교화적 의도와 시대적 요구와 만나면서 생겨난 결과가 1940년대 후반기의 유치진 연극인 것이다.

II.

국립극장과 민족극 구상

유치진의 국립극장 기획과 〈원술랑〉

1. 국립극장의 등장

1950년 4월 30일 국립극장이 개관하였고, 연극 〈원술랑〉이 국립극장 개관을 기념하여 상연되었다. 해방직후부터 제기되었던 국립극장에 대한 요구가 받아들여져 마침내 국립극장 개관이라는 결과를 만들어냈고, 유치진의 〈원술랑〉이 그 첫 번째 공연으로 선택된 것이다. 〈원술랑〉은 국립극장 개관 공연이라는 상징성으로 주목받았고, "충분한 연습 끝에 최고의 배역진을 동원"[1]한 결과 첫날부터 극장이 터져나갈 정도로 많은 관객들이 극장으로 모여들었고, 1주일이라는 공연 기간 동안 〈원술랑〉은 5만 명이나 되는 관객을 동원하는 기록을 세우게 된다. "너무 관객이 몰려들어서 유리창이 깨지기도"할 정도였으며, 공연 때마다 어떻게나 관객이 많았던지 표를 사려는 인파가 한 줄은

---

1) 유치진, 『동랑유치진전집』 9, 서울예대출판부, 1993, 206쪽.

광화문 네거리까지, 또 한 줄은 덕수궁까지 뻗혀, 극장은 초만원이고 손님들은 표를 못 사 아우성칠 정도였다고 한다.[2] 입장료가 영화관의 3배나 되는 비싼 편이었음에도 불구하고 평일 2회, 공휴일 3회 공연은 연일 매진으로 대성황을 이루었다는 것이다.[3]

〈원술랑〉 공연은 극작술뿐 아니라, 무대장치, 의상 배우들의 연기에 이르기까지 성공적인 것으로, 1947년에 설립된 북한의 국립극장의 공연과 비교해 "대한민국의 국립극장은 3년 늦었으나 제1회 공연의 레파토리는 이북의 그것에 비하여 30년을 앞섰다"[4]는 평가를 받는가 하면, 국립극장의 개관공연임에도 불구하고 대중흥미를 고려하여 원술과 진달래의 애정문제에 집중하는 것[5]을 지적받기도 했다. 그러나 〈원술랑〉 공연에 대해 가장 반복적으로 언급되는 것은 흥행의 측면이다. 〈원술랑〉에서 원술 역할을 맡았던 배우 김동원은 "〈원술랑〉 공연은 관객들의 호평을 받아 대성공"했으며, "공연 1주일 동안 5만 명의 관객이 공연을 보았다고 언론들은 대서특필했다"[6]고 회고하였으며, 이해랑 역시 "1천석이 훨씬 넘는 3층짜리의 국립 극장 무대는 연일 밤낮으로 통로까지 메워지는 초만원일 만큼 인기 충천했다. 10일을 공연했어도 관객의 열기가 식지 않아서 5일 동안 연장공연까지 함으로써 해방 직후의 최대 관객동원이라고 할 6만여 명이 구경을 했다"[7]고 언급하였다. 〈원술랑〉 공연에 관한 기록들은, 특히 공연 담당자들이 이

---

2) 유치진, 『동랑유치진전집』 9, 206쪽.
3) 유치진, 「국립극장과 나」, 『동랑자서전』, 서문당, 1975, 255쪽.
4) 오영진, 「원술랑을 보고-유치진씨의 작품에 관하여」, 『경향신문』, 1950.5.3.
5) 원영초, 「국립극장 인상기-겸하여 원술랑을 보고-」 상, 하, 『조선일보』, 1950.5.9-10.
6) 김동원, 『미수의 커튼콜』, 태학사, 2003, 169쪽.
7) 유민영, 『이해랑평전』, 태학사, 1999, 247쪽.

러한 흥행의 측면을 성공의 기준으로 언급하고 있는 것을 볼 수 있다.

그런데 여기에서 한 가지 의문이 발생한다. 흥행극단이 아닌 국립
극장의 개관공연임에도 흥행을 성공의 척도로 평가하는 이유가 무엇
인가 하는 점이다. 흥행극단의 공연이라면 흥행 성적은 곧 그 작품의
가치를 평가하는 기준이 되기에 중요한 측면이다. 그러나 국립극장
은 "국가가 그 국가의 연극문화를 유지하고 향상발전을 계획하기 위
해 재정적으로 원조 하여 설립 하고, 대표책임자를 임명해서 경영이
나 예술상의 관리, 운영을 하는 연극조직이다."[8] 재정적으로는 국가
의 원조를 받기 때문에 경제적으로 구속 받지 않고, 순수하게 예술적
입장에서 연극 활동을 할 수 있는 것이다.[9] 그런데 국가로부터 재정적
원조를 받는 국립극장의 개관기념 공연의 의미와 가치를 왜 관객 수
로 평가하고 있는 것인지 또 그 이유가 무엇인지 의문을 갖게 된다. 이
것은 공연에 대한 국립극장 담당자들의 의식과 관련되기 때문에 중요
한 문제라 할 수 있다. 이들 국립극장 연극 담당자들은 왜 〈원술랑〉 공
연의 성공 여부를 관객 숫자로 파악하는 것인지, 유치진이 생각하는
국립극장에 대한 구상과 그 구체적 결과물인 〈원술랑〉 공연을 통해서
이를 규명할 필요가 있겠다.

〈원술랑〉은 한국연극사에서도, 유치진 연극사에서도 중요한 위치
를 점하는 공연이다. 국립극장은 개관 이후 〈원술랑〉과 〈뇌우〉 공연을
끝으로 활동이 중단된다. 3회 공연으로 정비석 원작의 〈청춘의 윤리〉
를 준비하지만 전쟁으로 인해 실현되지 못한다. 이후 전쟁으로 인해

---

8) 『演劇百科大事典』 2, 平凡社, 1960, 469頁.
9) 『演劇百科大事典』 2, 469頁.

국립극장의 활동이 중지되고, 또 극장장이 서항석으로 바뀌면서 국립
극장 공연의 성격 또한 달라지게 된다. 〈뇌우〉가 번역극 공연임을 감
안하면 결국 초기 국립극장의 설립 당시의 지향을 가장 잘 보여줄 수
있는 작품이 〈원술랑〉 정도다. 즉 〈원술랑〉이야말로 유치진이 구상한
국립극장에 적합한 연극이란 어떤 것이어야 하는지를 분명하게 보여
주는 작품이라는 점에서 또 국립극장 성립 당시 국립극장의 성격을
제대로 보여주는 작품이라는 점에서 중요하다.

〈원술랑〉에 대한 그간의 연구는 해방이후에 발표된 역사극과 묶어
논의되었으며, 대중적인 교훈성이 강한 작품으로[10], 쇼비니즘적 요소
는 있으나 관객을 매료시킬 대중적 요소가 잠재해 있는 작품으로 평
가[11]되었다. 김성희[12]는 국립극단의 역사극을 개괄하는 글에서 〈원술
랑〉이 해방과 동시에 발생한 분단과 좌우 이념의 대립, 외세의 개입
이란 문제에 맞서기 위해 외세와의 싸움에서 승리한 서사가 필요했기
때문에 민족과 외세의 이분법적 대립구도를 활용하였다고 〈원술랑〉
공연의 정치적 의도를 설명하였다. 이러한 연구를 통해 대중적이면서
한편으로 정치적인 〈원술랑〉의 일면이 드러나게 되었다. 그러나 〈원

---

10) 서연호, 『한국 근대 희곡사』, 고려대학교출판부, 1994, 341쪽. 서연호는 〈가야금〉,
   〈사육신〉과 묶어서 역사극으로 분류하며, 역사에 대한 해석은 보이지 않고 대중적
   인 교훈성을 강조한 작품으로 평가했다.
11) 이상우는 〈원술랑〉을 〈자명고〉, 〈별〉, 〈가야금〉과 함께 해방 이후 역사극으로 분
   류하고 있으며, 〈원술랑〉이 쇼비니즘적 국민극의 요소를 지니고 있으나, 단순히
   계몽적 교화극이 아니라 애국의 숭고성을 강조하는 드라마 그 자체만으로도 충분
   히 관객을 매료시킬 대중적 요소가 잠재해있다고 보았다. 『유치진 연구』, 태학사,
   1996, 170쪽
12) 김성희, 「국립극단을 통해 본 한국 역사극의 지형도」, 『드라마연구』 34, 한국드라
   마학회, 2011.

술랑〉 공연에서 주목해야 할 지점은 이 공연이 가진 특별한 위상 즉 국립극장 개관을 기념하는 공연이라는 점이다. 그렇기 때문에 〈원술랑〉 공연은 국립극장의 설립 배경과 국립극장에 대한 주변의 요구, 그리고 극장장인 유치진이 구상하고 있는 국립극장의 모습과 그에 적합한 연극이 어떠한 것인가 하는 점을 고려해서 접근할 필요가 있다.

유치진의 연극적 지향은 국립극장이라는 공간으로 수렴된다. 그리고 〈원술랑〉 공연은 유치진이 국립극장이라는 공간을 어떻게 구성하고 운영해 갈 것인가를 선명하게 보여줄 수 있는 작품이다. 이런 점에서 〈원술랑〉은 다른 작품들과 놓여있는 위치가 다르다. 국립극장 극장장으로 모든 권한을 한손에 쥐고 있었던 유치진이 국립극장에서는 어떤 연극이 공연되어야 한다고 생각하는지, 그 방향을 직접 보여주고자 한 공연이라는 점에서 특히 의도적이다. 그 의도를 읽어내는 것이 국립극장의 성격과 유치진 연극의 지향을 읽어내는 길일 것이다.

2. 강권에의 노속, 국립극장 설립의 이면

유치진의 국립극장에 대한 요구는 해방 직후부터 시작된다. 무대예술이 발전하기 위해서는 극장을 가져야한다는 것인데, 이는 모든 연극인들의 바람이기도 했다. 특히 유치진은 "극장이 연극의 운명을 결정"[13]한다며 극장 문제를 해결하는 것이 가장 시급하다고 보았다. "북조선에 있어서는 극장이 예술가의 손에서 운영되고 있는데 남조선에

---

13) 유치진, 「극장사견」, 『조선일보』, 1947.4.8.

서는 모리배의 수중에서 농단당하고"[14] 있다고 문제를 제기하며, "극장이 개인의 영리의 대상이 됨은 예술의 상품화를 초래하여 드디어 예술을 사이비 예술의 길로 타락시킴은 물론이고, 이는 양심 있는 예술인의 원치 않는 바"라며, 흥행업자들이 예술을 타락시키는 것을 비판하였다. 그러면서 "예술가와 예술을 위한 극장의 국가경영"[15] 즉 국립극장이 필요하다는 주장을 보인다.

유치진의 국립극장에 대한 입장에서 주목할 부분은 "국립극장은 예술의 옹호 육성을 위하여서는 절대불가결의 존재"이지만 강권에 노속되기 쉽고, 또 노속되어 있는 전례가 있음을 간과해서는 안 된다는 것을 전제하고 있다는 점이다.

> 국가는 강권을 의미하기 쉬운 것이요, 또한 의미하는 것이다. 그러므로 설래 국가가 경영하는 극장에 있어서는 예술이 강권에 노속(奴屬)되기 쉬웠고 또한 노속되어 있는 전례도 없지 않았다. 즉 현재 소련을 필두로 한 전체주의 국가의 극장이 그 좋은 예다. 강권에 노속된 예술은 이르는 바 강권을 위한 예술이지, 예술을 위한 것도 아니요, 인생을 위한 것도 아니다. 예술이 강권에 노속되는 날 그 예술의 생명은 강권의 종 외에 아무것도 아니다. ―이런 의미에 있어서는 국립극장이란 대단히 위험한 존재이다.[16]

유치진이 국립극장의 위험성을 경계하고 있다는 점은 상당히 주목

---

14) 유치진, 「극장사견」, 『조선일보』, 1947.4.8.
15) 유치진, 「국립극장론」, 『평화일보』, 1950.1.1.
16) 유치진, 「국립극장론」, 『평화일보』, 1950.1.1.

된다. 예술을 위한 연극, 인생을 위한 연극을 하기 위해서는 국립극장이 필요하다고 제안하면서, 한편으로는 국립극장이라는 체계가 강권에 노속되기 쉽고, 또 강권에 노속되면 강권의 종밖에 되지 않는다는 위험성을 분명히 인식하고 있다. 그럼에도 유치진은 우리의 국가 이상이 독재주의 국가가 아니라 민주주의 원칙에 따라 최대한의 자유를 향수하려는 국가 체제이기 때문에 소련과 같은 강권의 위협은 받지 않을 것이라고 단언해버린다. "국립극장의 강권에 대한 발동이란 그다지 염려할 것이 아니고 예술가의 일종의 기우"[17]라면서 논점을 자본의 침해에 대한 경계로 옮겨버린다. 전체주의 국가에서와 같이 강권의 협위를 받아서는 안 되지만 자본주의 국가에서는 자본의 침해를 받아서는 안 된다며, 예술이 상품화되고 예술가가 황금의 종이 되는 것을 경계하였다. "현실에서 가능한 우리 예술가의 꿈을 구현시킬 수 있는 가까운 길"[18]을 국립극장 설립으로 보는 유치진은 "국가의 강권을 위하여 국립극장을 세우는 것이 아니라 우리 민족의 연극을 창조하기 위하여"[19] 국립극장이 필요하다고 주장한다. 여기에서 유치진이 이야기하는 국립극장은 강권과 영리에서 벗어난 극장으로 보인다. 그러나 국립극장 설립 이면의 현실은 이러한 이상과는 분명히 거리가 있었다. 전체주의 국가가 아니기 때문에 강권에 노속되지 않을 것이라는 유치진의 확신에도 불구하고 국립극장은 설립 과정에서부터 강권에 노속되는 체제였기 때문이다.

국립극장을 요구하는 좌익연극인들의 노력은 1947년 북한의 국립

---

17) 유치진, 「국립극장론」, 『평화일보』, 1950.1.1.
18) 유치진, 「국립극장론」, 『평화일보』, 1950.1.1.
19) 유치진, 「국립극장의 실현」, 『경향신문』, 1949.12.26.

극장이 설립되면서 실현되었고, 1946년 미군정청도 우익연극계의 요구를 받아들여 서항석을 극장장으로 내정하고 국제극장을 불하받아 국립극장 개설을 서두른다. 그러나 영화흥행업자인 김동성과 국립극장 운영위원이 공동으로 극장을 경영하도록 하여 연극인들의 반대에 부딪치게 되고, 국립극장 설립은 좌절된다.[20] 이후 정부 수립과 함께 국립극장에 대한 논의가 본격적으로 추진되어 1949년 1월 대통령령으로 국립극장 설치령이 발표되기에 이른다.

제1조   민족예술의 발전과 연극문화의 향상을 도모하며, 국제문화의 교류를 촉진하게 위하여 국립극장을 설치한다.

제3조   국립극장 운영위원회를 둔다. 운영위원회는 국립극장의 운영의 기본방침에 관하여 문교부장완의 자문에 응한다. 운영위원회는 위원장 1인과 위원 9인 이내로 구성한다. 위원장에는 문교부장관이 되고, 위원은 문교부 내무부 공보처에서 각 1인과 민간예술인 중에서 문교부장관이 임명한다.

제4조   국립극장에 국립극장장 1인을 둔다. 국립극장 운영위원회의 추천에 의하여 문교부장관이 임명한다. 국립극장은 국립극장 운영에 관한 일체 사무를 관장한다.

제7조   국립극장은 연극인을 양성하기 위하여 연구소 또는 양성기관을 설치할 수 있다.[21]

여기에서 주목할 점은 3조에 "운영위원회는 위원장 1인과 위원 9인

20) 유민영, 「국립극장 설치배경」, 『국립극장 50년』, 태학사, 2000.
21) 「국립극장 설치령 卝일 국무회의통과」, 『동아일보』, 1948.12.22.

이내로써 구성한다. 위원장에는 문교부장관이 되고, 위원은 문교부, 내무부, 공보부에서 각 1인과 민간예술인 중에서 문교부장관이 임명한다"는 조항이다. 극장장도 운영위원도 모두 정부에서 임명하겠다는 것으로, 이는 사실상 정부가 국립극장 운영에 개입하겠다는 것을 보여준다. 이어서 1949년 10월 29에 운영위원이 발표되는데, "중앙국립극장장에는 극작가 유치진 씨가 피선되었으며, 운영위원장 안 문교부장관, 동위원 조근영 문화국장, 이호 치안국장, 이건혁 공보국장, 서항석, 안석주, 채동선, 민경식, 박헌봉, 유치진"[22]이 임명된다. 10명의 운영위원 중 과반이 정부 측 인사이고, 서항석(연극), 안석주(영화), 채동선(음악), 박헌봉(국악)이 각 분야의 운영위원이 된 것이다. 유치진이 극장장이기는 하지만 그 또한 운영위원회의 추천을 받아 임명되는 자리였고, 또 정부 관료가 절반을 차지하는 운영위원회에 극장운영에 대해 자문을 구해야 하는 체제는 처음부터 국가의 개입을 허용하고 있다.

국립극장의 운영 방향을 더욱 분명하게 보여주는 것이 국립극장의 운영위원장이며 문교부장관인 안호상의 국립극장 운영에 대한 시각이다. 안호상은 예술운동의 방향을 "정치성을 띈 적극적인 방향으로 나가야 할 것"이라고 분명하게 제시하였다.

　　安문교장관은 작四일 기자단과 회견하고 경인 새해부터는 일민주의로 전국 학도의 사상을 무장할 것을 언명한 후 다음과 같은 일문 일답이 있었다.

　　문　　새해의 예술운동은 어떻게 전개할 것인가?

---

22) 「국립극장 운위 결정」, 『경향신문』, 1949.11.3.

답 국립극장이 설립되었으니 그 계획이 수립되는 대로 잘 진행될
줄 믿는다. 특히 민족예술에 대해서는 정치성을 띤 적극적 방향
으로 나가야 할 것이다.[23)]

「문화는 정치성을 띠고 학도는 일민주의로 무장하라」라는 구호 아
래 "민족예술에 대해서는 정치성을 띤 적극적 방향으로 나가야" 한다
는 것은 정부가 국립극장을 어떻게 활용할 계획인지를 단적으로 보여
준다. 민족예술을 수립한다는 목적을 표면에 내세우고 있지만 국립극
장이 실상은 정치성을 띤 작품을 공연해야 한다는 방침을 제시한 것
에 다름 아니다. 이러한 입장은 문화부 문화국장이며 국립극장의 운
영위원이기도 한 조근영의 발언에서 보다 구체적으로 확인할 수 있
다. 조근영은 정부의 문화정책 방향을 정리한 글을 2회에 걸쳐 신문에
연재하는데, 여기에서 그는 해방 이후 "자유의 선풍과 사상적 혼란으
로 인해 문화예술이 갈피를 잡지 못"[24)]하고 있어 분열적 현상을 드러
냈다고 보며, "먼저 혈연적 통합을 찾어" 분열된 상황을 극복해야 한
다고 했다. 조근영은 문화정책을 사회교육의 일환으로 생각하고 있으
며, 국가 정책에 따라 그 방향이 결정되는 것이라 했다. 문화예술을 통
해 국가정책의 기본방침을 관객들을 교육시키겠다는 것으로, 혈연적
통합을 이루는 데 기여하는 방향으로 문화예술 정책을 운영하겠다는
의지인 것이다.

---

23) 「안문교장관이 거듭 강조, 문화는 정치성 띠고 학도는 일민주의로 무장하라!」,
『경향신문』, 1950.1.5.
24) 조근영, 「문화정책과 예술위원회」 (상), 『경향신문』, 1949.4.13.

오늘 민족예술의 조장 방침수립은 민족의 오늘과 명일이 발전진로
를 위하여 시급한 명제일 것이다. 아즉까지 불모지인 우리 문화예술 영
역에 있어서 새로운 우량한 종자를 뿌려야만 수확이 있을 것이 아닌가.
예술의 육성보호는 명일 수확의 전제일 분 아니라 그와 아울러 국민에
대한 침투선전의 자연한 역할을 할 수도 있을 것이다.

만약 육성과 동일한 기반 우에서 국민에게 계몽선전력이 없다면 연
원없는 예술의 꽃은 곧 시들고 말 것이며 급속도의 저속화와 정신문화
의 침투력이 고갈될 것임은 말하지 않아도 문화인과 예술가 자신들이
더욱 잘 인식할 것이다.[25]

문화예술을 육성 보호하는 것은 "국민에 대한 침투선전의 자연한
역할"을 하도록 하기 위한 것이다. 즉 문화예술을 육성 보호하여 국민
에 대한 계몽적 선전의 역할을 하도록 하겠다는 입장인 것이다. 이는
문화예술을 국책 교육의 수단으로 인식하고 있으며, 국민들을 자신들
의 정치적 의도에 맞게 교화해야하는 대상으로 보고 있음을 알 수 있
다. 조근영은 특히 혈연적 통합, 민족통합을 강조하며, 근대 프러시아
가 위대한 예술가들을 배출하여 분열되었던 민족을 통합하여 통일된
독일을 만들었다는 것을 예로 들었다. 그리고 "신라 문화예술은 화랑
의 정신 즉 순수한 민족정신의 집결인 우리의 풍류도로 정신을 연마
하여" 위대한 삼국통일의 근원[26]이 되었음을 언급하며, "국립극장은
민족예술 즉 민족정신의 활로를 열게 될 계획의 일단"으로, "민족의식
을 순일정신으로 계몽지도하여 통일"[27]하는 역할을 해야 한다는 인식

25) 조근영, 「문화정책과 예술위원회」 (상), 『경향신문』, 1949.4.13.
26) 조근영, 「문화정책과 예술위원회」 (하), 『경향신문』, 1949.4.14.

을 드러냈다.

국립극장의 운영위원장과 운영위원이 보여주는 예술정책에 대한 입장은, 그들이 국립극장의 운영을 예술가들의 요구가 아니라 정치적 의도 즉 국책의 의도를 효과적으로 전달하기 위해 국민들을 교육시키는 장으로 활용할 것이라는 의도를 분명하게 보여준다. 실질적으로 국립극장의 운영 방향을 결정하는 운영위원장과 운영위원이 국립극장 예술의 방향을 제시한 것이다. 국립극장의 방향은 주어진 것이며, 그들에 의해 임명된 유치진은 이러한 방향을 수용할 수밖에 없는 상황인 것이다. 「국립극장론」에서 유치진이 가장 강하게 비판한 것이 강권과 영리의 문제였다. 그러면서 극장을 강권이나 영리의 대상이 아닌, 예술가와 예술을 위한 것으로 만들겠다는 구상을 밝혔다. 그러나 실상은 국립극장의 설립에서부터 정부의 강권이 개입될 수밖에 없는 체제였고, 극장의 운영위원회 구성에서 볼 수 있듯이 국가가 경영하는 극장 예술이 경계해야 할 강권에 노속되는 구조였다. 민족예술을 위한다는 명분을 내세우지만 국립극장 설립의 이면에는 예술을 정치적인 목적으로 이용하려는 징부의 논리와, 그 논리를 수용하면서 자신이 오래도록 숙원했던 극단체제를 완성하려는 유치진의 욕망이 존재하고 있었다.

3. 일민주의의 극화, <원술랑>의 내면

국립극장 개관 공연으로 유치진이 선택한 것은 신라시대 화랑의 이

---

27) 조근영, 「문화정책과 예술위원회」 (하), 『경향신문』, 1949.4.14.

야기로,『삼국사기』김유신전에 전하는 원술에 관한 이야기를 극화한
작품이다.[28] 김유신과 태종무열왕의 딸 지소부인 사이에서 태어난 원
술은, 패배한 전쟁에서 살아 돌아온 것 때문에 부모로부터 내쳐지고,
아버지가 돌아가신 뒤 어머니라도 뵈려 하지만 그마저도 외면당하고,
전투에서 큰 공을 세우지만 부모에게 받아들여지지 못한 것을 한스럽
게 여겨 벼슬하지 않고 일생을 마쳤다고 한다. 이러한 원술의 내력은
〈원술랑〉의 이야기의 틀과 동일하다. 유치진은 역사적 사건을 소재로
하는 만큼 극의 사실성을 살리기 위해 평소에 친했던 국사학자 이선
근에게 신라 화랑도에 관해 세세히 자문을 구할 정도였다고 한다.[29]

김유신이라는 영웅을 아버지로, 공주를 어머니로 둔 신라 최고 명
문가의 아들이지만, 패배한 전쟁에서 살아 돌아왔다는 것 때문에 부
모와 국가로부터 버려지고, 죽음과 같은 고통의 시간을 견딘 끝에 전
쟁에서 큰 공을 세우고 용서를 받게 된다는 원술의 내력은, 그 자체
로 흥미를 끄는 이야기인 것은 분명하다. 극은 흥미로운 인생을 살다
간 원술이라는 인물의 행적을 따라간다. 그러면서 중점을 두는 것은
원술의 내적 성장이다. 원술이라는 인물은 유치진 희곡에서 볼 수 있
는 주인물들과는 다르다. 유치진은 대중들의 공감을 불러일으키는 용
감하고 정의로우며 자기 역할에 대해 분명하게 자각한 인물을 주로
활용해 왔다. 그래서 주인물이 제시하는 방향을 관객들이 자연스럽
게 받아들이도록 하였다. 주인물이 겪는 고난은 그의 신념을 반대하
는 세력과의 갈등에서 만들어지며, 주로 외적 갈등의 양상을 보였다.

---

28) 원술에 관한 이야기는『삼국사기』권 제43, 열전 제3 김유신(하)에 전한다.
29) 유민영,『이해랑 평전』, 태학사, 1999, 248쪽.

그러나 〈원술랑〉의 경우 원술이 겪는 수난은 그가 자신에게 주어진 역할을 제대로 인식하지 못해서 생긴 것이며, 그가 자신의 잘못을 알게 되는 과정에서 겪게 되는 내적 갈등이 중요하게 다루어지고 있다는 점에서 이전의 작품과는 차이를 보인다. 원술은 용감하고 정의로운 인물이긴 하지만 자기 역할에 대해, 그 시대의 요구에 대해 분명하게 알지 못한다. 그래서 고통을 겪게 되고, 고통의 과정을 통해 내적으로 성장하게 된다. 극은 이러한 원술의 고통과 내적 성장의 과정을 따라가고 있다.

극은 원술의 내면의 고통을 부각시키는 데 많은 공을 들인다. 〈원술랑〉에서 가장 주목되는 장면은 죽음을 결심한 원술의 내면의 고통을 드러낸 4막이다. 4막의 무대는 마치 지옥을 연상시키는 풍경으로, 국가로부터, 부모로부터 버려진 원술의 심경 자체가 지옥에 있는 듯하다는 것을 시각화해서 보여주고 있다.

> 무대   무대 전체는 지옥을 연상할 수 있을만한 악몽적인 협곡. 기암괴석이 마귀와 같이 혹은 서고 움크렸으며 군데군데에 서 있는 소나무조차 풍우에 쪼들려 허리를 펴지 못하고 섰다. 바위 틈에는 곧 어름이 달려 산틈으로 새여드는 사양에 비치어 귀녀의 잇발 같이 반짝인다.

막이 열리면 무대중앙 앙상히 늙은 소나무 가지에 원술랑 발목을 츩넝쿨로 칭칭 묶이어 거꾸로 매달렸다. 이구석 저구석의 바위 틈에나 나무그늘 밑에는 말라서 해골화된 망령들 꿈틀거리고 있다.[30]

---

30) 유치진, 〈원술랑〉, 『원술랑』, 자유문화사, 1952, 84쪽.

전쟁터에서 도망친 원술의 내면 풍경은 마치 지옥과도 같다. 오히려 살아있는 지금의 모습이 죽은 것보다 더 비참한 듯 보이기까지 한다. 원술은 칡넝쿨에 칭칭 묶여 거꾸로 매달린 채 죽으려 한다.[31] 그는 망령들에게, 뱀에게 자신을 죽여줄 것을 부탁하지만 정작 죽음의 순간 아버지의 환영을 보면서 차마 죽지 못한다. 국가로부터, 아버지로부터 내쳐지면서 죽음을 결심했지만 죽는다고 해서 죄가 사라지는 것이 아니며, 죄인인 채 아버지를 다시 만나는 것에 대한 두려움으로 죽지도 못한다. 이승에도 용서받지 못했는데 저승에서 어떻게 보겠냐는 것이다. 이러한 원술의 고통은 그의 내면을 형상화한 무대 때문에 더욱 실감나게 전해진다.[32]

〈원술랑〉은 역사적 사실을 소재로 하는 만큼 작가의 상상력이 개입할 여지는 크지 않다. 그러나 4막은 유치진의 상상에 의해 구성된 공간이며, 또한 극의 주제를 잘 함축하고 있는 장이기도 하다.

원술   저승에는 아버지가 계시고 동지들이 있어. 내가 죽으면 저승에 가서 우리 동지들과 아버질 뵈야 되지 않어? 이승에서 용서를 받지 못한 그이들을 저승에서 내가 어떻게 만나?

---

31) 이 장면에서 원술역을 맡았던 배우 김동원은 10여 분 동안 거꾸로 매달려 혼자 대사를 계속했다고 한다. 김동원, 『미수의 커튼콜』, 태학사, 168쪽.

32) 원술의 내적인 고통과 같은 부분은 상상에 맡길 수밖에 없었던 영역이었으나, 이를 과감히 무대에 실현한 것은 국립극장 공연다운 새로운 시도로 볼 수 있다. 〈원술랑〉은 신극사상 최고의 무대장치를 선보였다고 한다. 전쟁 장면을 실감나게 보여주기 위해 무대에서 폭파 장면을 직접 보여주기도 했는데, 전투 장면에서 마그네슘 폭파가 잘못돼 효과담당자가 중화상을 입기도 했다고 한다(『이해랑평전』, 248쪽). 이는 무대 표현이 얼마나 사실적이었는가를 보여준다.

진달래 도령님의 지으신 죄는 싸움으로 얻으신 것이니 싸움으로
        씻을 수밖에 없지 않겠어요. 그리고 도령님께서 설사 공을
        세우지 못하고 그 목숨을 버리신대도 그때야말로 저승에
        계신 아버지며 동지들은 틀림없이 도령님을 반겨 마지하
        여 주실 것 같애요.

진달래 나라를 위한 일편단심이 있으면 죄인이건 병신이건 심지
        어 이 땅위에 있는 한 줌의 흙! 돌 한덩어리까지도 지금 이
        나라를 위해 싸우고 있답니다. 도령님. 일어나세요. 도령님
        의 돌아가실 자리는 그 자리뿐! 죄를 씻을 길도 그 길 밖에
        없어요.[33]

극은 계속해서 죽음보다 더 고통스러운 원술의 내면을 드러내며,
원술이 비극적 상황에 처하게 한 원인이 무엇인지, 그리고 그가 그 비
극적 운명을 어떻게 해쳐나가는지 즉 당대 신라 사회가 원술에게 요
구하는 가치가 무엇인가 하는 문제를 환기시킨다. 김유신은 원술이
임전무퇴 정신을 지키지 않은 것은 왕명을 욕되게 하였을 뿐 아니라
가훈을 져버린 것이라고 원술의 잘못을 질책했다. 원술이 전쟁에 나
가 죽지 않고 돌아온 것은 가훈, 그것의 바탕인 효의 정신을 어긴 것이
며, 왕명을 어긴 것이기 때문에 용서받을 수 없는 것이 된다. 여기에서
충과 효는 같은 것이 된다. 그래서 국가의 이념을 지키지 않는 것이 얼
마나 큰 잘못인지, 원술을 통해 삼국통일을 이룬 신라 사회가 지향해
야 할 덕목을 계속해서 강조한다. 〈원술랑〉은 나라를 위하지 않으면
제대로 죽을 수도 없다는 것, 그래서 나라를 위해 목숨을 걸고 싸워야

---

33) 유치진, 〈원술랑〉, 95~96쪽.

한다는 이야기를 반복한다.

극에서 원술이라는 인물이 놓여있는 역사적 시공간은 의미심장하다. 원술은 민족통일의 주역인 김유신의 아들이며, 또 신라를 넘보던 당나라를 몰아내어 국가를 지켜내는데 큰 역할을 한 인물이기도 하다. 이러한 원술의 이야기는 많은 의미를 내포하고 있다. 원술의 이야기가 놓여있는 배경은 1950년대 상황과 긴밀하게 연결된다. 원술이 참전한 두 개의 전쟁 즉 패배한 석문전투와 승리한 매소성 전투는 모두 외세인 당나라를 신라 땅에서 몰아내기 위한 전쟁이다. 안으로는 민족의 통일을 이루고 밖으로는 외세를 제거하는 전쟁인 것이다. 이러한 배경은 "해방과 동시에 발생한 분단과 좌우 이념의 대립, 외세의 개입이란 문제에 맞서기 위해선 통일이 시대적 과제였던 과거 역사와 민족주체의 호명이, 그리고 외세와의 싸움에서의 승리 서사가 필요"[34] 했던 당시의 시대적 요구와 정확하게 조응한다.

유치진의 관심은 역사적 진실에 있는 것이 아니었다. 유치진은 원술이야기의 배경이 되는 역사적 사건에서 외세를 몰아내고 신라가 삼국을 통일하는 순간에만 집중하며, 나당전쟁이 일어나게 된 배경, 즉 당나라 세력과 연합하여 백제, 고구려를 차례로 멸망시킨 이전의 사건은 소거시켜버린다. 대신 극에서 신라는 힘센 당나라의 욕심 때문에 위기에 처한 상황이며, 김유신이나 원술과 같은 충성심으로 무장한 인물들에 의해 굳건하게 지켜지고 있음을 부각시킨다. 여기에서 분명하게 알 수 있는 것은 유치진이 역사적 사건에서 소재를 취하고 있지만 그의 관심은 역사에 대한 정확한 인식에 있는 것이 아니라는

---

34) 김성희, 앞의 글, 41~42쪽.

점이다. 그는 그 사건을 당대 사회의 요구에 맞게 필요한 부분만 부각
시키고 불편한 부분은 소거하는 전략을 선택하고 있다. 여기에서 유
치진이 역사적 사건을 활용하는 이유가 역사를 통해 현실을 제대로
인식하자는 것이 아니라, "지난 시대 애국자들의 참모습을 형상화하
여 그들의 위대한 희생을 추모, 민족정기를 앙양하자는 것"[35]으로, 결
국 쇼비니즘으로 집약되는 것[36]이었음을 읽을 수 있다.

사실 유치진이 신라시대를, 화랑의 이야기를 다루게 된 것은 국립
극장의 운영위원장인 안호상과 운영위원인 조근영이 극장의 운영방
향을 밝힌 글 속에 이미 예고되어 있었다. 당시 국가의 지배이념은 안
호상에 의해 구체화된 일민주의였으며, 조근영이 제시한 민족교육의
방향 또한 민족정신의 집결인 화랑정신이 삼국통일의 근원이 된 것처
럼 문화예술을 혈연적 통합을 이루는 데 기여하는 방향으로 활용하겠
다[37]는 것이었다. 유치진이 민족의 통일을 이룬 신라시대를, 그리고
화랑정신을 선택한 것은 이러한 당대 국가의 이념과 연관되어 있으며
특히 일민주의의 영향으로 볼 수 있다.

이승만 정권은 자신의 통치를 정당화시키고, 북한과의 체제 대립에
서 승리할 수 있는 기반을 다지기 위해 일민주의라는 이념을 선택하
였다. 그리고 일민주의를 창출하고 보급한 인물이 당시 문교부장관
이며 국립극장 운영위원장인 안호상이었다. 안호상은 같은 혈통, 같

---

35) 유민영, 『한국극장사』, 한길사, 1982, 121쪽.
36) 유치진은 〈원술랑〉이 국립극장 개관 기념공연으로 정해진 이유를 설명하면서 당
  시 무대예술인들이 작품을 고르는 경향이 서너 가지 있는데, 그 기본 방향은 쇼비
  니즘으로 집약되는 것이었다고 이야기하였다. 유치진, 『전집』 9, 206쪽.
37) 조근영, 「문화정책과 예술위원회」 (하), 『경향신문』, 1949.4.14.

은 사명, 공동의 운명을 가진 집단을 민족이라고 파악했다.[38] 여기에
서 중요한 것은 같은 혈통으로, 안호상의 일민주의는 '한 핏줄', '한 운
명'의 일민주의적 사회를 건설하려는 사상이다. 안호상은 민족을 위
한 희생과 노력이 인격의 고하귀천을 판단하며 헤아리는 표준이라 보
았으며, 민족이 망하고 개인이 잘 될 수 없으므로, 개인은 민족을 위해
서 일해야 한다고 했다.[39] 모든 국민이 맡은 바 임무에 충실하고, 민족
을 위하여 노력할 때 새로운 국가가 건설될 수 있으며, 특히 민족을 분
열시키려는 공산주의의 침략에 대항하기 위해 하나로 뭉치고 민족주
의 사상을 가져야 한다고 했다. 안호상은 민족주의를 내적인 통합과
외적인 저항을 달성할 수 있는 가장 중요한 수단으로 여겼으며, 국민
들을 민족주의로 결집시키기 위하여 가장 강조한 것이 민족의 동일한
혈통이었다.[40] 그는 민족을 자연적 산물이면서 동시에 역사적 산물이
기도 한 것으로 인식하였으며, 민족을 분열시키려는 공산주의에 대항
하기 위해 하나로 뭉쳐야 하고, 민족주의 사상을 가져야한다고 주장
했다. 이러한 점에서 안호상의 일민주의는 개인보다 민족과 국가 이
익을 우선하는 국가주의의 성격을 강하게 지니고 있다.[41]

안호상은 민족과 국가에 봉사하고 복종하는 개인들을 재생산하는
것이 일민주의 교육이라고 파악했고, 그래서 국민 전체에 대한 문화
계몽운동을 강화하였다.[42] 그는 특히 과거 고구려, 신라, 백제 3국은

---

38) 안호상, 「민주교육철학론」, 『조선교육』 1, 1946.
39) 안호상, 「민족교육을 외치노라」, 『새교육』 창간호, 1948.
40) 하유식, 「안호상의 일민주의 연구」, 『한국민족운동사연구』 제34권(34), 한국민족
    운동사학회, 2003, 327쪽.
41) 박찬승, 「20세기 한국 국가주의의 기원」, 『한국사연구』 117, 한국사연구회, 2002.
42) 하유식, 앞의 글, 302~321쪽.

신라의 화랑주의의 의해 통일되었는데, 이제 남북이 갈라진 조국을 통일하려면 다시 화랑정신을 부르짖어야 할 것이라며 화랑정신을 강조했다.[43] 민족이 한데 뭉쳐 한 겨레가 되고, 나라가 통일되어 한 나라가 되어야 한다는 일민사상과 이상에 누구보다 철저한 이들이 화랑이었고, 신라의 찬란한 문화발전과 통일 실현에 원동력이 되었던 것이 화랑과 화랑도였다는 것이다.[44]

유치진이 국립극장 개관공연으로 화랑도와 화랑정신을 제재로 선택한 것은 우연한 결과가 아니라, 정부의 요구에 부응해서 국민 정신교육의 일환으로 취택된 것이었다. 유치진은 이러한 정치적인 의도를 진달래와의 낭만적 사랑으로 포장해서 자연스럽게 관객들에게 전달되도록 하고 있다.[45] 현실의 알레고리로서의 역사적 사건에, 원술을 지지하고 따르는 진달래와의 애틋한 사랑이야기가 더해지면서 극은 비극성과 낭만성이 적절히 섞여들게 되고, 관객들은 홍미있게 극을 지켜보는 동안 정치적 의도를 자연스럽게 내면화하게 되는 것이다.

유치진씨의 작품 「흔들리는 지축」은 8.15 해방의 감격을 그리고 「조국」은 3.1운동시의 일삽화를 그린 또큐멘타리-의 색채가 농후한 작품이었다. 「별」은 전 二者와는 계열을 달리하여 다분히 낭만적이다. 전 이자를 지배한 것이 정치적 또는 민족적 감정이라고 할 것 같으면 후자는

---

43) 그러나 화랑정신만으로도, 또 민주주의만으로도 안 되며, 우리민족의 영원한 지도 원리로서 일민주의가 필요하다고 하였다. 안호상, 『일민주의의 본바탕』, 일민주의 연구원, 1950, 11~23쪽.
44) 안호상, 『세계신사조론』 상, 일민주의보급회, 1952, 115~118쪽.
45) "좋은 작품을 많이 내시던 유씨가 개관이라는 데 너무나 홍행가치와 대중홍미를 노리지 않았나"하는 평가를 받기도 했다. 「국립극장 인상기-겸하여 원술랑을 보고」 상, 『조선일보』, 1950.5.9.

예술적 감정이었다. 유치진씨는 이러한 두 계열의 작품을 동시에 쓰고
있다. 이 두 유치진이 「원술랑」에 있어서는 완전히 하나가 됐다. 울릴
곳에서는 철저히 울리고 웃길 데에서는 잡념 없이 웃기는 그의 천가의
보도인 뜨라마투르기-의 정공법으로 일천이백년 전의 시대적 감성이
완벽한 현재성을 띠우고 형상화했다.[46]

오영진이 이야기하고 있듯이 유치진은 정치적인 경향이나, 예술적
인 경향을 극화하는데 능한 작가였으며, 〈원술랑〉에서는 이 두 경향
이 잘 조화를 이루고 있다. 즉 "원술과 부모와의 애정, 원술과 진달래
와의 사랑, 원술이 생사의 경지를 헤매이는 제4막의 판타지" 이것을
"안전히 하나의 굵은 끈-애족 정신으로 꿰어 놓"[47]은 것이다.

유치진은 〈원술랑〉을 통해 개인의 가치보다 국가를 위해서 개인이
존재해야 한다는 것을 이야기한다. 그래서 신라가 외세와 맞서는 모
습을 보여줄 뿐, 외세를 끌어들여 백제와 고구려를 멸망시켰던 과거
는 철저하게 숨긴다. 당나라로 표현된 외세에 대해 큰 것을 가지고 있
으면서도 남의 것을 넘보는 존재로 설정하고, 그들과 대립해서 민족
의 통일을 이루는 신라와 원술의 의지를 민족적인 것으로 포장하고
있다. 여기에서 신라가 처한 상황은 당대 국가 상황의 알레고리로 기
능한다. 당이라는 외세를 몰아내고 완전한 민족통일을 이룬 신라는
외세를 몰아내고 '일민'을 이루려는 당대 국가가 지향하는 이념을 보
여준다. 유치진은 이러한 이념이 최대한 거부감 없이 자연스럽게 관
객들에게 전달되도록 하기 위해 "원술과 부모 사이의 애정, 원술과 진

---

46) 오영진, 「원술랑을 보고-유치진씨의 작품에 관하여」, 『경향신문』, 1950.5.30.
47) 오영진, 「원술랑을 보고-유치진씨의 작품에 관하여」, 『경향신문』, 1950.5.30.

달래의 사랑에, 생사의 경지를 헤매는 제4막의 판타지"를 배치하여 국
가의 이념이 자연스럽게 관객들에게 받아들여지도록 했다. 이처럼 정
치적인 것을 대중적인 것에 결합하는 방식은 유치진의 장기이기도 한
것이다.

4. 유치진의 국립극장 기획의 실체

국립극장 개관 공연인 〈원술랑〉은 국립극장 연극이 가져야 할 공공
성의 측면보다 정치적인 역할이 중요하게 부각되었으며, 대단한 흥행
을 기록했다는 점에서 주목을 받았다. 왜 이러한 결과가 나온 것인지
의 문제는 유치진이 어떻게 국립극장을 구성하고 운영하는지 그 과정
을 통해서 유추해 볼 수 있다.

국립극장의 극장장으로서 유치진은 의욕적으로 국립극장 운영에
대한 구상을 발표한다. 「국립극장 설치와 연극 육성에 대한 방안」[48]에
서 유치진은 전속극단, 공연, 작품, 무대미술, 연출자, 출연료 6항목으
로 나누어 극장의 운영방침을 밝히고 있다. 그 가운데 주목되는 것이
극단을 구성하는 문제이다. 유치진은 국립극장 전속 배우 대신 전속
극단을 두기로 하였는데, 경제적 면에서 현행 관리의 봉급(7,8천 원)
으로는 관록 있는 연기자를 포섭할 수 없으며, 배우가 관리여서는 관
료적 냄새를 풍기기 쉽기 때문에 경제, 예술을 고려하여 전속극단을
두기로 한다는 것이다.

---

48) 유치진, 「국립극장 설치와 연극 육성에 대한 방안」, 『신천지』 5권 3호, 1950.3.

원칙적으로 국립극장 전속 예술단체는 현재 활동 중에 있는 민족진
영에서 가장 예술적이요, 양심적인 단체를 기용하려는 방침이다. 그렇
다면 연극 부면에서는 응당 극예술협회 같은 극단이 그 첫손가락에 꼽
히겠으나 과거 일 년 동안 10할 입장세 때문에 전 극단이 너무나 황폐
하였기 때문에 신극협의회란 새 간판 밑에서 이산된 연극인을 재규합
하기로 하였다. 그 규합된 연극인을 두 단체로 나눴다. 극단 신협, 그리
고 극단 극협이 그것이다. 그리고 매 단체는 남녀 15명으로부터 20명
이내의 연기자로서 구성케 하였고 각 극단은 개별적으로 국립극장과
전속계약을 맺었다. 그 이유는 극단 신협과 극협은 물론 신극협의화의
기구 밑에 있어 예술적으로나 경제적으로 협조하겠지만 타방으로 서로
경쟁케 하여 좋은 예술적 특징을 가지게 하자는 것이 그 본의이다.[49]

관심을 끄는 것은 국립극장 전속극단의 단원을 어떻게 뽑을 것인가
하는 문제이다. 유치진은 분명 신극협의회라는 간판 밑에 신협과 극
협 두 극단을 둘 것이며, 전속극단의 단원을 뽑을 때 "신극 협의회란
새 간판 밑에서 이산된 연극인을 재규합하기로 하였다"고 분명히 밝
히고 있다. 그러나 전속극단 단원을 모집하려는 움직임은 보이지 않
는다. 그러던 중 1950년 1월, 자신이 대표로 있던 극예술협회를 국립
극장 전속극단으로 선정한다. 이에 대해 김동원은 "극예술협회가 국
립극장에 흡수"된 것으로, 즉 국립극장의 직속기구인 '신극협의회'에
편입이 된 것으로 설명하며, 유일한 순수 민족극단이었던 극협이 국
립극장의 전속극단으로 변신한 것은 아주 자연스럽게 이루어졌으며,
극협의 국립극장 참가에는 연기진은 물론이고 스태프들까지 한 사람

---

49) 유치진, 위와 같은 곳.

의 낙오자도 없었다고 회고하였다.[50] 이해랑의 경우도 지방 공연에서 돌아와서 신극협의회가 조직되었고, 자신을 포함해 극협 멤버들이 모두 가입해 있다는 것을 알게 되었다고 밝혔다.

　지방공연에서 돌아와 보니 이미 이광래를 대표로 한 신극협의회가 조직돼 있었고 극협 멤버 중 기획담당인 윤방일이 새 간사로 김동원, 이화삼 등 동지들이 모두 가입돼 있었다. 새로 생긴 신극협의회는 이름만 바뀌었을 뿐 얼굴은 모두 극협 인사들이었다"[51]

　신극협의회는 극예술협회가 이름이 바뀐 것에 불과하다는 인상을 줄 정도였다는 것은 사실상 극협의 멤버들로 구성된다. 심지어 이해랑도 그 사실을 미리 알지 못했을 정도인 것을 보면 극협 단원들에게 미리 의견을 묻거나 하는 과정을 거치지 않고 유치진이 일괄적으로 진행한 것으로 보인다. 애초의 계획과 달리 기성의 연극인들을 재규합하려는 시도는 전혀 보이지 않는다. 대신 유치진의 극단이라 할 수 있는 극예술협회 구성원은 연기자뿐 아니라 스텝까지 전원 국립극장 전속극단 단원이 된다. 연극계의 다양한 극단이나 연극인이 참여할 수 있는 길 역시 열어두지 않고 있다. 다만 신극협의회 연구생을 모집하는 움직임만 파악될 뿐이다. 연구생 과정을 수료한 자 가운데 성적이 양호한 경우는 신극협의회 회원으로 추천을 받아 국립극장 전속극단 연기자가 될 수 있으며, 재학 중에도 출연할 수 있는 길을 열어두

---

50) 김동원, 「국립극단 창단 무렵-〈원술랑〉과 〈뇌우〉 공연」, 186회 정기공연 〈태〉 팸플릿.
51) 유민영, 『이해랑 평전』, 246쪽.

고 있다.[52] 국립극장 전속극단의 단원은 극협 출신이거나, 신협의 연
구생으로 들어와서 소정의 과정을 이수한 경우로 한정하겠다는 것으
로, 다른 극단 출신은 받아들이지 않겠다는 표현이기도 하다. 이는 국
립극장 전속극단인 신협의 구성원이 공정한 절차에 의해 구성된 것이
아니라 유치진의 사적인 판단에 의해 조직되었다는 것이며, 이런 점
에서 국립이라는 이름에 맞지 않게 사적인 극단의 성격을 가지고 있
다는 점을 지적할 수 있겠다.

국립극장은 연극계의 전반을 아우르는 과정 없이 정부와 유치진의
논리가 만나면서 형성되었다. 민족예술을 위한다는 명분을 내세우지
만 그 이면에는 예술을 정치적으로 이용하려는 정부의 논리와, 그 논
리를 수용하면서 자신이 오래도록 숙원했던 극단을 가지려는 유치진
의 욕망이 자리하고 있었다. 「국립극장론」에서 유치진이 가장 강하게
비판한 것이 강권과 영리의 문제이다. 그러나 국립극장이 설립되는
과정에는 정부의 강권이 개입될 수밖에 없는 체제였고, 전속극단 구
성도 공정한 절차를 거치지 않고 자신이 만든 극단의 단원들을 한 사
람의 낙오자도 없이 단원으로 채용하는 유치진의 영리가 개입된 방
식이었다. 극협이 당시 민족진영의 대표적인 극단이라는 것은 분명하
지만 문제는 극협 단원들이 국립극단 전속단원이 될 자격이 있느냐가
아니라, 국립이라는 이름에 걸맞지 않은 사적인 방식이라는 점이다.
즉 연극계의 전반을 아우르는 그러한 과정 없이 정부와 유치진의 논
리가 만나면서 형성되었다는 점이 문제인 것이다.

〈원술랑〉 공연에서 드러난 국립극장 연극의 지향은 국민국가 건설

---

52) 「신극협의회 연구생 모집」, 『경향신문』, 1950.2.7.

을 위해 정치선전의 도구로 연극을 활용하려던 정책과 전문극단을 갖기를 꿈꾸던 유치진의 욕망이 만나는 지점에서 형성된다. 정부는 국립극장 운영위원회를 통해 자신들의 요구를 전했고, 유치진은 그들의 요구를 수용하는 연극을 구상하게 된다. 이러한 체제가 가능했던 것은 국민연극의 경험이 있었기 때문이다. 사실 국립극장에 대한 연극인들의 요구는 국민연극 시기 국가가 지원하는 연극을 경험해본 연극인들에 의해 제기되었고, 국민연극의 선봉에서 활동하던 유치진이 국립극장의 극장장이 되었다는 점에서 국립극장의 기획이 국민연극 시기의 국책극의 연장선상에 놓여있음을 읽을 수 있다. 정치적인 요구를 쉽게 수용하고 극화할 수 있었던 것은 그러한 국책연극에 복무한 경험이 있는 연극인에 의해 국립극장이 기획되고 현실화되었다는 점에서 기인한다.

국가의 지원을 받아 극단을 운영하는 대신 국가의 논리를 반영하는 작품을 창작하는 것, 국립극장 또한 처음부터 정치적 구호를 극화할 것을 요구받았고, 그 결과 극의 내용은 정치성을 띨 수밖에 없게 된다. 이에 유치진은 그의 장기를 발휘하여 비극적 영웅인 원술이라는 인물을 창조해내고 이를 애정문제와 적절히 엮어 정치성을 흥미로운 극적 장치 속에 은폐시킨다. 표면적으로 극은 한 편의 흥미로운 흥행물로서 손색이 없다. 그러나 극의 목적은 정치적이다. 연극이 정치선전의 도구로서의 역할을 하기 위해서는 많은 관객들에게 재미있게 보이는 것이 중요하고, 그래서 〈원술랑〉은 국립극장 공연임에도 많은 관객을 획득하는 것이 중요해진 것이다. 대신 유치진은 자신의 구상대로 국립극장을 구성할 수 있었다. 국립극장은 유치진 뿐 아니라 모든 연극인들의 숙원이었지만 유치진이 이를 사유화하고 있다는 혐의가 짙다.

극단 구성에서부터 유치진 개인의 인맥으로 전속극단을 구성하고, 이
전과 마찬가지로 자신이 극작과 연출을 주로 하는 시스템을 반복한다.

사실 국립극장과 같은 공공극장에서 중요한 것은 공공성과 비영리
적 측면[53]이다. 유치진도 "우리 민족의 연극을 창조하기 위하여 국립
극장을 세우는 것"[54]이기 때문에 국가의 "강권의 협위"나 "자본의 침
해"를 받아서는 안 된다[55]고 이야기는 한다. 하지만 그의 연극은 강권
과 영리를 수용하고 있다. 유치진은 국립극장을 그의 꿈과 같은 연극
터전으로 인식하고 있다. 국립극장이지만 이를 공공적인 것으로 인식
하기보다 책임자로서 자신의 꿈을 펴 갈 수 있는 공간으로 인식하고
있는 것이다.

입장료에 대해서 언론이 꼬집을 정도로 영화관의 세 배를 받았어도
관객은 매회 터져나간 것이다. 나는 매 공연 때마다 밖에 나와서 길게
뻗어 있는 입장 관객의 줄을 흐뭇한 마음으로 바라보곤 했다. 너무나
감개무량한 일이 아닐 수 없었다. 오지라고 할 수 있는 거제도의 한 촌
락에서 태어나 식민지라는 어둡고 긴 터널을 지나면서 연극운동을 펼
치느라 더없는 수모를 겪고 고뇌와 방황 속에서 정처를 못 찾다가 국립
극장이라는 꿈과 같은 연극 터전을 마련, 내가 책임자로서 내 꿈을 펴
갈 수 있게 되었다는 것은 너무나 감격스러운 일이 아닐 수 없었다.[56]

국립극장이 개관한다는 소식에 많은 문화예술인들은 국립극장에

---

53) 松井憲太郎, 「公共性の出現」, 『公共劇場の10年』, 東京 : 美學出版, 2010, 37-39頁.
54) 유치진, 「국립극장의 실현」, 『경향신문』, 1949.12.26.
55) 유치진, 「국립극장론」, 『평화일보』 1950.1.1.
56) 유치진, 『동랑유치진 전집』 9, 207쪽.

대한 기대를 피력했다. 그러나 실제 국립극장은 그러한 기대를 제대
로 반영하지 못한다. 설립 과정에서부터 국가의 논리에서 자유롭지
못했기 때문이다. 그렇다고 국립극장이라는 이름에 맞는 시스템을 정
착시키지도 못했다. 물론 최고의 조명과 무대장치를 활용한 호화무대
가 작품 전체를 스펙터클하면서도 환상적으로 만들었고[57], "관객은 막
이 열리자마자 김정환의 장대한 장치에 압도당하고 당대 최고 배우들
의 활기 넘치는 연기 앙상블에 현혹"[58]되었다고 한다. 하지만 화려한
무대와 조명 이외에는 국립극장이라는 이름만 붙였을 뿐 이전의 극협
시절의 공연 관행을 되풀이한다. 그래서 국립극장 공연임에도 2류 극
장에서 보는 것 같은 광고를 보고는 섭섭했고, 혹시 문화의 척도를 낮
추지 않을까 하고 불안했다[59]는 우려가 제기되기도 했다. 또한 국가
지원을 받는 국립극장이 다른 흥행단체의 요금과 차이가 없는 비싼
입장료를 받는 것 때문에 논란이 되기도 했다.[60] 일반대중을 위해 개
설된 국립극장이 흥행단체와 같은 요금을 받는 것에 대해 불만을 제
기한 것이다.

　이런 점을 보면 국립극장 전속극단으로 이름이 바뀌었고, 화려한
무대장치와 조명을 활용하지만 그 외의 공연관행은 극협 시대의 방식
을 그대로 가져온다는 것을 알 수 있다. 사실 극작가부터 배우들까지,
극협의 인물들이 그대로 신협으로 이름을 바꾼 것에 불과할 뿐 다른
극단의 배우나 시스템이 충원되지 않는다. 국립극장이라는 이름에 맞

---

57) 유민영, 『이해랑 평전』, 248쪽.
58) 유치진, 『동랑유치진 전집』 9, 206쪽.
59) 원영초, 「국립극장 인상기」(상), 『조선일보』, 1950.5.9.
60) 「이름만 국립극장」, 『동아일보』, 1950.5.1.

게 전 극단의 연극인들을 규합하는 방식의 구성이 되지 못했고, 레퍼
터리도 연극계 내에서의 논의를 거쳐 진행된 것이 아니라 정부의 요
구에 유치진이 응답하는 방식으로 이루어졌기 때문에 국립극장 연극
이 지향해야 할 방향에 대한 합의도 없었다. 그렇기 때문에 국립이라
는 이름과 화려해진 무대와 볼거리라는 측면을 제외하고는 극협 시절
의 관행이 되풀이되고 있는 것이다.

　국립극장은 유치진 뿐 아니라 모든 연극인들의 숙원이었지만 유치
진이 이를 사적인 극단으로 한정하려 했다. 그는 연극계의 의견을 수
렴해서 극단원을 구성하지 않고, 개인의 인맥으로 전속극단을 구성하
고, 이전과 마찬가지로 자신이 극작과 연출을 주로 하는 시스템을 그
대로 가져온다. 이러한 방식으로는 연극계 전체를 아우르는 방법이
되지 못했고, 또한 공공성을 실현하는 것도 어려웠다. 이처럼 유치진
의 국립극장에 대한 구상이 연극계의 합의를 얻지 못했기 때문에 전
쟁 중 극장장이 서항석으로 바뀌게 되면서 유치진의 전속극단 체제는
부정되고, 유치진 사단이나 다름없는 극단원들과 서항석이 갈등을 일
으키게 되고[61] 결국 국립극장 무용론 같은 부정적 여론이 형성되는 단
초를 제공했다고 볼 수 있다.

5. 공공성 실현이 불가능했던 국립극장

　〈원술랑〉은 국립극장 개관을 기념하기 위해 상연된 작품이다. 그

---

61) 「국립극장은 어디로」 (상), 『동아일보』, 1953.6.8.

러나 〈원술랑〉 공연에 대한 당시의 평가는 대단한 흥행을 기록했다는 점에 집중되어 있다. 흥행극단이 아니라 국가의 지원을 받는 국립극장의 개관공연의 의미가 흥행성적에 주목된 이유는 무엇인가. 이 논문은 이러한 의문에서 출발하였다. 그리고 이러한 의문을 해결하기 위해 국립극장의 등장 배경에 있는 정치논리와, 국립극장 극장장이었던 유치진의 의도 사이의 역학관계를 통해 〈원술랑〉과 국립극장의 성격을 규명하고자 했다.

무대예술의 발전을 위해 극장을 가져야 한다는 연극인들의 요구는 국립극장으로 마침내 실현되는 듯 했다. 유치진은 극장을 강권이나 영리의 대상이 아니라 예술가와 예술을 위한 것으로 만들겠다는 구상을 밝혔다. 그러나 실상 국립극장은 설립 과정에서부터 정부의 강권이 개입될 수밖에 없는 체제였고, 국립극장의 운영위원회 구성에서 볼 수 있듯이 국가가 경영하는, 극장 예술이 경계해야 할 강권에 노속된 길을 걸어갈 수밖에 없는 체제였다.

유치진은 〈원술랑〉을 통해 개인의 가치보다 국가를 위해서 개인인 존재해야 한다는 것을 이야기한다. 그래서 외세인 당을 몰아내고 민족통일을 이룬 신라를 통해, 외세를 몰아내고 '일민'을 이루려는 당대 국가의 지향 이념을 드러낸다. 유치진은 이러한 이념이 최대한 거부감 없이 자연스럽게 관객들에게 전달되도록 하기 위해 원술과 부모 사이의 애정, 원술과 진달래의 사랑에, 생사의 경지를 헤매는 판타지를 배치하고 그래서 국가의 이념이 자연스럽게 관객들에게 받아들여지도록 했다. 정치적인 것을 대중적인 것이 결합하는 방식을 선택한 것으로, 이는 유치진의 장기이기도 한 것이다.

국립극장 개관 공연이지만 〈원술랑〉은 연극의 공공성보다 정치적 역할을 요구받았으며, 그 결과 많은 관객들에게 효과적으로 전달되는 것이 중요하게 되었다. 대신 유치진은 자신의 구상대로 국립극장을 구성할 수 있었다. 국립극장은 유치진 뿐 아니라 모든 연극인들의 숙원이었지만 유치진이 이를 사유화하면서 연극계 전체를 아우르는 것도, 연극의 공공성을 실현하는 것도 어려웠다. 그렇기 때문에 전쟁 중 극장장이 서항석으로 교체되면서 유치진의 체제는 부정되고, 이후 많은 논란과 국립극장 무용론 같은 문제를 낳는 단초를 제공하게 된다.

한국전쟁기 유치진의 역사소재극과 민족극 구상

1. 한국전쟁기 역사 소재극

해방 이후, 오랜 칩거 끝에 연극 활동을 재개한 유치진은 좌익연극인이 주도하던 극계 분위기를 반전시키고 우익연극인들을 중심으로 연극계를 재편한다. 이후 극작과 연출뿐 아니라 연극 행정가로도 활동하며 해방 후 연극계 전반을 주도하는 위치에 서게 되며, 국립극장 극장장에 부임하면서 국립극장에 적합한 민족극에 대한 구상을 구체화해 나가게 된다. 그러나 전쟁으로 인해 국립극장의 기능이 중단되면서 유치진은 또 다른 변화의 상황에 직면하게 된다.

한국전쟁기는 국립극장의 극장장으로 연극계를 주도하며 민족극 수립이라는 목표를 향해 나아가던 유치진이 전쟁이라는 예기치 못한 상황으로 인해 다시 한 번 변화에 직면하게 된 시기였다. 야심찬 구상으로 진행하던 모든 것들을 내려놓고, 20여 년 동안 줄곧 활동해오던 서울을 떠나 피난지 대구와 부산이라는 새로운 환경 속에서 연극 활동을 재개해야 하는 상황에 놓이게 된 것이다. 다행인 것은 유치진의 연극적 기반이라 할 수 있는 신협이 대구에서 활동을 하고 있어 연극 활동을 재개할 수 있었고, 연극행정가로서의 일을 내려놓게 되면서 오히려 극작과 연출에 모든 역량을 집중할 수 있게 된 것이다.

전쟁기 유치진은 통영에서 피난생활을 하면서 〈조국은 부른다〉와 〈순동이〉, 〈청춘은 조국과 더불어〉, 〈처용의 노래〉, 〈가야금〉[62] 그리고 〈나도 인간이 되련다〉[63]까지 6편의 희곡을 집필한다. 애초에 소인극을 의도한 〈청춘은 조국과 더불어〉를 제외하고는 대부분 신협에 의해 대구와 부산의 극장에서 공연된다. 〈처용의 노래〉는 1952년 9월 대구 문화극장에서, 〈나도 인간이 되련다〉는 1953년 4월 대구극장에서, 〈가야금〉은 1954년 시공관에서 유치진의 연출로 공연되며, 〈순동이〉는 1951년 5월 이진순의 연출[64]로 대구 키네마극장에서, 〈조국은 부른다〉는 1952년 10월 8일부터 극협 창단 기념[65]으로 허석 연출로 대구 문화극장에서 각각 공연된다. 소인극용 대본으로 창작된 〈청춘은 조국과 더불어〉도 학생극 경연대회에서 공연[66]되었다는 점에서 이 시

---

62) 유치진은 자서전(『동랑자서전』, 서문당, 1975, 267쪽)에서 이 시기에 〈장벽〉을 포함하여 6편의 희곡을 집필하였다고 회고했다. 하지만 〈장벽〉은 전쟁 이전인 1950년 2월 『백민』에 발표된 작품이며, 내용도 전쟁 이전의 희곡에서 다루던 신탁통치 문제를 중심으로 하고 있다는 점에서 1940년대 후반 작품과 같은 경향으로 보는 것이 정확할 것이다.

63) 김동원은 신협이 환도한 1953년 봄에 〈나도 인간이 되련다〉를 공연하였다고 회고하였다. 김동원, 『미수의 커튼콜』, 태학사, 2003, 216쪽.

64) 이진순 연출로 1951년 5월에 대구 키네마극장에서 공연하였고 이어서 정훈국의 기획 아래 전선 일대에 군장병 위문공연을 하였다. 『이진순선집』 1, 연극과인간, 2010, 89쪽.

65) 광고, 『영남일보』, 1952.10.9. 국립극장 전속극단인 극협의 창립 공연이라고 소개되어 있다.

66) 1952년 2월 12-13일 부산극장에서 무학여고 학생들에 의해 소인극으로 공연하

기의 희곡은 모두 공연으로 이어지고 있음을 확인할 수 있다.

한국전쟁기 유치진은 어느 시기보다 많은 희곡을 집필하였고, 또 셰익스피어극의 각색과 연출을 맡아 본격적으로 셰익스피어극을 소개하였으며, 연출에서도 새로운 기법을 시도하는 등 다양한 모색을 하고 있다. 그러나 한국전쟁기 유치진 희곡에 대한 연구는 주로 반공극에 집중되어 있다.[67] 전쟁 이전에 이미 유치진은 〈장벽〉과 같은 반공계몽극[68]을 발표하여 신탁통치를 찬성하는 공산주의자들의 반민족적 태도를 비판하였고, 전쟁기에는 공산주의자나 그들에게 동조하는 무리를 절대 악으로 설정하여 공산당의 비인간성을 드러내었다. 그러면서 동시에 처용이나 우륵과 같은 예술가의 이야기를 다룬 소위 역사소재극[69] 또한 집필한다. 유치진의 역사소재극에 대해 윤금선은 〈가야금〉과 〈처용의 노래〉는 "전통에 입각한 창극적 요소를 드러내는 작품"으로, "민담이나 설화, 민속놀이 등의 전통에 대한 소재에 착안

였다고 한다. 『경향신문』, 1952.12.17.

67) 김재석, 「1950년대 반공극의 구조와 존재 의미」, 『한국연극연구』 1, 한국연극사학회, 1998.
　　이승희, 「1950년대 유치진 희곡의 희곡사적 위상」, 『한국극예술연구』 8, 극예술연구회, 1998.

68) 서연호(『한국근대희곡사』, 고려대출판부, 1996, 366쪽)는 〈장벽〉을 반공계몽극의 첫 작품으로 분류하였다.

69) 유치진은 "지난 역사 속에서 우리 인생이 체험한 일편의 '진실'을 발견해 보려"(「진실의 도장」, 『동랑유치진전집』 8, 서울예대출판부, 1993, 95쪽)는 의도에서 창작된 작품을 역사극이라 부르고 있다. "과거를 빌어 오늘을 고발·비판"(「자서전」, 『동랑유치진전집』 9, 223쪽)하는 극이 역사극이기 때문에 〈별〉과 같은 작품도 유치진은 역사극이라 한 것이다. 이 글에서는 유치진이 사용한 개념을 토대로 해서 역사적 사건이냐의 여부나 역사의식의 문제를 따지기보다 소재적 측면에서 과거의 이야기를 가져와서 현실의 문제를 드러내는 극이라는 정도의 의미로 역사소재극이라는 용어를 사용한다.

하여 우리 것의 아름다움을 재현해 보려는 작가적 의도"[70]가 엿보이는
작품이라 평가하였으며, 이상우는 유치진이 〈가야금〉을 쓰게 된 동기
를 "초대 국립극장장으로서 국립극장 건설의 꿈에 부풀어 있던 자신
의 지위를 상실케 한 전쟁에 대한 혐오, 그리고 전쟁에만 몰두하여 국
립극장 재건과 같은 문화정책을 외면하는 정부 당국의 반문화적 행태
에 대한 울분과 비판"[71]으로 설명하고 있다.

　이상의 연구에서 확인할 수 있듯이 역사소재극은 공산주의에 대한
부정성을 부각시키는 데 치중하는 반공극과는 시각에서 상당한 차이
가 있다. 전쟁 중에 무기를 버리고 음률로서 나라를 다스리려다가 멸
망한 가야왕의 이야기를 다룬 작품을 전쟁기에 집필하였다는 점은 상
당히 흥미로운 대목이다. 〈처용의 노래〉는 노래와 춤을 활용하여 연
출에서의 변화를 시도하였으며, 〈가야금〉 또한 이전의 사실주의적인
방식과는 다른 새로운 시도를 하고 있다는 점도 주목을 요하는 대목
이다. 이는 이 시기 유치진이 역사소재극에 상당한 공을 들였음을 보
여주며, 이전과는 다른 새로운 시도를 하고 있음을 알 수 있다. 전쟁기
에 일견 전쟁과는 거리가 먼 듯한 예술가를 소재로 선택하고, 또 새로
운 표현 기법을 동원해서 공연한 유치진의 의도는 무엇이었을까. 이
글은 이러한 의문에서 출발한다. 전쟁기의 희곡은 이전 작품의 연장

---

70) 윤금선은 유치진의 역사극 8편을 대상으로 역사적 인물이 등장하는 극과 설화적
　　인물이 등장하는 극으로 분류하고, 작중인물의 역사의식과 기법적 특징을 통해
　　유치진의 작가의식을 규명하였다. 윤금선, 「유치진의 역사극 연구」, 『한양어문연
　　구』 11, 한국언어문화학회, 1993.
71) 이상우(『유치진 연구』, 태학사, 1997)는 〈가야금〉이 전쟁(무력)에 대한 혐오감을
　　표출하고 문화주의(또는 문치주의)를 적극 옹호하는 방식의 알레고리적 수법으
　　로 당시 작가 유치진의 관념을 드러내었으며, 낭만적인 사랑의 갈등구조를 조성
　　하여 대중적 흥미를 한껏 배양시켰다고 의미를 부여하였다.

선상에 있으면서도 새로운 시도가 엿보인다. 그리고 이 새로운 시도
는 역사소재극에 주로 집중되어 있다는 점에 주목하게 된다. 이 글은
전쟁기에 처용과 우륵과 같은 예술가를 소재로 역사소재극을 집필한
유치진의 의도가 어디에 있는지에 대해 규명하고자 한다.

　전쟁기의 희곡은 유치진의 민족극 구상과 관련지어 생각해야 할 것
이며, 또한 국립극장 재개관을 위한 노력과 연관해서 살펴보아야 할
것이다. 1940년대 후반부터 유치진은 민족극이라는 용어로 그의 연극
적 지향을 드러냈고, 국립극장 설립 이후 〈원술랑〉을 공연하면서 국
립극장에 어울리는 민족극에 대한 모색을 시작한다. 그러나 전쟁으
로 국립극장의 기능이 중단되었고, 지속적으로 국립극장 재개관을 요
구하던 시기에 전쟁기의 희곡이 집필된다.[72] 특히 역사소재극은 〈원
술랑〉처럼 우리 역사를 소재로 하고 있으면서, 거기에서 더해 기법에
서도 새로운 변화를 시도하고 있다. 이 글은 전쟁기 유치진 역사소재
극의 이러한 지점에 주목하여 국립극장 설립 이후 유치진이 지향하던
민족극에 대한 구상이 전쟁기 역사소재극에서 어떻게 구체화되고 있
는지, 민족극 구상이라는 틀 속에서 전쟁기 역사소재극을 쓴 유치진
의 의도와 의미를 읽어내고자 한다.

---

72) 유치진이 극장장 사표를 제출하는 것이 1951년 10월이며(유민영, 『달라지는 국립
　　극장 이야기』, 도서출판 마루, 2001, 202쪽) 국립극장이 대구로 이전하기로 결정
　　되는 것은 1952년 5월 14일이다. 이후 12월 15일 대구의 문화극장을 접수하고 서
　　항석이 제2대 국립극장장에 취임한다. 그리고 1953년 2월 13일 윤백남 작 〈야화〉
　　를 재개관 기념으로 공연한다.

2. 예술의 교화적 힘과 정책적 지원의 필요성

2.1. 예술이 가진 교화의 힘 드러내기

유치진은 자신의 의도를 우회적으로 드러내기 위해 역사소재극을
선택하는 경우가 많았다. 전쟁기에 발표된 〈처용의 노래〉와 〈가야금〉
은 전쟁과는 무관해 보이는 예술가를 소재로 선택하여 이를 멜로드
라마로 풀어내고 있다. 유치진은 〈소〉에서부터 애정갈등을 적극 활용
해왔으며, 특히 전쟁기의 희곡에는 삼각관계를 중심으로 한 인물들의
애정갈등이 더욱 강화되어 나타난다. 〈처용의 노래〉도 삼각관계의 갈
등이 기본 구도로, 주인물은 노래와 춤을 사랑하는 처용이며 처용을
사랑하는 가야와 가야를 탐내어 훔쳐가려는 역신이 대립하는 구도이
다. 극은 처용과 가야 두 사람의 아름다운 사랑과 가야에 대한 역신의
집착에 따라 진행되며, 모든 사건은 역신이 가야를 사랑하여 어떻게
해서든 그녀를 차지하기 위해 계략을 꾸미면서 발생한다. 〈가야금〉은
가야금을 만든 우륵과 우륵의 제자로 그를 사랑하는 배꽃아기, 그리
고 배꽃아기를 좋아하는 왕의 구도에 우륵을 좋아하는 공주라는 더욱
복잡해진 애정구도를 보인다. 〈가야금〉에서의 갈등은 선악의 대립에
의한 것은 아니다. 여기에서는 음률로서 나라를 다스리려는 가실왕에
반대하는 김준과의 갈등, 그리고 우륵을 사랑하여 잘못된 소문을 퍼
트려 우륵과 배꽃아기를 갈라놓으려는 공주로 인해 생겨나는 갈등이
있다. 그러나 이러한 갈등은 예술이 가진 교화적 힘에 의해 해결된다
는 점이 이 시기 역사소재극의 독특한 점이다.

〈처용의 노래〉는 "우리 예술의 신"[73] 처용의 이야기로, 삼국유사에 소개된 처용에 대한 기록을 극화한 것이다. 처용은 인간들과 어울려 살면서 춤과 노래를 즐기는 인물로, 용왕의 아들이지만 인간인 가야와 사랑하는 사이이다. 극은 처용과 가야의 애틋한 사랑을 따라간다. 하지만 신과 인간이라는 두 사람의 신분의 차이가 아니라, 가야를 탐내어 빼앗으려 하는 역신이라는 강력한 힘을 가진 존재 때문에 두 사람이 위기에 처하게 되는 구도로 이어진다. 극에서 처용은 인간이 아닌 신의 영역에 속한 인물이지만 역신에 비해 상대적으로 약한 존재이다. 하지만 그의 노래와 춤이 가진 힘은 역신의 물리적인 힘을 능가한다. 처용의 노래가 지닌 힘은 극의 마지막에 분명하게 드러난다. 군사 100여 명이 합세해도 잡기에 역부족일 정도로 역신의 힘은 엄청나다. 처용은 그의 상대조차 되지 않을 정도이다. 그러나 역신의 이러한 강한 힘을 이기는 것은 처용의 노래이다.

　　역신, 칼을 들어 일격을 가한다. 호위병들, 추풍낙엽처럼 한 칼에 모두 떨어지고 만다. 처용, 가야를 꼭 껴안은 채 무대 중앙에 뚜렷이 앉아 하늘을 보고 초혼 기도를 노래로 부르기 시작한다. 산수의 정들, 먼 하늘에서 처용의 노래에 화한다.

　　역신　(마침내 처용 앞에 무릎을 꿇고) 처용아, 내게는 고작 남을 해치는 힘밖에 없는데 너는 죽은 사람을 살려내는 힘을 가졌구나. ……아, 내가 이렇게 못난 줄이야……앞으로 네가 있을 덴, 네 화상만 붙어 있어도 나는 얼씬하지 않고 범접하지 않

---

73) 광고, 『경향신문』, 1952.11.13.

겠다. 아, 못 당해……[74]

역신은 강하지만 역설적으로 그의 강한 힘과 욕심은 가장 소중한 가야를 죽이고 만다. 반면 처용의 힘은 약하지만 그의 진실한 마음과 노래는 하늘조차 움직여 죽었던 가야를 다시 살려낸다. 이에 역신도 처용에게 항복하고 만다. 역신의 강한 힘을 이기는 것이 처용의 춤과 노래라는 점이 의미심장하다.

극에서 처용의 노래와 춤은 생업으로 힘들었던 사람들을 즐겁게 하는 것이며, 또 악한 사람의 마음조차 변화시킬 수 있는 것으로 그려진다. 여기에서 읽을 수 있는 것이 예술의 오락적 기능과 교화적 기능의 기능이다. 예술은 생업에 종사하느라 고단한 사람들을 즐겁게 하는 역할을 하며, 또한 그들의 마음을 움직이는 것이기도 하다. 〈처용의 노래〉에서 발견되는 예술의 역할은 연극의 오락성과 교화성을 중시하는 유치진의 시각이 잘 반영되어 있다. 유치진은 〈처용의 노래〉를 통해 예술이 가진 힘을 보여주고, 이러한 예술이야말로 사람들을 위로하면서 그들을 움직일 수 있는 강력한 힘을 지닌 것이라는 점을 이야기하려 했다.

〈가야금〉에서도 음악은 사람의 마음을 움직이는 것으로 그려진다. 사실 〈가야금〉은 전쟁 중인 상황에서도 무기를 버리고 가야금을 숭상하다가 몰락한 가야 왕의 이야기를 다루고 있다. 전쟁이라는 상황에서 무기를 선택하지 않고 음률로 나라를 다스리겠다는 포부를 가졌던 가야의 가실왕의 선택이 결국 가야의 몰락을 가져오게 된다는 점에서

---

74) 유치진, 〈처용의 노래〉, 『유치진 희곡전집』 상, 성문각, 1971, 47-48쪽.

〈가야금〉을 창작한 유치진의 의도는 상당히 흥미로운 대목이다. 그러나 여기에서 극의 초점은 가야라는 나라의 운명이 아니라, 가야금이라는 악기가 가진 힘, 즉 가야금의 아름다운 소리가 사람의 마음을 움직이는 힘에 있다.

극에서 가야금은 사람들의 마음을 움직이는 힘을 가진 것으로 그려지고 있다. 가야의 태자는 신라와의 싸움에서 부왕을 잃고 비통해 하던 중에 우륵의 가야금 소리를 듣게 된다. 마치 죽은 부왕의 넋이 흐느끼는 소리처럼 애절한 그 소리에 태자는 마음의 위로를 받게 되며, 우륵의 가야금 소리에는 칼 보다 강한, 사람의 마음을 움직이는 힘이 있다는 것을 알게 된다. 그래서 "신라니, 고구려니, 백제니 하여 조각보 같이 찢어진 이 강토를 하나로 묶"[75]겠다던 태자의 의지는, "칼을 버리고 이 악기로서 우리의 넋의 소리를 밝히어 난마와 같이 헝클어진 겨레의 마음을 달래어 부왕께서 품으시던 조국 통일의 큰 뜻을 이룩"[76]하는 것으로 바뀌게 된다. 칼로, 무력으로 삼국 통일을 이루려던 마음을 버리고 악기로서 통일을 이루기로 마음을 바꾼 것이다. 극에서 우륵은 마치 신선과 같은 존재로 여겨지며, 그의 가야금 소리는 사람들의 마음까지 바꿀 수 있는 힘을 가지고 있다. 전쟁 중인 상황에서 무기를 버리고 대신 가야금으로 조국 통일을 이루겠다는 이러한 가실왕의 태도는 반대에 부딪치기도 한다. 김준은 신라, 백제, 고구려 세 나라가 군사를 늘이고 무를 숭상하는데 가실왕은 무를 버리고 가야금만 숭상하는 것을 걱정한다. 그러나 가실왕은 가야금이야말로 그들을 정복할

---

75) 유치진, 〈가야금〉, 『유치진 희곡전집』 하, 성문각, 1971, 63쪽.
76) 유치진, 〈가야금〉, 70쪽.

수 있는 무기라며, 자신이 가야금에 정복당한 것처럼 가야금으로 국
위를 떨치겠다는 신념으로 김준을 설득한다.

> 가실왕　동서 고금에 싸움을 숭상한 나라로서 싸움으로 망하지 아
> 니한 나라를 보았소?
> 준　　　그러면 그 악기로 국위를 떨치겠다는 말씀이시온지?
> 가실왕　(자신만만하여) 못할 것 같은가?
> 준　　　어찌 악기로써?
> 가실왕　(자기를 가리키며) 그 악기에 정복당한 본보기가 바로 여
> 기에 있지 않소?[77]

　가실왕과 같이 악기에 의해 정복당하는 본보기를 잘 보여주는 것이
가야의 부왕을 죽였던 신라 성주 거칠마로의 변화이다. 거칠마로는
가야의 왕을 죽일 정도로 용맹한 장군이었다. 그러나 우륵의 가야금
소리를 듣고 난 후 모든 것을 버리고 가야로 와서 우륵의 제자가 되겠
다고 자청한다. 무력이 아니라 음률로서 나라를 다스리겠다는 가실왕
의 뜻이 참으로 옳다는 것을 깨달았기 때문이다. 그는 가실왕에게 "천
하를 피로써가 아니옵고 아름다운 음률로써 화목할 수 있게"[78]해 달라
고 부탁하며, 불철주야 가야금을 공부한 후에 신라에 돌아가 가야금
을 가르쳐 가실왕의 뜻을 넓히겠다는 의지를 드러낸다. 이러한 신라
성주 거칠마로의 변화는 사람의 마음을 바꾸는 예술의 교화적 기능을
직접적으로 보여주고 있다.

---

77) 유치진, 〈가야금〉, 75쪽.
78) 유치진, 〈가야금〉, 76쪽.

역사소재극을 구성하는 인물과 극의 구도는 반공극과 거의 동일하다. 그러나 갈등이 해결되는 원인이 예술이 가진 교화적 힘에 있다는 점에서 차이가 분명하다. 역사소재극에서 모든 갈등은 예술의 힘으로 해결된다. 반공극이 선한 인물을 고통에 빠트리는 공산주의자들의 부정성을 드러내는 것이 목적이었다면, 역사소재극에서는 사람의 마음을 움직이는 위대한 예술의 힘을 보여주려 하였기 때문이다. 〈가야금〉에서 우륵의 가야금 소리는 신라의 진흥왕조차도 감동시킨다. 가야금만을 숭상하다 신라의 침략으로 병사들에게 잡힌 가실왕은 마지막 소원으로 가야금 소리를 듣기를 청했고, 이에 우륵이 가야금을 연주하고 제자들이 노래를 한다. 이 소리는 진흥왕의 마음조차 움직인다.

> 진흥왕   저 언덕 위에서 그 악기의 소리를 듣고 나도 그만 눈시울이
>   뜨거워짐을 느꼈소.
>   ……
> 진흥왕   (가실왕의 손을 잡으며) 고맙소. 음률로써 맺어진 군신간
>   의 그 정리! 그 정리는 마침내 우리 신라에서는 꿈도 꿀 수
>   없는 이런 보물까지 만드시었구려.
> 가실왕   (너무 의외이어서) 정말 그렇게 생각하시오?
> 진흥왕   앞으로 나는 이 어른을 스승으로 모시어, 이 악기에 가야의
>   이름을 붙여 가야금이라 일컬어 만대에 전하겠소.[79]

진흥왕은 가야금 소리에 감동한다. 그리고 가야금의 가치를 알아보고 가실왕이 그러했던 것처럼 우륵을 스승으로 모시고 가야금을 만

---

79) 유치진, 〈가야금〉, 110쪽.

대에 전하겠다고 한다. 이로서 음률로서 나라를 다스리겠다던 가실왕
의 꿈은 신라의 진흥왕을 통해서 이어지게 된다. 가야는 망하여도 가
야의 정신이 "겨레의 마음과 더불어 영원히 남"게 하는 것, 이는 곧 가
야금이라는 악기가 지닌 힘 곧 예술이 지닌 힘을 보여주는 설정이다.
여기에서 유치진은 예술이 무력보다 더 강한 것임을[80], 그래서 사람의
마음을 바꾸는 가장 강력한 무기라는 것을 보여주려 한 것을 읽을 수
있다. 전쟁과 같은 혼란스러운 시기야말로 예술이 필요하며, 국민의
마음을 하나로 묶는데 가장 큰 힘이 된다는 것을 보여주려는 유치진
의 의도가 극의 바탕이 된 것이다.

2.2. 민족예술에 대한 인식과 국가적 지원의 필요성

역사소재극에서 특히 강조되는 것은 사랑이야기 이면에 배치되어
있는 예술의 성격과 이에 대한 국가적 차원의 지원이다. 〈처용의 노
래〉나 〈가야금〉의 주인물은 모두 예술가이며, 또한 신격화된 인물이
다. 왕조차도 이들에게 예를 갖추고 이들이 들려주는 예술의 힘에 감
화된다. 여기에서 처용과 우륵의 소리가 사람들에게 감동을 줄 수 있
었던 것은 그것이 우리 민족의 소리였기 때문이다.

> 왕　　(감격하여 좌우에게) 경들의 눈에도 처용의 춤이 보였으며
> 　　　경들의 귀에도 그의 노래가 들렸느뇨?
> 시중　들리다뿐이리까?

---

80) 윤금선은 "〈가야금〉에서는 피흘리는 '무'보다는 음률로써 다스리는 '문'의 승리가
　　묘사되어 있다"고 보았다. 윤금선, 앞의 글, 384쪽.

> ⋯⋯
>
> 왕　　⋯⋯ 짐 일찌기 남산의 산신님과 동례전의 지신님을 모시려
> 　　　　하였으나 그 분들의 노래와 춤은 짐에게만 느껴지는 신의 가
> 　　　　락! 백성들에게는 도무지 보이지도 않고 들리지도 않았으므
> 　　　　로 그 뜻을 이루지 못하였노라. 연이나 그대의 춤과 노래는
> 　　　　짐을 비롯하여 이 좌우 신하가 다 같이 즐겼은 즉 이런 보배
> 　　　　로운 풍류가 또 어디 있겠는가?[81]

처용의 춤과 노래를 본 왕은 감동한다. 물론 이전에도 춤과 노래는
있었지만 그것은 신의 가락이어서 백성들에게는 보이지 않고 들리지
않는 것[82]이었다면, 처용의 노래와 춤은 백성 모두가 보고 듣고 즐길
수 있는 것이라는 점에 감격한 것이다. 왕은 예술이 가진 힘을 알고 있
다. 그러나 그동안의 예술은 백성들이 이해할 수 없는 가락이었기 때
문에 백성들이 즐길 수 없었다면, 처용의 춤과 노래는 신하와 백성들
이 다 같이 즐길 수 있는 것이라는 점을 알아본다. 그래서 "생업에 쪼
들리어 쉴 새 없이 땀 흘리는 백성"들이 처용의 춤과 노래를 즐길 수
있도록 하기 위해 처용을 서라벌로 데려가려 한다. 그리고 처용이 생
업에 신경 쓰지 않고 백성들과 더불어 춤과 노래를 즐길 수 있도록 각
간이라는 벼슬까지 내린다. 각간은 신라의 17관등 중 최고의 관직이
다. 이는 처용의 노래와 춤의 가치를 드러내는 설정이다. 더구나 그 예
술이 백성들과 소통할 수 있는 우리 민족의 예술이라는 점에서 적극
적으로 지원을 하게 된 것이다.

---

81) 유치진, 〈처용의 노래〉, 35쪽.
82) 유치진, 〈처용의 노래〉, 35쪽.

〈가야금〉의 태자도 가야금의 소리가 지닌 힘을 알고 "가장 으뜸가는 벼슬로서 모시겠"다고 약속하여 우륵에게 함께 궁으로 갈 것을 청한다.

> 태자　스승께서 이 몸을 따라 서울로 가오시면 공부하는 처소는 물론, 우리나라에서 가장 으뜸가는 벼슬로서 모시겠소.
> 태자　스승님의 음률 소리 이 산천 뿐만 아니라, 온 천하에 울리게 하여 만백성과 더불어 승하하신 임금님을 애도토록 할 것이니 이애야 제발, 스승님을 모셔가게 해 다오.
> 태자　스승님을 모시기 전에는 나는 여기를 떠나지 않겠노라.[83]

우륵을 궁로 데려가기 위한 태자의 노력은 대단하다. 우륵이 거듭 거절하자 수 개월 동안 우륵이 기거하는 동굴에 머물며 함께 궁으로 갈 것을 간곡하게 부탁할 정도로 정성을 다한다. 그리고 우륵이 태자를 따라 궁으로 오자 약속대로 궁에 악당을 지어 우륵이 가야금에만 몰두할 수 있도록 모든 여건을 갖춰준다. 왕의 신분이지만 우륵을 스승으로 모시고 자신은 제자로 대하여 달라며 우륵 앞에서는 스스로를 낮출 정도로 예를 다한다. 우륵이 연구 끝에 오동나무로 새로운 가야금을 만들어내자 그 소리에 감동하여 다른 나무는 쳐버리고 대신 오동나무를 심도록 명하기까지 한다. 이처럼 왕은 우륵과 가야금을 가장 가치 있는 것으로 생각하여 최대한의 지원을 아끼지 않는다. 이러한 태도는 신라의 진흥왕에게도 나타난다. 진흥왕은 우륵과 우륵의

---

83) 유치진, 〈가야금〉, 67-68쪽.

제자들에게 함께 신라로 가서 가야금을 만대에 전하자고 제안한다. 가야와 신라 모두가 가야금 소리를 즐길 수 있도록 "이 몸이 보호하여 드리겠"[84]다는 약속까지 한다. 이러한 제안은 물론 가야금이 지닌 힘을 알고 있기 때문에 나온 것이다.

〈가야금〉에서 우륵이 만든 가야금 소리가 사람들의 마음을 움직인 것은 그것이 중국의 것이 아니라 우리 민족의 악기이기 때문이었다. 가야의 태자가 가야금 소리를 듣고 아버지를 잃은 마음의 위로를 받은 것도, 신라의 진흥왕이 가야금 소리를 듣고 눈시울이 뜨거워짐을 느꼈던 것도 모두 가야금이 남의 것이 아니라 우리의 것이기에 우리의 감정에 다가올 수 있다.

> 태자 여태까지 우리가 쓰던 악기란 모두 남의 나라 것이어서 우리의 마음이 소리를 들을 수 없었지만, 이것은 우리의 희로애락을 하늘에 어울리게 하여 우리의 마음의 비밀까지 꼭 그대로 나타내어 주는 것이어. [85]
>
> 진흥왕 (우륵과 가야금을 번갈아 보더니) 못 보던 악기로구나. 저 사람이 만든 건가? 우리 신라는 당나라에서 들여온 남의 나라 악기들뿐인데……[86]

"신라에서는 꿈도 꿀 수 없는 이런 보물"인 가야금의 가치를 알아본 진흥왕은 우륵과 제자들까지 신라로 모셔가기를 청한다. 이러한 가실

---

84) 유치진, 〈가야금〉, 111쪽.
85) 유치진, 〈가야금〉, 70쪽.
86) 유치진, 〈가야금〉, 110쪽.

왕과 진흥왕의 태도는 우리 민족의 정회를 드러내는 우륵의 가야금이
지닌 가치를 알아봤기 때문으로, 처용과 우륵의 춤과 소리는 우리 민
족의 예술이기 때문에 더 많은 사람들의 감동을 끌어낼 수 있었다. 유
치진이 가야금이라는 악기에 주목한 것은 그것의 예술적인 측면이 아
니라, "우리의 고유한 민족 정서를 찾으려고 애쓴 가실왕이나 우륵 선
생의 선각자적 예안"으로, 유치진이 가야금을 창작하게 된 계기에서
밝히고 있듯이 "민족은 고유의 언어를 가지고 있는 것과 같이 고유의
음률을 가져야 한다"[87]는 것을 이야기하기 위함이었다.

이처럼 예술가를 중히 여기고 그들이 예술에만 종사할 수 있도록
모든 지원을 아끼지 않는 이러한 체제는 마치 국립극장을 연상시킨
다. 국립극장이란 국민들에게 수준 높은 예술을 제공할 수 있도록 예
술가들에게 경제적 지원을 보장해주어 그들이 예술에만 몰두할 수 있
도록 모든 지원을 하는 체계를 말한다. 특히 전쟁기의 역사소재극에
서는 예술에 대한 국가적 차원의 지원 체계가 자주 언급되고 있다. 유
치진이 〈처용의 노래〉와 〈가야금〉을 집필하던 시기는 전쟁으로 국립
극장이 기능을 상실하고 있어 유치진이 지속적으로 재개관을 요구하
던 시기였다. 이 시기 유치진은 처용이나 우륵과 같은 예술가를 통해
예술의 힘이 얼마나 강한지를 보여주고, 이들에 대한 적극적인 지원
을 보여주고 있다. 이는 국민들의 마음을 하나로 묶어줄 수 있는 국립
극장과 같은 기관이 필요하다는 국립극장 재개관의 필요성에 대한 이
야기와 그 의미가 겹친다.

---

87) 유치진, 『유치진희곡전집』 하, 성문각, 1971, 57쪽.

3. 전통극의 기법 활용과 민족적 자긍심

〈처용의 노래〉와 〈가야금〉에서 주목해야 하는 점은 기존의 사실주의 방식에서 변화를 시도하고 있다는 것이다. 〈처용의 노래〉와 〈가야금〉의 춤과 노래가 사람들을 감동시킬 수 있었던 것은 그것이 남의 것이 아니라 우리의 것이라는 데 있다. 이러한 우리의 예술에 대한 추구는 기법에서도 서양의 사실주의 방식이 아니라 전통극을 가져오려는 시도로 나타나고 있다. 유치진은 〈처용의 노래〉의 창작 의도를 설명하면서 "연극이 대사만에 의존할 게 아니라 음악무용 등 무대가 구치할 수 있는 감각적인 요소를 충분히 도입함으로써 연극의 표현범위를 다각적으로 넓혀보려"[88]는 의도였다고 밝히고 있다.

이 작품만은 전혀 새로운 구상 하에서 집필된 것이기 때문에 신중을 기했던 것이다. 나는 이 작품에다 음악, 무용 등 무대가 구사할 수 있는 감각적인 요소를 최대한 도입함으로써 연극의 표현 범위를 크게 넓혀 보고자 했다. 이는 종래의 우리 화극(話劇)이 갖는 따분함이나 불만에서 벗어나기 위해서였다.[89]

여기서 눈에 띄는 대목이 "화극이 갖는 따분함이나 불만에서 벗어나기 위해" 음악, 무용 등의 감각적인 요소를 도입하게 되었다는 것이다. 기존 사실주의극 연출에서 벗어나 연극의 표현 범위를 넓혀보겠다는 의도는 "음악에 윤이상, 무용에 이인범 바레-단과 신향교향악단

---

88) 유치진, 「처용의 노래-「신협」 상연에 제하여」, 『경향신문』, 1952.11.15.
89) 유치진, 『동랑자서전』, 269쪽.

특별연주"[90]라는 〈처용의 노래〉의 공연 광고에서도 잘 드러난다. 음악과 무용, 교향악단이라는 부분은 기존의 연극 공연에서는 볼 수 없었던 영역이다. 윤이상이 극의 음악을 총괄하고, 악단이 현장에서 음악을 연주한다는 것, 그리고 무용단까지 공연에 포함되었다는 점에서 극의 표현범위를 넓혀보겠다는 유치진의 의지를 확인할 수 있다. "노래와 춤이 심심치 않게 나왔고 하늘에서 용이 내려 오고 올라 가고 학이 날르고 대체 팽장한 극"[91]이었다는 관극평은 〈처용의 노래〉가 당시의 공연들과는 전혀 달랐다는 것과 유치진이 〈처용의 노래〉의 연출에 기울인 노력을 읽을 수 있다.

극은 1막에서 4막까지 곳곳에 춤과 노래를 예비해두고 있다. 극에서 처용의 춤과 노래의 힘은 왕을 비롯한 사람들을 즐겁게 하고 감동시키는 역할을 하는 것으로 설정되어 있다. 그리고 처용과 가야 두 사람의 애틋한 감정을 드러내는 데 춤과 노래를 활용하여 관객의 감정을 고조시키고 있다.

> 처용   (어부, 퇴장하자 가야를 데리고 김을 뜯으며 노래를 부른다)
> 에헤야 데야 데헤야 에야!
> 떡닢 같은 김을 뜯자
> 물밑을 더듬어 김을 뜯자
> 가야   (노래) 에헤야 데야 데헤야 에야!
> ……
> 가야   (처용이 긁어 주는 김을 바구니에 받아 담더니) 아이고 벌서

---

90) 광고, 『경향신문』, 1952.11.13.
91) 안영숙, 「동란 후의 공연 소평 - 연극」, 『문화세계』, 1953.8, 86쪽.

이처럼이나 캤네!

처용 (가야를 안고 춤을 추며 계속 노래)

이게 모두 누구의 덕?

하늘의 덕인가?

용왕의 덕이가?

아니야, 아니로세.

이게 모두 가야의 덕![92]

김을 뜯으면서 주거니 받거니 노동요를 부르는 두 사람의 모습이 정답다. 서로 함께 하기 때문에 김을 뜯는 고된 일도 즐겁게 보이며, 서로에 대한 사랑이 잘 드러난다. 이처럼 두 사람의 노래는 서로를 아끼는 애틋한 마음을 드러내는 역할을 한다. 극에서 역신이나 다른 인물들은 노래를 부르지 않는다. 오로지 처용과 가야 두 사람이 노래를 부르며, 이들의 노래는 서로에 대한 영원한 사랑을 드러내는 역할을 한다.

이러한 춤과 노래의 활용은 전쟁기의 관객에 대한 고려와도 관련된다. 전쟁기 유치진과 신협이 대상으로 했던 관객은 전쟁을 피해 대구와 부산으로 내려온 피난민이다. 이 시기 피난지의 극장은 서부영화와 같은 흥행영화나 신파극과 국극 같은 흥미를 위주로 하는 볼거리가 주를 이루고 있었다. 전쟁기의 관객들은 전쟁이라는 현실을 잠시나마 잊을 수 있도록 하는 극을 보기를 원했고, 유치진 또한 이러한 관객의 요구를 잘 알고 있었다. 역사소재극은 이러한 관객들의 요구와 유치진의 의도가 만나는 지점에서 형성된다. 유치진은 〈까치의 죽엄〉

---

92) 유치진, 〈처용의 노래〉, 20쪽.

에서부터 춤과 노래를 활용하려는 시도를 하였다. 그러나 "한 몸에 연극과 오페라 그리고 바레-를 체득한 연기자를 우리가 못가지고 있기 때문"[93]에 공연으로까지 연결시키는 데는 현실적인 한계가 있었다. 그래서 유치진은 〈처용의 노래〉에서 "연극, 오페라, 바레의 삼중요소 중 연극의 비중을 무겁게 설계"[94]해 두어 공연으로 이어질 수 있도록 하였다. 대사의 비중을 높이긴 했지만 춤과 노래가 적극 활용되어 "음악무용극"[95]이라고 소개된 이 작품은 주로 사실주의극에 익숙하던 관객들에게도 또 배우들에게도 상당히 낯선 방식이었던 것으로 보인다. 공연에서 처용 역할을 했던 신협의 대표적인 배우 김동원도 연기를 하면서 노래와 춤을 동시에 소화하는 것이 힘들었다고 고백[96]하였으며, 여주인공의 연기는 "보는 사람이 가엾을 지경"[97]이라는 평가를 받기도 했다. 춤과 노래를 소화할 수 있는 준비된 배우도 부족하고 극장 상황이 열악함에도 불구하고 유치진은 설화에서 소재를 가져와 춤과 노래를 결합하고 많은 볼거리를 마련하는 방식으로 표현에서 변화를

---

93) 유치진, 「처용의 노래-「신협」상연에 제하여」, 『경향신문』, 1952.11.15.
94) 유치진, 「처용의 노래-「신협」상연에 제하여」, 『경향신문』, 1952.11.15.
95) 처용의 노래 광고(『경향신문』, 1952. 12. 13)에서 음악무용극이라고 소개하고 있다. 유치진은 "정말 새로운 작품을 보여주어야겠다는 생각으로 반 뮤지컬 풍으로 처용의 노래"를 썼다고 회고하고 있으며, 당시 처용의 역할을 맡았던 김동원은 연기를 하면서 생음악 반주에 맞추어 춤을 추며 연기를 한 "세미 뮤지컬"로 기억하고 있다.
96) 김동원, 『미수의 커튼콜』, 태학사, 2003, 214쪽.
97) 전쟁기의 신협 공연에 대한 관람평을 기고한 안영숙의 글에는 "남주인공은 목소리가 좋을 뿐 아니라 춤도 잘 춘다는 것을 알았다. 여주인공은 연기순서를 외우는 것만도 힘이 드는데 나오지 않는 소리를 높이자 춤도 따라서 해야겠구 보는 사람이 가엾을 지경이다. 신극에다 신자를 하나 더 붙여 보아야 할 것인지 드디어 빈곤에서 나오는 극도의 바락인지 알 수 없었다." 라고 여배우의 연기력에 대해 지적하고 있다. 안영숙, 「동란 후의 공연 소평-연극」, 『문화세계』, 1953.8, 86쪽.

모색하였다.

　이러한 모색은 〈가야금〉 공연[98]으로 이어진다. 〈가야금의 유래〉라는 제목으로 공연된 〈가야금〉은 나운영이 음악을 담당[99]하였으며, 명창 김소희까지 발탁해서[100] 가야금 병창을 곁들인 창극 형식[101]의 공연이었다고 한다. 판소리와 달리 창극은 "단순한 줄거리에 시각과 청각을 동시에 즐겁게 하는 연극적 볼거리를 만족시키는 방향으로 발전"[102]하였는데, 〈가야금〉 또한 긴장감 있는 극 전개보다는 우륵의 가야금 연주와 제자들의 노래를 극의 중요한 지점마다 배치하고 있다. 극은 1막에서부터 배꽃아기가 가야금의 음률에 마음을 빼앗기는 장면에서 시작한다. 계속해서 극이 전개되면서 가야금 소리는 사람들의 마음을 움직여 간다. 아버지를 잃은 태자와 공주는 우륵의 가야금 소리에서 죽은 부왕의 혼을 만나기도 한다. 극의 중심은 우륵과 가야금으로, 가야금 소리는 고비 때마다 사람들의 운명을 바꾸는 역할을 한다. 가야금만을 숭상하다 신라의 침략에도 대응하지 못하고 잡힌 가실왕은 마지막 순간까지 우륵이 연주하는 가야금 소리를 듣기를 원한

---

98) 〈가야금〉은 여성국극단에 의해 먼저 창극으로 공연되기도 하였다. 『대구매일신문』, 1951.12.13.

99) 나운영(羅運榮 1922~1994)은 일본 동경제국고등음악학교에서 작곡을 공부하였으며, 1946년에는 민족음악연구소를 창립하여 음악활동과 후진을 양성한 민족음악가로 불리는 인물이다. 오페라 왕자호동과 낙랑공주의 음악을 맡기도 했다.

100) 김소희가 등장하는 만큼 현대극을 선호하는 기존 관객층보다는 김소희 명창의 팬이 더 많았다고 한다. 유민영, 『이해랑평전』, 태학사, 1999, 284쪽.

101) 윤금선은 〈가야금〉과 〈처용의 노래〉가 음악이나 춤 등에 의존하는 경향이 두드러지는데, 이는 "이미 알고 있는 소재를 각색하여 내용보다는 창과 호화찬란한 무대장치, 화려한 의상 등의 무대장관적 요소에 연극성을 의존하였던 창극의 공연과 밀접한 연관"을 갖는다고 보았다. 윤금선, 앞의 글, 386-387쪽.

102) 윤금선, 앞의 글, 387쪽.

다. 희곡에는 우륵이 가야금을 타고, 제자들이 가야금에 맞춰 노래한 다는 정도로 간략하게 언급되어 있지만, 극에서 가장 비극적이고 긴 장되는 순간에 가야금 소리에 맞춰 창을 하는 방식은 우리 가야금과 창의 아름다움을 가장 선명하게 느낄 수 있는 방식임에 분명하다.

유치진은 오래전부터 "우리의 고유한 예술인 음악과 무용을 현대화 한 창극다운 창극"[103]을 만들겠다는 의지를 보였고, 그것을 구체화한 작품이 〈가야금〉이 된다. "전쟁 중에 너무 대사에만 의지하는 진지한 사실주의 작품에만 매달리는 것은 그렇게 바람직스럽게 보이지 않았" 고 또 "예부터 가무를 좋아해온 것이 우리 민족"이기 때문에 노래와 춤을 가미하고, 무대 미술 등의 다양한 볼거리를 덧붙인 작품을 공연 한 것이다. 이는 이 시기 역사소재극이 추구하는 기법의 새로움은 물 론 "연극이 인간 개조와 사회 비판의 선봉장이 되어야 하지만 그것은 어디까지나 재미를 전제로 해야 하는 것"[104]이라는 유치진의 연극관 에서 기인한다. 그런데 그 방식이 창극이었다는 주목할 필요가 있다.

유치진은 1930년대부터 우리의 연극유산을 발굴하여 현대적으로 부흥시킬 것을 제안하였다. 특히 〈춘향전〉과 같은 창극에 주목하여 창극이 일본 가부키보다도 더 특이한 세계적 존재가 될 수 있음을 지 적하였으며, 메이얼 홀드가 가부키를 현대적으로 살려서 연출한 것처 럼 창극도 얼마든지 현대적으로 끌어 쓸 수가 있다는 가능성을 제시 한 바 있다.[105] 그런데 전쟁기 이전의 역사소재극은 우리 민족의 과거 에서 이야기를 가져오면서도 형식에서는 "외국 근대극의 형식을 그대

---

103) 유치진, 「창극우감-「가야금」을 상연하면서」, 『동랑유치진전집』 8, 373쪽.
104) 유치진, 「자서전」, 『동랑유치진전집』 9, 223쪽.
105) 유치진, 「조선연극의 앞길-그 방침과 타개책」, 『조광』 1, 1935.11.

로 따른 것"이었고, 〈가야금〉과 같이 창극의 기법을 활용하는 방식은
"이전부터 내려오는 조선의 창극의 형식을 따른 것"[106]이 된다. 유치진
은 창극이 "선조가 남긴 중요한 연극 형식인 동시에 세계 연극사에 비
추어서 유의의한 존재"[107]라고 생각했다. 그래서 "고유의 예술인 음악
과 무용을 무대화한 창극다운 창극을 창조하는 것이 우리에게 부과된
하나의 사명"[108]이라고 인식하고 있었다. 민족성을 의식하고 있는 것
은 이 시기 유치진이 선택한 인물인 처용이나 우륵이 중국의 영향을
받은 예술가가 아니라 우리 민족의 예술을 만든 이라는 데서도 드러
난다.

　진정한 창극⋯⋯우리의 한 아비 때부터 우리의 가슴 속에서 자라온
　우리의 고유의 예술인 음악과 무용을 무대화한 창극다운 창극을 우리
　는 창조하여야 한다.

　버터 냄새 나는 이태리식 오페라도 좋지만 우리는 천 4백여 년 전의
　가실왕의 말을 상기하여 우리의 것을 찾는 데에도 다소는 유의하여야
　한단 말이다. 그래야 우리는 비로소 세계에 기여하는 예술가로서의 입
　장을 부지할 수 있기 때문이다.[109]

　유치진은 창극이라는 형식이 우리의 정서를 가장 잘 드러내는 형식
이라 생각했으며, 이러한 창극을 활용하여 극의 표현 범위를 넓히는

---

106) 유치진, 「역사극과 풍자극」, 『조선일보』, 1935.8.27.
107) 유치진, 「역사극과 풍자극」, 『조선일보』, 1935.8.27.
108) 유치진, 「창극 偶感-「가야금」을 상연하면서」, 『동랑유치진전집』 8, 373쪽.
109) 유치진, 「창극 偶感-「가야금」을 상연하면서」, 373-374쪽.

것이 기존의 화술극의 한계에서 벗어나는 것이며, 또한 한국 연극이
세계적인 존재가 되는 길임을 인식하였다. 그래서 서양 근대극의 기
법을 따르던 기존의 방식에서 벗어나 춤과 노래 그리고 가야금과 같
은 전통극의 기법을 활용하는 변화를 선택하고 있는 것이다.

4. 국립극장 재건을 위한 민족극 구상

한국전쟁기는 서울에서의 유치진의 모든 활동이 중단된 시기였다.
연극행정가로서의 역할도 내려놓게 된다. 그러나 한편으로 전쟁기는
유치진이 외부의 복잡한 문제에 매이지 않고 연극에만 몰두할 수 있
었던 시기이기도 했다. 그래서 이 시기 유치진은 통영에 칩거하면서
다수의 희곡을 집필하였고, 대구와 부산을 오가며 왕성한 연출활동을
재개한다. 이러한 유치진의 역할이 있었기 때문에 신협의 공연은 언
제나 독보적인 위치를 점할 수 있었으며, 전쟁기의 대구나 부산 연극
계가 풍성해질 수 있었다.

전쟁기의 유치진은 전쟁 현실을 소재로 한 반공극과 역사소재극을
발표한다. 반공극은 멜로드라마의 공식을 활용하여 도덕적 기준으로
선악을 나누고, 선한 인물을 시련에 빠뜨리는 악인에 대한 증오를 관
객들이 공유할 수 있도록 했다. "비극이 산출하는 정서는 공포와 연민
인데 반해 멜로드라마가 산출하는 정서는 악인에 대한 증오"[110]이기

---

110) Kent G. Gallagher, "Emotion in Tragedy and Melodrama", *Educational Theatre
Journal*, Vol. 17, No. 3, Oct., 1965, p. 217.

때문이다. 그래서 그는 전쟁이라는 혼란한 상황에서도 자기 욕심만 차리는 인간, 공산당에 빌붙는 인간을 모두 절대 악으로 설정된 공산주의자와 같은 인간으로 분류하여 도덕적 잣대로 이들을 비판하였다. 반공극은 전쟁기에 가장 필요한 논리를 관객들에게 교화시키는 연극이 된다. 반면 역사소재극은 멜로드라마의 틀을 유지하면서도 처용이나 우륵과 같은 예술가를 주인물로 선택하여 마음을 움직이는 예술의 교화적 힘을 보여주는 것에 초점을 두고 있다. 애정 갈등을 토대로 하여 극의 흥미를 고려하면서도 역사소재극은 예술이 가진 교화적 힘과 우리의 예술 형식에 대한 탐구까지 보여준다.

　이러한 전쟁기의 유치진의 연극 활동은 그의 국립극장 구상과 관련에서 이해해야 할 것이다. 극장 문제는 언제나 연극인들의 최우선 과제였으며, 국립극장에 대한 요구는 좌우를 가리지 않고 제기된다. 국립극장에 대한 요구는 이서향에 의해 처음 제기된다. 그는 다난한 조선극계의 제 과업 중에서도 가장 초미의 급무는 극장문제 해결[111]이라 보았으며, 나웅도 극장이 자본가와 흥행사들의 손에 넘어가서는 안되며, "정부가 수립되면 극장이 국영이 된다든가 조선연극인들의 관리 하에 두는 것이 타당"[112]하다는 주장을 편다. 이들 좌익 연극인들의 요구는 평양국립극장의 설립으로 실현된다. 우익 진영의 유치진과 서항석도 극장 불하 문제를 다룬 좌담회에서 극장이 예술의 전당이 아니라 상업적 흥행장으로 변질되어가는 것을 우려하며, 극장은 영리기관이 아니라 교화기관이기 때문에 공영 또는 국영으로 하는 것이 좋

---

111) 이서향, 「극장문제의 귀추」, 『서울신문』, 1946.1.25.
112) 나웅, 「연극과 극장」, 『예술』 1권 1호, 1945.

다는 주장을 한다.[113] 그러나 극장 문제가 해결되지 않아 불발된다. 유
치진은 「극장사견」[114]에서 극장문제에 대한 당국의 무관심을 강도 높
게 비판하지만 국립극장 설립 문제는 정부수립 이후 재개되어 1950년
초에 국립극장 설치로 실현된다.[115]

유치진은 국립극장을 "극장예술을 국가적 차원에서 후원하고, 민족
적 관심에서 육성시키"는 곳으로 생각했으며, "민족연극의 성패는 국
립극장의 운영 하에 달려 있는 것"[116]이라고까지 했다. 그래서 "국립
극장은 극장예술의 새 희망이며, 이 희망이 무너지는 날 우리의 극예
술은 다시는 일어날 수 없는 늪에 빠지고 말 것이라"[117]는 비장한 각오
로 국립극장장에 취임한다. 그리고 국립극장 안에 신극협의회라는 총
괄 기구를 설치하고 그 밑에 신협과 극협이라는 두 극단을 두고, 극단
이 개별적으로 극장과 전속계약을 맺도록 하여 두 극단이 예술적으로
나 경제적으로 협조하고 경쟁하면서 성장할 수 있도록 하였다. 또한
연극뿐만 아니라 교향악, 합창, 오페라, 국악, 무용 등 무대예술 전반
을 육성해야 한다고 생각했고, 연극 이외의 이러한 극장예술도 제대
로 발전할 수 있도록 지원하려 했다.

유치진에게 국립극장은 그의 오랜 꿈이 비로소 실현된 형태라고 할
것이다. 1930년대 중반부터 유치진은 연극인들이 연극에만 몰두할

---

113) 「민족극장문화는 어디로? -'극장불하'를 논의하는 좌담회」, 『중앙신문』,
    1946.7.20.
114) 유치진, 「극장사견」, 『조선일보』, 1947.4.8.
115) 해방 이후의 국립극장의 설립 과정에 대해서는 박영정, 『유치진 연극론의 사적
    전개』, 태학사, 1997, 202-226쪽 참조.
116) 유치진, 『동랑자서전』, 252쪽.
117) 유치진, 『동랑자서전』, 252쪽.

수 있도록 하는 전문극단 체제를 제안하며 특히 극장을 가지는 것으로 모든 문제를 해결할 수 있다고 믿었다.[118] 그리고 드디어 1950년 국립극장의 수립으로 그의 꿈을 실현한다. 국립극장은 유치진의 그 오랜 숙원이 실현된 형태가 된다. 국가에서 최고 시설의 극장을 만들어 주고, 최고 기량을 가진 배우들이 연극에만 종사할 수 있도록 지원하여 관객들이 높은 수준의 연극을 볼 수 있도록 하는 체제가 되는 것이다. 국립극장은 유치진의 〈원술랑〉으로 개관공연을 가진다. 〈원술랑〉은 역사극이라는 장르가 민족예술의 수립과 창조라는 국립극단의 이념에 적절했고, 내용면에서도 외세에 맞서 나라를 지킨 영웅 이야기가 해방 직후의 시대적 사명과 맞아떨어졌기 때문[119]에 열렬한 호응을 얻는다. 그러나 〈원술랑〉으로 화려한 개관 기념공연을 한 이후 60일도 채 지나지 않아 전쟁으로 국립극장의 활동은 중단되고 만다. 연극인들이 피난을 떠나는 상황에서도 유치진은 "연극인 모두가 그토록 갖고 싶었던 국립극장, 그 아깝고 소중한 국립극장을 개관한 지 불과 한 달 반 만에 덧없이 팽개치고" 떠날 수가 없었다. 그래서 공산당 치하에서 자살을 결심할 만큼 끔찍한 시간을 보내게 되지만 이는 또국립극장에 대한 유치진의 애착을 보여준다 할 것이다.

　한국전쟁기 유치진의 활동은 국립극장을 되찾기 위한 그의 노력과 모색 속에서 이루어진 것으로 볼 수 있다. 〈원술랑〉과 전쟁기 역사소재극은 과거에서 소재를 취한다는 점에서는 공통되지만 지향점에서

---

118) 1930년대 후반 유치진이 제안한 전문극단 체제에 대해서는 이정숙의 「일본의 「신협」극단이 「극예술연구회」에 미친 영향」(『어문학』 98, 한국어문학회, 2007)을 참조.
119) 김성희, 「국립극단 연구(1)」, 『한국극예술연구』 12, 한국극예술학회, 2000, 106쪽.

는 차이가 있다. 〈원술랑〉이 외세에 맞서 나라를 지킨 영웅의 이야기라는 역사적 사건을 소재로 하여 애국심을 고취시키고자 하였다면, 〈처용의 노래〉와 〈가야금〉은 영웅 대신 예술가를 등장시켜 예술의 영향력을 드러내고, 적극적인 지원을 통해 민족예술을 육성하는 방향으로 이야기를 풀어간다. 이는 예술이 가진 힘을 드러내고, 그에 대한 지원을 요구하려는 유치진의 의도에서 비롯된 것으로 읽을 수 있다. 유치진은 처용과 우륵을 통해 예술이라는 장르 자체가 가진 영향력, 즉 교화적 힘을 보여주어 전쟁기와 같은 시기야말로 극장이 필요하다는 것을 보여주려 한 것이다.

   이런 점에서 유치진의 전쟁기 희곡은 국립극장이라는 공연장을 지켜야 한다는 의지와 또 그 속에서 보여줄 수 있는 연극은 이러한 것이어야 한다는 의도 속에서 창작된 것으로 보는 것이 타당할 것이다. 유치진은 1951년 말 친구 서병문이 경영하는 통영병원에 거처를 정한 후 10여 편의 작품을 구상하였고, 6개의 작품을 완성하였다.[120] 피난지에서 국립극장의 필요성을 주장하며 재개관을 요구하지만 그것이 받아들여지지 않던 시기 유치진은 연극을 통해서 극장의 중요성, 연극의 중요성을 보여 줄 필요가 있다고 생각했다. 그래서 전쟁이라는 현실을 소재로 한 작품에서는 공산주의자들을 절대 악으로 부각시켜 그들에 대한 부정적 인식을 관객들이 공유할 수 있도록 하였으며, 역사를 소재로 한 작품에는 예술이 무력보다 더 강한 힘으로 사람들을 움직일 수 있다는 것을 보여주려 한 것이다. 그러면서 국립극장 안에서 상연될 수 있는 연극 즉 민족극은 어떠한 것이어야 하는지에 대해

---

120) 유치진, 『동랑자서전』, 266쪽.

서도 모색한다.

유치진이 생각한 민족극은 먼저 우리 민족의 예술이어야 한다는 점이 중요하다. 〈처용의 노래〉에서 처용의 춤과 노래는 우리의 것이라는 점에서 의미를 인정받았다. 이전의 음악이 백성들이 전혀 즐길 수 없는 것이었다면 처용의 노래와 춤은 백성들이 보고 들을 수 있으며 즐길 수 있다는 것이다. 〈가야금〉 또한 그 소리가 중국의 것이 아니라 우리의 소리라는 점에서 민족의 정회에 호소하는 힘을 갖게 된 것이다. 중요한 것은 우리 민족의 예술이 가진 힘이다. 그래서 기법적인 측면에서도 서양의 기법을 그대로 활용하는 것이 아니라 전통극의 기법을 적극 활용하려는 모색을 한다. 여기에서 전통극은 유치진이 구상하는 민족극의 틀이 된다. 그리고 그 민족극의 내용이 되는 것은 그 시대 국민들에게 필요한 논리에 해당한다. 유치진은 일관되게 연극의 교화적 측면을 중요하게 생각했다. 그렇기 때문에 민족극의 내용은 그 시대에 필요한 가치를 관객들에게 교화시키는 극이 되며, 민족극의 형식은 역사소재극에서 시도한 것과 같은 전통극을 활용한 방식이 되는 것이다.

유치진의 민족극 개념은 처음에는 좌익극 대항하는 개념이었다.[121] 그러면서도 정책성은 배제해야 한다는 입장이었다. 사상성 즉 작가의 인생관이나 작품의 철학성은 허용하되 정당의 앞잡이 노릇을 하는 정책성은 배제되어야 한다는 것이다.[122] 그러나 유치진이 일관되게 추구

---

121) 1947년 5월, 극예술협회가 결성될 때의 구호가 "좌익극에 대항하여 민족극 수립을 목적"으로 한 것이었다.

122) 이러한 시각은 〈나도 인간이 되련다〉에서 잘 드러난다. 백석봉이 만든 오페라에 대해 당원들이 모여 당성이 약하다는 이유로 비판하고 수정을 요구한다. 여기에는 좌익이 연극을 정치적으로 이용하려는 것에 대한 거부감이 반영되어 있다.

한 교화적 대중성이라는 자체가 근본적으로 정치적인 것이었다. 그렇기 때문에 민족극에 대한 유치진의 구상에서 교화적 내용은 일관되고 표현방법은 변화를 모색하는 것으로 정리할 수 있겠다. 교화적 내용을 유지하면서도 사실주의극의 연출 방식에서 벗어나 다양한 예술 장르를 결합한 새로운 표현 기법 모색에 치중하는 것이다. 이러한 점에서 이 시기 유치진이 생각한 민족극은 그 시대 관객들을 바람직한 방향으로 교화하는 연극, 민족적 자긍심을 가질 수 있도록 전통극을 통해 우리의 연극형식을 만들어가는 것, 그리고 다양한 예술 장르를 활용하여 새로운 기법을 모색해 가는 것이라 할 수 있겠다. 그래서 유치진의 민족극은 "민족 예술의 종합적인 결정체"[123]로 미술, 음악, 시, 무용 등이 한데 합쳐서 결실한 것이 된다. 음악과 무용, 미술과 같은 다양한 장르가 결합하여 연극의 표현 영역을 확장하려는 이러한 변화는 1948년 1월, 유엔 한국위원단을 맞아 〈춘향전〉을 공연[124]한 것이 계기가 되었을 것으로 보인다. 출연 배우만도 3백여 명이 동원된 대규모 공연이었는데, 특히 "무대예술위원회의 미술, 민족음악연구회의 음악 등"[125]의 영역이 결합하면서 표현에 있어 새로운 시도가 가능했을 것이다. 국립극장을 운영하면서는 연극뿐 아니라 오페라, 국악, 무용 등의 무대예술 전반에 관심을 가지게 되며, 1950년 5월 20일부터 29일

---

123) 유치진 「민족연극이 가는 길-경찰전문학교 강의」, 『동랑유치진전집』 6, 358쪽.
124) 당시 〈춘향전〉의 공연 규모가 상당하다. 정부로부터 백만 원이라는 거액을 지원 받았으며, "30여명으로 구성된 상연준비위원회의 지도 협력과 무대예술위원회 미술 민족음악연구회의 음악 등 광범한 응원"이 있었고, 무엇보다 출연 배우만도 3백여 명이 동원되었다고 한다. 「극협 "대춘향전" 금일부터 일주간 시공관서」, 『동아일보』, 1948.1.21.
125) 「유엔단 초대 극협 『대춘향전』 금일부터-일주인간 시공관서」, 『동아일보』, 1948.1.21.

까지 국립오페라단의 창단 공연인 오페라 〈춘향전〉의 연출을 맡기도 한다.[126] 전통적인 이야기를 가져오면서도 판소리 대신 서양의 오페라 음악이 결합하는 방식을 통해 "오래인 역사와 계승으로 발달해온 구미제국 오페라의 모방을 피하고 우리나라 독특한 전통을 출발점에서부터 세울 수 있"[127]었다. 이처럼 전통과 현대, 그리고 다양한 장르를 결합하여 새로운 표현 방법을 모색한 경험이 있었기 때문에 이후 기법적인 변화를 모색하는 것이 가능했을 것이다.

　유치진의 민족극 구상에서 전통극은 특히 중요한 위치를 차지한다. 유치진은 전통극 그 중에서도 창극에 주목하였으며, 그것을 현대적으로 부흥시킬 수 있는 방법을 모색할 필요가 있다고 생각하였다.[128] 이전까지의 역사소재극이 사실주의극의 기법을 그대로 유지하면서 소재적 측면에서 과거이야기를 가져오는 정도였다면 전쟁기에는 전통극의 기법을 연출에 활용하고 있다는 점에서 상당히 새롭다. 이는 "서구의 극적 형식에다가 우리의 생활과 이념과 정서를 담"는 것이 아니라 전통극의 기법을 민족극을 담는 그릇으로 활용하고 있다는 점에서 즉 "우리의 그릇에다가 우리의 생활을 담은 명실공히 우리의 민족

---

126) 유치진의 희곡 〈춘향전〉을 이서구가 오페라에 맞게 바꾸었다고 한다. 광고, 『경향신문』, 1950.5.3.
127) 이진순, 「오페라「춘향전」-연출자로서의 소감-」, 『경향신문』, 1950. 5.19.
128) 전통극의 기법을 현대적으로 가공하는 이러한 유치진의 인식은 오사나이 카오루의 영향을 생각할 수 있다. 오사나이 카오루는 "일본의 장래 연극은 동양에 있어서의 전통예술을 종합하고 여기에 서양 연극의 전통을 취입하여 새로운 예술을 창조해 가야만 하며, 그 주체가 되는 것은 수백 년 일본에서 발달한 가부키의 型"이라고 밝히고 있다. 菅井幸雄 編,「日本演劇の將來」,『小山內薫演劇論全集』5, 東京 : 未來社, 1968, 105~123頁.

극"[129]을 만들려 하였다는 점에서 더욱 의미가 있다.

주류 연극인이었던 유치진이 전통극을 토대로 민족극을 구상하고, 우리의 생활을 우리의 그릇 속에 담는 연극을 모색하였다는 것은 의미 있는 시도라 할 수 있다. 물론 유치진의 이러한 시도가 지속적으로 이어지지 않고, 미국 시찰 이후에는 뮤지컬로 관심이 옮겨가기도 한다. 그러나 유치진은 이후에도 드라마센터를 통해 서구식 극예술의 한국식 정착과, 한국류의 전통극 부활[130]이라는 목표를 지속적으로 실천해 가려 한다. 이러한 토대가 만들어졌기 때문에 전통극이 조명을 받을 수 있었고, 이후 전통극과 서구극의 영향을 받은 새로운 연극 양식의 출현을 기대할 수 있게 되는 것이다.

5. 예술의 교화적 역할과 힘

한국전쟁기에 유치진은 반공극과 함께 역사소재극 두 편을 발표한다. 〈처용의 노래〉와 〈가야금〉은 처용과 우륵이라는 예술가를 소재로 선택하여 이를 삼각관계의 멜로드라마로 풀어내고 있다는 점에서 이전의 작품 경향과 유사한 구조를 보인다. 그러나 삼각관계의 갈등을 해결하는 것으로 예술의 힘을 배치하여 예술의 중요성을 강조하였다. 극에서 왕들은 예술의 역할이 중요하다는 것을 인식하고 있었고, 그

---

129) 유치진, 「민족극 수립을 위하여-가면무극 〈산대놀이〉 공연을 앞두고」, 『한국일보』, 1957.11.6.
130) 유치진, 「참다운 민족극은 민족의 전통 위에 심어져야 한다」, 『동랑유치진전집』 6, 402쪽.

래서 예술가들에게 벼슬을 내리고 그들이 예술에만 전념할 수 있도록 적극적으로 지원을 하고 있다.

특히 기존의 대사 위주의 화극에서 벗어나 춤과 노래를 활용하였고, 창극과 같은 전통극의 기법을 도입하여 극의 표현기법에 변화를 시도하고 있다는 점이 주목된다. 유치진은 창극이라는 형식이 우리의 정서를 가장 잘 드러내는 형식이라 생각했으며, 이러한 창극을 활용하여 극의 표현 범위를 넓히는 것이 기존의 화술극의 한계에서 벗어나는 것이며, 또한 한국 연극이 세계적인 존재가 되는 길임을 인식하였다. 그래서 서양 근대극의 기법을 따르던 방식에서 벗어나 전통극의 기법을 활용하는 변화를 선택하고 있는 것이다.

전쟁기 유치진의 역사소재극은 국립극장 재개관에 대한 요구와 국립극장에 적합한 민족극 구상의 일환으로 창작된 것으로 볼 수 있다. 국립극장은 유치진의 오랜 바람이 실현된 형태였다. 그러나 전쟁으로 국립극장의 기능이 정지되었고, 재개관에 대한 요구가 받아들여지지 않았다. 이에 유치진은 전쟁기야말로 국민들의 마음을 움직이는 예술의 힘이 크다는 것을 보여주고, 그러한 위대한 예술을 국가에서 적극적으로 지원해야 한다는 것을 드러내고자 했다. 이는 국립극장 재개관의 당위성을 드러내는 것이기도 했다. 전쟁기의 역사소재극은 국립극장에 적합한 민족극의 내용과 형식에 대한 모색의 결과였다. 유치진의 민족극 구상에서 특히 전통극은 중요한 위치를 차지하는데, 전쟁기의 역사소재극은 내용만이 아니라 극의 기법 또한 창극과 같은 전통극에서 가져오려는 모색을 하였다는 점에서 의미가 있다. 기존의 사실주의극의 기법이 우리의 생활이라는 내용만 가져온 것이라면 전통극의 기법을 활용함으로써 우리의 그릇에다 우리의 생활을 담는 민

족극 모색이 가능해진 것이다. 물론 이러한 모색이 지속적으로 이어
지지는 않았지만, 이러한 시도가 있었기 때문에 이후 전통극과 서구
극의 영향을 받은 새로운 연극 양식의 출현이 가능해지게 된다.

<나도 인간이 되련다>와 유치진 정치극의 전략

1. 유치진과 정치극

정치극은 특정한 시기의 국가의 이념이나 정치적이고 사회적인 관점들을 관객들에게 설득하는 연극으로, 통치권력의 이념을 선전하고 체제를 옹호하는 역할을 하는 연극을 말한다.[131] 유치진이 연극을 정치적 역할에 활용하는 것은 국민연극시기부터 한국전쟁기까지로, 이 시기 창작된 유치진의 작품은 정치적인 의도에 기반 하여 창작된 정치극이다. 유치진의 경우는 정치적인 행보가 그의 연극 활동이나 극

---

131) 정치극은 통치 권력과 체제에 대한 선전의 역할을 하는 연극이나, 현 상태의 정치적·사회적 규범들을 드러내 놓지 않고 옹호하는 연극, 그리고 체제 비판적이고, 현실참여적인 연극까지 포함하는 용어이다.(이강임, 「연극과 새로운 정치적 글쓰기; 프로파간다에서 포럼으로 : 미국 정치극의 변화 추이(1930-2007)」, 『연극평론』 47, 한국연극평론가협회, 2007, 58-59쪽 참조) 이처럼 정치극은 정치적 사건이나 정치적 주제를 다루는 연극이라는 상당히 포괄적인 개념이다. 이 글에서는 특정 시기의 정치 사안에 대한 선전의 역할을 하는 연극이라는 개념으로 정치극이라는 용어를 사용하기로 한다.

단을 유지하기 위한 의도와 연계되어 진행되었으며, 이러한 정치적
의도를 전면에 드러낸 경향의 작품 창작은 한국전쟁기까지 지속된
다.[132] 〈나도 인간이 되련다〉는 이러한 정치적 의도를 전면에 내세운
작품이면서 특히 예술가를 직접 등장시켜 예술을 정치적으로 활용하
는 사례를 직접 보여주고 있다는 점에서 주목된다. 즉 예술과 정치의
관계, 예술을 정치적으로 활용하는 것에 대한 유치진의 시각을 읽을
수 있다는 점에서 흥미롭다. 유치진이 예술의 역할을 어떻게 인식하
고 있는지 그리고 이를 정치적으로 활용하는 것에 대해 어떤 시각을
가지고 있는지, 예술가로서의 유치진의 인식과 예술과 정치 사이에서
의 그의 선택을 잘 보여주고 있기 때문이다.

한국전쟁기 유치진은 피난지 통영에서 〈조국은 부른다〉와 〈순동
이〉, 〈청춘은 조국과 더불어〉와 같은 전쟁소재극과 〈처용의 노래〉,
〈가야금〉과 같은 전통소재극을 집필하고[133] 신협을 통해 피난지 대구
나 부산의 극장에서 공연한다.[134] 이어 1953년에는 전쟁소재극 〈나도

132) 물론 한국전쟁기 이후에 창작된 작품에도 정치적인 시각이 배경으로 드러난다.
유치진은 연극계 내에서의 자신의 위치와 극단 운영을 위해 정치적 감각을 내려
놓지 않았으며, 그가 일관되게 추구한 교화적 대중성의 원리가 그러한 경향을 뒷
받침해 주었다. 그러나 이후에 발표되는 〈자매〉2나 〈한강은 흐른다〉의 경우는
정치논리를 노골적으로 선전하는 한국전쟁기까지의 경향과는 달라진다.

133) 유치진은 이 시기에 〈장벽〉을 포함하여 6편의 희곡을 집필하였다고 회고하고 있
다. 『동랑자서전』, 서문당, 1975, 267쪽. 그러나 〈장벽〉은 1950년 2월 『백민』에
발표된 작품이며, 신탁통치 문제를 다루고 있다는 점에서 반공극으로 분류하기
보다 1940년대 후반기의 작품으로 분류하는 것이 적절하다.

134) 〈처용의 노래〉는 1952년 9월 대구 문화극장에서, 〈나도 인간이 되련다〉는 1953
년 4월 대구극장에서, 〈가야금〉은 1954년 시공관에서 유치진의 연출로 공연
되며, 〈순동이〉는 1951년 5월 이진순의 연출로 대구 키네마극장에서, 〈조국
은 부른다〉는 극협 창단 기념으로 허석 연출로 대구 문화극장에서 각각 공연
된다. 소인극용 대본으로 창작된 〈청춘은 조국과 더불어〉도 1952년 2월 12-13

인간이 되련다〉를 발표하고, 같은 해 신협을 통해 공연한다.[135] 이 가운데 전통소재극을 제외한 모든 희곡은 강력한 정치선전의 역할을 하는 작품이었다. 〈나도 인간이 되련다〉는 전쟁소재극이 보여주는 강력한 정치선전의 기능에 더해, 전통소재극에서 보여주었던 예술의 역할까지 결합하고 있다는 점에서, 두 경향의 성과를 이어받은 것으로 볼 수 있다. 〈나도 인간이 되련다〉 공연에 대한 당대의 평가[136]는 긍정적이었고, 흥행의 측면에서도 상당한 성과를 거둔 것으로 이야기되고 있다.

그러나 〈나도 인간이 되련다〉에 대한 본격적인 연구는 아직 진행되지 않고 있으며, 1950년대 유치진 연극의 일부분으로 논의되는 정도이다. 작품에 대한 평가도 상당히 부정적인데, 북한의 현실을 소재로 한 작품이라는 점에서는 주목받았으나, 사상적으로 무장한 나타아 샤김이 야욕에 눈먼 일개 요부로 등장하는 등 우스꽝스럽고 기형적인 인물들만 나열하며, 작가의 의도만이 서툴게 드러나 있을 뿐 북한을 비판하고자 하면서도 북한의 현실에 충실한 전형을 찾는 데 실패하였

일 부산극장에서 무학여고 학생들에 의해 소인극으로 공연하였다. 『경향신문』, 1952.12.17.

135) 〈나도 인간이 되련다〉의 공연 시기에 대해서는 여러 증언들이 있어 혼란스러운 측면이 있다. 김동원은 1953년 환도 후 새봄 첫 공연으로 시공관에서 〈나도 인간이 되련다〉를 공연하였다고 회고하였고(김동원, 『미수의 커튼콜』, 태학사, 2003, 216쪽), 이해랑 또한 전시 중에 〈나도 인간이 되련다〉를 무대에 올린 것으로 이야기하고 있다.(유민영, 『이해랑 평전』, 태학사, 1999, 285쪽) 이태동의 『대구연극사』에서는 1953년 4월 대구극장에서 〈나도 인간이 되련다〉를 공연한 것으로 기록하고 있다. 그러나 이러한 언급은 기억에 기초한 것일 뿐, 실제 공연 기록은 발견되지 않고 있다. 공연 기록이 확인된 것은 1953년 12월 25일 시공관 공연이다.

136) 「나도 인간이 되련다」 – 「신협」 공연을 보고」, 『경향신문』, 1953.12.29.

다고 보았다[137]. 작품 경향에 대해서도 전쟁기의 반공극으로 혹은 전
후의 실존주의극으로 상반되게 분류되고 있다. 김재석은 〈나도 인간
이 되련다〉를 1950년대 반공극으로 분류한다. 반공극의 메가폰형 인
물은 공산주의자들의 허구성을 폭로하는 데 맞추어져 있는데 〈나도
인간이 되련다〉에서는 공산주의 이념에 동조해 월북했던 석봉과 복
희가 북한에서 생활하면서 점차 이론과 다른 모순을 알게 되는 과정
을 다루고 있기 때문에 그들의 깨달음은 아주 강력한 계몽선전의 기
능을 가진다고 평가했다.[138] 이승희는 1950년대 유치진 희곡을 대상
으로 한 연구에서 〈나도 인간이 되련다〉를 〈순동이〉, 〈조국은 부른다〉
와 같이 1950년대 전반기 작품으로 분류하였다. 그러나 전반기의 다
른 작품과 달리 〈나도 인간이 되련다〉는 선인에 속하는 석봉과 복희
의 죽음을 통해 주인공의 영웅적인 죽음과 정신승리를 유도해냈다고
보았다. 특히 삼각관계의 구도에서 갈등이 야기되었음에도 겨냥했던
주제 제시를 위해 이념의 문제로 급상승된다는 점을 특징으로 지적하
였다.[139] 반면 이상우는 〈나도 인간이 되련다〉를 〈자매〉2, 〈한강은 흐
른다〉와 같이 전후 리얼리즘극으로 분류하고 있다. 그는 〈나도 인간
이 되련다〉가 전쟁기 리얼리즘극의 반공 목적성보다는 이념과 전쟁으
로 인해 빚어진 개인의 실존적 고통 쪽에 더 관심을 기울인 실존주의

---

137) 양승국, 「해방이후의 유치진 희곡을 통해 본 분단현실과 전쟁체험의 한 양상」,
『한국현대문학연구』 1, 한국현대문학회, 1991.

138) 김재석, 「1950년대 반공극의 구조와 존재 의미」, 『한국연극연구』 1, 한국연극사
학회, 1998.

139) 이승희, 「1950년대 유치진 희곡의 희곡사적 위상」, 『한국극예술연구』 8, 한국극
예술학회, 1998, 314 - 316쪽.

적 작품으로 보고 있다.[140]

〈나도 인간이 되련다〉는 한국전쟁기에 유치진이 발표하였던 전쟁소재극의 경향을 유지하면서도, 예술이 가진 영향력을 드러냈던 전통소재극의 시도를 포괄하는 성과를 보여주는 작품이다. 무엇보다 예술을 정치 도구로 활용하는 것을 소재로 하고 있으며, 작품 자체도 예술을 정치적으로 활용하는 직접적인 사례가 된다는 점에서 흥미롭다. 그러나 〈나도 인간이 되련다〉는 유치진의 작품 중에서 상대적으로 주목받지 못하였다. 작품 경향에 대한 평가도 혼란스럽고, 작품의 성과에 대해서도 충분히 검토되지 않았다고 할 수 있다.

〈나도 인간이 되련다〉는 전쟁기 유치진을 이해하는 데 있어 중요한 작품이다. 북한의 국립극장인 국립예술극장을 배경으로 하여 예술과 정치의 관계, 예술가의 존재가치를 전면에서 다루고 있다. 그러면서 연극을 통해 정치적인 의도를 드러내려는 목적을 숨기지 않는다. 이 글은 이러한 점에 주목하고자 한다. 그래서 〈나도 인간이 되련다〉가 획득하고 있는 정치극으로서의 성과를 중심으로 이 시기 유치진의 고민에 주목하기로 한다. 2, 3장에서는 예술을 정치적으로 활용하는 유치진 정치극의 극적 전략을, 4장에서는 그러한 전략을 구사한 유치진의 의도를 중심으로 서술할 것이다. 이를 통해 〈나도 인간이 되련다〉 공연을 둘러싼 연극계의 지형과, 그 속에서의 유치진의 의도 그리고 정치극으로서의 성과에 대해 논의하고자 한다.

---

140) 이상우, 『유치진 연구』, 태학사, 1997.

2. 멜로드라마를 통한 지배이데올로기 공유

대중성을 연극의 가장 본질적인 특성으로 놓는 유치진이기 때문에
그의 연극에는 언제나 애정문제가 적극 활용되었다. 전쟁기의 희곡
또한 모든 사건이 삼각관계를 기반으로 하는 전형적인 멜로드라마의
구도[141]를 보이고 있으며, 〈나도 인간이 되련다〉 또한 삼각관계의 애
정갈등을 기본으로 한 작품이다. 북한의 국립예술극장이라는 낯선 공
간을 사용하지만 극의 구도는 상당히 낯익고 주제도 익숙하다. 권력
을 가진 자가 자기가 가진 힘을 이용하여 사랑하는 연인을 갈라놓고,
그 대상을 강제로 자기의 것으로 하기 위해 무리한 계략을 꾸미는 이
야기 흐름은 상당히 익숙하다. 유치진은 이러한 익숙한 이야기 구조
를 활용해 순수하게 사랑하는 사이인 백석봉과 정복희 두 사람을 갈
라놓고, 사랑의 감정마저 가로막는 공산주의자들의 비인간성과 경직
성을 폭로하고 있다. 독특한 점은 이러한 체제의 부정적 속성을 예술
극장 권력의 중심에 있는 나타아샤김이라는 인물의 외모와 그녀가 보
여주는 백석봉에 대한 과도한 애욕을 통해 관객이 실감하게 한다는
점이다.

"동물 같이 뚱뚱한"[142] 외모를 가진 나타아샤김은 "지성이 결여된
소련 2세"[143]로, 북한 예술극장의 전속 가수이다. 그러나 소련 출신이
라는 점 때문에 극장 내에서 가장 막강한 권력을 행사하며, 위원장조

---

141) 〈나도 인간이 되련다〉를 포함한 유치진의 1950년대 전반기 희곡을 이승희는 반
     공이념을 멜로드라마적으로 구조화한 작품으로 설명하였다. 이승희, 앞의 글.
142) 유치진, 〈나도 인간이 되련다〉, 『나도 인간이 되련다』, 진문사, 1955, 12쪽.
143) 유치진, 〈나도 인간이 되련다〉 11쪽.

차 그녀의 마음에 들기 위해 수단을 가리지 않을 정도이다. 그런 그녀
는 같은 극장에서 오페라 작곡가로 일하는 백석봉을 마음에 두고 있
다. 백성봉이 남한에 있을 때부터 좋아하던 정복희를 북한으로 불러
같은 극장에서 일하며 결혼하기로 약속한 것을 알자 백석봉을 자신의
것으로 하기 위해 모든 극장원들을 동원해서 계략을 꾸민다. 그리고
정복희가 남로당 출신이라는 점과 그녀 아버지의 사상적 측면을 문제
삼아 그녀를 극장에서 몰아내고 결혼을 무산시킨다. 나타아샤김은 자
신의 개인적인 욕심 때문이 둘의 결혼을 무산시킨 것이 아니라고 하
지만 이를 믿는 사람은 없으며, 주변 사람들은 공공연하게 백석봉을
나타아샤김의 "물건으로 맹그러 드릴"려고 노력한다.

> 위원장　　이거 참, 미안한데…(좀 생각더니) 나타아샤 동무, 걱정
> 　　　　　마시오. 오늘 저녁이라도 자아비판회를 열어서 철저히
> 　　　　　하겠소. 그리고 그와 동시에 백동무로 하여금 나타아샤
> 　　　　　동무의 지시대로 움직이게끔 해드리겠소.
> 나타아샤김　(눈이 동글해지며 당황하여) 앙이, 나는 결코 백동무를
> 　　　　　독점하려는 개인적인 욕심에서 이러는기 앙이오.
> 위원장　　물론 그렇지요. 하여튼 내 솜씨를 두고 보오. 무슨 구실
> 　　　　　을 부치든지 공정하고 합법적인 수단으로 그의 수족을
> 　　　　　꼼짝못하게 얽어매여 갈데 없이 동무의 물건을 맹그러
> 　　　　　드릴테니까요.
> 나타아샤김　그럼으, 동무만 믿겠소. (서로 악수)[144]

---

144) 유치진, 〈나도 인간이 되련다〉, 34쪽.

위원장을 비롯한 북한예술극장 단원들이 백석봉을 나타아샤김의
물건으로 만들기 위해 선택한 방법은 그가 작곡한 오페라 작품의 계
급성이 약하다는 문제를 제기하는 것이었다. 그래서 백석봉이 작곡한
오페라가 형식주의적 오류에 빠졌다는 문제를 제기한다. 백석봉의 작
품은 계급성이 약해 문제가 생긴 것이니 나타아샤김의 개별 학습지도
를 받도록 하고, 정복희를 가까이 하거나 애착을 가지면 안 된다는 것
을 지시한다.[145] 표면적으로는 백석봉의 사상 문제를 이야기하고 있으
나, 두 가지 결정 모두 백석봉과 정복희의 사이를 갈라놓고, 백석봉을
자기 것으로 하고 싶은 나타아샤김의 욕망을 실현하기 위한 것이었
다. 유치진은 합법을 가장하여 백석봉을 나타아샤김과 맺어주기 위해
계획하는 예술극장 사람들과, 집요하게 백석봉에게 집착하는 나타아
샤김의 계략을 중심으로 극을 진행한다. 이를 통해 연애마저도 규제
하며 "기계와 같이 정확하고 잔인하라"[146]고 강요하는 공산주의자들
에 대한 부정적 인식을 유발하도록 했다.

독특한 점은 멜로드라마의 기법을 근간으로 하고 있지만 백석봉과
정복희 두 사람의 애틋한 감정이 아니라, 백석봉에 대한 나타아샤김
의 애욕이 강하게 부각된다는 점이다. 나타아샤김은 자신이 가진 권
력을 이용하여 마음에 두었던 백석봉을 자기의 것으로 하려는 욕망을
계속해서 드러내고, 백석봉은 나타아샤김이 싫지만 그녀가 예술극장
내의 모든 권력을 잡고 있기 때문에 거부하기도 힘들다.

나타아샤김 그런 얘긴 학습시간에 많이 해 들리잖었소? 손으 이리

---

145) 유치진, 〈나도 인간이 되련다〉, 40쪽.
146) 유치진, 〈나도 인간이 되련다〉, 43쪽.

줍세(백석봉의 손을 꽉 쥐고는 색욕에 주린 눈으로 어지
라고 쏘아 보며) 아무리 바로 내가 크라스니코 여자 중
학 시절에 좋아하던 니키이타 최 그대로구만! 따와리시
치 백, 이번엔 그 많은 당원 중에서 하필 내게 동무의 학
습책임을 맡긴 게 무슨 이윤지 일겠소? (중략)

나타아샤김   (중략) (하며 의자에 앉은 백석봉의 목에 팔을 돌린다)

석봉   내 예술을 그렇게 높이 평가해주셔서 감사합니다만 우
리럴 야만민족으로 밖에 안보신 건 섭섭한데요.

나타아샤김 지금은 내 생각이 홱 달라졌소. 따와리시치 백, 고개를
돌려 나르 좀 치어다봐 줍세.

석봉   (하라는 대로 한다)

나타아샤김 (일종의 짜증으로) 어쩨 이렇게 사람이 영리하지 못하
오?(상대방의 불타는 입술이 접근해 옴을 기다린다)

석봉   (위급한 순간을 모면하려는 듯이 부러 큰 소리로)[147]

뚱뚱하고 욕심스러운 외모에, 색욕에 가득한 눈으로 달라붙는 나타
아샤김의 모습이 부담을 넘어 혐오스럽기까지 하다. 그런데도 문제는
나타아샤김을 대놓고 거절했다가는 다시 자신의 사상적인 측면을 문
제 삼을 수 있기 때문에 거절하는 것도 쉽지 않다는 점이다. 그래서 석
봉은 나타아샤김 몰래 자리를 피해 도망쳐버린다. 극은 이처럼 백석
봉에 대한 나타아샤김의 애욕을 전면에 내세워 나타아샤김으로 대표
되는 공산주의 권력 자체를 혐오스럽고 끔찍하게 인식하게 하는 효과
를 거둔다. 이는 나탸아샤김이 북한 예술극장 권력의 중심에 있는 인

147) 유치진, 〈나도 인간이 되련다〉, 54 - 55쪽.

물이라는 점에서 가능해진다. 나타아샤김으로 대표되는 북한 권력은 남녀 간의 사랑뿐 아니라 친구와의 우정, 심지어 부모에 대해서도 부정하게 하는 비인간적인 집단으로 인식시키게 된다.

주목해야 할 부분은 나타아샤김의 보기 싫은 외모와, 끔찍한 집착을 집요하게 드러내면서 그것을 부담스러워하며 외면하고 싶어 하는 석봉의 감정을 관객들도 공유하도록 하고 있다는 점이다. 극의 인물 구도는 선과 악으로 선명하게 나누어져 있고, 선한 주인물이 악한 본성을 가진 인물 때문에 부당하게 위기에 빠지게 되는 상황을 그리고 있다. 공산주의자들은 모두 선한 주인물을 부당하게 위험에 빠트리는 인물들이다. 반면 순수하며 연약한 듯이 보이는 백석봉과 정복희라는 인물은 강한 연민을 유도하며 이를 통해 북한 체제의 부정적 속성을 드러내는 역할을 한다. 더구나 선한 인물인 이들 두 사람을 돕는 협조자는 전혀 없다. 힘의 크기는 압도적으로 악한 집단에 몰린다. 결국 두 사람의 죽음으로 극은 끝이 나게 된다. 이러한 인물 구도를 활용하기 때문에 관객은 연민을 통해 쉽게 주인물에 감정이입하게 되고, 관객들은 작가가 의도하는 대로 북한이 사람 살 곳이 못 된다는 인식을 공유하게 되는 것이다.

극은 마지막에 인간으로 살기 위해 북한을 떠나려던 복희와 석봉의 죽음을 통해 이러한 인상을 완성한다. 아리스토텔레스는 연민을 파괴적이거나 고통을 주는 악덕이 그것을 당할 만한 이유가 없는 사람에게 행해지는 것을 목격한 것으로부터 연유하는 고통으로 정의했다. 즉 희생되어서는 안 되는 사람에게 가해지는 도덕적 부당함에서 촉발되는 본능적인 지각이 바로 연민이라는 것이다. 두 사람의 죽음이 만들어낸 연민이라는 감정은 관객의 모든 증오를 악당에게로 향하게 한다.[148] 그런 점에서 〈나도 인간이 되련다〉가 선택한 멜로드라마의 방식은 효과적인 전략이 된다. "멜로드라마가 산출하는 정서는 악인에 대한 증오"[149]이기 때문이다. 유치진은 멜로드라마의 특징인 선과 악의 극단적인 도덕적 양극화, 도덕적 절대주의와 명료함을 적절히 활용하고 있다.[150]

극은 북한 체제의 혐오스러움을 나타아샤김의 애욕으로 드러내며, 석봉이 공산주의 체제에서 환멸을 느끼는 과정을 나타아샤김에 대한 거부감과 연계되면서 한층 실감나게 한다. 그리고 이 같은 석봉의 감정을 관객들 또한 공유할 수 있도록 설정하고 있다. 그렇기 때문에 이러한 방식은 직접적이며 효과적이다. 혐오스러운 외모에 다른 사람을 배려하지 않는 이기적인 행동, 강요하는 사랑 등등 나타아샤김이라는 인물은 그 자체로 공산주의 체제의 부정성을 보여주는 인물이다. 유치진이 중요하게 생각한 것은 관객들이 공산당을 부정적으로 인식하는 것이었고, 〈나도 인간이 되련다〉를 통해 공산주의 체제에 대한 거부감을 관객들과 공유하고자 했다. 그래서 멜로드라마의 구조를 취하지만 백석봉과 정복희 두 사람의 애틋한 감정이 아니라 백석봉에 대한 나타아샤김의 애욕과 집착이 중심에 놓은 것이다.

권력을 가진 자가 자신의 권력을 이용하여 마음에 드는 사람을 취

---

148) 켄트 갤러거는 비극의 공포는 비극의 연민 속에서 출구를 찾지만, 멜로드라마의 공포는 악당에 대한 증오로 변한다고 했다. 켄트 갤러거, 「비극의 정서와 멜로드라마의 정서」, 오세준 편역, 『멜로드라마』 1, 책펴냄열린시, 2005.

149) 켄트 갤러거, 위의 책.

150) 존 피스크는 대중적 텍스트는 텍스트의 심층구조에 초점을 맞추어야 하는데, 이는 지배 이데올로기적 힘이 얼마나 집요하면서도 교활하게 가부장적인 소비적 자본주의의 생산물에 작용하고 있는가를 정확하게 밝혀주고 있기 때문이라고 했다. 존 피스크, 『대중문화의 이해』, 경문사, 2002, 152쪽.

하고자 하는 이러한 구도는 상당히 익숙하다. 〈나도 인간이 되련다〉
에서는 권력을 가진 여자가 자기 마음에 드는 남자를 차지하기 위해
자기가 가진 힘을 행사하는 점이 독특하지만 이런 기본적인 구도는
고전극에서부터 보아오던 방식이다.

> 복희　　（역정이 나서）도대체 제가 제 아버지하고 무슨 상관이 있
> 　　　　다고, 제게 이런 압력을 가하는 거예요?
> 위원장　에이 쌍…… 동무, 그런 사상적으로 낙후된 소리 어디 있
> 　　　　소? 그 소리 당장 취소하시오!
> 복희　　누가 낙후된 소릴 한다구 이러세요? 애비의 죄를 그 자식
> 　　　　에게까지 뒤집어 씌우는 건 봉건주의 사회에서나 있을 수
> 　　　　있는 일이 아니예요? [151]

　처음부터 유치진은 북한 사회를 봉건주의 사회와 같은 곳으로 규정
하고 있다. 백석봉과 정복희는 감정의 자유를 제약하는 북한 체제가
부당하다고 느끼지만 저항조차 할 수 없다. 그래서 두 사람은 헤어질
수밖에 없다. 사랑이 끝나서도 아니고, 두 사람 사이에 어떤 오해가 생
겨서도 아니다. 부당한 권력에 의해서 사랑하는 남녀가 수난을 당하
는 이러한 틀은 상당히 낯익다. 남녀의 위치가 달라졌지만 〈나도 인간
이 되련다〉에서 갈등을 만들어오는 계기는 〈춘향전〉에서 변사또가 자
신의 지위를 이용해 춘향을 취하려던 상황과 크게 다르지 않다. 유
치진은 나타아샤김과 백석봉의 관계를 통해 북한이라는 사회가 봉건
주의 사회에 지나지 않는 것으로 규정한다. 더구나 공산당이 출신성

---

151) 유치진, 〈나도 인간이 되련다〉, 26 - 27쪽.

분을 중시하는 것 또한 문제 삼는다. 나타아샤김은 소련 출신이기 때문에 우월감을 가지고 있는 반면, 정복희와 같은 남로당 출신에 대해서는 하찮게 취급한다. 그리고 북한의 누구도 석봉과 복희를 돕지 않게 하여 철저하게 북한의 공산당원과 남한의 남로당원을 구분하는 전략을 사용하고 있다.[152] 이를 통해 그들이 내세우는 평등의 논리가 허구라는 것을 드러내며, 북한은 과거 봉건주의 사회에서나 있었던 일을 반복하는 비인간적인 곳에 지나지 않는다는 인상을 준다. 그래서 북한의 체제뿐 아니라 북한사회 전체를 부정하는 효과를 얻고 있다. 부정한 권력을 행사하는 집단에 대한 부정적 인식을 유도하여 북한은 봉건적이며 비인간적인 공간이고, 남한은 인간적이며 근대적이고 합리적인 공간이라는 인식을 공유하게 되는 것이다.

대중적이고 익숙한 방식을 통해서 당시 가장 쟁점이 되는 정치현실을 자연스럽게 받아들이게 하는 이러한 방식은, 멜로드라마라는 틀을 효과적으로 활용하여 얻어지는 결과이다. 멜로드라마를 통해 자연스럽게 관객의 감정에 접근한다는 점에서 이 극은 정치극으로서 효과적인 방식을 보여준다고 할 수 있다. 특히 좌익계열 작가들이 민중성을 드러내는 인물을 등장시키고, 민중이라는 계급 자체를 긍정적으로 그려낸 것과 달리 유치진은 개인이 악한 존재나 혹은 공산주의자의 음모로 고통을 겪다가 그것을 극복해내는 방식으로 극을 전개해간다.

---

152) 유치진은 "공산주의 천국이 그리워 월북한 진짜 남로당원들이 소위 인민공화국에서 감시와 천시의 대상이 되어 있을뿐더러 머리로 그리던 공산사회와 실제 공산사회 사이에 건널 수 없는 깊은 장벽이 가로놓여 있음을 발견하고 고뇌하고 있다는 소식을 일찍이부터 나는 듣고 있었다. 그 고뇌상을 작품화해 보려고 애쓴 것이 졸작「나도 인간이 되련다」"라고 밝히고 있다. 유치진, 『동랑유치진전집』 8, 서울예대출판부, 1993, 348쪽.

이러한 지점은 좌익계열 연극인들이 개인보다는 같은 사상 혹은 같은 목표를 가진 집단의 역할을 강조하는 것과 비교되는, 우익 연극인으로서의 유치진의 특성이 잘 드러나는 지점이라 할 수 있다.

3. 음악을 통한 정서적 공유 강화

한국전쟁기, 통영에서 피난생활을 하는 동안 창작된 〈순동이〉를 비롯해 〈청춘은 조국과 더불어〉, 〈조국은 부른다〉와 같은 전쟁소재극의 경우, 공연 시 음악을 활용할 수는 있겠으나 극 안에 음악적인 효과를 배치하고 있지는 않고 있다. 음악적 효과는 〈가야금〉이나 〈처용의 노래〉와 같은 전통소재 희곡에 적극 활용되었을 뿐이었다.[153] 그러나 〈나도 인간이 되련다〉는 전쟁 상황을 소재로 하면서도 음악을 효과적으로 사용하고 있으며, 이를 통해 극에서 이야기하는 예술이라는 것이 가진 힘의 일면을 관객이 경험할 수 있도록 하고 있다.

〈나도 인간이 되련다〉는 "한 예술가를 탄압하는 북한의 실정을 그린 목적극으로, 극적 구성이 치밀했고, 특히 음악을 김동진이 맡아 극의 실감을 더욱 높"[154]인 작품이다. 공연 광고에서도 공군본부정훈감실 반공통일연맹에서 후원[155]한 것을 밝히고 있어 이 공연의 정치적 성격을 잘 보여준다. 〈나도 인간이 되련다〉는 정치극의 공식에 충실

---

153) 한국전쟁기 전통소재극이 음악을 활용하는 것에 대한 연구는 이정숙의 「한국전쟁기 유치진의 역사소재극과 민족극 구상」(『한국극예술연구』 34, 극예술연구회, 2011)을 참조.
154) 김동원, 『미수의 커튼콜』, 태학사, 2002.
155) 광고, 「극단 신협 동기대공연」, 『경향신문』, 1953.12.24.

하면서도 이전과는 다른 변화가 시도되는데, 그것은 바로 음악가와 음악이 중요하게 활용된다는 점이다. 유치진은 1950년대에 발표한 매 작품마다 음악가를 두어 극의 내용을 관객에게 전달하는 음악적 측면 에까지 관심을 기울였다. 특히 전통소재의 극에서 음악을 적극적으로 활용하였는데, 〈처용의 노래〉나 〈가야금〉, 〈까치의 죽엄〉과 같이 알려 진 이야기를 소재로 할 경우 음악은 극의 정서나 분위기를 전달하며 극을 끌어가는 중요한 계기로 활용하였다.[156] 상대적으로 현실소재극 에서는 음악 사용이 두드러지지 않았으나 〈나도 인간이 되련다〉에서 는 음악이 중요하게 활용된다. 극은 음악가를 주인물로 해서 그의 음 악에 대한 고민과 극의 내용을 하나로 연결시켜 관객들의 정서에 접 근하고 있으며, 이를 통해 자연스럽게 극의 내용을 받아들이도록 하 고 있다.

극의 주인물은 조선노동당원이며, 북한의 국립극장인 국립예술극 장 전속작곡가인 백석봉[157]이다. 백석봉의 직업이 오페라곡을 작곡하 는 것으로 설정되어 있기 때문에 극 전반에 음악이 적극 활용되고 있

---

156) 이정숙, 「한국전쟁기 유치진의 역사소재극과 민족극 구상」, 『한국극예술연구』 34, 극예술연구회, 2011.

157) 흥미있는 점은 〈나도 인간이 되련다〉의 음악을 맡은 김동진의 개인사와 백석봉 의 처지가 상당히 겹친다는 점이다. 김동진은 평양에서 해방을 맞고 1945년부터 평양음악대학 교수로 근무하다가 정치적인 탄압 때문에 월남하게 되는 인물이 다. 그의 집안은 3대에 걸쳐 기독교 신자였다. 그렇기 때문에 처음에는 민족주의 자로 그를 수용하던 북한 당국이 점차 시간이 지나면서 입장을 바꾸어 그의 가곡 을 부르주아 음악이라 하여 금지시켰고, 기독교 말살정책으로 목사의 아들이자 기독교 신자였던 김동진을 숙청한다. 그래서 김동진은 1950년에 월남하여 대구 에서 피난생활을 하며 남한에서 음악활동을 이어가게 된다. 김동진에 대한 전기 적 측면은 신인선, 「김동진」, 『음악과 민족』 26, 민족음악학회, 2003 참조. 이러한 김동진의 개인사는 정복희 아버지의 사상을 문제 삼고, 백석봉의 음악에 당성이 부족하다고 비판하던 공산주의자들과의 횡포와 상당히 닮았다.

다. 극은 "막이 열리면, 백석봉 방 안의 치장을 이제 막 끝마치고, 기타아를 메고 자기가 지은 새 오페라곡을 타며 이따금 가다 노래도 부르"는 것으로 시작해서 복희를 기다리는 석봉의 설레는 마음을 음악으로 표현한다. 1막 마지막도 "기타를 뛰기기 시작한다". 처음의 기타 소리가 복희를 기다리던 설렘을 드러낸 것이라면, 마지막은 복희를 잃은 상실감을 드러낸다. 결혼을 약속한 복희가 도착하기를 기다리며 설렜던 마음은 믿었던 친구와 공산당의 비인간적 원칙 때문에 절망으로 바뀌게 되는데, 백석봉의 이러한 심리의 변화는 음악으로 인해 보다 효과적으로 관객들에게 전해지게 되고, 그의 심리에 관객의 감정이 자연스럽게 이입하게 된다. 극에서 음악은 특히 인물의 심리를 표현하는 데 적절히 활용되고 있다. 3막에서 백석봉을 유혹하려는 나타아샤김의 집착과 이를 끔찍하게 여기는 백석봉의 심리가 음악을 매개로 해서 절묘하게 표현되고 있다.

> 석봉   ……피아노 앞에 앉아 키이를 누른다. 단조로운 동요다.
> 나타아샤김 (부르던 콧노래를 중지하고 피아노에 맞춰)
>   아침마다 일어나면……
> 석봉   (나타아샤가 따라 부르니까 일부러 치던 손을 멈추고 에
>   이참! (하며 인민가요를 친다)
> 나타아샤김 (따라 부른다) 중략
> 석봉   (피아노를 치던 손을 또 멈춘다. 나타아샤의 목소리도
>   멎는다)……에이, 귀찮어! (복받혀 오르는 울화를 갖다
>   버릴 길이 없다는 듯이 격정적인 오페라곡을 뚜드린다.
> 나타아샤김 (득의연하게 오페라곡을 부르며 주방에서 나타난다)

석봉   (피아노를 치다 말고 어이없다는 듯이 나타아샤만 물끄
        럼이 바라본다.)
나타아샤김 (반주가 중단되었거나 말거나, 풍부한 제스츄어로 오페
        라의 한 대문을 극적으로 끝마치고 백석봉을 꽉 안으며)
        따와리시치백! 이 오페라의 주인공은 얼마나 서루 사랑
        했으믄 이런 노래르 부르며 마지막 숨으 거두었겠소?[158]

  백석봉은 정복희를 생각하지 않기 위해 피아노를 치지만, 백석봉을
좋아하는 나타아샤김은 어떻게 해서든지 백석봉의 피아노에 맞추어
노래를 부르려고 한다. 그러나 나타아샤김이 부담스럽고 싫은 백석봉
은 그녀가 따라 부르지 못하게 계속해서 곡을 바꾸지만 나타아샤김
은 끈질기게 따라 부른다. 상대방의 감정은 생각하지 않고 자기가 원
하는 대로 행동하는 무례하고 일방적인 나타아샤김의 태도가 노래를
통해서도 반복되는 것이다. 나타아샤김을 싫어해서 떨쳐버리려는 백
석봉의 모습과 반대로 끈질기게 백석봉을 쫓는 나타아샤김의 행동은,
대사 한마디 없이도 두 사람의 감정 상태를 선명하게 드러내며, 둘의
관계를 제대로 보여준다.
  상대방의 감정을 배려하지 않는 나타아샤김의 제멋대로이고 이기
적인 일면과, 절대로 어울릴 수 없는 두 사람의 관계를 노래를 통해,
말로 이야기하는 것보다 효과적으로 드러내고 있다. 그리고 이것은
나타아샤김으로 대표되는 공산주의자들의 이념과 체제 자체를 부정
하게 하는 성과도 거두고 있다. 반대로 복희의 배려하는 마음과, 석봉

---

158) 유치진, 〈나도 인간이 되련다〉, 51 - 52쪽.

과 복희, 두 사람의 애틋한 마음을 관객이 확인할 수 있는 것도 노래를 통해서이다. 나타아샤김의 계략과 주변 사람들의 배신으로 결혼에 대한 기대가 무너진 두 사람은 서로 아무렇지 않은 듯 행동하려고 노력하지만 마음속에는 상대를 향한 애틋함과 미련의 감정이 숨어있다. 말을 하지 못하기 때문에 더 안타까운 감정, 음악은 이들 사이의 이런 감정을 들춰내어 보여준다.

> 석봉 (피아노 앞에 턱 앉으며) 자, 배우슈!
>
> 복희 (피아노에 따라 노래 부른다) 산새가 와서 …(중략)…
>
> 복희 (노래를 한번 부르고는) 이 곡은 일제 말에 선생님이 전주 감옥에서 지어 제게 보내주신 게 아니였던가요?
>
> 석봉 (깊은 한숨을 쉬며, 눈을 지긋이 감는다)
>
> 복희 (계속하여) 이 노래를 부르니까, 깜깜한 왜정 밑에서도 항상 한줄기 새 희망을 잃지 않고 살던 그 시절의 생각이 나는군요.
>
> 석봉 (괴로운 듯이 휙 일어서며) 나면 어떻단 말요? 그런 쓸데없는 소리 말고, 얼른 노래나 배워요. (앉으며) 다시 한 번 더 – (피아노를 친다)
>
> 복희 산새가 와서 우네. (하고 노래를 다시 배우기 시작한다)
>
> 석봉 (반주하던 손을 멈추고 물끄럼히 복희의 얼굴을 쳐다본다. 잊을래야 잊을 수 없는 복희가 가슴을 압박해오는 것이다.) [159]

앞서 나타아샤김의 노래와 백석봉의 반주는 나타야샤김의 일방적인 욕정과 그것을 귀찮아하고 불편해하는 백석봉 사이의 부조화가 부

---

159) 유치진, 〈나도 인간이 되련다〉, 62 – 63쪽.

각되었다면, 석봉과 복희 두 사람은 서로 잘 어울리는 피아노 반주와 노래를 통해 숨기려 해도 드러나는 두 사람의 애틋한 감정 상태를 드러낸다. 두 사람이 만들어내는 애틋하면서도 안타까운 분위기는 백석봉이 만든 '산새의 노래'를 석봉의 피아노에 맞추어 복희가 따라 부르면서 고조된다. 〈산새의 노래〉는 두 사람의 과거와도 관련되는 노래이다. 일제 말에 감옥에 갇힌 상황에서 복희를 생각하면서 복희에게 만들어 보낸 노래를 헤어진 상황에서 함께 부르게 된 것이다. 일제 말에는 감옥에 갇혀 있었지만 서로에 대한 사랑의 감정을 숨길 필요가 없었고, 누구도 이러한 감정을 막지도 않았다. 그러나 북한에서의 상황은 감옥에 갇혀있지 않을 뿐이지 오히려 일제강점 때보다 못하다.

어쩔 수 없이 헤어졌지만 노래를 배운다는 이유로라도 석봉의 얼굴을 보고 설레어하는 복희의 모습과, 겉으로는 귀찮은 듯 무심하게 행동하지만 마음으로는 애틋함을 지니고 있는 석봉의 모습은 안타깝다. 두 사람이 처한 상황은 음악을 통해서 강화된다. 특히 자유롭게 감정조차 말 할 수 없는 상황에서 음악은 두 사람의 감정을 대신 말해주는 역할을 한다. 음악이라는 것은 이성적으로 판단하기 이전에 관객의 마음이 움직이게 하는 것이다. 백석봉과 정복희 두 사람의 애틋한 노래와, 백석봉을 배려하지 못하고 일방적으로 자기 마음만을 강요하는 나타아샤김의 노래는, 자연스럽게 그들의 이념의 문제로 연결되면서 관객들이 무엇을 부정하고 무엇을 지지해야할지 자연스럽게 받아들이게 한다.

유치진은 인물들의 대사만이 아니라 음악을 통해, 예술이라는 것은 구호를 외치는 것이 아니라 자연스럽게 관객들이 작가의 의도를 받아들이도록 하는 힘이 있다는 것을 보여주고자 했다. 그러면서 이와 상반

되는 북한 예술극장이 예술을 대하는 경직된 태도를 비판한다.

> 총장   어제 시청한 오페라곡 『부르짖는 용광로』는 그나마 내
> 가 전체적 혹은 부분적으로 몇 번이고 뜯어 고치게 한 것
> 이오. 그럼에도 불구하고 종내 백동무가 나타낸 고도한
> 당성을 그 작품에서 찾아볼 수 없고, 더구나 제일막의 막
> 마금 같은 덴 마치 아메리카 쟈쓰곡에서 영향을 받은 듯
> 한 세기말적인 신경쇠약증을 노골적으로 나타내고 있
> 소. 이는 우리 인민을 자본주의 국가에 팔아먹으려는 반
> 역사적인 행동으로 구정 아니할 수 없는 것이오.
>
> 석봉   총장동무도 지적한 바와 같이 제일막 막마금이 이번 작
> 곡의 비난의 초점인 모양이나, 거기에서 내가 시험한 박
> 자는 우리의 선진국가인 쏘련의 현대파 작곡가인 푸로
> 고이에프[160)가 일직이 시험한 것으로서, 쏘련 공산당에
> 서도 절대적인 지지를 받고 있지 않습니까?
>
> 연출부원   …백동무가 푸로고이에프를 방패삼아, 자기 과오를 캄
> 푸라주하려는 건 너무나 비겁한 짓입니다. 작품이란 본
> 시 그 작가의 객관적 환경의 소산이 아니오? 그런데두
> 불구하구 백동무는 불건전한 생활을 하면서 겉으로 나
> 타난 박자만 가지고 그 내용을 변호하려 하고 있소.[161)

총장을 비롯한 예술극장의 단원들은 백석봉이 완성한 오페라곡이
당성을 제대로 담아내지 못했다고 비판한다. 그들은 백석봉의 곡이

---

160) 세르게이 프로코피예프.
161) 유치진, 〈나도 인간이 되련다〉, 36 - 37쪽.

미국 재즈의 영향을 받은 듯하다는 것을 문제 삼고, 이에 백석봉은 러시아 작곡가의 영향을 받을 것이라고 항변을 한다. 이는 음악이 음악 자체로 존재하지 못하고 정치에 종속되어 있는 북한 예술극장의 실상을 단적으로 보여준다. 예술작품을 당성의 문제를 기준으로 평가하고, 작가의 예술의지를 존중하지 않는다. 총장이 작품 창작에 관여하여 고치도록 강요하고, 마음에 들지 않으면 비난하기까지 한다. 개인의 감정의 자유뿐 아니라, 예술가의 예술적 자유마저 철저하게 억압하고 있는 것이다. 여기에서 읽을 수 있는 것은 예술가의 의도보다 당이 원하는 작품을 만들어야 한다는 북한 예술극장의 태도이다. 그들이 백석봉의 음악을 비판하는 방식이 감정적이고 내용도 추상적다. 사실 이들이 백석봉의 작품을 비판한 것은 백석봉을 차지하려는 나타아샤 김의 의도 때문이었다. 여기에는 북한의 예술극장이 강조하는 당성을 잘 드러내는 작품이라는 그들 예술의 목표가 사실은 공허하고 예술가의 예술적 자유를 제약하는 것에 불과하다는 함의가 포함되어 있다.

　유치진은 북한의 예술극장을 통해 예술을 정치적으로 활용하는 문제가 중요하다는 것을 극의 전면에 드러내었다. 그러면서 당성을 강요하는 북한 예술극장의 태도와 예술을 자연스럽게 풀어내어 관객과 소통하는 유치진 자신의 방식을 대비시켜 보여주었다. 즉 "철두철미 괴뢰정권의 꼭두각시가 되어, 목숨이나 부지하려고 붓대를 들"고 있는 "공산주의 예술가들"[162]과 "노동자에게 일정한 작업량을 주듯 예술인에게도 소정의 과업을 주어 그 과업 달성을 위해 탄압"[163]하고, 무조

---

162) 유치진, 『동랑자서전』, 266쪽.
163) 이해랑, 『허상의 진실』, 새문사, 1991, 450 - 451쪽.

건 "당성이 강한 작품", "당 문화공작의 선봉적 역할"을 하는 작품을
창작하기를 요구하는 북한의 예술극장의 태도를 비판한다. 그리고 이
와 대비되게 예술의 가치를 제대로 실현하는 자신의 방식을 실제 음
악 활용을 통해 보여주고자 했던 것이다. 북한 또한 예술의 선전선동
의 기능을 중요하게 인식하고 있고, 그들 체제를 선전하는 도구로 활
용하고 있음을 전제하면서도 북한의 예술극장은 당성만 강조하고 있
어 관객들이 자연스럽게 받아들여지기 힘든 반면, 음악을 통해 작가
의 의도를 자연스럽게 전달하는 자신의 방식이 북한의 국립예술극장
의 방식보다 우월하다는 이야기이기도 한 것이다.

4. 유치진의 정치극, 국가를 위한 예술 실천

한국전쟁 이후 유치진이 관심을 두는 대상은 일관되게 전쟁이라
는 현실이다.[164] 이는 언제나 현실의 가장 중요한 문제에 관심을 두고
이를 희곡의 소재로 활용하는 유치진의 일관된 극작 태도이기도 하
다.[165] 그러나 이는 정치적 의도가 개입한 현실이었다. 국민연극 시기
부터 유치진 희곡에는 정치적 의도가 강하게 개입되기 시작한다. 국

---

164) 물론 〈처용의 노래〉나 〈가야금의 유래〉와 같은 역사소재극도 발표하지만 이 또
한 전쟁이라는 상황 속에서 국민들의 마음을 통합하기 위해서는 예술이 중요하
고, 그렇기 때문에 국립극장을 재개관해야 한다는 의도 속에서 창작된 것이라는
점에서 현실 문제의 연장선에 놓인다고 할 수 있다.
165) 〈자매〉2와 〈한강은 흐른다〉도 전쟁키를 극의 배경으로 삼는다는 점에서는 일관
된다. 그러나 이들 작품은 시기적으로 전쟁 이후에 발표되었으며, 극의 목적도
극작법도 차이가 분명하다.

민연극 시기는 상업극에 밀려 극연좌의 존재 기반조차 약해져가던 시기, 일제의 힘을 빌려 연극계의 주도권을 일시에 회복하기 위한 의도에서 선택된 것이라면, 해방 이후는 친일 문제를 극복하고 좌익연극에 맞서 우익연극인을 중심으로 연극계를 재편하고 다시 연극계의 중심에 서기 위한 선택이었다.[166] 이 시기 유치진의 연극은 정치적인 선전의 역할을 수행하기 위해 고안되었다. 그 대신 그는 연극계 내에서 기득권을 유지할 수 있었다. 유치진 경우 정치적인 의도는 연극계 내에서의 자기 위치나 극단의 유지 문제와 연결되어 있었다. 그렇기 때문에 유치진의 정치극은 예술의 정치적 활용이라는 문제 속에서 이해하는 것이 적절할 것이다.

유치진은 해방기와 같은 혼란기에 우리에게 필요한 것은 무력보다 지성이며, 총칼보다 정신무장이라는 것[167]을 강조한 바 있다. 신념만 가지면 강철보다 강해지고 총탄보다도 무서운 인간이 될 수 있다는 것이었다. 그런데 남한에는 확고한 지도 이념이 없어 분열이 앞서니 "새 정부는 우선 국민 이념의 확립과 정신 무장부터 시작"[168]해야 한다고 제안하며, 연극을 통해 "전 민족이 신뢰할 만한 지도 이념을 세우는 동시에 그를 전 국민에게 계몽"시켜야 한다고 했다. 사상전에 대비하기 위해서는 문화가 제일 시급하다는 것이고, 그래서 정부가 문화정책을 강력하게 추진해주기를 요구한 것이다.[169] 이러한 시각은 전쟁기에도 이어지며, 강렬한 반공의식을 담은 전쟁소재극과 예술의 힘

---

166) 1940년대 후반기 유치진 연극의 정치성에 대해서는 이정숙의 「1940년대 후반기 유치진 희곡과 교화의 정치성」, 『어문론총』 55, 한국문학언어학회, 2011을 참조.
167) 유치진, 『동랑자서전』, 230쪽.
168) 유치진, 『동랑자서전』, 231쪽.
169) 유치진, 『동랑유치진 전집』 6, 196쪽.

을 드러내는 역사소재극을 발표한다. 역사소재극을 통해 사람의 마음을 움직이는 강력한 예술의 힘을 드러내고, 그 예술이 담아야하는 구체적인 내용으로 전쟁소재극을 선택해 반공의식이 관객들에게 자연스럽게 전해지도록 하는 방법을 취했다. 이러한 방법은 〈나도 인간이 되련다〉에서 합쳐진다. 〈나도 인간이 되련다〉는 공산주의자들과 그들 체제의 부정성을 드러내면서, 음악을 활용하여 그 내용을 관객들의 정서에 자연스럽게 수용될 수 있도록 했다. 이러한 점에서 〈나도 인간이 되련다〉는 정치극으로서 상당히 효과적인 전략을 선택한 것으로 볼 수 있다. 내용 면에서는 지배 이데올로기를 전달하면서, 그 방식에서는 음악을 활용해 자연스럽게 관객의 동의를 끌어내고 있다.

이 시기 유치진 정치극의 의도를 이해하기 위해서는 〈나도 인간이 되련다〉가 북한의 국립예술극장을 배경으로 하고 있다는 것에 주목할 필요가 있다. 1950년에 국립극장이 개관하고 유치진의 〈원술랑〉이 공연되었을 때, 북한의 국립예술극장의 공연과 비교하며 대한민국의 국립극장은 3년 늦었으나 제1회 공연의 레파토리는 이북의 그것에 비하여 30년을 앞섰다[170]는 평가를 받았다. 〈나도 인간이 되련다〉에서 유치진은 북한의 국립예술극장이 예술가의 자율성을 허용하지 않고 당성을 강요하는 경직된 태도를 비판적으로 그리고 있지만, 그 이면에는 그들이 예술을 정치적으로 활용하는 것에 적극적이라는 것을 드러내려는 의도가 있다. 전쟁 동안 남한의 국립극장은 활동이 전면 중단되었지만 북한의 국립예술극장은 관객 교화라는 목적을 위해 활동하고 있는 것을 부각시켜, 예술을 정치적으로 활용하는 것이 중요하다

---

170) 오영진, 「원술랑을 보고 - 유치진씨의 작품에 관하여」, 『경향신문』, 1950.5.3.

는 것을 드러내고자 한 것이다.

〈나도 인간이 되련다〉에서 유치진은 예술을 정치적으로 활용하는 것이 중요하다는 것을 이야기한다. 그러면서도 예술적 시도를 놓치지 않는다. 여기에는 국립극장에서 물러났지만 여전히 능력 있는 존재로 자신을 연극계 내에 위치시키고자 하는 유치진의 의도가 들어 있다. 즉 연극인으로서의 자신의 능력을 드러내어 자신의 존재 가치를 증명하고 연극계 내에서 자신의 영향력을 계속해서 유지하고 하는 의도가 있는 것이다. 공연 당시에도 "희곡적으로나 사상적으로 완전히 민족연극으로서 손색이 없"[171]다는 평가를 받으면서 유치진은 계속해서 연극계 내에서 자신의 영향력을 견고히 할 수 있게 된다.

또한 자신을 대신해 국립극장 극장장이 된 서항석에 대한 견제의 의미도 읽을 수 있다. 유치진은 연극활동을 시작하면서부터 일관되게 극장과 극단이라는 형태를 강조했다. 직업으로 연극을 할 수 있게 하는 시스템을 갖추는 것이 유치진의 이상이었고, 그러한 그의 이상이 가장 잘 실현된 형태가 국립극장이었다. 「국립극장론」에서 유치진은 연극이 강권에 노속[172]되지 않아야 함을 이야기하지만, 사실상 국립극장의 연극은 국가의 이념을 드러내는 것으로 방향이 정해져 있었고, 유치진의 〈원술랑〉 공연 또한 국가 이념인 일민사상을 드러내기에 적절한 소재로 화랑이야기가 선택된 것이었다.[173] 이를 통해 유치진은 자신이 원하는 극단을 갖게 되었고, 이전부터 함께 연극활동을 해 오

---

171) 「나도 인간이 되련다 - 「신협」 공연을 보고」, 『경향신문』, 1953.12.29.
172) 유치진, 「국립극장론」, 『평화일보』, 1950.1.1.
173) 이정숙, 「유치진의 국립극장 기획과 〈원술랑〉」, 『한국극예술연구』 41, 한국극예술학회, 2013. 참조.

던 사람들을 국립극장의 전속단원으로 선발하여 그들이 연극에 전념
할 수 있도록 지원하는 체제를 갖추게 된다. 이러한 국립극장의 체제
에 대해 유치진은 자신의 연극에 대한 이상이 실현된 것으로 이야기
한다.[174] 그러나 전쟁으로 국립극장의 활동이 중단되었고, 이에 유치
진은 연극이라는 것, 예술이라는 것이 관객을 교화하는 데 얼마나 강
력한 힘을 가지고 있는지를 보여주고자 했다. 그러면서 대구로 피난
내려온 신협 단원들과 피난지에서 연극 활동을 이어가면서 지속적으
로 국립극장을 재개관해줄 것을 요구했고, 그 과정에서 자신의 요구
가 받아들여지지 않자 사표를 제출하기에 이른다.[175]

〈나도 인간이 되련다〉는 유치진이 국립극장 극장장에서 물러나고
서항석이 국립극장의 극장장으로 임명되어 피난지 대구에서 국립극
장 활동을 재개하던 시기에 공연된다. 1952년 12월 17일, 국립극장
운영위원회는 유치진이 아닌 서항석을 대구국립극장장에 임명하였

---

174) 국립극장이라는 꿈과 같은 연극 터전을 마련, 내가 책임자로서 내 꿈을 펴갈 수
   있게 되었다는 것은 너무나 감격스러운 일이 아닐 수 없었다. 유치진, 『동랑 유치
   진 전집』 9, 207쪽.
175) 유치진이 사표를 제출하게 된 상황과 서항석과의 미묘한 경쟁관계를 「국립극장
   은 어디로」(상)(『동아일보』, 1953.6.8)에서 언급하고 있다. 대구의 문화극장을
   대학 관리 하에 두는 것보다 국립극장으로 개칭하여 국가가 관리하여 민족예술
   을 양성하는 전당으로 삼자는 안을 유치진이 문교부에 건의하지만 문교부가 이
   에 별다른 호응을 보이지 않는 것이 도화선이 되어 유치진과 문교부 차관 사이에
   갈등이 생겼고, 이로 인해 유치진이 사표를 제출하였다고 한다. 당시 문교부 장
   관이었던 백남준은 사표를 반려하려 하였으나, 사표 반환이 차일피일 미루어졌
   고, 그러는 동안 대구문화극장을 국립극장으로 하는 안이 통과되었고, 서항석의
   친구인 유형호라는 이가 유치진의 사표를 수리취급하고, 새로 선출될 국립극장
   운영위원을 서항석의 지지파인사들로 선출해서 서항석이 극장장에 취임하게 했
   다는 말이 전한다고 언급했다. 그러면서 진부(眞否)를 판단 지을 수 없으나 서항
   석이 극장장에 취임하면서 이른바 순수예술을 지향하는 신협인사와 서항석 간
   에 미묘한 알력이 양성하기 시작했다는 것을 지적하였다.

고,[176] 국립극장장에 취임한 서항석은 유치진과는 다른 방향으로 극장운영을 계획하였다. 그는 "일부 편협을 방지하게 위해서 소위 "레퍼토리 시스템"과는 좀 다른 견지에서 전속극단을 없애고 모든 극단에게 시설이 좋은 국립극장의 무대를 제공함으로서 민족예술의 순화향상을 도모하겠다"[177]고 밝혔다. 사실상 유치진이 틀을 잡은 국립극장의 전속극단 체제를 거부한 것이었고, 이로 인해 "서씨의 극장장 취임을 계기로 하여 이른바 순수예술을 지향하고 있는 현 신협에 속하는 인사들과 서씨 간에는 미묘한 알력"[178]이 생겨나게 되었다. 서항석의 국립극장은 1953년 2월 30일, 윤백남의 소설을 원작으로 한 〈야화〉를 가지고 재개관 기념 공연을 한다. 그러나 이 공연은 당시 상당한 비판을 받는다. 먼저 구정을 기하여 막을 올리기 위해서 "연습 불과 삼일이라는 역사소설 각색의 "야화"를 초조하게 상연하였다는 것"[179]을 지적받는다. 국립극장의 공연임에도 구정 흥행을 위해 충분한 준비도 없이 공연을 선택한 것을 두고, 한국 연극계의 가장 봉건적이요 인습적인 타기해야 할 "만네리즘"을 답습하였다는 것이다. 충분한 준비가 없었던 공연은 국립극장 공연으로서의 위상을 제대로 보여주지 못했고, 유치진과 신협이라는 "소위 순수파가 물러나온 후의" 서항석의 국립극장에 대한 관객들의 흥미는 점점 식어갔다.[180] 국립극장을 종합적인 예술도장으로 활용하지 못한다는 불만을 품는 층이 점차 늘어갔고, 수준 이하의 극을 상연하는 것이 빈번하다는 점을 지적하는 등 많

---

176) 「대구국립극장장에 서항석씨 임명」, 『동아일보』, 1952.11.19.
177) 「국립극장은 어디로」(상), 『동아일보』, 1953.6.8.
178) 「국립극장은 어디로」(상), 『동아일보』, 1953.6.8.
179) 「문교행정과 국립극장 문제」, 『경향신문』, 1953.3.10.
180) 「국립극장은 어디로」(하), 『동아일보』, 1953.6.11.

은 사람들이 서항석의 국립극장 운영에 불만을 가지게 되었다. 이러한 국립극장에 대한 시비는 문화인들 간에는 무시할 수 없는 하나의 여론으로 표면화되기 시작한다.[181] 당시의 비난 여론은 첫째 국립극장의 면목을 손상케 하였으며, 둘째 민족문화의 수준을 추락시켰고, 셋째 극계에 분열을 가져왔다는 것이다.[182] 심지어 국립극장은 "재건의 여지조차 없을 정도로 부패되었고, 충고를 가할 필요조차 없게 되었다"[183]는 비난을 듣기까지 했다.

〈나도 인간이 되련다〉의 공연을 둘러싼 배경에는 이러한 국립극장을 둘러싼 움직임이 있었다. 자신을 배제하고 경쟁자인 서항석이 국립극장의 극장장이 되었고, 자신이 잡아 놓은 극장 운영의 틀을 전면부정하고 서항석의 방식대로 국립극장을 운영하지만 국립이라는 이름에 걸맞지 않은 공연으로 비난을 받게 된 상황이었다. 이즈음 유치진은 이전의 이념과 예술을 분리하여 창작하였던 이분화 된 전략을 통합하여, 이념을 예술작품 안에 자연스럽게 결합한 〈나도 인간이 되련다〉를 잘 훈련된 자신의 극단인 신협을 통해 무대에 올린다. 자신을 대신해 서항석이 국립극장 극장장이 되었지만 서항석은 극작을 할 수도 없었고, 또 그에게는 신협과 같이 뛰어난 기량을 가진 극단도 없었다. 그래서 소설 원작을 각색한 공연을 하게 되고, 흥행 방식이나 공연

181) 「국립극장은 어디로」(하), 『동아일보』, 1953.6.11.

182) 5월 24일 문총연예정기총회석상에서 서항석에 대한 불만이 공개적으로 제기되었는데, 구체적 내용으로는, (1) 국립극장의 면목을 손상케 하였다. (2) 민족문화의 수준을 추락시켰다. (3) 극계에 분열을 가져왔다. (4) 보련계통의 인사들을 포섭하여 불순성을 내포케 하였다는 등을 들 수 있다. 「국립극장은 어디로」(하), 『동아일보』, 1953.6.11.

183) 윤방일, 「회고와 청산 피난 3년간의 문화운동(하) 연극」, 『경향신문』, 1953.10.19.

수준에서 많은 비난을 받게 된다. 이러한 시기, 유치진은 자신의 기량을 총동원한 희곡을 창작하고, 당시 가장 뛰어난 배우들로 구성된 극단 신협을 통해 공연하여 호평을 받는다.

　이처럼 〈나도 인간이 되련다〉 공연에 담겨있는 유치진의 의도는 상당히 다면적이다. 북한 예술극장의 활동을 통해 우리 당국도 국립극장의 중요성을 자각하기를 바라는 측면도 있지만, 무엇보다 중요한 것은 연극계 내에서의 자신의 존재가치를 증명하기 위한 것이었다. 정치적 의도를 멜로드라마와 음악을 활용해 자연스럽게 전달하는 정치극의 모범을 보여주고 이를 성공적으로 공연하여 자신의 존재가치를 증명하고자 했다. 자신의 꿈이었던 국립극장은 떠나왔지만 그 극장이 국립이라는 이름에 걸맞은 공연을 보여주지 못하고 비난에 직면한 상황에서 자신이 가진 능력과 영향력을 보여주는 의미가 있었을 것으로 보인다. 〈나도 인간이 되련다〉 공연이 유치진 정치극의 모든 전략이 결집된 형태로 드러나게 된 것은 그러한 의도 때문으로 볼 수 있다. 〈나도 인간이 되련다〉에서 유치진은 정치적 의도와 예술적 성취를 함께 얻고자 했으며, 그런 점에서 〈나도 인간이 되련다〉는 유치진 정치극의 이상을 제대로 보여주는 성과를 이루었다고 할 수 있다.

5. 연극의 정치적 활용

　〈나도 인간이 되련다〉는 예술가를 주인물로 등장시켜 예술의 힘과 예술을 정치적으로 활용하는 사례를 직접 보여주고 있다는 점에서 주목된다. 이 글은 〈나도 인간이 되련다〉의 이런 측면에 주목해서 〈나도 인간이 되련다〉가 이룬 정치극으로서의 성과를 당대 연극계 상황 속에서 규명하고자 했다.

한국전쟁기에 유치진은 강렬한 반공의식을 담은 전쟁소재극과 예술의 힘을 드러내는 역사소재극을 각각 발표한다. 역사소재극을 통해 사람의 마음을 움직이는 강력한 예술의 힘을 드러내고, 전쟁소재극을 통해서는 그 예술이 담아야하는 구체적인 내용인 반공의식을 관객들에게 전하는 이원화의 방법을 취했다. 이러한 방법은 〈나도 인간이 되련다〉에서 하나로 합쳐진다. 〈나도 인간이 되련다〉는 멜로드라마를 활용해 반공의식이 관객들에게 자연스럽게 전해지도록 했으며, 음악가를 주인물로 해서, 그의 음악에 대한 고민과 반공의식을 하나로 연결하여 관객들이 자연스럽게 극의 내용을 받아들이도록 하였다. 이를 통해 당대 지배이데올로기를 적극 전달하면서도, 그러한 이데올로기가 이성적으로 판단하기 이전에 자연스럽게 관객에게 전해지도록 했다. 노래가 활용되면서 관객을 배려한 흥미의 측면도 강화된다. 이러한 점에서 〈나도 인간이 되련다〉는 정치극으로서 상당한 성과를 거둔 것으로 볼 수 있다.

〈나도 인간이 되련다〉의 배경에 담겨있는 유치진의 의도는 상당히 다면적이다. 유치진은 멜로드라마와 음악을 활용해 당시의 정치적 문제를 자연스럽게 관객들에게 전달하는 정치극의 모범을 제시했다. 이를 통해 유치진은 국립극장을 떠나서도 여전히 연극계 내에서 영향력 있는 존재로 자신을 위치 짓고자 했다. 이전의 이념과 예술이 분리되었던 방식이 하나로 결합한 것은 그러한 의도 때문이었다. 이 작품의 성공은 이후 그가 연극 활동을 이어가는 기반을 확보하는 의미도 있었다. 자신이 떠난 국립극장이 국립이라는 이름에 걸맞는 공연을 보여주지 못하고 비난에 직면한 상황과 대비시켜, 자신의 능력과 영향력을 보여주려 한 것이다. 〈나도 인간이 되련다〉 공연이 유치진 정치극의 모든 전략이 결집된 형태로 드러나게 된 것은 그러한 의도 때문이었다.

III.

신협을 통한 새로운 연극 모색

미국 사실주의극의 영향과 <자매>2

1. 전후 새로운 연극의 필요성

〈자매〉2에서 시작되는 유치진 전후 연극의 방향 모색은 〈욕망이라는 이름의 전차〉와 같은 미국 사실주의극과 긴밀하게 연관된다. 그동안 유치진의 전후 연극에 대한 연구는 이전 작품의 연장선에서 설명하거나, 실존주의의 영향으로 이야기하는 정도였다. 그러나 전후라는 시기는 유치진에게 이전과는 다른 변화를 요구했다. 한국전쟁 이후 유치진은 국립극장을 떠나 신협과 함께 연극 활동의 방향을 모색해야 하는 상황에 직면하게 된다. 이로 인해 그는 이전의 국가를 위한 연극이라는 방향보다 신협이라는 극단을 유지하고, 연극계를 주도하던 자신의 위치를 회복해야 했다. 전후라는 시공간 속에서 새로운 연극을 모색해야 하는 상황에 놓이게 된 것이다. 1955년에 3월에 발표한 〈자매〉2와, 8월에 유치진이 연출을 맡은 〈욕망이라는 이름의 전차〉 공연은 이 시기 유치진 희곡의 방향 모색을 보여주는 작품이라 할 수 있다.

유치진은 〈자매〉라는 제목을 붙인 희곡을 두 편 발표한다. 1936년의 〈자매〉는 현실에서 애정문제로 작품의 테마를 변경해야 했던 시기에 발표하였는데, 여성이 경험하게 되는 현실을 통해 당대 사회의 문제를 포착하게 하는, 유치진의 장기가 잘 발휘 된 작품이다. 그리고 1955년에 발표한 〈자매〉2[1]는 전쟁을 배경으로 하면서도 반공극과는 다른 전후 연극의 변화 지점을 보여주고 있어, 이 시기 유치진의 고민과 그가 지향하는 연극의 방향을 읽을 수 있다. 유치진은 연극의 변화 지점에 〈자매〉라는 이름의 작품을 발표하고 있는 것이다. 특히 〈자매〉2는 이전의 유치진 희곡과는 다른, 상당히 독특한 작품이다. 전쟁을 소재로 하고 있다는 점이나, 멜로드라마 구도를 활용하고 있어 이전 경향과 유사한 듯 보이지만, 극에 투영된 시각과 극의 목적은 이전 작품의 경향과는 확연히 다르다.

이러한 변화를 이해하기 위해 주목해야 작품이 테네시 윌리엄스의 〈욕망이라는 이름의 전차〉이다. 〈자매〉2와 〈욕망이라는 이름의 전차〉는 자매와 자매를 둘러싼 두 남자를 중심으로 극을 전개해간다는 점에서도 유사하지만, 인물의 내면과 각 인물들의 상처와 욕망을 중심으로 극을 전개해간다는 점에서도 관련성을 읽을 수 있다. 같은 해 유

---

1) 〈자매〉2는 1955년 6월 『예술원보』에 발표되고, 같은 해 12월 단행본인 희곡집 『자매』(진문사)로 출판된다.(단행본의 출판일을 세로로 一二로 쓰고 있어 3월인지, 12월인지 혼란스러운 측면이 있으나 등록일을 표기한 한자와 비교해 보면 12월인 것으로 보인다) 1955년 6년에 『예술원보』에 발표된 작품과, 『희곡집 자매』(진문사)는 거의 변화가 없다. 유치진은 작품집을 낼 때마다 작품에 수정을 가하는 경향이 있는데, 『예술원보』에 실린 〈자매〉2와 『희곡집 자매』에 실린 〈자매〉2의 경우는 시간적인 거리도 크지 않기 때문인지 변화가 없다. 다만 표현에서 '안ㅅ고'를 '안고'로 바꾸는 정도의 수정이 있다. 이후 1971년에 간행한 『유치진희곡전집』(하)에서는 상당 부분 개작이 이루어진다.

치진이 연출한 〈욕망이라는 이름의 전차〉 공연이 한국적으로 연출되었다는 아서 맥다가트(Arthur McTaggart)의 공연에 대한 감상도 주목해서 볼 필요가 있다.

이번 한국에서 신협극단이 훌륭한 번역으로 이 연극을 상연하였는데, 전체적으로 보아 양반가족의 몰락으로 취급하고 있다. 여주인공 백성희 씨(부란쉬)는 정신병적인 개성이 뻗히려는 심리경향을 막는 역할을 보였고, 몰락한 양가의 딸로서 전체적으로 적절한 연기다. 김동원씨(스탄리-)는 원작처럼 광포한 것이 아니라 가정불화에 대항하여 그의 유산과 가족을 보호하는 한국남자이었다. 「스텔라」의 황정순 씨는 완전히 비근대적인 여성으로 훌륭한 연기였는데 이것은 한국말로 된 번역으로 이해될 수 있는 것이다. 「스탄리-」에 대한 「스텔라」의 사랑은 완벽한 것으로 보였는데 한국의 사회적 환경으로 보아 일가의 아내로서 오히려 알맞은 대사이기도 하다. 이것이 바로 「윌리암스」의 연극을 한국사회의 전통에서 보건데 거칠은 현실생활과 결혼에 대한 도덕을 다시금 재확인하는 것으로 변양케 한 것으로 본다. 그래서 「부란쉬」는 도덕적 관념이 결핍된 징조로 취급되고 있는 것이다. 문정숙과 장민호 역은 하류계층에 속하는 자로 훌륭하였다.

장치는 급격한 극진행에 적절하게 꾸며지고 있었는데 신협에서는 내가 보건대 지금까지 장치에 실질적인 역량을 보여왔다. 유치진 씨는 이 극을 한국적으로 가장 훌륭한 솜씨로 연출하였으며 일반대중에게 충분히 이해시킨 것이다.[2]

---

2) 아서 맥다가아트, 「한국적으로 다룬 연출, 신협의 「욕망이라는 이름의 전차」」, 『경향신문』, 1955.9.2.

　문학박사이며, 미공보원장을 역임한 바 있는 아서 맥다가트[3]는 유
치진 연출의 〈욕망이라는 이름의 전차〉 공연이 원작과 다르게 한국적
으로 연출되었다는 점을 지적하고 있다. 그는 "번역극은 공연되고 있
는 그 나라의 사회학적 및 극장의 전통 안에서 진실성이 내포되어야"[4]
한다고 전제하며, 〈욕망이라는 이름의 전차〉의 독일 공연은 여성심
리를 중심으로, 불란서에는 성적 병리학의 멜로드라마로, 이태리에서
는 미지인으로부터 가정을 지키려는 것으로, 미국영화에서는 정신적
인 면에서 취급하여 신경병이 광적 정신병으로 발전하는 과정을 그렸
다고 소개하였다. 그러면서 유치진은 원작을 한국적인 솜씨로 연출하
였는데, 원작의 몰락한 남부 귀족은 몰락한 양반가족으로, 광포한 인
물이었던 스탠리는 그의 유산과 가족을 보호하려는 인물로 그렸으며,
스텔라는 남편을 사랑하는 전통적인 여성으로, 블랑쉬는 도덕적 관
념이 결핍된 여성으로 취급하여 일반 대중들에게 이해시켰다고 한다.
이는 유치진이 〈욕망이라는 이름의 전차〉를 한국사회의 현실에 맞춰
결혼과 도덕의 문제로 풀어냈다는 것으로, 상당히 흥미로운 언급이다.
같은 해 공연된 〈자매〉2의 인물들과 상당히 유사한 점을 발견할 수 있
기 때문이다.

　〈자매〉2에 대한 기존의 시각은 리얼리즘 경향과 실존주의 경향으로
엇갈리며, 작품에 대한 평가도 상반된다. 먼저 리얼리즘극의 관점에
서 "피난지 부산의 현실을 가짜의식, 허위의식을 통해 신랄하게 보여

---

3)　아서 맥다가트는 미공보원장을 역임하였으며, 서울대, 고려대, 경북대 등에서 영문
　　학을 교수해 왔으며, 국내 문화인 간에 많은 지기를 갖고 있는 인물이다. 「한국을 떠
　　나면서...아더 J 맥타가트」, 『동아일보』, 1964.4.27.
4)　아서 맥다가아트, 「한국적으로 다룬 연출, 신협의 「욕망이라는 이름의 전차」」, 『경
　　향신문』, 1955.9.2.

주고 있어, 동시대의 반공극이나 역사극들이 성취하지 못했던 사실성
을 획득"[5]한 작품으로 인정받기도 하지만, 리얼리즘극의 개연성을 위
한 극적 고려가 제대로 이루어지지 않고 삼각관계의 애정갈등만 부각
시킨 작품으로, 리얼리스트로서의 유치진의 작가적 궤적이 후기로 갈
수록 당대 대중 관객이 즐길만한 통속적 줄거리나 세태 묘사에 치중
하였다[6]는 부정적 평가를 받기도 했다. 또 유치진의 전후 작품에 보이
는 반공 이데올로기 속에는 인간 실존에 대한 근본적인 회의가 스며
들어 있다[7]고 보거나, 〈자매〉2가 실존적 고통(전쟁 피해)과 관념적 고
통(허무의식)을 통해 전란기 젊은 세대의 정신적 풍경을 반영한 작품
으로[8], 이념과 전쟁으로 인한 실존적 고통의 문제에 지속적으로 관심
을 표명[9]하였다고 보기도 했다.

　　〈자매〉2의 성과에 대한 평가가 이처럼 다른 것은 동일한 텍스트를
대상으로 하지 않았기 때문이기도 할 것이다.[10] 그러나 〈자매〉2는 주

5) 김옥란, 「유치진의 50년대 희곡 연구」, 『한국극예술연구』 5, 한국극예술학회, 1995.
6) 김성희는 작품이 통속성을 보이기는 하지만, 인물의 성격이 고정되어 있지 않고, 선
　 악으로 구분된 세계를 설정하지 않고 있다는 점에서 멜로드라마로 보기 어렵다고
　 전제하고 있다. 김성희, 「유치진의 〈자매2〉와 리얼리즘」, 『한국연극연구』 1, 한국연
　 극사학회, 1998.
7) 그러면서도 전쟁의 상흔이 정신적 타격을 받은 성희에게 집중되고 다른 사람들은
　 비교적 건강하게 살고 있다는 식의 인물 설정은 전쟁의 의미와 충격을 단지 흥미
　 차원으로밖에 끌어들이지 못했다고 한계를 지적하였다. 양승국, 「유치진 희곡을 통
　 해 본 분단현실과 전쟁체험」, 『한국현대문학연구』 1, 200-201쪽.
8) 이상우, 『유치진 연구』, 태학사, 1996, 240-254쪽.
9) 이승희는 〈자매〉2가 국가적인 주제 대신 부상한 개인 주제는 삼각관계의 멜로드라
　 마적 경사를 강화시켰을 뿐 아니라, 돌발적인 주제 제시(본능)로 주제의 불명료함
　 마저 야기한, 전쟁의 비극상에 대한 극화라는 정도로 평가했다. 이승희, 「1950년대
　 유치진 희곡의 희곡사적 위상」, 『한국극예술연구』 8, 한국극예술학회, 1998.
10) 〈자매〉2를 실존주의 관점으로 보는 이상우와 이승희의 논문이 1955년 『예술원
　 보』에 발표된 작품을 텍스트로 하고 있다면, 리얼리즘 관점에서 접근한 김옥란과

제적인 측면뿐 아니라 극작에서의 변화도 뚜렷하게 감지되는 작품이라는 점에 주목할 필요가 있다. 작품의 배경이 되는 전쟁이라는 대상은 동일한데, 그 대상에 대한 시각과 다루는 방식이 완전히 달라지는 것이다. 이 글이 관심을 갖는 지점은 이러한 〈자매〉2의 변화이며, 이를 통해 전후 유치진 연극의 지향이 어떤 것이었는가를 가늠하는 데 있다. 〈자매〉2가 보이는 변화를 단지 전쟁기와 전쟁 이후라는 시간의 경과로 인해 생겨난 결과로만 볼 수는 없다. 왜냐하면 국민연극시기와 해방 이후의 유치진 극은, 정치적 환경 변화에도 불구하고 그 경향은 동일하기 때문이다.[11] 그렇다면 〈자매〉2는 기존의 작품과는 다른 어떤 시도를 하고 있는가, 그리고 유치진은 왜 이런 변화를 모색한 것일까. 그래서 그가 지향한 연극은 어떤 것이었는가. 이 글은 전후 연극에 대한 유치진의 방향 모색을 규명해 내고자 한다.

유치진은 극예술연구회 시절부터 미국 연극에 상당한 대한 관심을 가지고 있었다.[12] 그리고 전후에는 신협을 통해 〈욕망이라는 이름의 전차〉를 비롯한 미국 연극들을 무대에 올린다. 테네시 윌리엄스의 〈욕망이라는 이름의 전차〉는 1947년 뉴욕 브로드웨이에서 공연되면서 엄청난 화제를 모았고, 1951년에는 브로드웨이 공연의 연출가이기도 했던 엘리아 카잔(Elia Kazan)에 의해 영화화되면서 세계적인 홍

김성희의 논문은 1993년에 출판된 『동랑유치진전집』(서울예대출판부)에 실린 작품을 텍스트로 삼고 있다. 원작과 개작본은 상당한 차이가 있는데, 이에 대해서는 이상우의 『유치진 연구』(235-240쪽)에서 상세하게 다루고 있다.

11) 이정숙, 「1940년대 후반기 유치진 희곡과 교화의 정치성」, 『어문논총』 55, 한국문학언어학회, 2011.

12) 김재석, 「극예술연구회의 번역극 연구」, 『한국극예술연구』 46, 한국극예술학회, 2014.

행을 기록한다. 그리고 1955년 8월 26일부터 31일까지 6일 간 유치
진 연출로 신협에 의해 공연된다. 〈욕망이라는 이름의 전차〉는 당대
가장 주목받는 새로운 연극이었다. 유치진은 국립극장을 떠나 새로운
연극을 모색하던 시기, 이 연극을 직접 연출하는 것으로 미국연극에
대한 본격적인 관심을 드러내기 시작한다.

　그동안 〈욕망이라는 이름의 전차〉에 대해서는 신협의 공연사 속에
서 언급하거나[13], 임희재의 〈꽃잎을 먹고 사는 기관차〉와의 관련성
에 주목[14]하는 정도였다. 또한 시기적으로 〈자매〉2가 3월에 먼저 공
연되고, 5개월 후에 〈욕망이라는 이름의 전차〉가 공연된다는 점이
나, 〈욕망이라는 이름의 전차〉를 이해랑의 미국 시찰과 연관 짓는 시
각[15] 때문에 유치진과 〈욕망이라는 이름의 전차〉의 관련성에는 관심
을 두지 않았다. 그러나 이해랑이 미국 시찰 중에 이미 신협은 〈욕망
이라는 이름의 전차〉를 공연하기로 정했으며, 이해랑이 뉴욕을 방문
할 당시는 〈욕망이라는 이름의 전차〉 공연이 끝난 뒤여서 이해랑은
공연을 보지도 못하고 귀국했다[16]는 정황들을 고려하면 〈욕망이라는
이름의 전차〉 공연의 계기는 연출가인 유치진의 선택이 중요하게 작

---

13) 김옥란, 「1950년대 연극과 신협의 위치」, 『한국문학연구』 34, 동국대학교 한국문
　　학연구소, 2008.
14) 정우숙, 「임희재 희곡 〈꽃잎을 먹고 사는 기관차〉 연구 : 테네시 윌리엄즈 작 〈욕
　　망이라는 이름의 전차〉와의 비교를 중심으로」, 『국어국문학』 139, 국어국문학회,
　　2005.
15) 김옥란은 신협의 "〈욕망이라는 이름의 전차〉 공연의 직접적 계기는 미 국무성 초
　　청에 의해 이루어진 이해랑의 미국 연극계 시찰에서 비롯되었다"고 보고 있다. 김
　　옥란, 「1950년대 연극과 신협」, 『한국문학연구』 34, 동국대 한국문학연구소, 2008,
　　140쪽.
16) 유민영, 『이해랑평전』, 태학사, 1999, 300쪽.

용하였다고 볼 수 있다. 무엇보다 유치진의 연출이 상당히 한국적인 상황을 고려하였다는 평을 고려하면 유치진이 이 작품을 한국의 상황과 관련지어 고민했다는 것을 읽을 수 있다. 무엇보다 〈자매〉2에서 한 남자를 사이에 두고 자매가 갈등을 형성하게 되는 구도나, 상처를 드러내는 방식이 〈욕망이라는 이름의 전차〉와 상당히 겹친다.

그렇다면 유치진이 〈욕망이라는 이름의 전차〉에 주목하게 된 계기는 무엇인지, 그리고 그가 의도한 전후 연극의 방향은 어떤 것인지, 1950년대를 전후한 시기 미국과 일본의 연극계 상황을 비교하면서 유치진의 방향 모색을 추적해보는 것은 중요한 일이 될 것이다. 무엇보다 이러한 논의를 통해 유치진이 모색한 연극이 왜 전후 연극계를 주도하지 못하고, 〈한강은 흐른다〉를 마지막으로 극작활동을 마감하게 되는지, 유치진의 의도와 시대의 요구 사이에 어떤 거리가 있었기 때문인지를 설명할 수 있을 것으로 기대한다.

2. 자본과 가부장적 질서의 폭력 포착, 〈욕망이라는 이름의 전차〉

〈욕망이라는 이름의 전차〉에서 테네시 윌리엄스는 물질을 중심으로 인간관계가 형성되는 자본주의 사회의 욕망을 극의 배경으로 삼았다. 그리고 그러한 욕망이 부딪치는 뉴올리언스라는 공간에 어느 날 블랑쉬가 동생 집에 머무르기 위해 찾아오면서 극은 시작된다. 극의 갈등은 자본이 중심이 된 사회의 변화와 달리 가정 내에서 여전히 견고하게 권위를 지키고 있는 남성 중심의 가부장적 질서[17]에서 촉발되는데, 작가는 이러한 변화와 변하지 않은 상황을 연관시켜 드러내어 관객들이 문제적 상황을 포착할 수 있도록 의도하고 있다.

극의 구도는 언니 블랑쉬가 동생 부부가 사는 집으로 찾아오면서 시작되고, 블랑쉬의 침입을 불편해 한 스탠리가 행사한 폭력으로 그녀가 정신병원으로 실려 가면서 마무리된다. 이는 블랑쉬의 몰락이라는 구도로도 볼 수 있다. 블랑쉬는 자신의 기반이던 대저택을 잃어버렸기 때문에 남부를 떠나 여동생이 있는 뉴올리언스까지 오게 되는데, 이곳에서 그녀는 새로운 남자를 만나 경제적으로 안정된 생활을 되찾고 싶어 한다. 그러나 동생 스텔라의 집은 남편 스탠리가 지배하는 공간으로, 그의 영역을 침범하고 그의 권위를 무시하며 멸시하듯 쳐다보는 블랑쉬는 환영받지 못하는 존재이다. 두 사람이 처음 갈등하게 되는 표면적 이유는 돈 문제이다. 스탠리는 벨리브를 잃어버렸다는 블랑쉬의 말을 의심하고, 아내의 재산이면 자기에게도 권리가 있다며 블랑쉬의 트렁크를 뒤지고, 그녀의 값비싼 모피 옷과 보석들이 벨리브를 팔아서 산 것이라고 의심한다. 두 사람의 갈등은 정숙하고 고상한 체하며 과거를 숨기는 블랑쉬의 행동에 스탠리가 경멸의 감정을 드러내면서 고조된다. 블랑쉬의 존재로 인해 그동안 가정 내에서 그가 누리던 권위가 흔들리게 된 것이다. 3장의 포커 나이트 장

---

17) 이 글에서 가부장적 질서라는 것은 여성이 자발적으로 선택한 가치체계라기보다는 남성이 선택한, 남성에 의해 만들어진 남성 중심의 가치체계를 말한다. 이때 남성은 모든 것에 대한 결정권을 갖는데, 남성 가부장은 보호받는 자를 보호하는 데 그치는 것이 아니라 보호받는 자의 결정권을 박탈하고, 보호 대상들을 대신해 결정권을 행사하는 지배의 상태를 의미한다. 이종영, 『성적지배와 그 양식들』, 새물결, 2001, 21쪽 참조.

면은 그의 권위가 위협 당하자 폭력으로라도 자신이 정한 질서를 지키려는 스탠리를 통해 남성 중심의 질서가 지닌 문제를 직접적으로 보여준다.

스탄레이가 잔뜩 독이 올라서 포장을 지나 침실 안으로 걸어 들어 온다. 그는 조그만 흰 라디오가 있는 데로 가서 그것을 휙 나꾸어 쥔다. 그리고는 큰 소리로 욕설을 퍼붓고 나서 그것을 창문 밖으로 내동댕이친다.

> 스텔라 취했어! 취했어! 짐승 같은 것! (포오카 테이블로 달려간다.) 제발 모두 다 댁으로 돌아가 주세요! 아무한테라도 예의라는 것이 조금이라도 남아 있다면!
> 블랑시 (미친 듯이) 스텔라, 조심해. 저 사람이 —

스탄레이, 스텔라의 뒤로 달려 든다.

> 남자들 (멍하니) 왜 이래? 스탄레이 어이 그만 두게- 자 다들 —
> 스텔라 손만 대면 그냥 —

뒷걸음질해서 퇴장. 스탄레이도 그 뒤를 따라 퇴장한다. 때리는 소리가 난다 스텔라의 비명 소리. 블랑시가 고함을 지르면서 주방으로 뛰어들어간다. 남자들이 튀어나가고 뒤이어 욕지거리를 하면서 서로 밀고 밀리고 하는 소리가 들린다. 무엇인가 뒤집어져서 쿵 하는 소리가 난다.

> 블랑시 (악이 바친 높은 음성으로) 내 동생은 애기를 갖고 있어

요-[18]

포커 게임에서 돈을 잃고 잔뜩 예민해진 스탠리는 신경 거슬리는 소리를 내는 라디오를 꺼줄 것을 요구하지만 자신의 말대로 되지 않자 라디오를 던져버리고, 이에 항의하는 임신한 아내에게 폭력까지 휘두른다. 스탠리는 자기 욕망에 충실한 인물이다. 돈을 잃은 것에 화를 내고, 가정 내에서 자신의 말이 권위를 가지지 못한 것에 화를 낸 것이다. 그러나 잠시 흔들렸던 그의 권위는 스텔라가 쉽게 용서하고 그에게로 돌아가면서 회복된다. 스텔라는 남편에게 폭력을 당하지만 남편에게 속한 존재이며, 남편에게 길들여진 존재이기 때문에 별다른 고민 없이 다시 그에게로 돌아간다. 이러한 스텔라의 행동은 언니가 힘겨운 상황에 처해도 도움을 주지 못하고, 도리어 그녀를 완전히 몰락시키게 되는 결과로 연결된다.

〈욕망이라는 이름의 전차〉는 스탠리와 블랑쉬의 갈등을 따라간다. 그러면서 블랑쉬와 같이 부정적인 과거를 가진 여성을 대하는 사회의 시선을 불편하게 대면시킨다. 블랑쉬는 정숙한 듯 연기를 해서 이성의 관심을 끌려 노력하고, 스탠리의 친구인 미치에게 관심을 가진다. 물론 사랑 때문에 미치에게 관심을 가진 것은 아니며 경제적 안정을 얻을 수 있는 가정을 원해서였다. 그러나 블랑쉬의 존재로 자신의 위치가 흔들린다고 여긴 스탠리는 블랑쉬를 그의 공간에서 제거하고 싶어 한다. 그래서 그녀의 여러 남자들과 어울린 과거가 있다는 사실을 폭로하고, 로렐로 돌아가는 버스표를 생일 선물로 주면서 그녀를

---

18) 테네시 윌리엄스, 문일영 역, 『욕망이라는 이름의 전차』, 청수사, 1957, 111-112쪽.

친구 미치와 자신의 가정 밖으로 내보내려 한다. 그리고 결국 성폭력으로 그녀를 몰아내면서 자신의 영역을 지킨다. 극의 마지막 11경에 "언제나 모르는 분들의 친절에 의지해왔다"[19]는 블랑쉬의 대사는 누군가에게 의존하면서 순종하는 삶을 살았던 여성의 결말을 잘 보여준다. 그러나 스탠리의 성폭력으로 블랑쉬를 정신병원으로 보낸 후에도 스텔라는 스탠리에게 돌아가 안긴다. 스텔라는 독립된 존재가 아니라 스탠리에게 완전하게 종속되어 그의 의지대로 움직이는 인물로, 가부장적 질서 속에서 만들어진 아내의 전형이었기 때문이다.

〈욕망이라는 이름의 전차〉에는 이전 시기까지 테네시 윌리엄스가 사용하던 반사실주의기법이 최대한 억제되고 있으며, 그 결과 긴말한 구성, 강렬한 박력, 신선한 인간상, 풍부한 서정이라고 하는 테네시 윌리엄스의 재능이 잘 드러난 작품으로, 자칫 멜로드라마로 빠질 수 있는 한계선에서 그것을 구한 것은 등장인물의 이상한 성격과 뉴올리언스의 이상한 분위기에 있다[20]는 평을 듣고 있다. 이처럼 〈욕망이라는 이름의 전차〉에서 가장 주목되는 것은 인물의 활용이다. 자매와 자매 주변의 두 남자라는 인물구도는 멜로드라마에서 익숙하게 보아오던 설정이다. 하지만 극 인물들의 성격은 그러한 익숙한 기대를 완전히 뒤집는다. 대신 감정이입이 불가능한 인물을 활용하여 인물이 아니라 인물들이 놓여있는 현실에 주목하게 한다.

블랑쉬는 모든 재산을 잃었지만 과거 화려했던 시절의 기억에 갇혀 있는 인물이다. 모든 걸 잃었으면서도 여전히 자신을 화려하게 치

---

19) 테네시 윌리엄스, 위의 책, 321쪽.
20) 鳴海弘, 「テネシー・ウィリアムズについて 劇作家としての十年の成長」, 『英米文學』 17, 立教大學文學部英米文學研究室, 1956, 158-159頁.

장하는 것을 중요하게 여기고, 동생이 살고 있는 뉴올리언스라는 도
시나 거친 노동자로 보이는 스탠리에게 불편한 시선을 보낸다. 사생
활조차 제대로 보장되지 않는 좁은 집에 얹혀 살면서도 조심하지 않
는다. 자신의 집인 양 커튼으로 겨우 가린 욕실에서 목욕을 즐기고 동
생에게 심부름을 시키기도 한다. 블랑쉬는 자신의 상황이나 감정에만
집중할 뿐 다른 사람의 감정을 이해하거나 배려하지 않는다. 스텔라
는 남부의 부유한 집안 출신이지만, 결혼을 하면서 그녀의 삶은 남편
을 위한 존재로 고정된다. 남편을 위해 집안일을 하고 남편의 기분에
맞추기 위해 노력한다. 남편의 폭언이나 폭행에도 잠시 화를 낼 뿐 쉽
게 용서해버린다. 스텔라의 관심은 남편인 스탠리에 집중해 있으며,
가정을 지키고 아이를 낳아 기르며 사는 것이다. 자신의 삶을 원하는
것이 아니라 남편이 바라는 여성이 되어 그에게 맞춰 살고 싶어 하는
순종적 인물인 것이다. 이기적인 듯 보이는 블랑쉬나 순종적인 스텔
라는 모두 남편을 원하고, 또 남편을 통해 안정적인 삶을 살고 싶어 하
는 여성이다.

　반면 스탠리는 충동에 따라 행동하고, 모든 여성을 성적 시각으로
판단하는 인물이다. 윌리엄스는 스탠리를 동물적 특성이 강하게 부각
되는 인물로 설정하였다. 이는 멜로드라마에서 볼 수 있는 단정하고
매력적인 남자주인공의 이미지와는 거리가 멀다. 남성성이 강하게 부
각되지만 그러한 특성은 자기 욕망에 충실한 인물이라는 것을 드러내
고 여성에 대해 그가 갖는 우월감을 보여주기 위한 것이다. 이처럼 스
탠리는 성적 욕망이나 물질적 욕망에 집착하는 위험한 인물로 그려지
며, 자신이 원하는 대로 모든 상황을 결정하고 여성을 통제하고 싶어
한다. 아내 스텔라의 의견은 듣지 않고 마음대로 행동하는 그의 태도는

가정이라는 공간의 불편한 질서를 관객들이 포착할 수 있도록 한다. 즉 〈욕망이라는 이름의 전차〉는 사실주의 방식을 활용하고 있으나, 애정 이라는 감정이 아니라 인물들의 욕망을 중심으로 극을 진행하며 그 속 에서 자본주의적 욕망과 가부장적 질서의 부정적 속성을 문제적으로 포착하게 한다.

이처럼 극은 자본의 논리가 지배하는, 물질에 대한 가치가 인간을 소외시켜가는 현실을 배경으로 가부장 사회에서 억압되고 종속적인 삶을 살아가는 여성의 현실을 보여준다. 그리고 가부장들이 정한 질 서에 맞지 않는 여자는 가정 밖으로 몰아내고 파멸시켜 버리는 것을 통해 가부장제의 이기적이고 폭력적인 속성을 관객들이 포착할 수 있 도록 노출시키고 있다.

3. 전쟁의 상처와 견고한 가부장적 시선 드러내기, 〈자매〉2

〈자매〉2는 개인과 사회적 관계에 대해 포착하고 있다는 점에서 이 전의 유치진 희곡과는 다른 문제의식을 보여주고 있다. 〈자매〉2의 배 경은 부산으로, 여러 지역에서 몰려든 피난민들이 섞여 사는 공간이 다. 그리고 이 공간에 옥경의 언니 성희가 찾아오면서 극은 시작된다. 그리고 성희와 옥경 자매 주변에 두 남자가 등장하고, 이들 사이에 복 잡하게 얽히는 애정 문제를 중심으로 극을 진행해간다. 이러한 틀은 유치진이 익숙하게 활용하는 방식이다. 그러나 멜로드라마의 틀을 활 용하면서도 기존의 작품과는 상당히 다르다. 이는 관객이 지지할 수 있는 긍정적 인물이 없다는 데서 기인한다.

인물들의 상황은 전쟁에 의해 결정된 모습이다. 성희는 부산이라는 도시의 피난민들 틈에서도 눈에 띌 만큼 망가진 모습으로 등장한다. 전쟁 이전에는 성악을 전공한 참한 대학 졸업생이었지만 지금은 "거진 폐인이 된 양공주"로, "저 꼴 될려면 차라리 죽는 게 낫"[21]다는 이야기를 들을 정도이다. 전쟁으로 모든 것을 잃고 한순간에 삶이 망가져 버린 성희는 살고 싶다는 의지를 잃고 있다. 고통 속에서도 한 가닥 희망이었던 어머니를 만날 수 있다는 바람이 좌절되자 자포자기해서 술을 마시고 난동을 부려, 동생인 옥경조차 "여자가 술에 취해서 저렇게 된 게"라는 불편한 생각을 갖게 한다.

시인 최열은 페시미스트로 소개되고 있다. 그는 삶에 대한 어떤 희망도 갖고 있지 않은 존재로, "산다는 그 자체가 대단치 않은 것처럼 죽는다는 것도 그다지 대단찮은 거"[22]라고 생각하고 있다. 그는 옥경이 존경하는 짝사랑의 대상이지만 유치진 작품에 늘 등장하던 현실에 대한 분명한 지향을 가진 주인물과 확연히 다르다. 그는 다른 사람들과 달리 성희를 인간적으로 대하고 그녀를 사랑하게 되지만 지나치게 비관적이며, 그녀가 죽음을 선택하게 되는 계기가 된다는 점에서는 문제적이다. 반면 피난지에서 홀로 꿋꿋하게 살아가는 동생 옥경은 극 초반에 긍정적으로 비춰진다. 그러나 언니를 아끼면서도 시인에 대한 짝사랑 때문에 언니를 질투하는 불편한 감정을 드러내어 고통을 주고, 결국 언니인 성희가 죽음을 선택하는 데 영향을 미친다는 점에서 옥경도 관객의 지지를 얻기는 힘들다. 옥경이 스스로 인정했듯이

---

21) 유치진, 〈자매〉2, 15쪽.
22) 유치진, 〈자매〉2, 13쪽.

"더러운 질투의 감정"을 보여서 두 사람의 사랑을 방해했으며, 결국 모두를 불행하게 만들기 때문이다.

독특한 인물은 사장 김대석으로, 그는 전쟁에 대한 다른 시각을 보여준다. 그는 "동물과 같이 일하고 생을 즐겨라 거기에 만족하면 행복이요, 그렇지 못하면 비극이다. 이것이 인간생활의 지상명령"[23]이라며 열심히 일하고 삶을 즐기라고 이야기하는 인물이다. 그는 유일하게 전쟁의 상처가 보이지 않는다. 대신 전쟁이라는 상황을 이용해서 많은 돈을 벌고, 공장을 지어 사업가로 변신할 기회까지 잡는다. 그렇다고 해서 악인은 아니다. 김대석[24]의 경우 다른 인물들과 달리 자본에 밝은 사람으로, "옥경을 사랑하는 활발한 청년실업가"[25]이다. 김대석의 인간성은 4막에서 드러나는데, 비서가 늦게까지 일한 것에 대해 배려하고, 언니 성희와 시인의 사랑을 질투해서 자신을 찾아온 옥경이 기댈 수 있도록 배려하는 대상으로 그려진다. 옥경의 편에서 그녀를 경제적으로 정신적으로 도와주며, 자신의 마음을 넌지시 표현하기도 한다. 그는 옥경의 갑작스러운 방문을 반기면서도 옥경이 언니에게 배반당한 것 때문에 죽고 싶다며 착한 아내가 되겠다고 하는 상황을 이용하지도 않는다.

사장 (기가 막힌 듯이) 하하하……오랫동안 외람하게도 내가 품고

---

23) 유치진, 〈자매〉2, 54쪽.
24) 이후 개작된 작품에서 김대석은 옥경에게 친절을 베풀지만 그의 본업은 "갈보장수.……인육상……포주"로 옥경을 전투지구 위안부로 팔기 위해 의도적으로 친절을 베푼 것으로 바뀐다. 유치진, 〈자매〉2, 『동랑 유치진전집』 3, 서울예대출판부, 1993, 222쪽.
25) 유치진, 〈자매〉2, 7쪽.

있던 꿈이 이제야 실현되는가 했더니……

옥경　예?

사장　결국 옥경씨는 나를 위해서가 아니고 남을 위해서 나를 찾아
　　　온게 안요?

옥경　……

사장　생각해보세요. 남의 지낸날의 사랑의 꿈을 매장하는 무덤으
　　　로 제 품속이 이용된다는 것은 너무 참혹한 노릇이 아니겠
　　　소? 자아 잘 데가 없걸랑 방 얻을 돈을 드리죠. 이걸 가지고
　　　나가주세요.[26]

　그는 언니와 최 선생이 마음 놓고 사랑할 수 있도록 하기 위해 아내
라는 명목을 얻고 싶다는 옥경의 청을 단호하게 거절한다. 더부살이
라도 하면서 자신의 "모든 정성이 사장에게만 쏠리도록"하겠다는 옥
경의 말을 이용하지 않는다. 오히려 옥경이 그런 마음이 들 때까지 기
다렸다가 결혼하자며 배려한다. 이런 점에서 김대석은 사랑하는 여자
를 위할 줄 아는 능력 있는 남자로 보인다. 그러나 스스로 부끄럽다고
얘기했듯이 사업관계라고는 하지만 양공주집에 가는 것도 그렇고, 옥
경에 대한 태도에서도 기대에 어긋나자 화를 내고, 옥경이 양주를 탄
사이다를 마시자 탈선에 만족한 듯 웃는 모습도 뭔가 불편하다. 전쟁
으로 모두가 불행해진 상황에서 혼자 돈을 벌었다는 것도 그가 좋은
사람만은 아닐 것이라는 인상을 준다. 이처럼 〈자매〉2는 지지하고 감
정이입할 수 있는 인물이 분명하지 않고 부정해야 할 악인도 없다. 그
래서 악인의 계략으로 인한 갈등도 만들어지지도 않는다. 단지 전쟁

---

26) 유치진, 〈자매〉2, 56쪽.

이라는 상황이 개인에게 어떠한 영향을 미치는지 그 상황을 포착하여 보여주고 있다.

테네시 윌리엄스가 자본주의 사회의 욕망을 극의 배경으로 하고 있다면, 유치진은 인간의 삶을 파괴하는 전쟁을 배경으로 배치하고 있다. 그러면서 그의 익숙한 장기인 애정문제를 활용해서 극을 전개해 간다. 그러나 인물의 성격이나 인물들 간의 갈등 양상은 이전까지의 경향과 확연히 달라진다. 유치진은 현실문제에 대해 분명한 지향을 가진 주인물과 그를 지지하고 따르는 순수한 여성, 그리고 주인물에 집착하여 둘 사이를 갈라놓으려는 악인의 구도를 주로 활용해 왔다. 선과 악이 분명하게 드러나는 방식은 관객들이 감정이입할 대상이 분명하여, 누구를 지지해야 할지 고민할 필요가 없다. 그러나 〈자매〉2의 인물은 복잡하여 관객이 누구를 지지해야 할지 분명하지 않다. 멜로드라마인데 감정이입할 대상이 없고, 네 사람의 어긋나는 사랑의 감정을 따라가는데, 갈등은 외적으로 드러나지 않고 심리적인 계기에 의해 진행된다. 극은 인물들 사이의 외적 갈등이 크게 부각되지 않는다. 대신 상처와 같은 심리적 측면, 자신의 감정을 숨기고 들키는 식의 내적인 곳에서 갈등이 만들어진다. 극의 마지막 5막에 등장하는 포주와 어깨의 경우도 성희를 착취하고, 불행하게 하는 설정이지만, 극에서 그 역할이 크게 부각되지는 않는다. 〈자매〉에서 악한 것은 극의 배경이 되는 전쟁이고, 성희를 고통에 빠뜨린 오랑캐놈들이다.[27] 그러나

---

27) 어머니와 함께 피난을 내려오던 중 어머니를 잃어버리고, 허둥대는 동안 오랑캐놈들에게 사로잡혀 남자들은 선자리에서 총살당하고 여자들은 놈들에게 끄올려 간 것이다. 유치진, 〈자매〉2, 18쪽. 물론 여기에서의 오랑캐라는 존재가 공산주의자들이라는 것은 당대의 관객들에게 자연스럽게 다가오는 설정이었을 것이다.

이런 사건은 전사로 처리되고 있으며, 오히려 극에서 중요한 갈등을 형성하는 것은 마땅히 선할 것으로 기대하는 인물이 보여주는 부정적 일면이다. 언니 성희를 고통스럽게 한 것은 물론 전쟁과 그 난리 속에서 그녀에게 가해를 한 무수한 사내들이지만 극에서는 동생 옥경이 그녀에게 상처를 주며 그녀가 삶을 포기하게 한다. 성희를 죽음으로 끌어가는 것은 시인이나 옥경과 같은 사랑하는 사람들에 대한 감정으로, 인물 설정의 독특함이 이러한 의외의 전개로 연결되는 것이다.

〈욕망이라는 이름의 전차〉가 블랑쉬의 등장으로 시작해서, 블랑쉬의 떠남으로 마무리되는 것처럼 〈자매〉2 또한 성희의 등장에서 시작해서 성희의 죽음으로 마무리한다. 〈욕망이라는 이름의 전차〉의 주된 플롯이 양립할 수 없는 스탠리와 블랑쉬의 대립과 갈등이라면 유치진은 이를 자신의 방식인 애정 갈등으로 이야기의 틀을 바꾸어 전개해 나간다. 전쟁의 상처를 극의 배경으로 놓고, 그러한 상처가 사랑이라는 감정으로 인해 회복될 가능성을 보여주다가 같은 남자를 사랑하는 동생 때문에 자신의 사랑을 포기하고 죽음을 선택하게 하는 것이다.

유치진은 극작에서 멜로드라마를 즐겨 활용했는데 〈자매〉2에서도 한 남자를 사이에 두고 두 여자가 갈등하는 구조에, 한 명의 남자가 더 등장하여 사랑의 관계를 더 복잡하게 보여주는 멜로드라마의 틀[28]을 활용하고 있다. 그러면서 양공주와 같은 부정적인 과거를 가진 여자

---

28) 김성희(「유치진의 〈자매〉2와 리얼리즘」, 『한국연극연구』 1, 한국연극사학회, 1998)는 작품이 통속성을 보이기는 하지만, 인물의 성격이 고정되어 있지 않고, 선악으로 구분된 세계를 설정하지 않고 있다는 점에서 멜로드라마로 보기 어렵다고 보았다. 김성희의 지적처럼 〈자매〉2의 인물은 멜로드라마의 인물과는 다르다. 그러나 극 전개에서는 애정문제를 중심으로 갈등을 만들어가는 멜로드라마의 틀을 활용하고 있다고 볼 수 있다.

는 온전하게 가정 안으로 들어올 수 없도록 마무리하여 기존의 남성 중심적인 시선을 유지하고 있다. 극은 언니 성희를 만날 것인지에 대한 기대에서 시작하지만 모두의 기대와 달리 비참한 모습의 성희가 등장하여 충격을 준다. 이어서 자신의 처지를 비관하여 자살을 시도한 성희를 시인이 구하게 되면서 애정이라는 감정의 문제가 개입하게 된다. 성희와 시인 그리고 시인을 좋아하는 옥경과 옥경을 좋아하는 사장 김대석의 엇갈리는 사랑 이야기가 전개된다. 시인과 성희는 호감을 가지고 감정을 키워가지만, 그러한 감정을 가로막는 것은 성희의 과거이다.

> 옥경   …저어 사내 어른들은 과거를 가진 여자라도 진심으로
> 좋아할 수 있나요?
> 가짜아저씨 갑자기 그건 왜?
> 옥경   (조르듯이) 글세 말요.
> 가짜아저씨 혹 지꾸진 녀석들은-
> 옥경   (눈이 동글해지며) 뭐요?
> 가짜아저씨 맛이 든 과실을 골라잡으려거든 버러지 먹은 것을 따 먹
> 으란 말도 있잖어?
> 옥경   (별안간 쏘다시피) 괜한 소리 마세요. 그런 병든 걸 좋아
> 할 사람이 어딧단 말요?[29].
> 가짜아저씨 성희는 나뻐요. 사내들과 마구 놀아 먹던 근성을 그렇게
> 노골적으로 내 놓는 데가 어딧단 말요? 제 동생이 자기
> 를 위해서 그렇게도 지성으로 노력하고 있는데 그래 그

---

29) 유치진, 〈자매〉2, 43쪽.

은공은 조금도 몰라주고, 하많은 사내 중에서 어째 하필
제 동생이 좋아하는 사람을 넘겨다보느냐 말요? 그게 도
시 된 말요?[30]

성희는 시인의 관심과 위로에 상처가 치유되는 것을 느끼게 되고
두 사람은 가까워진다. 그러나 시인을 좋아하던 옥경은 그런 상황에
질투의 감정을 갖고, 남자들이 언니와 같이 좋지 않은 과거를 가진 여
자를 진심으로 좋아할 수 있을까 하는 의문도 갖는다. 동생으로서 언
니의 처지를 안타까워하지만 과거가 있는 여자를 남자들이 진심으로
좋아할 수 없을 것이라는 생각을 하고 있는 것이다. 이에 가짜아저씨
는 성희를 "버러지 먹은 과실"이나 "놀아 먹던 근성"을 가진 여자로 부
르며 과거 있는 여자에 대한 부정적인 인식을 드러낸다. 가짜아저씨
만이 아니라 동생인 옥경조차도 양공주였던 성희를 결함 있는 존재로
보고 있다.

성희는 피난길에서 오랑캐에게 성폭행을 당하게 되면서 모든 것을
포기한 채 가장 밑바닥인 양공주의 삶을 살아가게 된다. 양공주는 외
국인 남성을 상대로 군대 매춘에 종사하는 한국인 여성을 지칭하는
것으로, 매춘이라는 위계에서도 최하위[31]에 위치하며 타락한 여성의
전형으로 인식되었다.[32] 이러한 과거를 가진 성희에 대해 시인을 제외

---

30) 유치진, 〈자매〉2, 45쪽.
31) 김현숙, 「민족의 상징, '양공주-진보적 또는 대중문화 텍스트 속의 노동 계급 여성
의 재현」, 일레인 H. 김 · 최정무 편저, 박은미 역, 『위험한 여성』, 삼인, 2001, 221쪽.
32) 내국인을 상대하는 매춘 여성의 경우 대중들은 그들을 비난하면서도 한편으로는
그들이 성매매에 나선 동기가 생활고임을 끊임없이 상기했던 데 반해, 양공주의
경우 동일하게 생활고로 인한 것일지라도 그들의 매음 행위는 정당화되지 못했
다. 이임하, 『계집은 어떻게 여성이 되었나』, 서해문집, 2004, 97쪽.

한 모든 주변사람들은 온전하지 못한 존재로 인식하고 있다. 이는 성희 자신도 마찬가지이다. 그래서 옥경의 마음을 눈치 챈 성희는 동생을 위해 마지막 희망이던 사랑을 포기하고 사창굴로 돌아간다. 성희는 사창굴로 자신을 찾아온 시인에게 "이 며칠 동안의 선생과의 교제는 사람으로서 정상적인 것일 수 없었소. 그건 열병환자의 몸부림이였고, 미친 사람의 잠꼬대였었"[33]다며 그를 외면한다. 자신과 같은 처지의 여자는 누군가를 사랑하고 가정을 이루어 살 수 없다고 생각한 것이다.

유치진 희곡에서 정조를 상실한 여성은 죽음을 선택해 왔다. 〈자매〉2에서도 성희 스스로 자신과 같은 여성은 가정을 이루며 살 수 없는 존재라고 생각한다. 정조를 잃고 성매매 여성으로 전락한 자신은 온전한 인간으로 인정받을 수도, 사회에 적응하며 살아갈 수도 없는 존재라는 것을 인정하고 있다. 여성에 대한 기존의 가부장적인 시선을 그대로 드러내고 있으며 관객 또한 이러한 전개에 의문을 갖지 않고 있는다.[34]

〈자매〉2에서 유치진은 양공주로까지 몰락한 상처 많은 인물을 주인물로 설정하여 그녀가 다시 행복해질 수 있다는 환영을 보여주지만

---

33) 유치진, 〈자매〉, 70쪽.
34) 〈자매〉에 대한 관극평을 쓴 유춘은 「양공주의 죽음」 하나쯤으론 별로 두뇌에 충격을 느끼지 않는다. 이 정도의 일은 6.25 이후의 우리들의 면전에 넘어나 허다했었던 일들"이라며 성희의 죽음에 대해 이야기하였다. "다 살고 성희 혼자 죽음으로써 관객에게 허무, 공전, 절망을 느끼게 한다는 건 무리"라며, 성생한 사람이 다 죽고 썩은(腐) 사람 하나가 광막한 사막 위에 하나 곶어진 묘목같이 쓸쓸히 남음으로써 뼈저리게 허무, 공전, 절망을 느낄 수 있지 않나 생각한다는 기록을 남기고 있다. 여기에서 성희를 썩은 사람으로 표현하는 것에서도 성희와 같은 여성을 바라보는 당시의 인식을 알게 한다. 유춘, 「순수한 서정시-신협의 「자매」 공연을 보고」, 『경향신문』, 1955.3.26.

이미 깊은 상처를 입은 그녀는 현실로 건강하게 복귀하지 못하고 결국 죽음을 선택하는 것으로 마무리하고 있다. 그래서 성희와 같은 과거를 가진 여자는 가정이라는 공간 안에 온전히 들어갈 수 없다는 것을 인식시킨다. 테네시 윌리엄스가 과거 있는 블랑쉬를 가정 안으로 수용하지 않는 가부장적 인식의 문제를 포착하게 했다면, 유치진은 애정의 문제로 이야기를 풀어가면서 흠결 많은 여자는 가정 안으로 들어올 수 없다는 기존의 인식을 자연스럽게 받아들이게 한다. 이런 점에서 유치진은 기존의 가부장적 시선을 그대로 작품 속에 가져와서 오히려 고정시키는 효과를 내고 있다.

4. 미국 사실주의극 수용을 통한 전후 연극 모색

유치진의 극작에는 크게 두 가지의 방향이 존재한다. 하나는 유치진 스스로 자기 연극의 방향을 모색해가는 것이고, 다른 하나는 외부에서 방향이 주어지고 그 방향에 맞추어 극작을 하는 방식이었다. 1930년대는 유치진 스스로 자기 연극의 방향을 모색하는 시기였다. 아나키즘 연극에 관심을 가졌지만 현실적인 선택으로 극예술연구회 활동을 시작하게 되고, 극연의 방향에 맞추어 극작활동을 전개하게 된다. 그러다가 현실의 문제를 직접 이야기하는 것이 불가능해진 상황에서는 〈소〉와 〈당나귀〉를 동시에 발표하여 새로운 연극의 방향에 대한 고민을 드러내고[35], 현실에서보다 애정면에서 테마를 구하는 방

---

35) 이정숙, 「〈소〉와 〈당나귀〉에 나타난 유치진 희곡의 변화」, 『어문학』 102, 한국어문

향의 작품을 발표하게 된다.[36] 또 하나의 방향은 외부에서 연극의 방향이 주어지고, 그 조건 안에서 극작을 모색하는 것으로, 국민연극시기부터 한국전쟁기까지의 목적극 시기가 여기에 해당한다. 목적극 시기의 유치진은 외부에서 주어진 방향 안에서 극작을 모색하는 방식을 선택하고 있다. 국가에서 연극 활동을 지원하는 체제 안에서 극작활동을 하였기 때문에 유치진 연극의 방향 또한 국가가 원하는 연극으로 정해진다. 대신 국가의 전폭적인 지원을 받으며 연극계를 주도하는 위치에 설 수 있었다.

그러나 한국전쟁 이후 국립극장을 떠나 신협과 함께 새로운 조건에서 연극 활동을 모색해야 하는 상황에 직면하면서 상황은 달라진다. 국가를 위한 연극보다 신협이라는 극단을 유지 지속하는 것이 더 중요해졌고, 전후라는 환경 속에서 당대 관객들의 변화된 취향을 고려하여 전후 연극이라는 새로운 방향을 모색해야 하는 상황에 놓이게 된 것이다. 무엇보다 경쟁관계에 있던 서항석이 국립극장 극장장에 임명되면서 유치진은 더욱 자신의 존재감을 드러낼 필요가 있었고, 국립극장보다 더 작품성이 있는 연극을 해야 한다는 고민에 직면했을 것으로 보인다. 〈자매〉2와 〈욕망이라는 이름의 전차〉 공연은 그러한 상황에서 유치진의 고민과 선택을 읽을 수 있는 작품이다.

〈자매〉2에서 유치진은 개인과 사회의 관계에 대해 포착하려 했다. 목적극에서 유치진은 국가를 위해 필요한 존재로서 개인을 그려냈다

학회, 2008.

36) 〈당나귀〉(1935년 조선일보 연재), 〈제사〉(1935년 11월 극연 공연), 〈자매〉(1936년 5월 극연 공연), 〈부부〉(1941년 『문장』 소재) 등이 여기에 속하는 작품이다. 유치진, 「극작가수업 삼십년」, 『현대문학』, 1955.5.

면 〈자매〉2에서는 사회적 문제가 어떻게 개인의 비극으로 이어지는 지에 대해 보여주려 했으며, 개인의 불행이 누군가의 계략이나 악함에 의한 것이 아니라 사회와 관련 있다는 것을 포착하려 했다. 이전의 유치진은 항상 국가의 입장에서, 국가를 위해 필요한 존재로서 개인을 그려내었다면, 이 시기에 와서는 개인과 사회를 포착하는 시선이 달라진 것이다. 국가를 위한 연극이라는 방향 대신 극단을 유지하기 위해서, 그리고 연극계를 주도하던 자기 위치를 분명히 하고, 또 새로운 관객의 요구도 충족시키는 연극으로 〈자매〉2를 발표하면서 전후 연극의 방향을 제시하고자 한 것이다.

이러한 〈자매〉2의 의도와 의미는 유사한 구도를 보이고 있는 유치진 연출의 〈욕망이라는 이름의 전차〉와 함께 볼 때 더 선명해진다. 그렇다면 유치진이 왜 〈욕망이라는 이름의 전차〉와 같은 미국 연극에 주목하게 되었는지 그 계기에 대해서부터 논의할 필요가 있겠다. 〈욕망이라는 이름의 전차〉[37]의 번역은 박인환이 맡았다. 그는 1948년 여름 도미 중인 친구 김경린 씨를 통해 처음으로 「욕망이라는 이름의 전차」의 명성을 들었으며,[38] 그가 잠시 근무했던 대한해운공사 남해호의 사무장 자격으로 1955년 3월 5일-4월 17,8일까지 미국을 기행하게 된다. 박인환은 당시를 기록한 여행기에서 추워서 잘 나가지 못하고 좁은 실내에서 담배를 피우거나 책을 읽는 수밖에 없었고, 그 덕택으로 테네시 윌리엄스의 「욕망이라는 이름의 전차」를 세 번이나 읽

---

37) 한국에서 〈욕망이라는 이름의 전차〉가 처음 언급된 것은 1954년 부산에서 발간한 『극장문화』 제3호에 윤용하 연재희곡 〈욕망이라는 이름의 전차〉 2회가 연재된다는 기사를 통해서이다. 『경향신문』, 1954.10.3.
38) 「한국일보」, 1955.8.24.

었다고 회고하였다.[39] 이러한 기록을 참고하면 박인환은 뉴 다이렉션
(New Directions)사에서 간행한 영문으로 된 책을 읽을 것으로 보인
다. 그러나 박인환과 유치진의 접점이 드러나지 않아 어떤 계기로 신
협 공연의 번역을 맡게 되었는지는 분명하지 않다. 박인환이 상당한
양의 영화평을 썼다는 점에서 교류가 있었을 수 있으나, 박인환이 유
치진에게 먼저 작품을 주며 이러한 작품을 연출해보지 않겠냐고 타진
했을 가능성은 희박하다. 오히려 유치진이 〈욕망이라는 이름의 전차〉
를 읽고 공연을 결정한 후 영어에 능한 박인환에게 번역을 부탁했을
가능성이 크다.

　그렇다면 이 시기 유치진은 어떤 계기로 〈욕망이라는 이름의 전차〉
를 접하게 되고 주목하게 된 것일까. 그것은 일본 연극계를 통해서였
을 것으로 보인다. "영문과를 나오기는 했지만 그 당시 대학에서 배운
영어는 빈약하기 이를 데 없었고, 그나마 20여 년 동안이나 사용하지
않았던 터라, 내 영어 실력, 특히 회화는 보잘 것 없었다."[40]는 유치진
의 고백으로 미루어보아 유치진이 원서를 접했을 가능성은 적다. 무엇
보다 이전까지 유치진의 연극 활동이 일본 연극계와의 관계 속에서 진
행되어 왔다는 것을 고려하면, 위기의 시기 그가 어떤 연극을 할 것인
지에 대한 답을 일본 연극계의 상황을 통해서 얻었을 가능성이 크다.

　일본에서는 1948년부터 테네시 윌리엄스와 연극 〈「慾望」という名
の電車〉가 소개되기 시작하며, 1952년에는 단행본[41]이 출판되면서 미

---

39) 박인환, 『박인환 산문집』, 책나무출판사, 2013.
40) 유치진, 『동랑자서전』, 서문당, 299쪽.
41) テネシー・ウィリアムズ, 『慾望という名の電車』, 田島博, 山下修 共譯, 大阪 : 創
　　元社, 1952.

국 연극에 대한 관심을 이끌어내는 역할을 했다.[42] 1950년대 일본 연극계에서는 미국 사회가 직면한 문제를 드러낸 대표적인 작가로 유진 오닐과 테네시 윌리엄스를 다루며, 특히 테네시 윌리엄스의 〈욕망이라는 이름의 전차〉는 브로드웨이에서 흥행에 성공한 연극이며, 영화로도 제작되어 세계적으로 주목을 받은 미국 사실주의극을 대표하는 작품으로 소개하고 있다.

한국 전쟁과 미군정기를 겪으면서 유치진은 미국과 미국 연극에 주목하게 된다. 특히 권위를 인정받은 미국 사실주의극을 소개하고 그와 유사한 작품을 창작 하는 게 당시 한국연극이 지향해야 할 방향이라고 본 듯하다. 그래서 연극과 영화를 통해 대중적인 파급력이 검증된 〈욕망이라는 이름의 전차〉에 관심을 가졌을 것으로 보인다. 여기에 더해 〈욕망이라는 이름의 전차〉가 멜로드라마적인 외피를 가지고 있어 그의 장기라고 할 수 있는 애정문제로 극을 풀어낼 수 있는 지점이 있기 때문으로도 보인다. 그러나 유치진은 테네시 윌리엄스가 포착한 자본의 냉혹함이나 가부장적 질서가 지닌 폭력성의 문제를 읽어내지 못한 것으로 보인다.

1950년대 전반기 연극계는 반공극이 창작되었고 셰익스피어극과 같이 작품성이 검증된 고전극이 주로 공연되었다. 그러다가 1955년부터 동시대 연극들이 소개되기 시작하는데, 〈욕망이라는 이름의 전차〉뿐 아니라 유진 오닐(Eugene O'Neill)의 〈느릅나무 그늘의 욕망〉, 아서 밀러(Arthur Miller)의 〈세일즈맨의 죽음〉 같은, 그들의 말을 빌면

---

42) 1950년대 유치진은 아시아재단의 전폭적 지원을 받는다. 유치진의 미국 연극에 대한 관심은 이러한 아시아재단의 지원과 연구할 필요가 있다..

"구미의 수준 높은 작품을 무대에 올리"게 된다.[43]

　신협은 〈욕망이라는 이름의 전차〉를 비롯한 일련의 미국 연극을 수준 높은 작품으로 소개하였다. 그러나 작품에 대한 이들의 인식은 상당히 피상적이었던 것으로 보인다. 유치진이 연출한 〈욕망이라는 이름의 전차〉에서 스탠리 역할을 맡았던 김동원은 이 작품을 "몰락한 미국 남부의 귀족 처녀 블랑시를 통해 현대인의 소외와 절망적인 고독을 그린 명작"으로 소개하고 있다.[44] 가족임에도 불구하고 인물들이 제대로 소통하지 못하는 것에서 현대인의 소외와 고독을 읽어내고 있지만 이 작품이 내포하고 있는 비판적 시선에 대해서는 언급하지 않는다.[45] 대신 그는 이 작품을 통해서 현대 미국 연극의 진수를 맛볼 수 있었다고 소개하며, 그것은 원작 희곡의 치밀한 구성, 깊이 있는 내용, 풍부한 문학성 등 여러 면에서 〈욕망이라는 이름의 전차〉는 이전과는 달리 "나에게 새로운 현대 미국 연극의 참 맛을 깨닫게"[46]해 준 작품으로 언급하였다. 그러나 역으로 이러한 소개는 작품에 대한 연기자의 피상적인 이해의 단면을 보여주며, 이는 이 작품의 연출가였던 유치진의 시각도 짐작하게 한다.

　유치진은 새로운 시대에 필요한 새로운 연극으로 〈욕망이라는 이름

---

43) 김동원, 『미수의 커튼콜』, 태학사, 2003, 222쪽.
44) 김동원, 위의 책, 223쪽.
45) 오히려 공연에서 국내 처음으로 효과 레코드를 사용한 것을 인상적인 것으로 소개하고 있다. 당시 연극 무대에서 사용하는 효과라는 게 대부분 원시적으로 사람이 만들어내는 소리였기 때문에 분위기를 제대로 살리지 못하는 경우가 많았다. 그러나 효과 레코드로 보다 사실적인 기차 소리의 효과음을 내자 연극의 완성도 또한 높아졌고, 당시 연극을 구경하러 온 관객들의 관심을 끌기에 충분했다. 김동원, 위의 책, 223쪽.
46) 김동원, 위의 책, 224-225쪽.

의 전차〉에 주목했다. 그래서 작품이 보여주는 형식의 새로움에 주목
했으며, 개인과 사회의 관계를 다루어야 한다는 것은 인식하게 된다.
그러나 〈욕망이라는 이름의 전차〉나 미국 사실주의극에 대한 이해는
깊지 않았던 것으로 보인다. 그 결과 개인과 사회를 보는 시각에 있어
서는 보수성을 그대로 유지하고 있었으며, 이러한 측면으로 인해 미
국 사실주의극의 문제성과 화제성을 제대로 담아내지 못한 것으로 보
인다. 극의 외형은 달라졌지만 1936년의 〈자매〉가 보여주었던 문제
의식에도 미치지 못하는 시각을 드러낸 것이다. 반면 신협이 38회 공
연으로 선택한 "제2차 대전 후 미국의 최대걸작" 〈욕망이라는 이름의
전차〉는 상당한 화제를 모으며 관객 획득에 성공한다.[47] 다음 공연작
인 "미국 연극의 태두 유-진 오니일의 고전연극사에 빛나는 최고걸
작!"[48] 〈느릅나무 그늘의 욕망〉 또한 작품의 예술성과 재미를 갖춘 공
연으로 관객들의 호평을 받는다.[49]

이후 유치진은 록펠러재단 초대로 미국 현지를 둘러볼 기회를 얻게
되고, 미국 연극을 직접 접할 기회를 갖게 된다. 이때의 경험이 이후
〈한강은 흐른다〉와 같은 새로운 연극에 대한 시도로 이어지게 된다.
그러나 〈한강은 흐른다〉 공연 또한 외형적인 새로움을 보여주는 데

---

47) 영화 〈욕망이라는 이름의 전차〉는 1957년 4월 19일부터는 개봉된다. 광고, 『경향
신문』, 1957.4.15. 그리고 같은 해 같은 해 번역서도 간행된다.

48) 광고, 『동아일보』, 1955.12.1.

49) 무대에서 풍기는 예술적인 향기와 동시에 객석으로 재미가 통하는 것만이 이 시
대에 요구하는 관객들의 재미인 것 같다. 그런 점으로 밀우어보아 이번에 상연하
는 「느릅나무 그늘의 욕망」은 첫째 이상 말한 바와 같은 재미가 있는 것이다. 거기
에다 금상첨화의 격으로 대단한 힘까지 있는 「오니일」의 작솜씨에 의한 것이니 작
품의 깊이는 더 말할 것도 없을 것 같다. 「극단 신협 39회 공연 「느릅나무 그늘의
욕망」 수 2일부터 시공관서」, 『경향신문』, 1955.12.2.

국한될 뿐 그의 시각은 과거의 틀에 갇혀 있었고, 그 결과 기대했던 성과는 거두지 못한다. 이러한 한계로 인해 유치진은 전후 연극계를 주도해나가지 못하게 된다. 외적인 변화는 가능했으나, 연극이란 외형의 변화만으로 완성되는 것이 아니라는 점에서 유치진은 한계를 지니고 있었던 것이다.

유치진은 전후에도 연극계를 주도하기 위한 구상을 드러내었고, 어떠한 연극이 새로운 시대에 적합한지에 대해 모색한다. 그럼에도 유치진의 연극은 관객들에게 전쟁 이전과 같은 영향력을 미칠 수 없게 된다. 외형적인 틀에서는 새로운 기법을 활용하고 있으나 그의 시각은 과거의 틀에 갇혀 있었고, 새로운 시대, 새로운 관객들의 요구를 읽어내지 못하였기 때문이다. 그 결과 〈자매〉2는 유치진의 의도와 달리 새로운 연극으로 관객에게 다가가지 못하게 된 것이다.

5. 전후 연극계 주도에 대한 욕망과 한계

〈자매〉2는 전후라는 상황, 또 유치진이 국립극장이라는 공간을 떠나 자기 연극의 가치를 증명해야 하는 상황 속에서 발표한 작품이다. 이 작품은 기존의 유치진 연극과는 상당히 다른 성격을 보인다. 이 논문은 이러한 변화를 〈욕망이라는 이름의 전차〉의 영향과 관련해서 설명하고자 했다.

〈욕망이라는 이름의 전차〉에서 테네시 윌리엄스는 물질에 대한 가치가 인간을 소외시켜가는 현실의 변화를 극의 배경으로 하고 있다. 그러면서 변화하는 사회 현실과 달리 가정 내에서는 여전히 견고하게 자기 위치를 점하고 있는 가부장적 질서의 문제를 포착하게 한다. 인물 구도에서 자매와 자매 주변의 두 남자를 등장시키고 있지만, 이 역시 애정이라는 감정이 아니라 냉정한 자본의 논리 속에서 인물들의 움직임을 보여준다. 극의 플롯도 블랑쉬의 등장에서 떠남이라는 구조를 활용하는데, 블랑쉬의 존재를 통해 자본이 중심이 된 사회의 논리를 보여준다.

〈자매〉2에서 유치진은 자매와 자매 주변의 두 남자를 등장시키며 이들 사이의 애정이라는 감정을 중심으로 극을 진행해간다. 테네시 윌리엄스가 물질 중심의 사회가 보여주는 폭력성을 폭로했다면, 유치진은 전쟁이 인간의 삶을 어떻게 파괴하게 되는지를 보여준다. 그러나 인물이나 진행 방식은 이전의 극작 경향과 달리 감정이입이 어려운, 긍정적이지 않은 인물을 활용하고 있다. 전쟁이라는 상처가 극의 전제로 놓이고, 그러한 상처가 사랑이라는 감정으로 인해 회복될 가능성을 보여주다가 같은 남자를 사랑하는 동생의 감정 때문에 결국 성희가 죽음을 선택하는 이야기로 끝이 난다. 좋지 않은 과거를 가진 여자는 결국 가정 안으로 들어오지 못하고 버려진다. 유치진은 전쟁으로 인한 개인의 상처, 특히 여성의 상처를 다루지만 그러한 피해자를 바라보는 시선은 기존의 남성 가부장의 시선을 그대로 유지한다. 그렇기 때문에 〈욕망이라는 이름의 전차〉가 제기했던 가부장적 질서의 폭력성의 문제는 담아내지 못한다.

유치진은 미군정기를 거치면서 미국연극이 주류 연극으로 부상할 것이라고 인식했고, 미국연극을 중심으로 전후 연극의 방향을 모색하게 된다. 그러나 이 시기는 유치진이 직접 미국 연극을 접하면서 〈욕망이라는 이름의 전차〉에 주목한 것은 아닌 것으로 보인다. 영문학을 전공했지만 유치진이 스스로 언급한 것처럼 그의 영어 실력은 영어자료를 읽을 정도는 아니었다. 대신 일본에 소개된 자료를 통해 미국 연극을 접했을 것이다.

미국 연극, 특히 유치진이 〈욕망이라는 이름의 전차〉에 주목한 것은 세계적으로 주목받는 새로운 연극이라는 의미에 더해, 그의 장기라고 할 수 있는 애정문제로 극을 풀어낼 수 있는 작품이기 때문이다. 이후 〈느릅나무 그늘의 욕망〉을 선택한 것도 또한 같은 맥락으로 볼 수 있다. 또한 영화로 제작되어 대중성을 충분히 확인받은 것도 유치진이 〈욕망이라는 이름의 전차〉를 선택한 이유로 보인다. 그러나 유치진은 테네시 윌리엄스가 포착한 자본의 냉혹함이나 가부장적 질서가 지닌 폭력성의 문제를 자기 식의 애정문제로 풀어내면서 욕망에서 보여주었던 새로움을 제대로 구현해내지 못하고, 낡은 인식과 새로운 방식이 어색하게 만나면서 뚜렷한 화제를 만들어내지 못한다. 대신 〈욕망이라는 이름의 전차〉와 이후 〈느릅나무 그늘의 욕망〉과 같은 미국 연극을 소개하게 되고, 록펠러재단 초대로 미국 현지를 둘러볼 기회를 얻게 되면서 미국 연극을 직접 접할 기회를 갖게 된다. 그리고 이후 〈한강은 흐른다〉와 같은 또 다른 시도로 이어지게 된다.

<한강은 흐른다>와 전후 연극의 방향 제시

1. 유치진의 마지막 모색, <한강은 흐른다>

유치진에 있어 〈한강은 흐른다〉는 아주 중요한 작품이다. 이전의 작품과는 다른 극작 기법을 보여준다는 점에서도 흥미롭지만, 이 작품을 끝으로 사실상 희곡창작을 중단하게 된다는 점에서 특히 그러하다. 1931년 극예술연구회를 통해 연극 활동을 시작한 이래 유치진은 언제나 연극계의 중심에 서 있었다. 그러던 유치진이 〈한강은 흐른다〉를 마지막으로 사실상 극작활동을 중단하게 된다. 이즈음까지도 극작에 대한 의지를 강하게 드러내던 유치진이 왜 극작을 중단할 수밖에 없었는지, 그 이유의 단편을 이해하기 위해서 주목해야 할 작품이 바로 〈한강은 흐른다〉라고 할 수 있다.

〈한강은 흐른다〉는 1958년 9월 『사상계』에 발표되었고, 극단 「신협」에 의해 같은 달 9월 26일에서 10월 1일까지 6일 간 시공관에서 공연되었다. 〈한강은 흐른다〉 공연은 당시 여러 가지 이유에서 관심을 모았는데, 먼저 공연 시기가 "모든 흥행단체가 앞을 다투어 경쟁하는 이른바 "추석 푸로"로 많은 관객을 동원할 수 있는 시기였다는 점[50] 그리고 유치진이 오랜만에 희곡을 쓰고, 또 그동안 무대를 떠나 영화로 진출하였던 김동원, 최은희, 장민호, 강계식 등 "과거 신협단원들과 극계 베타란들이 전원참가"한 작품이라는 점에서 화제가 되었다. "무대를 잃고 영화의 길로 들어섰던 그들이 오랜만에 유씨의 역작을 얻어 보여줄 이번 무대야말로 꺼져가는 한국극계를 되살리는 힘"[51]될 것이라는 점에서, 특히 국립극장과 결별한 신협의 재기공연이라는 점에서도 공연에 대한 주위의 기대는 클 수밖에 없었다.

〈한강은 흐른다〉 공연은 이러한 다양한 층의 기대와 관심 속에서 진행되었다. 그런데 이 화제의 작품을 마지막으로 유치진은 더 이상 새로운 작품을 내놓지 못한다. 물론 좋은 희곡을 창작하고 싶다는 의지는 지속되지만 작품 창작으로 이어지지는 못했다. 이 글이 주목하는 것은 바로 이 지점이다. 유치진과 신협의 모든 역량이 집결된 공연이었음에도 불구하고 〈한강은 흐른다〉의 성과가 왜 다음 작품 창작으로 이어지지 못하고 작품 활동을 마감하게 된 것인지, 〈한강은 흐른다〉 공연을 통해서 유치진의 의도와 한계를 읽어보려 한다.

〈한강은 흐른다〉는 많은 연구자들이 주목한 작품이다. 특히 기존의 유치진 희곡과는 다른 기법상의 변화를 시도하고 있다는 점에서 "확장된 사실주의극으로 사실주의극의 새로운 가능성을 엿보게 하는 작품"[52]이라는 평가를 받았다. 기존의 막과 장에서 벗어나 "속도감 있는

---

50) 「하기 힘든다는 연극 해도 안 봐주는 연극」, 『동아일보』, 1958.10.5.
51) 『경향신문』, 1958.9.21.
52) 김옥란, 「유치진의 1950년대 희곡 연구」, 『한국극예술연구』 5, 한국극예술학회,

장면 전환으로 다채로운 원심적 구성을 보여주는", "거대한 무대 장치
는 무대 위에 그대로 고착시켜둔 채 극적 사건이 진행되는 장소로만
스포트라이트를 이동하여 역동적인 사건을 진행시키는"[53] 영화적 기
법을 도입한 것을 매우 의욕적인 실험성으로 평가하였다. 즉 〈한강은
흐른다〉가 보여주는 기법상의 새로움은 '리얼리즘의 확장'으로, 60년
대 실험적인 연극들의 전형태라는 점에서 의미있게 받아들여졌다.[54]
그러나 양식의 진정한 변화는 세계에 대한 인식 방법이 변화되는 것
인데, 〈한강은 흐른다〉는 유치진이 강박되어있는 계몽성의 테제에 아
무런 근본적인 변화가 일어나지 않았다는 점에서 새로운 극적 진실을
보여주지 못했다[55]는 평가 또한 받고 있다.

　〈한강은 흐른다〉가 기존의 사실주의극의 기법을 활용하면서도 이를
확장시켜 새로운 효과를 의도했다는 것에 대해서는 대체적으로 시각
이 일치하고 있다. 이 시기 유치진이 기존과는 다른 연극에 대한 구상
을 보이고 있는 것은 분명하다. 물론 유치진이 〈한강은 흐른다〉에서 처
음으로 기법상의 변화를 시도한 것은 아니다. 국립극장 극장장에 취임
한 이후의 작품에서부터 기법적 변화를 모색하기 시작한다. 특히 춤과

　　1995, 257-258쪽.
53) 이상우, 『유치진 연구』, 태학사, 1996, 245~257쪽. 이상우는 이러한 변화 이유를
　　1956년 세계 연극계를 순방하면서 특히 미국 연극계의 새로운 극작 기법과 헐리
　　우드 영화 등에서 자극받은 것으로 보았다.
54) 이승희, 「1950년대 유치진 희곡의 희곡사적 위상」, 『한국극예술연구』 8, 한국극예
　　술학회, 1998, 334쪽.
55) 그러면서도 〈한강은 흐른다〉는 유치진이 보여줄 수 있는 모든 것을 보여준 작품
　　으로, 사실주의극이 보여주었던 것을 총화하고 있으며, 지금까지 해보지 않았던
　　다음 세대의 몫이라 할 수 있는 것을 시도하고 있다는 이유에서 그의 마지막 작품
　　이 되었을지 모르겠다는 의견을 제시하였다. 이승희, 위의 글, 338~339쪽.

음악 같은 요소를 도입하여 극의 형식에 변화를 시도하였고, 이는 〈한
강은 흐른다〉의 변화로 이어지고 있다. 그런데 이러한 모색은 〈한강은
흐른다〉를 마지막으로 중단된다. 여기에서 해명되어야 할 문제가 왜
이러한 모색이 더 이상 지속되지 못하고 유치진이 극작을 중단하는 결
과를 가져오게 되는지, 유치진의 내적 논리라고 할 수 있겠다.

 유치진은 늘 극작에 대한 왕성한 의욕을 보였다. 그런데 〈한강은 흐
른다〉를 발표한 이후 사실상 극작활동을 중단한다. 이 글에서는 유치
진이 왜 극작을 중단할 수밖에 없었는지, 유치진의 의도와 관객의 기
대 사이의 거리를 중심으로 그 맥락을 설명하고자 한다. 그러기 위해
유치진이 〈한강은 흐른다〉를 통해 새롭게 시도한 기법적 모색을 짚어
보고 그 변화에 대한 관객들의 반응 등을 통해서 유치진의 연극적 지
향에 대해 논의하고자 한다.

스탠퍼드 대학 내 후버연구소(Hoover Institution) 전경

스탠퍼드 대학 내 후버연구소에 소장된 아시아 재단의 유치진에 관련 자료[56)]

---

56) 최근 스탠퍼드 대학 내 후버 연구소가 소장하고 있던 아시아재단 관련 자료가 소
개되면서 유치진과 전후 연극에 대한 새로운 연구의 필요성을 제기하고 있다.
해방 이후 유치진 희곡이 반공노선을 강하게 드러내게 되고, 연극계의 주도권을
잡게 되는 과정에 미국의 록펠러재단이나 아시아재단의 지원이 긴밀하게 연관되
어 있었다는 사실을 밝힌 논문들이 발표되기 시작했다. 김옥란의 「냉전센터의 기
획, 유치진과 드라마센터」(『한국학연구』 47, 인하대학교 한국학연구소, 2017)와
「유치진과 미국, 드라마센터와 문화냉전」(『한국학연구』 51, 인하대학교 한국학
연구소, 2018) 그리고 「아시아재단 서류를 통해 본 드라마센터 지원과 건립과정」
(『연극평론』 89, 2018)일 비롯해 김재석의 「유치진의 록펠러재단 미국 연수에 대
한 연구」(『한국극예술연구』, 61, 한국극예술학회, 2018)와 「한국연극연구소의 드
라마센터에 대한 연구」(『국어국문학』 185, 2018)는 그동안 공개되지 않았던 새로
운 자료들을 제시하고 있어 주목된다.
김옥란의 「냉전센터의 기획, 유치진과 드라마센터」와 「유치진과 미국, 드라마센
터와 문화냉전」은 스탠퍼드 대학교 후버연구소에 보관되어 있는 아시아재단의 유
치진 관련 자료를 중심으로 전후 유치진의 활동이 미국의 전폭적인 지원 아래에
서 진행되었음을 증명하였고, 드라마센터 건립과정의 목적과 달리 이후 사유화의
문제가 발생하였다는 점을 지적하며 드라마센터의 공공성 문제를 비롯해 이 시기
에 대한 연구를 새롭게 시작할 필요가 있음을 제시하였다.
김재석의 「유치진의 록펠러재단 미국 연극 연수에 대한 연구」와 「한국연극연구소
의 드라마센터에 대한 연구」는 그동안 유치진의 자서전에서 간단하게 언급되었던
유치진의 미국연수 진행과정을 구체적으로 재구성하였으며, 드라마센터 설립 과
정에서 지원받은 금액까지 세세히 제시하여 드라마센터의 공공적인 성격을 분명
하게 제시하였다. 이러한 자료의 발견은 해방 이후 유치진에 대한 연구를 새롭게
시작해야 한다는 점을 잘 보여준다.

2. 소통 불가능성과 지향성 상실

〈한강은 흐른다〉는 표면적으로 정철과 희숙 두 사람의 사랑이야기를 따라가면서 이면에 그들을 불행하기 한 원인으로 공산주의자들을 배치하고 있다는 점에서 유치진의 일관된 문제의식을 읽을 수 있는 작품이다. 그러나 같은 소재를 활용하면서도 극의 분위기는 이전의 반공극과는 상당히 다르다. 이는 인물들의 성격 변화에서 기인한 것으로 보인다. 〈한강은 흐른다〉 이전의 유치진은 관객의 동일시가 용이한 인물을 활용하였다. 젊고 잘생기고 용감하며, 현실의 위기를 헤쳐나갈 분명한 지향을 가진 인물을 등장시켜 관객이 누구를 지지해야 할지를 쉽게 판단할 수 있도록 하였다. 그러나 〈한강은 흐른다〉의 인물은 관객이 동일시의 감정[57]을 형성하기가 상당히 어렵다.

극의 주인물인 정철의 바람은 희숙의 마음을 다시 얻는 것이다. 희숙의 마음 또한 정철을 향해 있다. 그러나 폭격으로 가슴에 상처를 입은 희숙은 정철을 사랑하고 있음에도 자신의 결함 때문에 마음을 그대로 내보이지 못한다. 여기까지의 상황은 그동안 익숙하게 보아왔던 설정으로 보인다. 하지만 희숙이 자신의 마음을 거절하자 정철이 보이는 행동은 이전 희곡의 주인물과는 확연히 다르다. 정조를 잃었어도 이해할 수 있다며 희숙의 마음을 다시 얻으려 하던 정철은 희숙이 끝내 자신의 마음을 거절하자 난폭한 행동을 하며 자포자기의 심정이 된다. 그래서 범죄자인 클레오파트라 일행과 어울리면서 그들의 범죄

---

57) 동일시란 일반적으로 관객들은 주로 자신들의 실제 자아와 비슷하거나 혹은 그들의 이상적인 자아와 가장 닮았다고 생각하는 등장인물에 감정을 투사하면서 이루어진다. 글렌 윌슨, 김문환 역, 『공연예술심리학』, 연극과인간, 2000, 88쪽.

에 이용당하기도 한다. 특히 희숙에게 거절당한 것에 대한 반감으로 클레오파트라와 어울리는 모습은 사랑이 아니기 때문에 더욱 관객들에게 불편하게 다가온다.

클레오파트라 (큰 유리컵에 양주를 가득 쳐준다)
철　　　　　 (한숨에 들이키고) 또 줘! (클레오파트라는 다시 잔을
　　　　　　채워준다)
클레오파트라 한잔만 더! (하고 또 쳐주려 한다)
철　　　　　 썩은 물보다 색다른 동물이 좋아! (상대방의 팔과 어
　　　　　　깨를 주린 듯이 핥고 빤다)
클레오파트라 호호호……아이 징그러워! (하며, 철을 떠다민다)
철　　　　　 (맹수같이) 싫어? 싫다문 죽여놓는다!
클레오파트라 내말 듣겠다고 약속한다문-
철　　　　　 뭐든지! 이 세상을 부셔버리자는 약속이문 더 좋고!
클레오파트라 (만족해서) 아이, 착해! (하면서 철에게 덤빈다)

두 사람이 한덩어리가 되었을 때에-
(F.O)[58]

　미꾸리와 동업자이면서도 애인 관계이기도 한 클레오파트라는 댄스홀에서 혼자 술을 마시던 정철을 발견하고 그를 범죄에 이용하기로 마음먹는다. 희숙에게 상처받고 자포자기한 심정이 되어 있던 정철은 클레오파트라의 술책에 걸려들게 된 것이다. 자신을 사랑하는 희숙의

<hr>

58) 유치진, 〈한강은 흐른다〉, 『사상계』, 1958.9, 394쪽.

진심을 오해하여 난폭하게 행동하고, 클레오파트라와 어울리면서 사기에 이용당하는 정철의 모습은 관객들의 호감을 끌어내지 못한다. 사실 그의 잘못으로 스승이자 희숙의 오빠인 안화백을 죽음으로 몰아넣었음에도 자신의 마음을 받아주지 않는다고 원망하고 나쁜 여자와 어울려 범죄에 연루되고, 이러한 행동의 결과가 희숙의 죽음으로 이어진다는 점에서 관객들은 정철의 행동에 동의하지 못하게 된다.

유치진은 멜로드라마의 공식을 활용한 이야기 전개를 즐겨 사용했다. 이 경우 관객들의 감정이입을 유도하는 인물을 활용하는 것이 중요하다. 국민연극 시기나 해방 후의 유치진 희곡의 주인물은 대중문학에서와 같이 잘생기고 용감하고 정의로운 인물이었다. 그래서 관객의 동일시를 유도하며 주인물이 보여주는 세계를 관객들이 자연스럽게 수용하도록 하였다. 그러나 〈한강은 흐른다〉에서 인물들은 자기 욕망에만 가득한, 소통 부재의 상황을 보여준다. 이는 사랑하는 사이에서도 마찬가지이다. 정철의 잘못으로 자신의 스승이자 희숙의 오빠인 안화백이 죽게 된 일 때문에 두 사람의 사랑은 순탄하지 않은 상황이다. 그러나 무엇보다 문제는 이들이 서로에 대한 마음을 그대로 드러내지 못한다는 데 있다. 전쟁 중 폭격으로 가슴에 상처를 입은 희숙은 온전하지 못한 몸 때문에 자신의 감정을 솔직하게 드러내지 못한다. 이에 정철은 희숙에게 다른 남자가 생긴 것이라 오해하여 난폭하게 행동하고 사기꾼인 클레오파트라와 어울리며 자신을 밑바닥으로 던져버린다. 두 사람의 이러한 어긋남은 상대에 대한 애정에서 비롯된 것이기는 하다. 그러나 자신의 상황을 솔직하게 이야기하지 않는 것이나, 상대의 마음을 헤아리지 못하고 이를 분노로 받아들이는 것이나, 모두 결국 서로 이해하고 관계를 회복할 수 있는 가능성이 사라지게 만드는 결과를 가져오게 된다.

극의 다양한 인물들은 자기 욕망에 충실하다. 다른 사람에 대한 이해나 배려는 찾기 어렵다. 그래서 인물들 사이는 단절되어 있다. 이러한 단절을 가장 잘 보여주는 인물이 클레오파트라이다. 미꾸리와 클레오파트라는 악인이지만 서로 같은 일을 도모하는 사이이다. 하지만 이들은 철저하게 서로를 믿지 않는다. 클레오파트라는 심지어 자식조차 믿지 않는다. 클레오파트라는 정철과 희숙의 사이에서 삼각관계를 형성하는 역할도 하지만, 또한 소장과 함께 전쟁이라는 혼란스러운 상황에 처한 사람들을 속여 그들의 돈을 취한다는 점에서 가장 부정적인 존재이기도 하다. 이처럼 철저하게 자신의 욕망에만 충실한 클레오파트라가 돈에 집착하게 된 계기는 자신의 아이 때문이다.

> 클레오파트라 벌써 十여년전 일야. 난 어쩌다가 새낄 뱄어. 이게 참
> 귀여웠어. 허지만 내 직장 때문에 킬 수가 있어야지.
> 할 수 있나? 남의 집에 맽겼지 그리고 三년 후에 찾아
> 갔더니 이 에미를 아주 몰라보지 않어? 그동안 얻어먹
> 은 암죽에 팔려 에밀 왼통 잊어버린거야. 그때 난 생각
> 했어. 人間이란 동물은 혈육이 아니고 물질에 좌우된
> 다는 걸……
> 미꾸리 그래서 소매치기로 나섰군?
> 클레오파트라 음, 돈을 가져야 사람 구실을 하기 때문야.[59]

클레오파트라는 자신이 낳은 아이가 엄마인 자신보다 암죽을 준 여

---

59) 유치진, 〈한강은 흐른다〉, 382쪽.

자를 더 따르는 것을 보고 상처를 받게 된다. 그래서 "인간이란 동물은 혈육이 아니라 물질에 좌우된다"는 생각을 갖게 되고 돈만을 추구하며 살게 되었다고 이야기한다. 사실 젖먹이 어린애가 자기를 길러주는 사람을 어머니라고 생각하는 것은 당연하다. 그러나 클레오파트라는 이 일을 통해 인간이 혈육보다 물질에 좌우된다는 신념을 가지게 된 것이다. 자신의 입장에서만 상대를 이해하려는 이러한 태도는 이해와 소통이 단절된 시대를 보여준다. 자식과의 관계에서조차도 무조건적인 사랑이나 희생이 불가능한, 그래서 돈을 가져야만 사람 구실을 할 수 있는 시대, 클레오파트라의 대사는 그녀의 내면풍경과 함께 시대의 분위기를 알게 해준다.

정철과 희숙은 애정문제로 묶여있지만, 극의 다른 인물들은 돈을 매개로 관계를 형성하고 있다. 부산손님과 소장, 로오즈매리와 소장, 클레오파트라와 미꾸리 등등 극의 인간관계는 대부분 돈으로 얽혀있다. 그렇기 때문에 서로에 대한 믿음은 부정되고 있다. 믿게 되면 그것은 바로 사기로 이어지기 때문이다. 소장과 클레오파트라가 벌인 사기 사건은 작은 신뢰를 이용한 것이었다. 그렇기 때문에 극에는 신뢰할만한 긍정적인 인물이 등장하지 않는다.

유치진은 일관되게 연극의 교화적 측면을 중요하게 여겼다. 그렇기 때문에 관객의 공감을 유도하여 바람직한 교화의 방향을 보여줄 수 있는 긍정적 주인물과 그를 지지하고 따르는 부차적인 인물들을 등장시켰다. 그러나 〈한강은 흐른다〉의 인물들은 이전 희곡과 다르다. 특히 주인물인 정철은 이전 희곡의 인물들과 달리 감정이입이 용이하지 않다. 무엇보다 전쟁기의 비참한 현실을 이겨내기 위한 어떠한 지향도 갖고 있지 않다. 그는 단지 희숙의 마음을 얻고자 하는 지극히 개인적인 욕망만을 가지고 있고, 그 바람이 이루어지지 않자 자신을 놓아 버리는 모습을 보여준다. 이전 희곡에 등장하던 반듯하고 지향해야할 이념이 분명하던 젊은이와는 전혀 다른, 현실에 대한 분노를 드러내는 거친 인물이다. 전쟁 이전의 정철은 시를 쓰는 문학청년이었다. 그러나 전쟁이 그를 공산주의에 대한 분노와 희숙에 대한 집착 이외에는 관심이 없는 인물로 바꾸어 놓았다. 정철이 보여주는 모습은 이전의 유치진 희곡에서 보아오던 주인물에 비해 상당히 낯설다. 전쟁이라는 상황에 대한 성찰도 그 고통스러운 현실을 이겨내기 위한 방향 같은 것도 없다. 그러면서 모든 문제의 책임을 공산주의자들에게로 돌려버린다.

철　　잠간만 나으리. 여기에도 또 한 놈의 죄인이 있읍니다. 이놈은 그까짓 쓰리꾼 따위가 아니고 천하에도 잔인 무도한 살인범이예요. 이놈은 공산당 선전에 눈이 어두어 무참히도 사람을 죽였소. 보십시요. 여기에 그 증거가 이렇게 뻗으러져 있읍니다. 그뿐이겠읍니까? 이놈은 제 은사(정애를 가리키며) 바로 이 부인의 남편입죠. 그 은사를 죽였고 그리고 제애비 제애미까지도 죽인 놈이예요. 자아 이 가증한 살인마를 잡아 가십시요! 이놈은 이미 하늘의 벌은 받은 놈이니 이 지상에서도 가장 준엄한 형벌에 처해주세요. 자아, 잡아다가 당장에 목을 비어주십시오.[60]

그들 모두를 이렇게 비참한 상황으로 몰아넣은 것이 공산주의자들

---

60) 〈한강은 흐른다〉, 420쪽.

이라는 정철의 인식은 "오늘의 현실에 있어서나 내일에 있어서나 변함없는 유치진의 도덕의 세계"[61]라고 할 수 있다. 〈한강은 흐른다〉가 시도한 새로움에도 불구하고 유치진의 의식은 반공극에서 보여주었던 세계에 머무르고 있는 것이다. 이런 점에서 유치진은 전혀 변하지 않았다고 할 수 있다.

〈한강은 흐른다〉는 반공극에서와 같이 전쟁 후방의 현실을 다루면서도 전혀 다른 인물과 사건을 포착하여 관객들에게 새로움을 준다. 그러나 관객의 동일시를 유도하지 못하는 인물을 활용하는 방식은 관객들과도 소통하지 못하는 결과를 만들어내게 된다. 감정의 동일시가 일어나지 않는다면, 작가에서 시작해서 해석자와 청중을 통하는 극적 의사소통의 고리에서 무엇인가가 빠진 것이다.[62] 청중이 무지하거나 혹은 준비가 되어있지 않은 경우가 원인일 수 있지만 이 경우 관객이 원하는 새로움과 유치진이 보여주는 새로움 사이의 거리에서 기인하고 있는 것으로 볼 수 있겠다.

3. 기법적 새로움에 대한 모색

〈한강은 흐른다〉가 보여주는 새로움은 기법에서 가장 분명하게 드러난다. 유치진 희곡의 변화는 국립극장 설립 이후에 발표한 희곡에서부터 시작된다. 1950년대 전반기에는 주로 음악이나 춤과 같은 시

---

61) 오영진, 「「한강은 흐른다」를 보고 ─신협의 재출발을 환영하여」, 『경향신문』, 1958. 10. 5.(날짜 붙여쓰기)
62) 글렌 윌슨, 앞의 책, 89쪽.

청각적인 요소들을 활용하여 연극에 변화를 시도하였다.[63] 극의 구조
는 이전과 같은 방식으로 가져가되 기법적인 측면에서 다양한 볼거리
를 활용하여 극을 풍성하게 만드는 방식을 선택한 것이다. 특히 모든
희곡에 작곡가를 둘 만큼 음악에 신경을 썼다. 이전에는 작곡할 경비
도, 작곡할 사람도, 또 연주할 시스템도 없어 외국의 유명한 곡을 사용
했는데, 이 경우 곡 자체가 가지고 있는 이미지와 연극의 이미지와 맞
지 않아 어려움이 있었다며,[64] 1950년대에 발표한 희곡에는 매 작품
마다 음악가를 두어 극의 내용을 관객에게 잘 전달하기 위해 배려하
였다.

〈한강은 흐른다〉에서도 음악은 극 전개에 중요한 역할을 한다. 극의
음악은 영화음악 작곡가로 유명한 정윤주[65]가 담당했는데, 유치진의
희곡 〈까치의 죽음〉을 무용곡[66]으로 작곡한 인연이 있기도 하다. 특히
〈한강은 흐른다〉에서는 당시에는 생소한 재즈라는 음악과, 댄스홀이
라는 새로운 공간을 활용하여 전쟁이라는 상황에 처한 인물들의 불안
을 드러내며 볼거리를 만들어내고 있다.

---

63) 이정숙, 「한국전쟁기 역사소재극과 유치진의 민족극 구상」, 『한국극예술연구』 34, 한국극예술학회, 2011.

64) 이두현 대담, 『한국연극이면사』, 도서출판 피아, 2006, 206쪽.

65) 정윤주는 유치진과 같은 통영 출신의 작곡가로 196,70년대 〈사랑방 손님과 어머니〉, 〈갯마을〉, 〈저 하늘에도 슬픔이〉 등의 영화음악 작곡가로 유명한 인물이기도 하다. 작곡가 정윤주에 관한 자세한 내용은 오희숙, 「정윤주」, 『음악과 민족』 26, 민족음악학회, 2003 참조.

66) 1950년 6.25전쟁이 일어나면서 정윤주는 통영으로 피난을 내려오게 되었고, 그곳에서 유치진을 만나게 된다. 그리고 유치진이 보여준 아동극 〈까치의 죽음〉의 대본을 정독한 후 유치진의 허락을 받고 이를 무용곡으로 작곡하였다고 한다. 오희숙, 위의 글 참조.

호올은 활짝 핀 벚꽃 복숭아꽃 등으로 뒤덮였다.

네온 불빛에 구슬픈 「쟈즈・송」을 흥흥거리는 로오즈매리

땐서들 안고 도는 손님들. 그 중에는 부산 손님과 그의 딸만이, 미꾸리, 클레오파트라, 전재민 구호소 소장 등 그밖에 외국군인들도 끼었다. 철은 혼자서 양주를 키고 앉았다.

춤이 끝나자-

로오즈   (철에게 달려와서) 어머나- 누군가 했더니 바로 鄭
            哲군! 나의 국민학교 시절의 동창생이구먼! 웬 일야,
            喜淑일 두고 혼자 나왔으니? 나하고 한번-(하며 춤
            을 청하는 자세를 짓는다)[67]

클레오파트라   (비스듬히 앉아 눈을 감으며 외운다)
            산야는 전화입어 벌의 집 같애도
            漢江은 흐른다. 쉬일 사이 없이-

            이몸은 砲彈맞아 누덕이 같애도
            漢江은 속삭인다. 가슴속 깊이-

            漢江은 나의 넋! 님의 젖줄기!
            漢江이 흐르는 동안 우린 살아있다.

            (以上의 시의 랑독을 경청하고 있던 호올 안의 사람들, 哲을 除外하

_____

67) 유치진, 〈한강은 흐른다〉, 388쪽.

고는 모조리 감격하여 「부라보오!」를 부른다)[68]

   화려한 조명이 비추는 댄스홀에 재즈 음악이 흐르고 손님들은 댄서들과 어울려 춤을 춘다. 전쟁이라는 현실을 잊기 위해 사람들은 낯선 공간에서 양주를 마시며, 낯선 음악을 흥얼거린다. 재즈라는 음악은 이러한 낯선 풍경을 통해 사람들의 심리적 공허함을 드러내며, 한편으로는 시각적이고 정서적인 호기심을 자극한다. 댄스홀, 네온 불빛, 재즈, 댄서 그리고 양주라는 번쩍거리고 새로워 보이는 서구식 소비문화는 동대문시장이라는 공간의 남루한 현실과 대비되면서 새로운 욕망의 공간을 만들어낸다. 그리고 이러한 분위기를 배경으로 클레오파트라의 다이아몬드 반지 절도 사건이 발생하게 된다.

   극에서 가장 흥미진진한 부분은 이 다이아반지 절도 사건이다. 유엔군 부대에 납품하는 일로 돈을 모은 부산손님이 대금으로 받은 돈을 다이아 반지와 교환하기를 원하면서 사건은 시작된다. 사기 치는 데 이력이 난 소장은 소매치기인 클레오파트라 일당과 짜고 그녀의 다이아 반지를 부산손님에게 건넸다가 도로 훔치는 작전을 세우고, 부산손님과 클레오파트라와 미꾸리 그리고 소장이 댄스홀에 모여들면서 긴장감은 고조된다. 부산손님은 클레오파트라에게 호감을 보이며 춤을 청하고, 곧이어 자신의 다이아 반지를 도난당했다는 사실을 알게 되면서 화려하고 떠들썩하던 댄스홀의 분위기는 급변한다. 특히 클레오파트라가 춤을 추는 동안 다이아반지를 훔쳐갔다고 생각한 부산손님이 클레오파트라의 몸수색을 하지만 결국 반지를 찾지 못하고

---

68) 유치진, 〈한강은 흐른다〉, 389쪽.

오히려 정철에게 맞아 나가떨어지는 사건전개가 상당히 긴장감 있다. 극은 이러한 극적인 사건을 춤과 음악과 엮어서 빠르게 전개시킨다. 이러한 장면과 사건 전개는 마치 뮤지컬의 한 장면을 연상시킨다.

사실 유치진은 뮤지컬에 상당한 관심을 가졌던 것으로 보인다. 1937년 뮤지컬이 원작인 〈포기와 베스〉를 처음으로 연출한 일이 있었고, 1962년에는 한국 최초로 이를 뮤지컬 형식으로 공연하기도 한다.[69] 연극에서 음악이 가지는 효과에 대해 잘 알고 있었던 유치진은 미국연극 시찰 중 브로드웨이를 돌아보며 뮤지컬이 가진 영향력을 잘 알게 된다. 특히 브로드웨이의 연극은 1년 전에 예매를 해야 할 정도로 관객들의 관심을 끌고 있다는 사실에 주목하였다. 뮤지컬이 가진 영향력에 주목했던 유치진은 춤과 노래, 빠르고 극적인 사건전개 등의 방식을 자신의 연극에 적용해본 것으로 보인다.

〈한강은 흐른다〉는 숨 돌릴 틈 없이 사건을 연속시킨다. 이를 위해 막과 장 대신 조명의 이동에 따라 장면을 바꾸고 극을 진행시키는 전략을 선택한다.[70] 당시 공연에서 "전막 22경을 한 번도 막을 내리지 않고 다만 조명의 변화만으로 두 시간 반 동안을 박력있게 이끌어나"[71] 갔다는 언급을 보면 이러한 장면 구성이 상당히 인상적이었던 것은 분명하다. 유치진은 극의 마지막에 무대 상연 시 "연출은 되도록이면 단일 장치로써 막 대신 조명과 음악을 사용하여 막간없이 진행되었으

---

69) 유치진, 「포기와 베스의 연출」, 『동랑유치진전집』 2, 서울예대출판부, 1993, 353쪽.

70) 〈한강은 흐른다〉가 영화적 기법을 사용하고 있는 것에 대해서는 많은 연구자들이 주목하고 있는데 이상우의 (『유치진 연구』, 태학사, 1996)와 이승희(앞의 글)의 내용을 참조.

71) 이광래, 「인간혼의 흐느낌-신협공연 "한강은 흐른다" 평」, 『동아일보』, 1958.10.5.

면 한다"[72]고 주의를 덧붙였고, 만일 막간을 설정할 경우에는 10경의 끝에 두면 좋을 것이고 15경 끝에 두어도 좋다고 언급하였다. 유치진은 장면을 나누지 말 것을 당부하면서도 부득이 장면을 나누게 될 경우 2부분을 제시하는데, 이는 날이 바뀌는 것을 기준으로 하고 있다. 굳이 막을 나누려면 하루 단위로, 즉 하루가 끝나는 밤 시간을 막으로 나누도록 제안한 것이다. 이렇게 되면 극 속의 시간은 사흘이다. 〈한강은 흐른다〉는 사흘이라는 시간 동안, 전쟁기 시가전으로 폐허가 된 서울의 시장 한쪽 면에 조명에 비추어 그곳에 살고 있는 사람들의 고통스러운 현실을 관객들에게 보여주고 있다. 그래서 여러 피난민들과 그들의 주머니를 노리는 소장, 소매치기 미꾸리와 클레오파트라, 그리고 서로를 그리워하던 희숙과 정철의 사연을 드러내 보여준다. 그러나 보여주는 방식은 무겁거나 고통스럽지 않다. 여러 가지 극적 사건들을 배치하여 아주 긴장되고 빠르게 극을 진행하며, 음악과 춤을 통해 흥겨우면서도 쓸쓸한 분위기를 연출해낸다.

　시간의 흐름을 길게 가져갈 때는 중심인물의 서사를 따라가는 것이 용이하다. 그러나 〈한강은 흐른다〉는 고정된 공간을 배경으로 짧은 시간 동안 일어난 이야기를 풀어가기 때문에 그 공간에 놓인 사람들의 다양한 이야기들이 섞여들게 되고, 중심인물의 서사와 주변인물들의 서사가 복잡하게 얽히면서 입체적인 극의 구도를 만들어내게 된다. 이전의 유치진이 긴 시간의 흐름을 따라가면서 중심인물의 심리적인 측면을 부각시켰다면, 〈한강은 흐른다〉는 짧은 시간동안 한 공간에서 일어나는 여러 사건들을 연속시킨다. 이를 위해 막 구분 없이

---

72) 유치진, 〈한강은 흐른다〉, 420쪽.

조명의 변화에 따라 전개시켜 극 전개를 긴박하게 보여준다. 말 그대로 관객이 눈을 뗄 수 없게 하는 것이다.

극의 중심 사건은 정철과 희숙 두 사람의 사랑이다. 그러나 동시에 클레오파트라와 미꾸리 그리고 소장이 연루된 다이아반지 사기 사건이 전개되며, 또 소장이 주변 사람들의 돈을 관리한다는 명목으로 받아서 도망가는 사건이 겹쳐진다. 이전의 유치진의 희곡은 모든 일들이 중심 줄거리를 중심으로 집약되는 잘 만들어진 극 구성을 보였다. 그러나 〈한강은 흐른다〉는 짧은 시간 동안 사건의 가장 흥미 있는 부분만을 부각시키고, 계속해서 다른 흥미 있는 이야기를 이어가면서 관객들이 시선을 뗄 수 없게 한다. 정철과 희숙, 두 사람의 사랑 이야기도 가장 극적인 부분에서 시작해서 마무리로 달려가고 있으며, 이 사건과 교차해서 다이아 반지 사기 사건과 소장의 사기 사건을 배치하여 계속해서 관객들이 극에서 시선을 뗄 수 없게 한다. 줄거리를 촘촘하게 엮어가면서 긴장감을 상승시키기보다 흥미 있는 장면을 엮어서 관객의 관심을 묶어두려는 이러한 방식이 이 시기 유치진이 시도한 구성의 새로움이다. 시간이 짧아진 대신 시야가 넓어지면서 다양한 사람들과 사건들이 극의 중심에 놓이게 된 것이다. 이러한 방법이 유치진은 그 시대의 포착이라고 생각한 것이다.

4. 새로움에 대한 소통의 거리

1950년대 중반 이후부터 새로운 연극, 새로운 관객에 대한 요구가 나타난다. 기존 연극이 관객을 잃어버렸기 때문에 연극이 관객에게 환

영받을 수 있는 연극이 필요하다는 것이다. 이 시기의 연극평을 보면
유난히 연극이 관객들의 눈높이를 고려해야 한다는 등의 요구가 높다.

> 지난 어느 시절에 성공했다는 것, 한 작가의 전성시대에 습득한「드라
> 마투르기」, 배우의 연기, 이런 것만 유일이 재산으로 되풀이되는 연극으
> 로 오늘날도 관객의 갈채를 바란다는 것은 너무 어리석은 생각이다.
> 「포스타·발류」가 있는 작가, 연출가 더욱이 배우들이 나오는 연극
> 이라해서 관객은 무조건 극장으로 달려들지는 않는 것이 현실이다. 그
> 러고 보면 전 연극인은 무엇보다도 먼저 연극이 현존 관객에게서 환영
> 을 받을 수 있게 할 방안을 연구해야하지 않을까.[73)]

"지나간 연극을 지금, 아무리 보려 해도 보아지지 않는 것"[74)]이라며
지금의 관객들에게 환영받을 수 있는 방안을 연구할 것을 요구한다. 이
는 관객의 기호가 바뀌었다는 것을 드러내는 것으로 기존의 방식으로
는 관객들과 소통할 수 없음을 연극인들 또한 인식하고 있음을 보여준
다. 그래서 "연극인들은 무엇보다도 연극이 다시 관객을 찾을 수 있도
록 연극본래의 매력을 찾는 방향으로 전 심혈을 경주했어야"[75)] 했다.
유치진 또한 연극계의 변화와 새롭게 등장한 관객층과 그들의 요구
를 의식해야 하는 상황이었다. 이 과정에서 유치진의 고민의 결과를
보여주는 것이 극단 신협의 〈욕망이라는 이름의 전차〉 공연이다. 신
협은 1955년 8월 26일부터 31일까지 6일간 유치진 연출로 시공관에

---

73) 이원경,「연극 무너지는 전통-1958년 문화계 결산」,『동아일보』, 1958.12.17.
74) 이원경, 위의 글.
75) 이원경, 위의 글.

서 〈욕망이라는 이름의 전차〉를 상연한다. 신협의 대표배우 김동원이 스탠리 역으로, 미국극계를 돌아보고 귀국하였던 이해랑은 미치역으로, 출연했다.[76] 특히 이 공연에서 주목되는 점은 번역극 공연임에도 유치진이 이를 한국적인 상황에 맞게 연출하였다는 점이다.

> 이번 한국에서 신협극단이 훌륭한 번역으로 이 연극을 상연하였는데, 전체적으로 보아 양반가족의 몰락으로 취급하고 있다. 여주인공 백성희 씨(부란쉬)는 정신병적인 개성이 뻗히려는 심리경향을 막는 역할을 보였고, 몰락한 양가의 딸로서 전체적으로 적절한 연기였다. 김동원 씨(스탄리-)는 원작처럼 광포한 것이 아니라 가정불화에 대항하여 그의 유산과 가족을 보호하는 한국남자이었다. 「스텔라」의 황정순 씨는 완전히 비근대적인 여성으로 훌륭한 연기였는데 이것은 한국말로 된 번역으로 이해될 수 있는 것이다. 「스탄리-」에 대한 「스텔라」의 사랑은 완벽한 것으로 보였는데 한국의 사회적 환경으로 보아 일가의 아내로서 오히려 알맞은 대사이기도 하다. 이것이 바로 「윌리암스」의 연극을 한국사회의 전통에서 보건대 거칠은 현실생활과 결혼에 대한 도덕을 다시금 재확인하는 것으로 변양케 한 것으로 본다. 그래서 「부란쉬」는 도덕적 관념이 결핍된 징조로 취급되고 있는 것이다. (중략)
> 유치진 씨는 이 극을 한국적으로 가장 훌륭한 솜씨로 연출하였으며 일반대중에게 충분히 이해시킨 것이다.[77]

---

76) 김동원은 〈욕망이라는 이름의 전차〉 공연을 "몰락한 미국 남부 귀족 처녀 블랑시를 통해 현대인의 소외와 절망적인 고독을 그린 명작"이라고 회고했다. 김동원, 『미수의 커튼콜』, 태학사, 2003, 223쪽.
77) 아서 맥다가이트, 「한국적으로 다룬 연출-신협의 「욕망이라는 이름의 전차」」, 『경향신문』, 1955.9.2.

　유치진은 〈욕망이라는 이름의 전차〉를 "현실생활과 결혼에 대한 도
덕을 재확인"하는 연극으로 연출했고, 이 공연은 상당한 성공을 거둔
다. 즉 새롭게 등장한 관객들의 호응을 얻게 된 것이다. 이에 대해 이
해랑은 "상반기에 있어서 대관객적인 안이한 레퍼어트리를 상연하여
관객을 잃어버린 극단이 예술적인 의욕을 살리기 위한 레퍼어트리를
상연함으로써 오히려 예상이외의 많은 관객을 얻었다"[78]며, 이는 그
동안 극단이 관객의 예술적인 역량을 잘못 인식했다는 것을 보여주는
것이라고 언급하였다. 〈욕망이라는 이름의 전차〉의 성공은 극단이 새
로운 관객들의 요구가 어떤 것인지를 가늠할 수 있는 계기가 되었다
는 점에서도 의미가 있다.

　〈욕망이라는 이름의 전차〉 공연은 예상외의 성과를 얻었고, 이러한
성공에 힘입어 유진오닐의 〈느릅나무 밑의 욕망〉을 공연한다. 이 작
품 역시 반응이 괜찮았다. 미국 연극이 관객의 호응을 얻게 되자 1957
년에는 〈세일즈맨의 죽음〉을 공연하는 등 계속해서 미국연극을 소개
하는데, 이 공연들 역시 상당한 성공을 거두게 된다. 이후 1956년 미
국 록페러 재단의 초청을 받아 1년 간 미국의 문화계 각 분야를 시찰
하고 귀국한 유치진의 극작 방향은 자연스럽게 "이념이나 철학성이
유니버설화된 작품"[79]으로 구체화된다. 그리고 〈한강은 흐른다〉를 발
표한다. 〈한강은 흐른다〉는 멜로드라마적인 구조를 활용하면서도 좀
더 새롭고 다양한 기법들을 동원한, 유치진이 생각하는 새로움이 집
약된 작품이었다. 공연에 대한 기대도 높았다. 유치진이 심혈을 기울

---

78) 이해랑, 「1955년의 극계 지양된 대관객의 호흡-연극인이 오인했던 관객의 감식
　안」, 『동아일보』, 1955.12.29.
79) 유치진, 「낮잠 자면서」, 『경향신문』, 1957.7.14.

여 발표한 작품이라는 점과, 신협의 대표 배우들이 참여한 신협 재건 공연이라는 점에서 주목을 받았다. 그러나 기대했던 것에 비해 관객은 많지 않았다.

　　여기에 동원된 관객 6일간 11회 공연은 유료입장자 일반(400환)이 약 8000명, 군경반액(200환)이 약 500명이라는 정도였다. 이것은 물론 금년 들어서 국립극장에서 상연한 어느 연극에 동원된 관객 수보다도 많은 것이다.

　　그럼에도 불구하여 여기에서 들어온 입장료 총액이 326만 7천환이어서 입장세를 비롯하여 시공관 대관료 선전비 등 비용을 제하고 나면 극단 「신협」 앞으로 들어오는 금약이 145만 7100환이라는 것이다. 여기에서 또 단체자체로서의 영업 소득세 등을 빼고나면 122만 9400환이 남는 정도라고 한다.

　　이번 「신협」의 경우는 단원들이 「갸란티」는 일체없이 동인적인 처지에서 협력하였기 때문에 인건비라든가 작품 연출료 기타 사무비, 잡비 등은 든 것이 없고 장치비와 선전비가 들었을 뿐이라고 하지만, 보통의 경우 한 작품을 무대에 올리기까지에는 300만환 이상이 든다고 생각할 때 도저히 채산에 맞지 않는 노릇이다.

　　만약에 「추석푸로」로서 악극을 올렸다면 극단의 경우 5배 이상인 6-700만환이 수입을 단체 자신이 올릴 수 있었을 것이라고 관계자들은 종래의 예에 비추어 말하고 있는 것이다.[80]

추석이라는, 관객을 가장 많이 동원할 수 있는 시기의 성적이라는

---

80) 「하기 힘든다는 연극 해도 안 봐주는 연극」, 『동아일보』, 1958.10.5.

것을 고려하면 상당히 실망스러운 성과였다. 〈한강은 흐른다〉가 거둔 수익으로는 극단 유지가 쉽지 않을 수 있었다. 문제는 신협이 직업극단이었다는 점에 있었다. 직업극단은 공연 수익으로 단원들이 생활을 유지할 수 있도록 경제적인 지원을 하는 체제를 갖춘 극단을 말한다. 그러나 〈한강은 흐른다〉의 공연 수익은 신협이 전문극단으로 자립할 수 있다는 가능성을 보여주지 못했다.

유치진이 〈한강은 흐른다〉를 들고 나올 때 연극계 전체가 기대를 가졌다. 특히 신협이 국립극장과 결별하고 신협이라는 이름으로 공연을 한다는 점에서 그러했다. 실제 이 공연은 신협의 재기공연이라는 점에서 주목을 받았다.[81] 국립극단 소속 극단이었던 신협은 한국전쟁기 국립극장의 운영이 정지되었던 시기에도, 피난지 대구에서도 유치진과 함께 활발한 공연활동을 벌였다. 그런데 유치진이 미국에 체류하는 동안 서항석이 극장장으로 있는 국립극장 소속극단으로 옮겨가게 된다. 단원들의 경제적으로 안정을 보장해줄 수 있다는 것이 이유였다. 그러나 귀국 후 유치진이 이 사실을 알게 되면서 문제가 생겼고, 여기에 유치진의 희곡 〈왜 싸워〉를 둘러싼 논란이 겹쳐지면서 기존의 신협 단원들은 대거 국립극단을 나와 유치진과 함께 신협이라는 이름으로 재출발을 도모하게 된다. 〈한강은 흐른다〉는 바로 그 첫 공연이었다.

〈한강은 흐른다〉는 신협이라는 직업극단이 공연 수익으로 극단을

---

81) 「극단 「신협」 재건공연 한강은 흐른다」, 『경향신문』, 1958.9.21. 「「신협」 재건 51회 공연 유치진 작 「한강은 흐른다」」, 『동아일보』, 1958.9.25. 「극단 신협재건 공연 한강은 흐른다 -오랜만에 찾은 연극의 매력」, 『경향신문』, 1958.9.27. 「「한강은 흐른다」를 보고 -신협 재출발을 환영하여」, 『경향신문』, 1958.10.5.

운영해 갈 수 있는지, 그 가능성을 보여주는 공연이라는 점에서 중요
했다. 더구나 당시 한국연극계에서 가장 영향력 있는 인물인 유치진
이, 그것도 미국의 연극계 시찰을 마치고 돌아와서 야심차게 준비한
첫 작품이라는 점에서 기대는 컸다. 이 공연의 성공은 신협과 유치진
이 함께 연극 활동을 지속할 수 있게 하는 근거가 되는 것이기도 했다.
그렇게 때문에 공연의 성공은 절실한 것이었다. 직업극단인 신협은
공연 수익으로 극단원들이 생계를 꾸려가야 하는 만큼 관객 수는 극
단의 유지에 중요한 근거였다. 그러나 〈한강은 흐른다〉가 거둔 수익
으로는 전문극단 체제가 유지되기 어려울 정도였다.

> 사실상 우리나라의 현실로서는 하나의 직업극단이 연극행동을 계속
> 하기엔 운영 면에 있어서 거의 절대에 가까운 만큼 불가능하게 되어 있
> 다. 즉 경제적으로 수지 발런스가 맞지를 않는다. 이것을 여실히 증명
> 하고 남음이 지난번 추석의 신협의 〈한강은 흐른다〉 공연에 동원된 관
> 객의 수로써 알 수 있다. [82]

결국 신협은 다시 국립극장의 전속극단으로 들어가게 된다. 새로
운 시대, 새로운 관객과 소통하고자 야심차게 내놓은 공연이 기대에
못 미치는 결과를 얻게 된 이유를 어떻게 설명할 수 있을까. 새로운 관
객들은 새로운 연극을 원했다. 유치진 또한 그러한 요구를 알고 있었
다. 다만 유치진은 새로움의 실체를 극의 형식에서 찾았고, 형식에서
변화를 추구하는 것으로 관객들의 요구를 충족시킬 수 있다고 판단했
던 것으로 보인다. 그러나 그러한 그의 생각은 관객들의 호응을 끌어

---

82) 이원경, 「1958년 문화계 결산-무너지는 전통」, 『동아일보』, 1958.12.17.

내지 못했다. 새로운 기법을 시도하였으나, 그러한 새로운 형식에 담긴 내용, 작가의 시각은 동일하였기 때문이다. 그는 새로운 연극의 외형은 보았으나, 여전히 과거의 인식에서 자유롭지 못했다. 외적인 변화는 가능했으나, 연극이란 외형의 변화만으로 완성되는 것 아니라는 점에서 유치진의 모색은 한계를 지니고 있었다. 결국 그는 극작의 방향을 새롭게 고민해야 하는 처지가 되었다.

유치진이 극단에 소속되어 극작활동을 한 극작가였다는 점도 극작활동을 어렵게 하는 원인이 되었다. 〈한강은 흐른다〉 공연을 계기로 해서 그의 연극 활동의 기반이라 할 수 있는 극단이 없어져버렸기 때문이다. 1930년대 극예술연구회에서부터 1940년대의 현대극장과 극협 그리고 1950년대의 신협에 이르기까지 유치진은 극단 소속 작가로 활동을 해왔다. 그런데 〈한강은 흐른다〉 이후 신협이 다시 국립극장 소속이 되면서 유치진은 극작 활동의 근거를 잃어버리게 되었다.

멜로드라마라는 익숙한 틀을 활용하면서도 전혀 다른 인물과 기법을 활용한 〈한강은 흐른다〉의 방식은 새로운 연극에 대한 유치진의 고민이 도달한 결과였다. 그러나 이러한 새로움은 관객들에게 그다지 환영받지 못했던 것으로 보인다. 이 시기 새롭게 등장한 관객들에게 유치진의 연극은 외형만 새롭지 그 내용은 전혀 새로울 것 없는 기존 이야기를 되풀이하는 것에 불과한 것으로 여겨졌기 때문일 것이다. 결국 극단과 관객을 잃은 유치진은 강렬한 극작 의욕에도 불구하고 더 이상 극작에는 손을 대지 못하게 된다. 물론 〈한강은 흐른다〉 공연 이후에도 유치진은 계속해서 극작에 대한 강한 의욕을 보인다. 좋은 작품을 써야 극작가로서의 자신의 존재 의의도 있으며, 우리나라

연극을 바로 세우는 뒷받침도 된다[83]는 것이다. 그러나 그 스스로도 인정하고 있는 것처럼 그가 "나아가려는 바 본도"[84]에 해당하는 작품은 더 이상 발표하지 못하게 된다.

5. 전후 연극 모색 방향의 한계

1931년 연극활동을 시작한 이래 유치진은 언제나 연극계의 중심에 있었다. 그러던 유치진이 〈한강은 흐른다〉를 마지막으로 사실상 극작활동을 중단하게 된다. 극작에 대한 강한 의욕을 보이던 유치진이 왜 〈한강은 흐른다〉를 마지막으로 극작활동을 중단하게 되는지, 그 맥락을 이해하기 위해서는 〈한강은 흐른다〉와 이 공연을 둘러싼 정황들을 섬세하게 고려할 필요가 있다.

유치진은 일관되게 연극의 교화적 대중성을 추구하였다. 그렇기 때문에 관객의 공감을 유도하여 바람직한 교화의 방향을 보여줄 수 있는 긍정적 주인공과 그를 지지하고 따르는 부차적인 인물들을 등장시켰다. 그러나 〈한강은 흐른다〉의 다양한 인물들은 서로 소통하지 못하고 있으며, 관객들의 공감을 얻어내는 데도 실패하고 있다.

〈한강은 흐른다〉는 막과 장 대신 조명의 이동에 따라 장면을 바꾸고 극을 진행시키는 방식을 사용한다. 극의 시간은 사흘, 공간은 전쟁기 시가전으로 폐허가 된 서울의 시장 한 편으로 고정되며, 그곳에서

---

83) 유치진, 「작품을 쓰자」, 『동아일보』, 1959.1.5.
84) 유치진, 「작품을 쓰자」.

사흘 동안에 일어나는 일에 조명에 비추어 관객들에게 보여주고 있다. 긴 시간동안 갈등이 형성되면서 긴장이 고조되는 방식이 아니라, 흥미의 정점에서 이야기를 풀어가고, 여기에 더 긴장감 있는 사기 사건들을 엮어서 관객이 극의 사건에서 눈을 뗄 수 없게 한다. 또한 뮤지컬식의 볼거리를 배치하여 관객들이 무대에 집중하게 한다.

그러나 이러한 새로운 구도를 활용하여 만들어내는 주제는 그들을 이렇게 비참한 상황으로 몰아넣은 공산주의자들의 부정성을 폭로하는 반공극의 논리를 되풀이하는 것에 머무르고 있다. 새로운 기법을 발견하고는 있지만 기법에서의 새로움에 그칠 뿐 새로운 시대의 요구를 수용하지는 못하고 과거 반공극의 논리에서 머무르고 있는 것이다.

1950년대 중반 이후부터 새로운 연극, 새로운 관객에 대한 요구가 나타난다. 유치진 또한 새롭게 등장한 관객층과 그들의 요구를 의식해야 하는 상황이었다. 〈욕망이라는 전차〉를 비롯한 미국연극 공연의 흥행성공을 보면서 새로운 관객층의 기호를 파악한 유치진은 〈한강은 흐른다〉를 발표한다. 그러나 기대했던 것에 비해 관객은 많지 않았다. 그 이유는 관객들의 요구와 유치진이 추구한 새로운 극작 사이의 거리 때문이다. 새롭게 등장한 관객들은 새로운 연극을 원했다. 유치진 또한 그러한 요구를 알고 있었다. 다만 유치진은 새로움의 실체를 형식에서 찾았고, 형식에서 변화를 추구하는 것으로 관객들의 요구를 충족시킬 수 있다고 판단했다. 그러나 그의 생각은 관객들의 소통을 끌어내지 못했다. 〈한강은 흐른다〉에서 유치진은 새로운 기법을 시도하고 있다. 그러나 그러한 새로운 형식에 담긴 내용은 동일하다. 그는 새로운 연극의 외형은 보았으나, 여전히 과거의 인식에서 자유롭지 못했다. 외적인 변화는 가능했으나, 연극이란 외형의 변화만으로 완성되는 것 아니라는 점에서 유치진은 한계를 지니고 있었다.

유치진은 극단에 소속되어 극작활동을 한 극작가였다는 점도 더 이상의 극작활동을 어렵게 하는 원인이 되었다. 〈한강은 흐른다〉 공연은 직업극단으로 신협을 운영해 갈 수 있는지, 그 가능성을 보여준다는 점에서 중요했다. 이 공연의 성공은 신협과 유치진이 함께 연극 활동을 지속할 수 있는 근거가 되는 것이기도 했다. 그러나 〈한강은 흐른다〉가 거둔 수익으로는 전문극단체제가 유지되기 어렵다는 것이 확인되었고 이후 신협이 국립극장의 전속극단으로 들어가게 되면서 유치진은 극단이라는 기반을 잃게 된다. 〈한강은 흐른다〉 공연 이후에도 유치진은 계속해서 극작에 대한 의욕을 보인다. 그러나 그가 "나아가려는 바 본도"에 해당하는 작품은 더 이상 발표하지 못한다.

참/고/문/헌

1. 기본자료

『동아일보』,『대동아』,『문예월간』,『문장』,『삼천리』,『신시대』,『조
        광』,『조선일보』,『조선중앙일보』,『평화일보』,『신천지』

〈북진대〉팸플릿(1942, 4월 4-7일 공연)

유치진,〈흑룡강〉공연대본

유치진,『희곡집 소』, 행문사 1947.

유치진,〈며느리〉,『국학』, 1947.1.

유치진,『유치진 역사극집』, 현대공론사, 1949.

유치진,『흔들리는 지축』, 정음사, 1949.

유치진,〈어디로〉,『민족문화』, 1949.10, 1950.2.

유치진,〈장벽〉,『백민』, 1950.2.

유치진,『원술랑』, 자유문화사, 1952.

유치진,『나도 인간이 되련다』, 진문사, 1953.

유치진,『자매』, 진문당, 1955.

유치진,〈자매〉(2)『예술원보』, 1955.6.

유치진,〈한강은 흐른다〉,『사상계』, 1958.9.

유치진,『유치진희곡전집』상 하, 성문각, 1971.

유치진,『동랑자서전』, 서문당, 1975.

유치진,『동랑 유치진 전집』1-9, 서울예대출판부, 1993.

양승국 편,『한국근대희곡작품자료집』1-10, 아세아문화사, 1989.

양승국 편,『한국근대연극영화비평자료집』1-20, 태학사, 2006.

2. 논문

김방옥, 「한국사실주의희곡연구」, 이화여대 박사학위논문, 1988.

김성희, 「1930년대 극예술연구회 연구」, 이화여대 석사학위논문, 1983.

김성희, 「유치진 초기 리얼리즘 희곡에 대하여」, 『학술논총』 11, 단국대 대학원, 1987.

김성희, 「유치진의 〈자매2〉와 리얼리즘」, 『한국연극연구』 1, 한국연극사학회, 1998.

김성희, 「국립극단 연구(1)」, 『한국극예술연구』 12, 한국극예술학회, 2000.

김성희, 「유치진의 초기 리얼리즘극 연구」, 『드라마연구』 24, 한국드라마학회, 2006.

김성희, 「국립극단을 통해 본 한국 역사극의 지형도」, 『드라마연구』 34, 한국드라마학회, 2011.

김성희, 「한국 정치극의 전개 양상 – 1920년대부터 80년대까지의 정치극운동을 중심으로 – 」, 『한국연극학』 52, 한국연극학회, 2014.

김옥란, 「유치진의 1950년대 희곡 연구 : 〈자매2〉와 〈한강은 흐른다〉를 중심으로」, 『한국극예술연구』 5, 한국극예술학회, 1995.

김옥란, 「1950년대 연극과 신협의 위치」, 『한국문학연구』 34, 동국대학교 한국문학연구소, 2008.

김옥란, 「냉전 센터의 기획, 유치진과 드라마센터」, 『한국학연구』 47, 인하대학교 한국학연구소, 2017.

김재석, 「국민연극론의 성격에 대한 소고」, 『문학과 언어』 11, 문학과

언어연구회, 1990.5.

김재석, 「유치진의 초기 희곡과 연극론의 거리」, 『어문학』 58, 한국어문학회, 1996.

김재석, 「1950년대 반공극의 구조와 존재 의미」, 『한국연극연구』 1, 한국연극사학회, 1998.

김재석, 「일본의 「축지소극장」이 한국연극에 미친 영향 연구」, 『어문학』 73, 한국어문학회, 2001.

김재석, 「〈흑룡강〉에 나타난 계몽·선전의 기법과 작가적 의미」, 유민영박사정년기념논총 간행위원회 편, 『한국연극학의 위상』, 태학사, 2002.

김재석, 「극예술연구회 제2기의 번역극 공연에 대한 연구」, 『한국극예술연구』 46, 한국극예술학회, 2014.

김재석, 「극예술연구회 제1기의 번역극 공연인식과 그 의미」, 『대동문화연구』 89, 성균관대학교 대동문화연구원, 2015.

김재석, 「유치진의 숀 오케이시 수용에 대한 연구」, 『어문학』 126, 한국어문학회, 2014.

김재석, 「삼·일극장의 〈빈민가〉 공연과 유치진의 도쿄 구상」, 『국어국문학』 176, 국어국문학회, 2016.

김재석, 「유치진의 연극 입문에 대한 연구」, 『한국극예술연구』 51, 한국극예술학회, 2016.

김재석, 「유치진의 릿쿄대학 졸업논문 「숀 오케이시 연구-주노와 공작」」, 『어문논총』 67, 한국문학어문학회, 2016.

김재석, 「유치진의 도쿄 구상 실천과 극예술연구회의 〈포기〉(Porgy)」, 『한국극예술연구』 55, 한국극예술학회, 2017.

김재석, 「〈빈민가〉에 나타난 유치진의 프롤레티라이 연극 대중화」, 『한국극예술연구』 58, 한국극예술학회, 2017.

김재석, 「유치진의 록펠러재단 미국 연극 연수 연구」, 『한국극예술연구』, 61, 한국극예술학회, 2018.

김 효, 「'예술연극'과 '대중연극'에 관한 쟁점 연구」, 『한국연극학』 12, 한국연극학회, 1999.

김 효, 「대중예술에 있어서 흥행성과 예술성의 문제-연극과 관련하여」, 『한국연극학』 29, 한국연극학회, 2006. .

민병욱, 「신극 〈춘향전〉의 공연사회학적 연구」, 『한국문학논총』 31, 한국문학회, 2002.

민병욱, 「村山知義 연출 〈춘향전〉의 공연사회학적 연구」, 『한국문학논총』 33, 한국문학회, 2003.

민병욱, 「장혁주의 일어체 희곡 〈춘향전〉 연구」, 『한국문학논총』48, 한국문학회, 2008.

박세연, 「스키지소극장 연구」, 중앙대 석사학위논문, 2001.

박영정, 「유치진의 민족연극론」, 『건국어문학』 21,22합집, 건국대국어국문학연구회, 1997.

박영정, 「일제말 '국민연극'의 형성과정 연구」, 『건국어문학』 23,24합집, 1999.

박영정, 「초기 희곡과 비평에 나타난 유치진의 연극관」, 『민족문학사연구』 34, 2007.

박찬승, 「20세기 한국 국가주의의 기원」, 『한국사연구』 117, 한국사연구회, 2002.

백현미, 「유치진의 〈춘향전〉연구」, 『한국극예술연구』 7, 한국극예술학회, 1997.

백현미, 「1950,60년대 한국연극사 전통담론 연구」, 『한국연극학』 14, 한국연극학회, 2000.

서연호, 「친일연극의 전개양상(상)」, 『외국문학』, 1988. 가을호.

서연호, 「친일연극의 전개양상(중)(하)」, 『문학정신』, 1989.2.3.

서연호, 「유치진의 〈소〉와 일본 희곡 〈말〉의 대비 고찰」, 『한국연극』, 1991.7.

신인선, 「김동진」, 『음악과 민족』 26, 민족음악학회, 2003.

신정옥, 「유치진에게 미친 애란극의 영향(상,하)」, 『한국연극』, 1977.12, 1978.2.

신정옥, 「애란극의 한국 이식과정에 관한 연구」, 『명지대 논문집』15, 1984.

심정순, 「유치진의 여인들 - 두 작품 〈자매〉(1936, 1955)를 중심으로」, 『한국연극학』 2권 1호, 한국연극학회, 1985.

연정은, 「안호상의 일민주의와 정치·교육활동」, 『역사연구』 12, 역사학연구소, 2003.

양승국, 「해방 이후의 유치진 희곡을 통해 본 분단현실과 전쟁체험의 한 양상」, 『한국의 전후문학』, 1991.

양승국, 「1930년대 유치진 연극비평 연구」, 『한국극예술연구』 3, 한국극예술학회, 1993.

양승국, 「유치진 초기 리얼리즘 희곡의 구조와 의미」, 『한국현대문학연구』 18, 한국현대문학회, 2005.

양승국, 「일제 말기 국민연극의 구조와 미학의 층위-주동인물의 성격과 이념 전달의 방법을 중심으로-」, 『예술논문집』 46, 대한민

국예술원, 2007.

유민영, 「유치진연구」, 서울대 석사학위논문, 1966.

유민영, 「동랑 유치진; 그의 생애, 사상, 작품」, 『예술원보』 18, 대한민 국예술원, 1974.

유민영, 「저항과 순응의 궤적; 유치진과 함세덕의 경우」, 『연극영화연 구』 4, 중앙대 연극영화학과, 1979.

유민영, 「극연의 연극사적 위치」, 『한국연극학』 1, 한국연극학회, 1981.

윤금선, 「유치진의 역사극 연구」, 『한양어문연구』 11, 한국언어문화학 회, 1993.

윤금선, 「1950년대 유치진 희곡」, 『한양어문연구』 13, 한양어문연구 회, 1996.

윤금선, 「유치진 희곡의 희비극성 연구」, 『한국학논집』 28, 한양대학 교 한국학연구소, 1996.

윤금선, 「〈자매2〉의 심리분석적 연구」, 『한국극예술연구』 7, 한국극예 술학회, 1997.

윤금선, 「유치진 희곡 '농촌 3부작' 연구」, 『한양어문』 15, 한국언어문 화학회, 1997.

윤금선, 「유치진 희곡 연구」, 「한양어문」 17, 한국언어문화학회, 1999.

윤금선, 「유치진 희곡의 이중 구조 연구」, 『한국연극연구』 2, 한국연극 사학회, 1999.

윤진현, 「유치진 초기 희곡 연구; 아나키즘의 영향을 중심으로」, 인하 대 석사학위논문, 1994.

윤진현, 「유치진과 아나키즘」, 『민족문학사연구』 6, 창작과비평사,

1994.

이미원, 「근대극의 정립기-극예술연구회를 중심으로」, 『국어국문학』 106, 국어국문학회, 1991.

이민영, 「유치진 희곡의 개작에 대한 공연학적 연구」, 경북대 석사학위논문, 2005.

이상우, 「전쟁체험의 구체성과 드라마의 낭만성-1950년대 유치진론」, 『1950년대의 소설가들』, 나남, 1994.

이상우, 「1930년대 유치진 역사극의 구조와 의미, 『어문논집』 34, 고려대 국어국문학연구회, 1995.

이상우, 「극예술연구회의 창작극과 유치진」, 『인문연구』 18권 1호, 영남대학교 인문과학연구소, 1996.

이상우, 「극예술연구회에 대한 연구」, 『한국극예술연구』 7, 한국극예술학회, 1997.

이상우, 「1940년대 현대극장과 친일극 연구」, 『한민족어문학』 38, 한민족어문학회, 2001.

이상우, 「표상으로서의 망국사 이야기 : 식민지 후반기 역사극에 나타난 민족담론과 식민담론의 문제」, 『한국극예술연구』 25, 한국극예술학회, 2007.

이상우, 「유치진 연극론의 성립과정과 그 특징」, 『인문사회과학연구』, 15권 3호, 2014.

이상우, 「릿쿄대학시대의 유치진과 일본 좌익연극계의 동향」, 『Journal of Korean Culture』 28, 한국어문학국제학술포럼, 2015.

이승희, 「1950년대 유치진 희곡의 희곡사적 위상」, 『한국극예술연구』

8, 극예술연구회, 1998.

이승희, 「극예술연구회의 성립」, 『한국극예술연구』 25, 한국극예술학회, 2007.4.

이재명, 「1930년대 희곡문학의 분석적 연구-송영, 채만식, 유치진을 중심으로」, 연세대 석사학위논문, 1992.

이재명, 「유치진 희곡의 인물형상화 연구 -해방 전에 발표한 장막극을 중심으로-」, 『한국연극학』 28, 2006.

이정숙, 「일본의 「신협」극단이 「극예술연구회」에 미친 영향」, 『어문학』 98, 한국어문학회, 2007.

이정숙, 「〈소〉와 〈당나귀〉에 나타난 유치진 희곡의 변화」, 『어문학』 102, 한국어문학회, 2008.

이정숙, 「연극 〈북진대〉와 유치진의 친일극」, 『한국극예술연구』 30, 한국극예술학회, 2009.10.

이정숙, 「일제강점기 유치진 희곡 연구 관객지향성을 중심으로」, 경북대 박사학위논문 2010.

이정숙, 「한국전쟁기 역사소재극과 유치진의 민족극 구상」, 『한국극예술연구』 34, 한국극예술학회, 2011.

이정숙, 「1940년대 후반기 유치진 희곡과 교화의 정치성」, 『어문논총』 55, 한국문학언어학회, 2011.

이정숙, 「유치진의 새로운 극작 모색과 〈한강은 흐른다〉」, 『한국극예술학회』 38, 2012.

이정숙, 「유치진의 국립극장 기획과 〈원술랑〉」, 『한국극예술연구』 41, 한국극예술학회, 2013.

이정숙, 「〈나도 인간이 되련다〉에 나타난 유치진 정치극의 전략」, 『어문학』127, 한국어문학회, 2015.

이정숙, 「유치진의 전후 연극 모색과 〈자매2〉」, 『한국극예술연구』53, 한국극예술학회, 2016.

이정숙, 「유치진의 〈개골산〉과 리얼리즘을 토대로 한 로맨티시즘극」, 『어문론총』76, 한국문학언어학회, 2018.

이정숙, 「극연의 영화제작과 전문극단 모색」, 『한국극예술연구』62, 한국극예술학회, 2018.

임준서, 「한국 근대 '연극 관중론' 연구」, 『한국연극학』22, 한국연극학회, 2004.

장원재, 「숀 오케이시(Sean O'Casey)와 유치진의 영향관계 연구」, 『국제어문』32, 국제어문학회, 2004.

鳴海弘, 「テネシー・ウィリアムズについて　劇作家としての十年の成長」, 『英米文學』17, 立教大學文學部英米文學研究室, 1956.

除村吉太郎, 「フアルスに就いての斷片二つ」, 『悲劇喜劇』3, 1928.12.

渡辺一夫, 「佛蘭西の笑劇」, 『悲劇喜劇』3, 1928.12.

3. 국내자료

강옥희 외 3인 공저, 『식민지시대 대중예술인 사전』, 소도, 2005.

국립극장, 『국립극장 50년사』, 태학사, 2000.

국립문화재연구소 편, 『대담·한국연극이면사』, 도서출판 피아, 2006.

김동원, 『미수의 커튼콜』, 태학사, 2003.

김의경, 유인경 편, 『이진순선집』1, 연극과인간, 2010,

김재석, 『일제강점기 사회극연구』, 태학사, 1995.

김재석,『근대전환기 한국의 극』, 연극과인간, 2010.

김재석,『한국현대극의 이론』, 연극과인간, 2011.

김재석,『식민지조선 근대극의 형성』, 연극과인간, 2017.

김재용 외 6인 공저,『친일문학의 내적논리』, 역락, 2003.

민병욱,『일제강점기 재일 한국인의 연극운동』, 연극과인간, 2000.

민족문학연구소,『일제말기 문인들의 만주체험』, 역락, 2007.

박성봉,『대중예술과 미학』, 일빛, 2006.

박영정,『유치진 연극론의 사적 전개』, 태학사, 1997.

박영정,『한국 근대연극과 재일본 조선인 연극운동』, 연극과인간, 2007.

서연호,『한국근대희곡사』, 고려대출판부, 1994.

서연호,『식민지시대의 친일극 연구』, 태학사, 1997.

양승국,『한국 근대연극비평사 연구』, 태학사, 1996.

양승국,『한국 신연극연구』, 태학사, 2001.

유민영,『한국현대희곡사』, 홍성사, 1982.

유민영,『달라지는 국립극장 이야기』, 도서출판 마루, 2001.

유민영,『한국연극의 아버지 동랑 유치진 : 유치진 평전』, 태학사, 2015.

윤금선,『유치진 희곡연구』, 연극과인간, 2004.

윤대석,『식민지 국민문학론』, 역락, 2006.

이상우,『유치진 연구』, 태학사, 1997.

이상우,『근대극의 풍경』, 연극과인간, 2004.

이승희,『한국 사실주의 희곡, 그 욕망의 식민성』, 소명, 2004.

이필동,『대구연극사』, 지성의 샘, 2005.

4. 국외자료

글렌 윌슨, 김문환 역,『공연예술심리학』, 연극과인간, 2000.

무라야마 토모요시, 이석만 · 정대성 역,『일본 프롤레타리아 연극론』, 월인, 1999.

벤 싱어, 이위정 역,『멜로드라마와 모더니티』, 문학동네, 2009.

부르디외, 삐에르, 최종철 역,『구별짓기: 문화와 취향의 사회학』, 새물결, 1995.

오세준 편역,『멜로드라마』1, 책펴냄열린시, 2005.

오카다 히데키, 최정옥 역,『문학에서 본 '만주국'의 위상』, 역락, 2008.

스가이 유키오, 박세연 역,『쓰키지소극장의 탄생』, 현대미학사, 2005.

피스크, 존, 박만준 역,『대중문화의 이해』, 경문사, 2002.

테네시이 윌리암스, 문일영 역,『욕망이라는 이름의 전차』, 청수사, 1957.

ロマン.ロ―ラン, 大杉榮 譯,『民衆藝術論』, 東京 : 阿蘭陀書房, 1917.

松本克平,『日本社會主義演劇史』明治大正 篇, 東京 : 筑摩書房, 1975.

松井憲太郎 篇,『公共劇場の10年』, 東京 : 美學出版, 2010.

村山知義,『新劇の再建』, 東京 : 弘文社, 1947.

村山知義,「新劇團大同團結の 提唱」, 昭和九年改造九月號拔刷, 1934.

村山知義 · 久保榮,『昭和思想統制史資料 · 左翼文化運動篇』14, 東京 : 生活社, 1980.

三好行雄 · 竹盛天雄 篇,『近代文學5-現代文學の胎動, 東京 : 有斐閣, 1977.

民主評論編輯部,『新劇の40年』, 東京 : 民主評論社, 1949.

曾田秀彦,『小山內薰と二十世紀演劇』, 東京 : 勉誠出版, 1999.

祖父江昭二,『現代演劇講座6, 日本の演劇』, 東京：三笠書房, 1966.

諏訪春雄, 菅井幸雄 編,『近代の演劇』1,2, 東京：勉誠社, 1996.

菅井幸雄,『近代日本演劇論爭史』, 東京：未來社, 1979.

菅井幸雄 編,『小山內薰演劇論全集』5, 東京：未來社, 1968.

新協劇団,『演劇論』, 東京：三笠書房, 1936.

新協劇団,『新協五週年史』, 東京：新協劇団, 1939.

新協劇団,『新協劇団二十年』, 東京：新協劇団, 1954..

大杉榮,「『大杉全榮集』1, 東京：大杉榮全集刊行會, 1925.

大山功,『國民演劇』, 東京：新正堂, 1943.

大山功,『現代新劇論』, 東京：南方書院, 1943.

小笹吉雄,『日本現代演劇史』昭和戰前篇, 東京：白水社, 1993.

ピーター・ブルックス, 四方田犬彦, 木村慧子 譯,『メロドラマ的想像力』, 東京：産業図書, 2002.

テネシー・ウィリアムズ, 田島博, 山下修 共譯, 『慾望という名の電車』, 大阪：創元社, 1952.

半田美永,『劇作家阪中正夫-傳記と資料』, 東京：和泉書院, 1988.

半田美永 偏,『阪中正夫集』, 東京：ゆのき書房, 1979.

兵藤裕己,『演じられた近代』, 東京：岩波書店, 2005.

『演劇百科大事典』, 東京：平凡社, 1960.

Ien Ang, *Watching Dallas:Soap Opera and the Melodramatic Imagination*, trans. by Della Couling, London & New York : Routledge, 1985.

이 책에 실린 글의 출전

1부

- 이정숙, 「일제강점기 유치진 희곡 연구 관객지향성을 중심으로」, 경북대 박사학위논문 2010.

2부

- 이정숙, 「한국전쟁기 역사소재극과 유치진의 민족극 구상」, 『한국극예술연구』 34, 한국극예술학회, 2011.
- 이정숙, 「1940년대 후반기 유치진 희곡과 교화의 정치성」, 『어문논총』 55, 한국문학언어학회, 2011.
- 이정숙, 「유치진의 새로운 극작 모색과 〈한강은 흐른다〉」, 『한국극예술학회』 38, 2012.
- 이정숙, 「유치진의 국립극장 기획과 〈원술랑〉」, 『한국극예술연구』 41, 한국극예술학회, 2013.
- 이정숙, 「〈나도 인간이 되련다〉에 나타난 유치진 정치극의 전략」, 『어문학』 127, 한국어문학회, 2015.
- 이정숙, 「유치진의 전후 연극 모색과 〈자매2〉」, 『한국극예술연구』 53, 한국극예술학회, 2016.

찾/아/보/기

이정숙

문학박사, 경북대학교 초빙교수. 주요 논문으로 「일본의 신협극단이 극예술연구회에 미친 영향」, 「유치진의 국립극장 기획과 〈원술랑〉」, 「극연의 영화제작과 전문극단 모색」 등이 있으며 공저로 『유치진과 드라마센터』가 있다. 유치진을 중심으로 한일 근대연극에 대한 비교 연구를 진행하고 있다.

유치진과 한국 연극의 대중성

초 판 인 쇄 ㅣ 2019년 9월 27일
초 판 발 행 ㅣ 2019년 9월 27일

지 은 이 이정숙

책 임 편 집 윤수경

발 행 처 도서출판 지식과교양
등 록 번 호 제2010-19호
주 소 서울시 강북구 우이동108-13 힐파크103호
전 화 (02) 900-4520 (대표) / 편집부 (02) 996-0041
팩 스 (02) 996-0043
전 자 우 편 kncbook@hanmail.net

ISBN 978-89-6764-148-1 93680   정가 33,000원